벼락부자로 태어나기

BORN RICH

紫雲 지음

◈ 머리말

30대에는 대부분 경제적으로 불안정하기에 더러는 로또에 당첨되어서 경제적 자유를 얻으면 얼마나 좋을까 하는 상상을 할 것이다. 그 간절함으로 로또를 사면 아름다운 미래가 있을 것이라는 희망가를 불러보지만 내 인생에 로또는 절대로 없다는 실망감만 맛보기 일쑤다. 그러면서도 간헐적으로 로또를 사지만 결과는 달라지지 않는다.

명리공부 30년이 넘어가니 서당 개 풍월을 읊는다는 삼년을 열 곱이나 지나와 엉뚱한 상상을 하는 부작용도 생겨난 듯하다. 그 중 하나는 사주구조를 잘 맞추기만 한다면 하늘에서 돈벼락을 맞을 것이라는 생각이다. 실제로 맞는지를 증명하고자 한국은 물론, 전 세계 부호들의 사주팔자를 살피기 여러 해가 지났다.

상상의 나래를 펼치니 비록 현재의 나는 부자가 아니지만 벼락부자 자식을 낳거나 이마저도 희망이 없다면 손자들의 사주팔자를 잘 택해서 손자의 도움으로 나와 자식과 손자 3대가 모두 경제적 자유를 얻을 수도 있을 것이라는 나름의 믿음이 생겨났다.

희망적인 것은, 이런 노력은 사실 로또와 비교할 수 없을 정도로 확률이 높으며 일시적으로 수십억이 들어와 한순간 탕진해버리는 로또인생이 아니라 장기간에 걸쳐서 국가, 사회에 공헌하는 인물로 추앙받고 엄청난 부를 축적할 수도 있다는 것이다.

이런 생각에 미치자, 세계경제에 지대한 영향력을 행사하는 인물들의 사주팔자를 스캔해서 내 자식과 손자는 물론이고 주위에서도 자식과 손자로 태어나게 할 수만 있다면 경제적으로도 매우 효율적인 방법이라는 엉뚱한 희망을 갖게 되었다. 터무니없는 생각으로 치부하기에는 하늘에서 내리는 벼락부자 사주팔자에는 뚜렷한 규칙이 있음을 발견했으니 그 이치를 적극 활용해서 자식과 손자를 낳을 수만 있다면 이 재용, 일론 머스크, 빌 게이츠, 스티브 잡스처럼 세계경제를 주도하는 인물들이 한국에서 많이 배출될 수도 있을 것이다.

더욱 욕심을 내서, 세계경제를 좌지우지하는 거물들을 수천 명, 수만 명 배출해낼 수만 있다면 한국의 경제성장에도 큰 도움이 될 것이라는 참으로 기쁜 상상을 하게 되었다.

사실, 이 내용의 얼개는 2017년에 출판한 時空間부호 60干支 상권과 하권에 드러냈었다. 60干支를 설명하는 책에 "하늘에서 내리는 부자 사주구조"라는 내용을 끼워둔 수준이었지만.

벌써 5년의 세월이 흘렀고 그 내용들을 확장하고 추가해서 2권의 책으로 출판하고자 한다. 다만, 벼락부자 사주구조를 단조롭게 설명하는 것은 무의미하다는 생각에 아래와 같은 내용으로 구성하였다.

첫째, 벼락부자 사주팔자의 특징을 대략 10개 항목으로 나눠서 이론은 물론이고 풍부한 사주사례로 증명하고자 노력하였다.

둘째, 초보자도 부자사주팔자를 택일할 수 있도록 사주구조 분석방법을 자세히 설명하였다. 따라서 좋은 조상과 부모는 물론이고 좋은 자식과 손자를 고를 수 있는 안목을 기르도록 배려하였다.

셋째, 내가 탄생한 날의 時間과 空間을 十干과 十二支로 바꾼 것이 사주팔자이기에 사주구조를 쉽고 빠르게 읽는 방법을 제시하였다. 지금까지 명리학습 방법은 외부에서 다양한 이론을 끌어와 사주팔자를 재단하였다. 格局이 대표적인데 사주팔자에 존재하지 않는 인위적인 기준에 불과하다.

넷째, 진심으로 희망했던 것은, 누구나 한번 오는 인생이기에 밝고 화려한 사주구조를 선택해서 인생효율을 극대화하도록 돕고 싶었다. 조상과 부모를 잘못 선택했다는 것을 근 20년이 지나야 알 수 있기에 이미 때는 늦었지만 실망하고 비관하면서 살아갈 수는 없다. 좋은 배우자를 만나고 좋은 자식을 택할 수만 있다면 과거를 보상받을 수도 있으며 그 기회조차도 놓친다면 벼락부자로 세상에 나올 손지, 손녀를 노려야 한다. 이처럼 우리에겐 로또보다 훨씬 높은 확률로 벼락부자가 될 기회가 자식이나 손자의 수만큼 남아있으니 실망하고 절망할 필요가 없다.

이 책은 내용의 절반을 담았으며 나머지 절반도 2023년 가을에 출판예정이며 좋은 배우자를 택하는 방법도 이어서 출판할 예정이다.

모든 이가 陽光 찬란한 인생이길 희망하며....
2023년 4월 19일

- 차례 -

1부 부자를 원하는가?

루나코인 폭락사태　　7

四柱八字의 정체는?　　8

갑골문의 정체　　9

갑골문과 60甲子의 관계　　10

60甲子와 四柱八字의 관계　　11

60甲子가 時空間(시공간)부호인 이유　　12

오늘은 참 재수 없는 날이군.　　14

개의 눈 상태가 좋지 않습니다.　　15

언제 개업할까요?　　16

택일이 중요한 이유　　16

대만 유명한 도사에게 택일 했는데　　18

아이가 일찍 나와 버렸어요.　　19

사고 후에 바뀐 영혼　　20

출산일에 얻은 영혼　　20

그 영혼은 탄생과 함께 온다.　　21

씨종자 vs 영혼　　22

택일행위의 효과　　23

사주팔자에 얽히고설킨 다양한 업보　　24

宮位(궁위)의 이해　　26

宮位(궁위)와 택일의 관계　　27

부모 상황을 내가 결정한다.　　28

고대 궁궐에서는 - 년월 구조가 중요한 이유　　29

宮位(궁위)와 연령 - 개인의 일생　　30

루나코인 폭락사태 권 씨의 사주팔자 특징　　31

해외를 넘나드는 이유　　32

4살 차이는 궁합도 볼 필요가 없다고 하는 이유　34
三合 내부와 외부의 차이　36
20대 중반부터 사업한 이유　37
남들과 다른 생각　39
우리도 그들처럼 부자가 될 수 있을까?　45

2부 누가 부자가 되는가?

사업으로 돈벼락 - 乙丙庚 三字　48
乙丙庚 三字 변형조합　78

총알처럼 빠른 속도로 富를 축적 -丁辛壬 三字　123
뻥이요!　126
時間方向　127

大富와 大盜 사이 - 酉丑辰 三字　186
酉丑辰 三字의 이해　186
부동산 재개발로 부를 축적하는 사주팔자　222

창고에 돈벼락을 담다. - 墓庫(묘고)　257
墓庫의 의미　257
戌土, 寅午戌 三合의 墓庫　265
辰土, 申子辰 三合의 墓庫　294
未土, 亥卯未 三合의 墓庫　323
丑土, 巳酉丑 三合의 墓庫　335

大衆(대중)의 돈을 강탈하다. - 저승사자　356
부록 1 - 乙庚 合 심층연구　413
부록 2 - 키우고 수확해서 벼락부자　425-445

1부

부자를 원하는가?

루나코인 폭락사태

2022년 5월 12일 오후 1루나의 가격이 $0.08(약 99원)로 폭락합니다. 불과 일주일 전인 2022년 5월 6일 오전 1루나 가격은 $82.58(약 10만 2천원)로 일주일 사이에 99%의 가치가 하락하였습니다. 뉴스와 신문에 루나코인의 문제를 분석한 기사들이 쏟아져 나왔고 일주일 만에 발생한 손실액이 자그마치 55조에서 77조 사이이며 피해자도 28만 명에 이르렀습니다. 투자자들은 분노를 느꼈고 문제가 발생한 테라폼랩스 권 대표에 대해 체포영장을 발부하였지만 아직까지 구속 소식은 들려오지 않았습니다. 우리는 이 사건에 대해 서로 다른 반응을 보입니다. 경제지 기지는 폭릭사태를 성제 측면에서 분석하고 정치인들은 혹시 정치압력이 있었는지 혹은 누가 개입되었는지를 확인하려고 합니다. 命理를 연구하면 권 씨의 사주팔자를 찾아서 왜 저런 사건이 발생하였는지 분석합니다. 사건의 실마리를 四柱八字에서 찾아보려는 겁니다. 우리가 사건에 호기심을 갖는 이유는 젊은 나이에 50조의 회사를 운영할 수 있었던 이유는 무엇이고 일주일 사이에 갑자기 망해버린 이유가 무언지 알고 싶기 때문입니다.

그의 사주팔자에서 잠시라도 50조라는 엄청난 규모의 사업체를 운영할 수 있었던 이유를 찾아가는 과정에 젊은 나이임에도 하늘에서 돈벼락을 맞았으니 참으로 부럽다는 생각을 합니다. 생각이 꼬리를 물고 이어져 혹시 나도 돈벼락을 맞을 수 있을지도 모른다고 위로를 하지만 사실 내가 벼락부자로 태어났는지 아무도 모릅니다. 대부분 그 답을 얻고자 호기심으로 관상, 손금, 점을 쳐봅니다만 결과가 나오기 전까지는 그 누구도 알 수 없습니다. 사주팔자도 크게 다를 바 없습니다. 하늘에서 돈벼락을 맞을 사주라는 소리를 들었지만 20년, 30년 지나야 맞는지 틀리는 지 확인할 수 있습니다. 이 책은 결과를 기다리는 것이 지루한 분들을 위한 것입니다. 또 나의 조부모, 부모, 나와 배우자, 그리고 내 자식들이 벼락부자가 될 수 있는지도 함께 살펴서 가까운 미래는 물론이고 후대에 내 자식들, 손자들이 나를 벼락부자의 조부모나 부모로 만들어줄 방법을 제시하려는 겁니다.

권 씨의 사주팔자가 궁금해서 인터넷에 검색합니다. 생년월일이 양력 1991년 9월 6일(음력 7월 28일)이며 태어난 시간은 모른다고 합니다. 사실 생년월일을 찾아냈다고 해도 양력 9월 6일이나 음력 7월 28일로는 부자사주인지 가난한 사주인지 알아낼 방법이 없는 이유는 숫자가 제공하는 인생을 읽어낼 정보가 극히 제한적이기 때문입니다. 역설적인 것은 사주팔자를 뽑으려면 반드시 생년월일을 알아야만 한다는 것입니다. 그 이유는 과연 무엇일까요? 답을 얻으려면 60甲子를 사용하던 고대 은나라로 돌아가야만 합니다.

▮四柱八字의 정체는?

萬歲曆(만세력)에 생일을 넣으면 四柱八字로 바뀌어서 튀어나오는데 그 정체가 무엇이고 언제부터 사용했는지 누구도 잘 모릅니다만 사주팔자에 활용하는 60甲子의 원류를 찾아 올라가다보면 은나라 甲骨文과 조우합니다. 아래 그림은 은나라의 甲骨文인데 현재 활용하는 60甲子의 한문과는 크게 다릅니다. 그들은 무슨 목적으로 또 어떤 방식으로 60甲子를 활용했을까요?

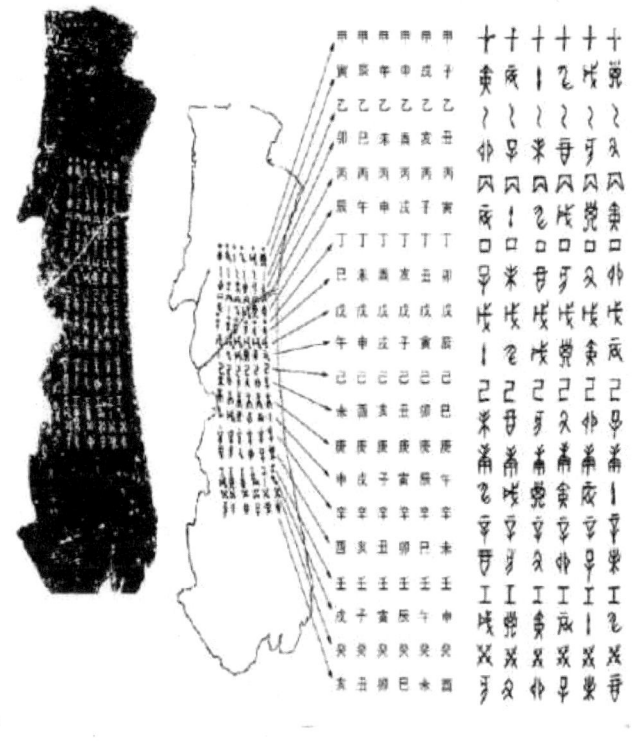

▌갑골문의 정체

은나라는 우리의 조상 동이족이 세웠으며 이미 3천 년 전부터 甲乙丙丁과 子丑寅卯 60甲子를 활용했다고 합니다. 東夷(동이)는 창조정신을 상징하는 甲과 생동감을 상징하는 乙을 표현하였기에 우리민족은 창조능력이 뛰어난 민족임이 분명합니다. 책력(冊曆*달력)도 동이(東夷)에서 시작되었는데 책력을 창조한 사람은 희화자(羲和子)라고 합니다. 그의 혈통은 은(殷)나라, 상(商)나라의 동이족(東夷族) 조상입니다. 연구결과에 따르면 갑골문 수는 대략 3,000자로 반경(盤庚) 때부터 은나라 말(殷末)까지 사용했습니다. 왕(王)과 통치 집단은 조상과 여러 神들을 숭배하였으며 중대한 문제가 있을 때마다 제사를 지내고 점복에 나타난

- 9 -

神의 의향에 따라 국가를 통치하였으니 결국 갑골문은 점복활동의 기록이 분명합니다. 하늘의 의지를 왕실에 전달하고 미래의 길흉을 예언하며 상왕 및 귀족 통치자가 백성을 통치하는 한 수단이었습니다. 거북의 배딱지와 동물 뼈를 태우거나 인두로 지져 갈라진 자국에서 하늘의 뜻을 읽고 기록한 유물을 甲骨이라 부릅니다. 273년간 왕실의 제사, 왕의 안위와 출입, 사냥과 전쟁, 기후와 천문, 사회. 경제 등에 대한 점복의 기록이면서 정치실록으로 왕권과 신권의 권력가들이 사용하는 문자였습니다.

▎갑골문과 60甲子의 관계

갑골문은 고한자(古漢字) 자료로 대부분 은허에서 발견됐는데 은상왕조 통치자의 점복기록으로 '갑골문합집 6057정(甲骨文合集6057正)'의 형식을 살펴보면 다음과 같습니다.

癸巳卜, 殼, 貞, 旬亡禍? 王占曰 ： 有祟其有來艱. 迄至五日丁酉, 允有來艱自西.

계사(癸巳)일에 점쟁이 각(殼)이(前辭), '앞으로 열흘 동안 재화가 없겠는가?' 라고 점을 쳤다(貞辭). 왕이 점친 갑골편의 갈라진 모양을 보고 귀신이 앙화를 부려 아마도 불길한 일이 발생할 것 같다고 판단하였다(占辭). 닷새가 지난 정유(丁酉)일에 과연 불길한 일이 서쪽에서 발생하였다(驗辭) - 인터넷 발췌

- 丙子卜 貞多子其延學(?) 不購大雨.
- 병자 일에 점을 쳤다. 많은 아이들이 학교에 늦지 않는가? 큰 비가 내리지 않았다.

두 자료는 인터넷에서 찾은 것으로 3천 년 전에 점법을 활용해

서 길흉을 살폈습니다만 사실 흥미로운 점은 따로 있는데 바로 60甲子와 점복활동의 용도가 전혀 다른 것입니다 위에서 언급한 것처럼, 거북의 배딱지와 동물 뼈를 태우거나 인두로 지져서 갈라진 자국의 모양을 읽어서 길흉을 판단했고 癸巳, 丁酉, 丙子는 점을 친 날짜를 표현한 것입니다. 타로에 비유하면, 타로 (거북의 배딱지와 동물의 뼈)를 뽑아서 길흉을 판단했지만 타로를 뽑은 날짜인 癸巳, 丁酉, 丙子도 함께 기록했던 것입니다. 정리해보면, 거북의 배딱지와 동물 뼈의 형태는 길흉판단의 기준이고 癸巳, 丁酉, 丙子는 점을 친 날짜였던 것입니다.

▌60甲子와 四柱八字의 관계

결국 四柱八字에서 활용하는 60甲子는 이미 3천 년 전부터 은나라에서 사용하던 갑골문으로 날짜를 기록하던 수단이었습니다. 이 사실이 흥미로운 이유는 60甲子는 결코 길흉을 판단하는 기준이 아니었음에도 언제부턴가 길흉을 판단하는 四柱八字에 활용하고 있다는 것입니다. 만약 당시에 점사를 친 날짜를 숫자로 표기했다면 60甲子를 四柱八字에 활용할 기회도 없었을지 모릅니다. 분명한 사실은 60甲子는 날짜를 기록하는 수단이었지만 그 본질은 결코 간단하지 않습니다. 아라비아 숫자처럼 1에서 60으로 표현했다면 우리는 숫자의 차이를 잘 느끼지 못했을 겁니다. 다행하게도 당시에 60甲子를 활용했기에 현대에 이르러서 자연의 순환과정에 발생하는 오묘한 에너지 파동과 변화를 읽어낼 수 있게 되었습니다. 정말 놀라운 점은, 날짜에 불과했던 60甲子에는 우리가 상상도 못했던 깊고 다양한 의미들이 숨겨져 있다는 겁니다. 지금은 그 근거가 소멸되고 말았지만 은나라에서 날짜를 기록하고자 사용했던 60甲子가 언제부터 四柱八字에 활용했는지 밝혀낼 수만 있다면 참으로 흥미로울 것입니다. 갑골문에 드러난 60甲子를 정리하면 아래와 같습니다.

- 11 -

갑골문에 드러난 시공간부호 60甲子

甲甲甲甲甲甲 ---1) 甲木의 시간부호

寅辰午申戌子 ---2) 地支의 공간부호, 陽氣(寅午戌/申子辰)

乙乙乙乙乙乙 ---3) 乙木의 시간부호

卯巳未酉亥丑 ---4) 地支의 공간부호, 陰氣(亥卯未/巳酉丑)

丙丙丙丙丙丙 ---5) 丙火의 시간부호

辰午申戌子寅 ---6) 地支의 공간부호, 陽氣(寅午戌/申子辰)

丁丁丁丁丁丁 ---7) 丁火의 시간부호

巳未酉亥丑卯 ---8) 地支의 공간부호, 陰氣(亥卯未/巳酉丑)

戊戊戊戊戊戊 ---9) 戊土의 시간부호

午申戌子寅辰 ---10) 地支의 공간부호, 陽氣(寅午戌/申子辰)

己己己己己己 ---11) 己土의 시간부호

未酉亥丑卯巳 ---12)地支의 공간부호, 음기(亥卯未/巳酉丑)

庚庚庚庚庚庚 ---13)庚金의 시간부호

申戌子寅辰午 ---14)地支의 공간부호, 陽氣(寅午戌/申子辰)

辛辛辛辛辛辛 ---15)辛金의 시간부호

酉亥丑卯巳未 ---16)地支의 공간부호, 陰氣(亥卯未/巳酉丑)

壬壬壬壬壬壬 ---17)壬水의 시간부호

戌子寅辰午申 ---18)地支의 공간부호, 陽氣(寅午戌/申子辰)

癸癸癸癸癸癸 ---19)癸水의 시간부호

亥丑卯巳未酉 ---10)地支의 공간부호, 陰氣(亥卯未/巳酉丑)

▌60甲子가 時空間(시공간)부호인 이유

이 책을 쓰는 지금은 2022년 12월 8일 오전 9시 46분으로 오늘이라는 시공간좌표입니다. 우리는 정해진 시간을 기준으로 일정 행위를 하면서 살아갑니다. 밤 11시에 잠자리에 들거나 오전 10시에 약속을 정하거나 오후 3시에 비행기를 타러갑니다. 만약 전 세계에 통용되는 시계가 없었다면 얼마나 혼란스러웠을까요?

직장인들은 정해진 출근, 퇴근시간에 따라 움직이고, 주식투자자들은 아침 9시에 증권거래를 시작하고 오후 3시 30분이 되면 거래를 마감합니다. 결국 우리의 행위를 결정하는 것은 시간좌표임이 분명합니다. 정해진 시간에 따라 출퇴근하고, 대학에 가고자 정해진 시간에 시험을 치러야 합니다. 이상한 점은, 우리의 행위를 결정하는 좌표가 시간이 분명함에도 우리는 時間의 정체를 잘 모릅니다. 출근할 때, 대학에 갈 때라고 생각할 뿐 행위를 결정하는 기준이 時間임은 모르는 겁니다.

표현을 바꿔보면, 우리의 자유를 강력하게 구속하는 것은 時間입니다. 時間의 척도는 어디에서 온 것일까요? 회전하는 지구와 해와 달의 운행법칙을 연구하여 時間을 창조하였습니다. 지구가 일정한 방향으로 회전하기에 아침이 오면 일어나고 밤이 오면 잠자리에 듭니다. 이처럼 지구의 회전운동은 일정한 움직임을 제공하고 우리는 그 움직임에 따라 정밀한 시계를 만들었으며 우리의 일상을 감독합니다. 은나라는 그들만의 독특한 방식으로 時計를 표현했습니다. 지구에 열 개 에너지가 존재하고 지구 공간을 12개로 나누어서 지배한다고 믿었습니다. 10개와 12개를 天地(하늘과 땅)로 나누고 60개 干支로 짝을 지어서 점을 쳤던 날짜를 기록하였습니다. 현대에 이르러서는 사주팔자의 길흉을 살피려면 생년월일을 四柱八字로 바꾸어야만 하는데 예를 들면 2020년 10월 2일 밤 9시 38분을 60甲子로 바꾸면 아래와 같습니다.

庚子년 乙酉월 戊寅일 癸亥시

결국 四柱八字는 時空間 부호였던 것입니다. 아라비아 숫자와 60甲子의 표현방식은 다르지만 그 본질은 모두 時空間 부호입니다. 가장 큰 차이점이라면 생년월일 숫자로는 사주팔자를 읽지 못하지만 60甲子로는 가능합니다. 時計와 時間을 모두 활용해서 현재는 물론이고 과거와 미래의 길흉을 판단할 수 있는 것이 사주팔자로 당사자의 심리까지도 읽어냅니다. 그 이유는 十干을 時間으로, 12支를 空間으로 규정하고 60개의 干支를 조합하여 시공간좌표를 활용해서 변하는 에너지 파동으로 사주당사자의 다양한 정보를 읽기 때문입니다. 결국 60甲子는 인간의 육체와 정신을 지배하는 것이 분명합니다. 바꿔서 표현하면 우리는 時間의 꼭두각시인지도 모를 일입니다. 그렇게 믿을 수밖에 없는 이유는 사주팔자를 통해서 과거, 현재, 미래 그리고 심리까지도 읽어내기 때문입니다. 만약 우리는 時間의 꼭두각시이고 사주팔자는 인간의 운명을 결정하는 움직임이라고 생각하면 우리는 매우 이상한 결론에 도달합니다. 바로 <u>時間이 우리의 인생을 결정하고 다스리는 주인</u>이라는 겁니다. 자유의지라고 생각했던 모든 생각과 행동들이 時間의 통제를 받고 반응했습니다. 결국 운명을 읽는 행위는 四柱八字에 존재하는 時空間 움직임과 변화를 읽어내는 것이었습니다.

▌오늘은 참 재수 없는 날이군.

유난히 재수 없는 날이 있습니다. 해외출장을 가려고 비행장에 도착했지만 여권을 택시에 두고 내렸던 기억이 납니다. 출장도 못가고 여권도 다시 만들어야 하며 중요한 미팅도 취소되었습니다. "참 재수 없는 날"이라는 소리가 절로 납니다. 이런 상황에 처했을 때 명리를 공부한 경우와 전혀 모르는 경우는 어떻게 다를까요? 時間이 우리의 운명을 결정한다는 것을 이해하기에 자연스럽게 日辰(일진)을 봅니다. 그리고 고개를 끄덕이며 문제가 발생한 이유를 발견합니다. 사실 이런 행위의 가치는 참으로 큽니다. 우리가 時間의 꼭두각시에서 도망칠 수 있는 유일한 방법이기 때문입니다. 명리공부를 하는 것과 하지 않는 것의 가장 큰 차이는 時間의 정체를 이해하고 시간에 순응하면서 근심과 걱정이 없는 생활을 할 수 있습니다. 사실 매일의 운세(日辰, 일진)를 살피는 것도 사실 어렵거나 신비로운 것은 아닙니다. 그 날의 숫자를 60甲子로 환산해서 천간과 지지의 글자가 가진 에너지 파동을 관찰하는 행위입니다. 예로, 비행기를 타지 못했던 날이 丁酉일인데 干支의미를 학습했다면 그 이유를 비교적 쉽게 이해합니다. 낮에 태양 빛을 받은 지구 내부에 열을 저장하는데 이것을 丁火라고 합니다. 丙火 빛이 丁火 열로 바뀌려면 태양광처럼 빛을 집약하는 과정이 필요합니다. 상상해보세요. 빛을 집약하려면 반드시 넓은 시공간을 좁은 시공간으로 축소해야 가능합니다. 일상생활에 비유하면 세계를 돌아다니며 활동했던 사람이 갑자기 시골에 내려가 조용히 살아가는 상황입니다. 결국 丁酉일의 활동이 납답하고 문제가 발생했던 이유는 빛을 열로 바꾸는 과정처럼 행동이 갑작스럽게 위축되었기 때문입니다. 따라서 명리를 공부하면 丁酉일에 출장계획을 잡지 않을 겁니다.

▌개의 눈 상태가 좋지 않습니다.

어느 날 이런 연락을 받았습니다. 키우는 개의 눈 상태가 좋지 않는데 어떨지 묻습니다. 日辰을 보니 丙午일로 丙火는 빛을 받아들이는 통로요 午火는 아래쪽에 열을 수렴하였기에 눈의 위쪽은 멀쩡하지만 아래 부위에는 열이 생겼고 어두워졌으니 검사해보라고 했습니다. 병원에 가서 검사를 해보니 눈알 아래 부위에 흰 반점이 생겨 치료 받았다고 합니다. 이처럼 日辰은 현재의 시공간 상황을 읽어내는 매우 매력적인 수단으로 상상 이상으로 복잡하고 미묘한 현상들을 이해할 수 있습니다. 日辰을 읽는 방법은 다양해서 적중률이 현저하게 낮은 방식을 접하면 신뢰하지 못하지만 오랜 세월 다양한 방식으로 검토한 결과 적중률이 굉장히 높은 것은 분명합니다.

▌언제 개업할까요?

명리상담사들이 흔하게 받는 질문입니다. 언제 개업할까요? 언제 인터넷에 홍보영상을 올릴까요? 언제 세일을 할까요? 등등 극히 현실적인 질문을 합니다. 60甲子 중에 丙午와 壬子干支가 있는데 그 에너지 파동을 비교해보겠습니다. 壬水는 흑색으로 만물을 어둠 속으로 빨아들이는 블랙홀과 같은 에너지요, 丙火는 태양처럼 환한 빛을 방사하는 에너지입니다. 따라서 홍보, 행사를 해야 한다면 언제 하는 것이 효과적인지 쉽고 간단하게 이해할 수 있습니다. 壬子처럼 암흑과 같은 날에 홍보효과를 바랄 수는 없기에 丙午일에 하는 것이 좋습니다. 개업일을 택하는 이치도 다를 바 없습니다. 개업행위는 사업체를 홍보하는 행위이기에 많은 사람들이 참여할 수 있는 日辰을 택해야 합니다. 이런 행위를 擇日(택일)이라고 부르며 운수 좋은 날을 선택하는 행위입니다. 결혼, 출산, 개업 등 다양한데 그 행위는 결국 좋은 時空間과 나쁜 時空間이 있다고 믿는 것이며 가장 좋은 시공간을 선택하는 행위입니다. 그 방법은 時空間 부호 60干支 중에서 적절한 시공간 좌표를 고르는 행위이니 四柱八字도 日辰도 擇日도 모두 60甲子를 공통적으로 활용합니다. 60甲子를 時空間 좌표라고 표현하는 명백한 이유로 그 時空間에는 길흉을 결정하는 존재가 있다고 믿는 것입니다. 만약 믿지 않는다면 시간과 돈을 들여 택일할 이유가 없습니다. 더러는 이런 표현을 합니다. 자신은 四柱八字를 믿지 않기에 상담해본 적이 없다고 하면서 출산택일로 아이를 낳았다고 자랑합니다. 사주팔자, 출산택일 뒤편에 60甲子의 존재가 숨어있음을 모르기 때문에 생기는 해프닝으로 동일 행위를 하면서도 다르다고 인식합니다.

▌택일이 중요한 이유

시간의 꼭두각시에서 벗어나 시간 그 자체가 되기 어렵다면 우리는 차선을 택해야 합니다. 바로 자신에게 좋은 날을 고르는 겁니다. 그 기준이 무엇인지 답하려면 公的인 시간과 私的 시간의 차이를 이해해야 합니다. 공적 時間이란 지구가 회전하는 과정에 발생하는 움직임과 변화로 모든 생명체에게 공통적으로 부여되는 시간입니다. 예로 2022년 12월 30일의 경우 壬寅년, 壬子월, 丁巳일, 丙午시라는 시간이 주어지며 모든 사람들은 이 기운에 영향을 받습니다. 그런데 왜 서로 다른 반응을 보일까요? 개인이 소유한 시간(생년월일)이 다르기 때문입니다. 그렇다면 궁금증이 생기는데 한날한시에 태어난 쌍둥이는 소유한 시간이 동일하기에 반응도 동일해야 하는데 왜 다를까요? 그 이유는 다양한데 가장 간단한 이유는 살아가는 과정에 활동공간이 상이하기 때문입니다. 예로 쌍둥이의 사주팔자가 동일해도 한 사람온 서울에서 또 다른 쌍둥이는 아프리카에서 산다면 공간 환경이 전혀 다르기에 반응하는 인생도 달라질 수밖에 없습니다.

男命			
時	日	月	年
甲辰	壬申	丙辰	癸未

이 날 태어난 학생은 한국에서 성장할 때는 다리를 조금 절었고 팔이 불편했는데 乙未년 여름에 모친과 캐나다로 유학 간 후에는 다리도 편해지고 팔도 펴졌으며 성격도 굉장히 활발하게 바뀌었습니다. 사주팔자는 변함이 없는데 캐나다에 갔더니 육체적, 정신적으로 편해진 이유는 무엇일까요? 바로 시간에 반응하는 공간상황이 바뀌었기 때문입니다. 환경에 변화를 주어서 정신과 육체에 좋은 영향을 미치도록 바꿨습니다. 이런 경험을 반

복하면 공간을 활용해서 운명을 바꿀 수 있음을 확신하게 되는데 바로 12神煞(신살)을 방위에 활용하는 겁니다. 다른 명칭으로 풍수라고 부릅니다만 각 공간에 주어진 에너지파동(時間)을 바꿀 수는 없지만 서쪽에서 동쪽을 바라보는 방식으로 공간의 각도에 변화를 주거나 한국에서 캐나다로 이민 가서 공간을 바꿔서 시간의 가치를 다르게 활용하는 겁니다. 이런 방식을 이해하면 주어진 운명도 노력하기에 따라서 바꿀 수 있음을 확인합니다. 또 다른 사례는 학교에서 친구들에게 따돌림 당하면 고민하지 말고 즉시 학교를 바꿔서 학생이 정상적으로 성장하도록 도와야 합니다. 비록 억지스럽게 현재의 기운을 바꾸려는 시도라고 할지라도 그 학생에게는 깊은 상처에서 벗어날 수 있는 가장 효과적인 행위이기 때문입니다. 이것이 공간을 바꿔서 시간흐름(에너지파동)에 변화를 주는 방법입니다.

▌대만 유명한 도사에게 택일 했는데

들은 이야기입니다만 대만에 유명한 술사가 있었는데 부모가 출산택일을 했답니다. 하지만 불행하게도 태어난 아이는 불구였다고 합니다. 누구 탓을 해야 할지 답답합니다. 아이의 인생이 불행해졌지만 모든 책임을 술사에게 돌릴 수도 없는 이유는 나머지 상황을 모르기 때문입니다. 예로 의사가 실수할 수도 있고, 병원환경이 좋지 않아서 문제가 발생할 수도 있습니다. 하지만 소문난 술사의 택일이 불행한 결과를 초래한 것은 사실이기에 부모입장에서는 자연분만이 더 좋았을 것이라는 뒤늦은 후회를 하게 됩니다. 정반대 사례를 소개하겠습니다. 대학을 졸업하고 회사연수에 가서 신입사원들과 어울려 놀았는데 입사동기 중 한 명의 외형이 삼국지에 나오는 유비와 같은 느낌이었습니다. 후덕한 호남 형으로 피부 톤도 매우 맑았습니다. 그는 출생과정을 설명해주었는데 모친이 택일을 받아서 태어났다는 겁니다. 그 덕분인지 좋은 부모 만나서 미남으로 태어나 일류대를 졸업하고 일류 대기업에 입사하였습니다. 두 사례는 정반대 상황이니 참으로 모호합니다. 택일을 해서 좋을 수도 나쁠 수도 있습니다. 택일하는 술사에 따라 전혀 다른 결과가 나올 수도 있습니다. 택일하면 무조건 좋거나 택일하지 않으면 무조건 나쁘다는 것이 아님을 강조하려는 것입니다. 그렇다면 택일을 했음에도 상황이 달라지는 다른 요인은 없을까요?

▌아이가 일찍 나와 버렸어요.

가끔 이런 이야기를 듣습니다. "택일하고 날짜와 시간을 맞춰서 병원예약까지 했지만 제왕절개 8시간 전에 낳을 수밖에 없었습니다." 혹은 "수술하기로 한 의사선생님이 갑자기 교통사고로 13시간이 지난 후에야 아이를 낳았습니다." 이런 상황에 처했을 때 택일을 모르면 아이가 늦게 나왔건 빨리 나왔건 신경 쓸 이유가 없지만 택일이 중요하다고 인식한다면 참으로 난감한 상황입니다. 좋은 날을 골라서 훌륭한 자식을 원했던 꿈이 산산이 부서졌기 때문입니다. 어떤 문제가 그런 결과를 만들었을까요? 왜 하필 양수가 일찍 터져서 수술할 수밖에 없었고, 왜 하필 의사선생님은 그 시간에 교통사고를 냈을까요? 누구의 의지도 아니며 양자물리의 세계처럼 우연의 일치였을까요? 時空間이 원하는 대로 살아갈 수밖에 없는 것이 인간의 숙명이라는 생각에 이르면 우리는 문제의 원인을 고민합니다. 숙명론적 입장에서는 결국 神은 그 시간에 아이가 나오는 것을 원하지 않았던 것입니다. 물론 어느 시간이 반드시 좋거나 나쁘다는 의미는 아닙니다. 비록 택일한 시간에 어긋났지만 더욱 좋은 운명을 가지고 태어났을 수도, 반대로 좋지 않은 운명을 가지고 태어났을 수도 있습니다만 그 이유는 다양합니다. 아무리 그 시간에 출산을 원해도 다양한 이유로 출산하지 못할 수도 있으니 어쩌면 神의 의

- 19 -

지대로 神이 정해준 시간에 낳을 수밖에 없는지도 모를 일입니다. 또 다른 이유로는 아무리 좋은 시간을 선택해서 아이를 낳으려고 해도 부모의 업보에 따라 어울리지 않는 자식을 배정받을 수는 없을 겁니다. 이처럼 택일도 부모의 업보에 따라, 神의 의지에 따라 무용지물이 될 수도 있는 겁니다. 이런 이유로 부모와 자식의 사주팔자를 함께 살피는 상담사도 있습니다.

▌사고 후에 바뀐 영혼

젊어서 들었던 이야기입니다만, 친구가 4세 즈음에 교통사고로 심장이 멈추고 죽었다고 합니다. 병원 영안실로 들어갔는데 이상하게 하루 만에 다시 깨어났다고 합니다. 그 친구는 그 후에 자신의 얼굴이 아니라 전혀 모르는 얼굴이 거울에 보인다고 했답니다. 가끔 뉴스에 나오는데 죽었다가 깨어났더니 갑자기 전혀 몰랐던 외국어를 유창하게 할 수 있다는 내용과 유사합니다. 어쩌면 기존의 영혼은 교통사고로 육체를 떠났지만 육체가 필요한 영혼이 그 육체를 타고 들어왔는지도 모를 일입니다. 육체는 영혼이 소유한 집에 불과합니다. 표현을 달리하면, 육체를 소유할 영혼은 정해져 있는지도 모르기에 택일은 육체의 주인을 고르는 행위와 같습니다. 택일해서 아이를 낳는 행위는 생각보다 엄숙한 의미가 깃들어있습니다. 자식에게 어울리는 **영혼을 선택하는 행위**였던 것입니다. 어떤 영혼이 자식의 육체를 지배하느냐에 따라 운명이 달라집니다. 결국 택일 행위는 자식에게 좋은 영혼을 선택하려는 부모의 아름다운 의식입니다.

▌출산일에 얻는 영혼

한 가지 의문이 생깁니다. 우리 아이에게 주어지는 영혼은 도대체 어디에서 온 것인가? 만약 神의 의지를 부모가 대신 실행한다고 가정하면 출산과정을 이렇게 정리해볼 수 있습니다.

> 1.아빠와 엄마는 유전자를 전달합니다.
> https://100.daum.net/encyclopedia/view/124XX57000008
> (유전자 자료인데 관심 있다면 읽어보시기 바랍니다)
> 2. 전생의 업보를 가진 영혼이 아이의 육체에 들어옵니다.

즉, 탄생과정은 절대로 간단하지 않으며 다양한 인자가 섞이는 겁니다. 아빠와 엄마의 유전자는 육체 인자입니다만 전생의 업보를 가진 영혼은 유전자와 전혀 별개로 그 육체를 소유하고자 들어오는 것입니다. 그렇다면 둘 중 어느 것이 더 중요할까요? 부모의 유전자는 좋은 육체를 얻고자 필요하고 좋은 영혼은 인생을 꾸려가는 과정에 필요합니다. 하지만 또 의문이 남습니다. 그 영혼은 아이의 육체에 언제 들어올까요? 엄마가 임신하는 순간일까요? 탄생하는 순간일까요? 이니면 그 중간 어디쯤일까요? 이런 혼란은 다양하게 존재합니다. 유사한 상황이 四柱命理에도 있는데 바로 동지세수설과 입춘세수설입니다. 두 차이를 비유하면, 임신한 상황을 인격체로 볼 것인가, 탄생한 순간을 인격체로 볼 것인가의 문제입니다. 이 문제는 비교적 간단한데, 엄마 배속에 있는 아이도 생명체로 인식하지만 四柱八字는 탄생한 순간을 기준으로 하므로 엄마 배속에 있지만 탄생하지 않았다면 사주팔자를 분석할 기준을 정할 수 없습니다. 즉, 사회구성원으로 인정받으려면 반드시 탄생해서 생년월일을 받아야만 합니다.

▌그 영혼은 탄생과 함께 온다.

神은 덜렁거리는 스타일은 아닐 겁니다. 설마 탄생 순간에 부리나케 영혼을 불어넣겠습니까? 하루에도 수많은 아이들이 태어나는데 언제 전생의 업보를 가진 영혼들을 동시다발적으로 선택할까요? 분명히 임신에서 출산까지 과정 어디쯤엔가 영혼은 육체를 선택했을 것이지만 확인할 방법은 없습니다. 사주팔자에서 영혼의 존재를 파악하는 방법은 탄생 순간의 시공간 좌표로만 가능합니다. 정리하면, 탄생일을 기준으로 영혼의 존재를 확인하지만 임신 순간에서 탄생 사이 어디쯤에선가 그 영혼은 이미 육체에 들어와 존재했지만 사주팔자의 기준으로는 활용할 수 없습니다. 유전자와 영혼의 관계를 丁壬癸의 논리로 정리하면 이렇습니다.

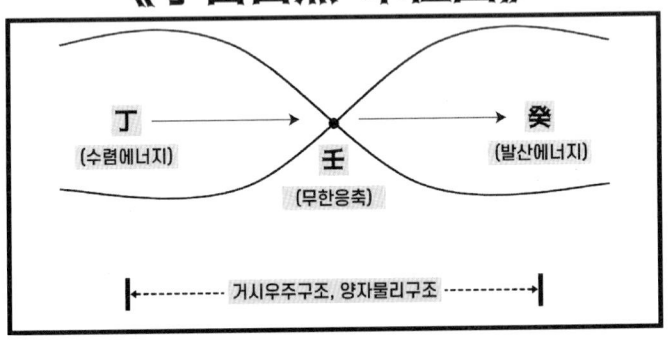

《宇宙自然 本性圖》

丁 - 부모의 유전자로 육체의 상태를 결정합니다.
癸 - 전생업보를 지닌 영혼으로 부모 유전자와 다릅니다.
壬 - 丁癸의 중간에서 균형을 유지하는 神의 의지입니다.

▌씨종자 vs 영혼

"씨도둑은 못한다."는 표현이 있습니다. 부모와 자식은 용모나 성질이 비슷하여 속일 수 없다는 표현입니다. 부모의 유전자에 대한 설명이지만 영혼까지도 제공한다는 표현은 아닙니다. 봄에 새싹이 자라고 가을에 열매를 완성하여 씨종자를 얻습니다. 그리고 다시 봄이 오면 거의 동일한 물형을 가진 새싹이 땅을 뚫고 오릅니다. 이것은 부모의 유전자를 이어받았기에 가능하지만 그 내면에 깃든 영혼과 유전자는 동일하지 않습니다. 도덕경 10장에 이런 표현이 있습니다.

●載營魄抱一 能無離乎(재영백포일 능무리호)
營魄을 묶고 一을 품어서 떨어지지 않을 수 있는가?

이 문장을 "혼백을 실어서"라고 해석하지만 載동사 + 營魄(먼저 할 일), + 抱(동사) 一 (나중에 할 일)로 구성된 구조로 혼(魂)과 백(魄)을 묶어서 一을 품은 후 떨어지지 않을 수 있는가? 라는 의미입니다. 즉, 營魄이 떨어져 있으니 하나로 묶으라는 설명이 아니며 인간의 육체에 혼백이 한 쌍으로 구성되며 다시 하나를 품어서(抱一) 분리되지 않도록 할 수 있는가를 묻는 것입니다. 즉, 인간의 육체에는 영백(癸, 丁)이 한 쌍이며 冲氣(끊임없이 충돌하는 기운)로 이루어졌지만 우주 이미의 본성인 一(壬)을 품어서 道의 본성을 유지하라는 것입니다. 비록 육체에 갇힌 영과 백이 따로 놀지만 둘을 하나로 묶어서 一의 본성을 따르라는 겁니다. 이처럼 老子도 도덕경에서 거의 유사한 표현을 하고 있음을 확인하였습니다. 그렇다면 씨종자와 영혼의 가장 큰 차이점은 무엇일까요? 씨종자는 육체부분을 책임지고 영혼은 정신을 지배하는 것입니다.

▌택일행위의 효과

결국 출산택일은 두 가지 모두를 택하는 것이 분명합니다. 부모가 제공한 씨종자의 유전정보를 품은 육체와 전생의 업보를 지닌 영혼을 함께 불러오는 행위입니다. 자연분만과 제왕절개로 낳는 차이를 정리해보면 이렇습니다. 자연분만의 경우는 부모가 선사한 육체와 조상과 부모가 쌓은 업보의 범주에 있는 영혼을 불러오지만 택일해서 제왕절개로 낳는 경우는 <u>부모가 얻을 수 있는 영혼의 범주를 뛰어넘는</u> 겁니다. 예로, "저 집 자식은 이

상하게 부모와 전혀 달라!" "부모는 엉망인데 자식은 어쩌면 저렇게 착하고 성실한지 이해할 수가 없어!"와 같은 상황으로 출산택일은 <u>영혼의 추월행위</u>와 같습니다. 내 업보로는 도저히 얻을 수 없는 자식을 불러오는 의식입니다. 물론 위에서 언급한 것처럼 아무리 좋은 날을 골라도 부모의 업보에 따라서 그 날에 태어날 수도, 태어나지 못할 수도 있기에 추월행위가 무조건 가능한 것은 아니지만 시도할 가치는 충분합니다. 마치 로또 당첨처럼 상상도 못했던 자식이 나와서 찢어지게 가난했던 부모가 자식 덕분에 갑자기 재벌 부친으로 바뀌는 경우입니다. 가장 마지막 章에서 로또에 당첨되는 사례들을 충분히 살펴보겠지만 출산택일을 잘해서 자식로또를 맞는 겁니다. 어떤 면에서는 당첨확률이 불가능에 가까운 로또에 비해 훨씬 높은 확률입니다. 좋은 자식을 얻으려는 시도이기에 흉함도 없고 충분히 가치 있는 의식입니다. 부모는 가난해도 자식이 부자 되거나 훌륭한 손자가 조부모와 부모를 부자로 만들어줄 수도 있으니 로또에 비유할 수 없을 정도로 가치가 높습니다. 내 사주로는 부자가 될 수 없지만 자식과 손자들의 도움으로 삼대에 걸쳐서 부자로 살아갈 수 있는 겁니다.

▌사주팔자에 얽히고설킨 다양한 업보

時 12시	日 12	月 12	年 2022
庚 자식	己 나	壬 부친	壬 조부
午 배우자	亥 배우자	子 모친	寅 조모

양력 2022년 12월 12일 오후 12시에 태어나 사주상담을 받으려면 60甲子로 바꿔야 합니다. 壬寅년, 壬子월 己亥일 庚午시로 상담자에 따라서 다양한 방식으로 사주를 분석하지만 위의 사주팔자를 활용하는 것은 동일합니다. 결국 사주분석 행위는 사주

에 드러난 60甲子를 이해하는 것인데 사주팔자에는 본인 외에도 모든 육친들이 함께 있습니다. 2022년 壬寅년은 조부와 조모, 12월 壬子는 부친과 모친, 12일 己亥는 나와 배우자, 오후 12시 庚午는 자식과 자식의 배우자를 상징합니다. 따라서 내 사주팔자를 통해서 육친들의 운명도 함께 읽어낼 수도 있는 겁니다. 이 의미에는 엄청난 비밀이 숨겨져 있습니다. 내가 태어난 날짜로 조부모, 부모와 내 배우자는 물론이고 자식의 운명을 결정할 수 있다는 겁니다. 예로, 첫째 아들을 낳았는데 부모가 사업하다 망해버렸는데 막내딸을 낳고서 다시 엄청난 부자가 되는 경우도 있습니다. 아들 사주로 부모의 운명이 결정되고 또 막내딸 사주로 부모의 운명이 달라지기 때문입니다. 부모가 살아온 과정을 살피고 싶다면 자식들의 사주팔자를 순서대로 살피면 그 흐름을 읽어낼 수도 있습니다. 따라서 좋은 날을 택했음에도 그 시간에 낳을 수 없는 이유 하나는 조부모와 부모 상황이 선택한 날짜의 상황과 전혀 다르기 때문입니다. 예로, 조부모와 부모는 조폭으로 살았는데 택일한 날짜는 대학교수라면 그 날을 선택해도 아이를 낳을 수 없는 이유입니다.

몇 개월 전에 택일 해준 경험이 있는데 출산예정 일주일의 사주팔자 중에서 두 개의 좋은 날을 골라서 조부모와 부모상황을 비교 설명하였습니다. 즉, A의 경우 조부모와 부모는 이런 저런 상황이고, B의 경우 조부모와 부모의 상황은 이런 저런 상황이냐고 질문을 했을 때 A의 상황과 유사하지만 B의 상황과는 너무 다르더군요. 결국 조부모, 부모의 상황에 맞는 아이는 A이며 아무리 B날을 선택해도 이런 저런 이유로 낳지 못할 수 있는 겁니다. 결국 택일행위는 내가 마음대로 선택할 수 있는 것도 아니라는 겁니다.

▌宮位(궁위)의 이해

時 12시	日 12	月 12	年 2022
庚-宮자식	己-宮 나	壬-宮 부친	壬-宮 조부
午-宮배우자	亥-宮 배우자	子-宮 모친	寅-宮 조모

四柱八字에는 4개의 기둥과 8개의 글자가 있습니다. 4개의 기둥은 연월일시이며 각 기둥은 干支로 조합하기에 총 8개의 글자가 있으며 각각의 宮에는 서로 다른 의미가 있습니다. 나를 기준으로 식구들을 표현하면 위와 같은데 만약 내 조모의 상황을 이해하려면 年支 寅을 살펴야 합니다. 하지만 조모 혼자서 사는 것이 아니기에 年干 조부 壬과는 배우자 관계요 月干 壬과는 자식의 연을 맺으며 月支 子는 자식의 배우자입니다. 이렇게 六親 인연에 따라 서로의 관계를 읽어냅니다. 즉, 寅만 단독으로 살피면 호랑이를 상징하는 寅의 특징대로 할머니는 총명하며 용맹하고 기획력이 뛰어나며 타인에게 의지하지 않으며 여장부다운 풍모를 가졌으면서도 존재를 겉으로 드러내는 것을 좋아하지 않습니다. 또 壬寅으로 두 글자를 묶으면 조부와 조모의 인연을 이해할 수 있습니다. 壬과 寅의 다양한 물상 중에서 壬을 생명수로, 寅을 겨울 뿌리로 그 관계를 분석해보겠습니다.

壬 조부는 생명수를 寅 뿌리에게 제공해서 성장을 유도합니다. 따라서 조부가 조모를 도우려는 마음도 강하고 사랑하는 마음도 강합니다. 또 조부는 반드시 조모를 통해서 무언가를 하려고 합니다. 집을 구입하려면 조모에게 의견을 묻거나 조모의 이름을 활용합니다. 또 사회활동 과정에서도 자꾸 조모를 앞세우려 합니다. 壬水는 블랙홀처럼 어둠을 상징하기에 자신의 존재를 밖으로 드러내지 못하거나 어둠처럼 자신을 외부에 드러내기 싫어합니다. 조모 입장에서는 조부의 사랑을 반기면서도 조부의 간

섭이나 부려먹는 행위를 싫어합니다. 이런 설명은 壬寅 干支 의 미를 간단하게 살핀 것에 불과합니다만 육친의 행동이나 심리를 이해하는데 매우 편리합니다. 다만 그 관계가 壬寅으로만 끝나는 것이 아니라 壬子, 己亥, 庚午와도 관계를 형성하기에 다양한 에너지 파동으로 육친들의 인생이 펼쳐집니다.

▌宮位(궁위)와 택일의 관계

	日　12	月　12	年　2022
	己 - 나	壬-宮 부친	壬-宮 조부 天干
		子-宮 모친	寅-宮 조모 地支

宮位를 이해하면 출산택일은 단순하게 내가 태어날 날짜를 고르는 행위가 아님을 알게 됩니다. 비록 내가 태어날 날짜를 골랐지만 년과 월의 宮位에 있는 조부모와 부모의 상황에도 강한 영향을 미치기 때문입니다. 나는 출산일에 태어나지만 조부모와 부모는 이미 지구에 존재하고 살아가고 있습니다. 따라서 금 수저, 은수저, 흙 수저는 내가 태어나는 순간에 내 의지와 상관없이 결정되는 겁니다. 태어나보니 삼성그룹 후계자요, 빌게이츠 자식이요, 또 아프리카 오지 사막에서 살아가는 부모를 만났습니다. 즉, 내가 금수저로 태어나는 첫 번째 조건은 년과 월에 있는 4개 글자를 잘 선택해야 하는 겁니다. 년과 월의 배합이 나쁘면 금 수저는 불가능합니다. 출산일을 고르면 자연스럽게 조부모와 부모의 상황이 결정되는데 명리 학을 학습하지 않으면 대충 오행을 갖춰서 좋은 날이라고 선택합니다. 예로, 조부모와 부모의 상황은 매우 가난한데 택일한 날짜는 조부모와 부모가 재벌 사주이라면 그 출산일을 택한들 얻을 수 없는 겁니다. 물론 유일한 가능성은 태어난 후 찢어지게 가난했던 조부모와 부모가 오랜 세월이 흘러 재벌 손자나 자식을 둘 수는 있습니다.

▌부모 상황을 내가 결정한다.

時	日	月	年
모	辛	戊	癸
름	未	午	酉

이 여인의 사례를 통해서 년과 월의 배합이 중요한 이유를 살펴 보겠습니다. 2020년 당시 庚子년에 국립악단에서 활동하는 연주자입니다. 이 날을 택하면 내가 만날 부모의 동태는 결정되어 있습니다. 부모가 자식의 동태를 결정하지만 자식이 부모의 인생에 개입할 수도 있다는 것입니다. 宮位대로 부친은 月의 戊土이고 이 여인은 日干 辛金입니다. 따라서 부친상황을 살피려면 戊土의 상하좌우 상황을 읽어야 합니다. 즉, 戊土 주위의 癸酉, 午火 그리고 辛未와의 관계를 살피면 戊土 부친의 상황을 이해하게 됩니다. 辛未 딸이 태어나기 전에는 부친의 상황을 모르지만 딸이 태어난 후에는 부친의 운명에 개입하기 시작합니다.

당장은 이해하기 어려운 설명입니다만 간단하게 비유하면, 戊土는 지구터전과 같아서 그 위에 많은 사람들이 살아갑니다. 따라서 지구터전 역할에 충실할 수 있는 구조라면 부친은 자신의 능력이나 재능을 적절하게 활용할 수 있지만 반대 상황이라면 원하지 않는 인생을 살아갑니다. 戊土 주위에 癸酉와 午火, 辛未가 있으니 戊土는 마치 사막처럼 변하여 선인장들(辛金, 酉金)만 자라니 살아가기 불편한 환경입니다. 이런 이유로 부친은 거칠게 살았고 모친과 이혼했습니다. 그렇다면 누가 부친의 상황을 저렇게 만들었을까요? 부친 본인의 운명도 있지만 딸이 태어난 순간에 결정된 부친의 상황에 영향을 미쳤기 때문입니다. 우리가 부모를 원망할 수 없는 이유입니다. 내가 부모를 그렇게 만들었던 것으로 내가 그런 업보를 가지고 태어났기 때문입니다. 이런 이치를 공부하면 부모를 원망하는 마음이 사라지고 부모에게 미안한 마음을 갖게 됩니다.

▌고대 궁궐에서는 - 년월 구조가 중요한 이유

비록 명확하게 이해할 수는 없지만 년과 월의 배합에 따라 금수저와 흙 수저로 갈리고 부모의 상황도 크게 달라지는 이유에 대해서 감이 조금 옵니다. 기존 방식처럼 日干만을 강조하는 택일 방법에서 벗어나야 하는 이유를 설명하는 것입니다. 예로, 丙午년 丁酉월로 태어나면 30세 이전에는 다방면으로 풀리지 않고 꼬이는 인생을 살아야 합니다. 그 이유는 년과 월에서 배정 받은 丙午와 丁酉 조합이 좋지 않으니 조상과 부모의 상황이 나쁘기에 자신도 흙 수저로 태어날 수밖에 없었고 구조가 나쁘니 30세 이전까지는 인생이 풀리지 않습니다. 이때 日干(나)이 무엇이던 상관없이 丙午年 丁酉월로 태어나면 그렇게 정해진 운명을 살아야 합니다. 이런 이치를 이해하면 어떤 해, 어떤 월에는 아이를 낳지 않는 것이 좋다는 이치를 깨우칩니다.

거꾸로 표현하면, 출산택일에 신경 쓰기 이전에 임신계획부터 잘 세워야 한다는 겁니다. 아무리 좋은 출산일을 택하려고 해도 壬寅년 壬子월에 태어나도록 임신했다면 壬과 壬으로 년과 월이 동일하기에 할아버지와 아버지는 떨어져 살거나 내가 부모와 함께 살지 못하는 운명으로 태어납니다. 이렇게 정해져버린 년과 월의 조합은 바꿀 수 없기에 태어난 날짜로 문제점을 해결하거나 보충하지만 인생의 70%를 차지하는 년과 월을 바꿀 수는 없습니다. 또 丙戌年, 丙申 月에 태어나면 특별한 경우를 제외하고는 정치, 검경, 법조, 교육계 인연이 강합니다. 비록 日干(나)에 따라서 조부모와 부모의 상황이 나쁠 수도 있지만 성장 후에는 사회에서 두각을 나타내는 조합이 분명합니다. 고대 궁

- 29 -

궐에서 아이를 낳으려면 습宮 日(합궁일)을 택했던 이유입니다. 출산일은 물론이고 임신에 좋은 날을 골라서 습宮했던 것입니다. 아무리 좋은 날을 골라서 출산택일을 해도 년과 월에 있는 조상, 부모의 동태가 나쁘면 소용이 없기 때문입니다.

▌宮位(궁위)와 연령 - 개인의 일생

時 12시	日 12	月 12	年 2022
庚-53세까지	己-37세까지	壬-23세까지	壬- 7세까지
午-60세까지	亥-45세까지	子-30세까지	寅- 15세까지

지금까지 나와 六親(육친)의 관계를 살펴보았습니다만 사주팔자에는 육친과는 별도로 개인의 일생도 표현합니다. 년에서 태어나 時에서 사망하는 과정이 순차적으로 펼쳐집니다. 각 宮位는 탄생에서 죽음까지의 연령을 표현하는데 대략적인 연령을 나누면 위와 같습니다. 그렇다면 이런 구분을 어디에 활용할까요? 예로, 내가 현재 39세라면 사주원국에서 日支 宮位 亥水를 지나는 중입니다. 따라서 亥水가 사주팔자에서 좋은 작용을 하는지 아니면 나쁜 작용을 하는지 알 수만 있다면 그 시기에 운세가 어떻다는 것을 쉽고 빠르게 이해합니다. 지금 당장 그 요령을 설명해도 이해하기 어려우니 조금씩 풀어서 살펴볼 것입니다. 반드시 宮位의 연령을 이해해야 하는 이유는 내가 현재 어디를 지나는지 쉽고 빠르게 이해하기 위해서입니다. 숫자분류 요령은 사주팔자에 4개의 기둥이 있는데 각 기둥을 15 세로 나누고 기둥마다 上下 2개로 나누면 각 宮位는 7.5세 정도가 됩니다. 60세로 나누는 근거는 과학자들이 발견한 육체와 뇌의 변화과정을 기준으로 한 것입니다.

▌루나코인 폭락사태 권 씨의 사주팔자 특징

권 씨의 四柱八字에서 문제의 원인을 찾아보고자 지금까지 사주 구조를 분석하는 요령에 대해 간단히 살펴보았습니다. 그렇다면 과연 그의 사주팔자를 활용해서 아래에 있는 질문에 답할 수 있을까요?

1.젊은 나이에 50조 이상의 회사를 운영할 수 있는 이유는?
2.갑자기 망한 이유는?

권 씨의 양력생일 1991년 9월 6일(음력 7월 28일)을 만세력을 활용해서 四柱八字로 바꿔보겠습니다.

시-모름	일-6	월-9	년-1991
모	己	丙	辛
름	卯	申(月支)	未

이제 우리는 辛未년 丙申월 己卯일이라는 정보를 활용해서 두 가지 질문의 답을 찾아내야 합니다. 그의 현재 나이는 32세이고 회사를 설립한 2018년은 27세 즈음입니다. 宮位는 月支 申을 지나는 시기로 열매를 상징하는 申金의 특징에 따라서 돈에 대한 욕망이 강합니다. 그의 약력을 살펴보았습니다. 대원외고를 졸업하고 미국 스탠퍼드 대학에서 경제학과와 컴퓨터과학을 복수 전공했으며 2016년에 성균관대에서 강연했고 애플과 마이크로소프트에서 각 3개월 동안 인턴근무를 했다고 합니다. 2018년에 티몬의 창업자인 신 현성과 테라폼랩스를 공동 창업해서 CEO를 맡았습니다.

- 31 -

▌해외를 넘나드는 이유

시-모름	일-6	월-9	년-1991
모	己	丙	辛
름	卯	申(月支)	未

약력을 보면 대원외고와 영어가 등장합니다. 어린 시절부터 외국어와 인연이 깊었기에 태어난 국가보다 해외와 인연이 깊은 인자나 업보를 가지고 태어난 것이 분명합니다. 예로, 무역업이나 해외변호사, 통역, 번역처럼 해외나 외국어를 활용하는 이유도 사실 우연히 그 직업을 갖는 것이 아니라 사주팔자에 해외와 깊은 인연이 있는 영혼이기 때문에 가능합니다. 너무 과장스런 설명이라 느끼겠지만 전생에 해외에서 살던 영혼이 이번 생에는 한국에서 태어난 것입니다.

만약 해외귀신에 대한 내용을 자세히 듣고 싶다면 "시공명리학" Youtube에서 해외귀신을 찾아서 들어보시기 바랍니다. 참고로 1991년 辛未년의 干支는 해외영혼의 의미가 강하게 담겨져 있습니다. 年의 宮位는 六親(육친)으로 조부모를 뜻하지만 공간으로는 국가, 해외, 전생을 상징합니다. 만약 辛未년에 태어났다면 해외에서 살던 영혼이 한국에 태어난 것인데 윤회를 믿지 않는다면 해외, 외국어, 무역, 통역과 같은 직업에 인연이 많다고 기억하면 됩니다. 또 다른 특징은 해외와의 인연이 강하기에 시공간을 넓게 활용하며 사고방식도 굉장히 독특합니다. 만약 영리하고 독특한 성격을 가진 자식을 낳고 싶다면 辛未년을 기대하는 것도 좋습니다. 그렇다면 왜 辛未 干支는 해외, 외국어, 무역과 같은 특징을 가지고 있을까요? 辛金은 종묘사직이라고 부르는 씨종자로 地支로 바꾸면 酉金입니다. 봄에 卯木 새싹이 땅으로 올라와 가을에 열매로 떨어진 상황을 酉金이라 부르는데 음

- 32 -

력 8월 가을에 논과 밭에서 곡식이나 과일을 수확하는 이치를 표현했습니다. 이처럼 辛과 酉는 씨종자를 상징하는 부호이기에 그 특징이 타인과 다름을 암시합니다. 이 의미를 나쁘게 활용하면 사람들을 구별하고 차별하는 성향이 강합니다. 나는 금 수저로 태어났기에 감히 은수저, 흙 수저와는 함께 할 수 없다는 생각을 합니다. 자신은 남들과 다르며 매우 독특하다고 인식합니다. 하지만 무조건 나쁜 것은 없기에 그 특징을 만인을 위해 활용하면 뛰어난 두뇌로 새로운 시대를 열어가는 능력을 가졌습니다. 예로 일론 머스크처럼 화성에 인간이 살아갈 터전을 마련하겠다는 생각을 합니다.

정반대로 사기행각이 들통 나기 전까지 '제2의 스티브 잡스'로 각광받았고 의도적으로 잡스와 비슷한 이미지를 만들려고 애썼던 엘리자베스 홈즈(Elizabeth Holmes)의 경우도 있습니다. 최연소 여성 억만장자, 실리콘밸리의 신데렐라란 수식어를 단 그는 열아홉 살이던 2003년 창업해서 서른한 살에 90억 달러(한화 10조 6천 억 원)의 기업 가치를 지닌 '테라노스'의 대표로 승승장구했습니다. 하지만 지금은 희대의 사기꾼으로 전락해서 유죄 평결을 받고 징역을 살아야 합니다. 이처럼 동일한 에너지도 나쁘게 활용하면 뛰어난 두뇌를 범죄에 활용합니다. 과거에 다양한 방식으로 금융 사고를 일으키고 서민의 돈을 강탈하여 해외로 도망간 사례들이 이에 해당합니다.

▌4살 차이는 궁합도 볼 필요가 없다고 하는 이유

권 씨의 뇌 구조를 살펴보기 전에, 4살 차이는 宮合을 볼 필요도 없다는 이유를 보겠습니다. 그 이유는 三合운동 때문으로 4개의 종류가 있는데 아래와 같습니다.

●三合의 기준 : 12地支, 子丑寅卯辰巳午未申酉戌亥
●三合의 종류 : 12개를 3개 글자씩 조합해서 4종류
1)寅午戌 - 寅卯辰巳午未申酉戌 분산운동 합니다.
2)巳酉丑 - 巳午未申酉戌亥子丑 수확운동 합니다.
3)申子辰 - 申酉戌亥子丑寅卯辰 응축운동 합니다.
4)亥卯未 - 亥子丑寅卯辰巳午未 성장운동 합니다.

三合운동은 4계절이 순환하는 과정에 유사한 특징을 3개로 묶은 것으로 겨울에는 水氣로 응축운동, 여름에는 火氣로 분산운동을 해주기에 영향을 받은 木氣는 봄에 성장운동하고 金氣는 가을에 수렴운동으로 수확합니다. 세 글자는 각 4년 격차가 있습니다. 寅午戌 三合을 예로 살피면, 寅(卯辰巳)午(未申酉)戌(亥子丑)寅으로 寅에서 午까지 4년, 午에서 戌까지 4년, 그리고 戌에서 寅까지 4년 격차입니다.

이처럼 合이 들었다는 주장은 三合으로 짝을 이루었기에 매우 좋으니 宮合을 볼 필요가 없다는 겁니다. 三合의 어떤 특징이 그런 주장을 하게 만들었을까요? 추구하는 목적이나 방향이 동일하기 때문입니다. 예로, 寅午戌 三合운동의 목적은 만물을 확장하기 위해서 움직이며 세 글자는 모두 그 속성을 공유하기에 상대를 쉽게 이해하고 함께 목표를 향합니다. 三合운동에는 독특한 특징이 하나 더 있습니다. 12개월 중에서 9개월만으로 구성된 三合이기에 3개월은 三合운동 범주를 벗어납니다.

- 34 -

1)寅午戌 - 亥子丑 月은 寅午戌 三合을 벗어납니다.
2)巳酉丑 - 寅卯辰 月은 巳酉丑 三合을 벗어납니다.
3)申子辰 - 巳午未 月은 申子辰 三合을 벗어납니다.
4)亥卯未 - 申酉戌 月은 亥卯未 三合을 벗어납니다.

三合을 벗어났다는 의미는 三合이 추구하는 목적이나 방향과 다른 행동을 한다는 겁니다. 그 이유를 살펴보겠습니다.

1)寅午戌 - 亥子丑月은 寅午戌 분산운동에 반하는 응축운동
2)巳酉丑 - 寅卯辰月은 巳酉丑 수확운동에 반하는 성장운동
3)申子辰 - 巳午未月은 申子辰 응축운동에 반하는 분산운동
4)亥卯未 - 申酉戌月은 亥卯未 성장운동에 반하는 수확운동

이해를 돕기 위해서 그림을 살펴보겠습니다.

自然循環圖(시공간 순환도)

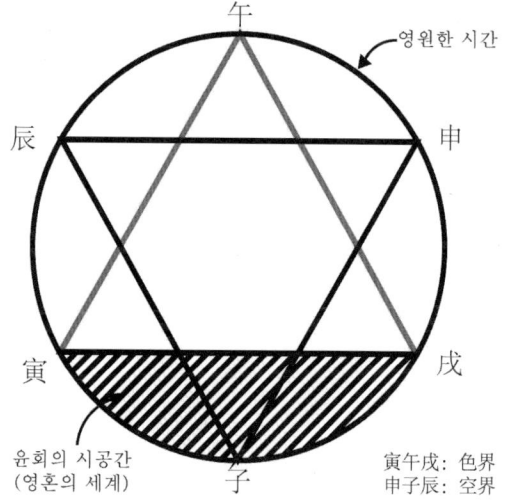

그림에서 위로 오르는 삼각형은 三合운동의 범주를 표현하였고

- 35 -

아래쪽의 검은 선들은 三合을 벗어난 나머지 3개월을 표현한 것입니다.

▌三合 내부와 외부의 차이

三合운동 범주에 있는 것과 벗어난 것의 차이는 무엇일까요? 우리는 살아가는 과정에 이런 경험을 합니다. 대략 90%는 거의 동일한 사고방식과 행동방식으로 살기에 이질감을 느끼지 못하지만 "너는 어느 별에서 왔니?"라고 할 정도로 이질감을 느끼게 하는 사람들이 있습니다. 예로 극히 보수적인 가정에서 태어난 자식들은 대부분 부모와 유사한 행동을 하는데 유독 어떤 자식은 함부로 행동하고 방탕 하는 인생을 살아가는 경우도 있습니다. 이처럼 보편적 사고방식, 행동방식을 벗어난 사람들의 심리를 이해하는 가장 빠른 방법이 바로 三合운동의 특징을 이해하는 겁니다.

요즘 유행하는 "인싸"는 三合운동 범주에, "아싸"는 三合운동 범주를 벗어났습니다. 표현대로 정해진 궤도를 이탈한 것으로 일반인이 이해하거나 실행할 수 있는 범위를 벗어났음을 뜻합니다. 부유하고 엄한 가정에서 태어나 돈도 충분히 많은데 화류계에서 활동하는 경우입니다. 사람들은 그녀의 행동을 이해하는데 애를 먹습니다. 부모도 부자요 사회에서 지위를 누리고 살기에 부족함 없이 성장해서 대학을 졸업했음에도 나중에 화류계로 빠져듭니다. 부모는 도저히 이해할 수 없는 행동을 하는 겁니다. 三合운동을 벗어난 글자를 사주팔자에 많이 가졌다면 보통 사람들과 크게 다르다고 인식해야 합니다. 사고방식, 행동방식이 굉장히 독특해서 이해하는데 애를 먹습니다. 사실 이해하기 어렵습니다. 이처럼 일반인과 구별되는 독특한 특징을 잘 활용하면 매우 총명하지만 그 특징을 나쁘게 활용하면 상상할 수 없는 잔

머리로 사람들을 괴롭힙니다. 위에서 언급했던 '제2의 스티브 잡스'로 불렸던 엘리자베스 홈즈의 경우가 적절한 예입니다. 앞으로 상상을 초월하는 다양한 천재들을 살펴볼 예정입니다.

▌20대 중반부터 사업한 이유

사주팔자에 돈이 많음을 판단하려면 財星(재성, 偏財나 正財)의 동태를 살펴야 한다고 배웠다면 이 사주가 25세도 넘지 않은 젊은 나이에 사업을 시작한 이유를 찾지 못합니다. 30세 이전을 상징하는 宮位인 년과 월에 財星이 있어야 하는데 없습니다. 그렇다면 어떤 에너지 때문에 그는 젊은 나이에 사업을 시작했을까요?

시-모름	일-6	월-9	년-1991
모	己	丙(月干)	辛
름	卯	申(月支)	未

사주팔자의 月에 있는 두 글자는 당사자가 추구하는 직업성향을 표현합니다. 만약 직업의 속성을 분석하려면 月에 있는 두 글자를 살펴야 합니다. 주의할 점은, 十神으로 판단하는 것이 아니라 干支자체의 특징과 의미에 집중해야 합니다. 특히 태어난 달의 공간 환경을 자세히 살펴야 합니다. 이 사주는 丙申 月에 태어났기에 두 글자의 뜻을 살피고 申月의 공간 환경도 함께 살펴야 합니다. 申月은 음력 7월로 여름에 열매가 커지고 단단하게 영글어 가다가 酉月에 수확합니다. 따라서 申月에 자연에서는 어떻게 하면 열매를 크게 확장하고 잘 영글도록 할 것인지 고민하는데 그 이유는 좋은 열매를 수확해야 가치가 높기 때문입니다. 그래서 申月에 태어난 사람은 동분서주 참으로 바쁩니다. 이곳저곳에 열린 열매들이 잘 크는지, 잘 영글었는지, 문제는 없는지 살피러 돌아다니기 때문입니다. 그래서 申은 <u>역마속성이</u>

- 37 -

매우 강합니다. 이 설명은 月支특징에 대해서 간단하게 살핀 것이고 丙申干支를 함께 살펴보겠습니다. 丙火는 빛처럼 만물을 분산하는 에너지로 부피를 확장시킵니다. 巳月에 꽃이 활짝 피어나 토마토 크기의 수박이 머리보다 큰 덩어리로 바뀌는 상황을 상상하면 이해가 쉽습니다. 두 글자를 종합해보면 申月에 사방팔방으로 돌아다니며 열매를 확장하는 직업을 가진 것이 丙申의 특징입니다. 나이는 16세부터 30세 사이로 지향하는 모든 행위에는 열매를 확장하려는 의지(돈)가 담겨져 있습니다. 이런 생각과 행동은 오로지 돈을 쫓기에 인간미는 떨어집니다. 물질을 추구하면서 돈 위주로 세상을 판단하기 때문입니다. 지금까지 내용 외에 다른 인자를 살펴보겠습니다. 바로 未土와 卯木이 모두 申과 연결되어 있다는 겁니다. 자연이치로 살피면 未는 설익은 과일이요 卯는 새싹과 같아서 모두 申 열매를 완성하는데 필요합니다. 여름에 열매가 열리는 이유는 모두 봄에 새싹이 땅을 뚫고 올라왔기 때문으로 열매의 원천이 새싹인 것입니다. 따라서 丙申으로 열매를 확장하는 과정에 卯未가 있는 것과 없는 것은 하늘과 땅 차이입니다. 예로 丙申만 있다면 과일을 수확하면 더 이상 수확할 수 없지만 卯와 未가 있다면 계속 수확해도 열매가 계속 열리는 상황입니다. 이런 구조차이로 재물의 크기가 달라집니다. 이해를 돕고자 일론 머스크 사주팔자를 비교해보겠습니다.

시-모름	일-28	월-6	년-1971
모	甲	甲(月干)	辛
름	申(38-45세)	午(月支)	亥

신기합니다. 財星(재성-사주팔자에서 재물로 간주하는 十神)이 재물이라고 배웠다면 60조를 다루던 권 씨도, 화성을 훔치려는 머스크도 사주팔자에 財星이 보이지 않습니다. 특히 횡재나 큰

재물로 인식하는 偏財(편재)가 있어야 부자라고 배웠는데 그림 자도 보이지 않습니다. 세계에서 가장 큰 부자로 230조원이 넘는 부를 축적했는데 財星이 없다니 이해가 어렵습니다. 앞으로 살펴볼 하늘에서 돈벼락 맞는 수많은 사주팔자에는 財星의 그림자도 보이지 않는 사례가 넘칩니다. 사실 사주팔자에서 하나 혹은 두 글자에 불과한 財星 때문에 부를 축적할 수는 없습니다. 사주전체 구조와 글자들의 배합과 쓰임에 따라 230조원이라는 부를 축적하는 겁니다. 권 씨의 사주팔자 月支에 申金이 있는데 일론 머스크 日支에도 申金이 있습니다. 우연의 일치일까요? 권 씨는 月支의 시기인 24세부터 30세까지 50조를 다루었고 일론 머스크는 日支의 시기인 38세 이후에 엄청난 규모의 사업체를 운영합니다. 일론 머스크의 申金 열매의 원천은 甲木으로 권 씨의 未와 卯의 작용과 유사합니다 辛亥년에 씨종자 辛金이 亥水에 풀어지고 甲午월로 이어져 결국 甲申으로 열매를 수확합니다. 이런 흐름으로 하늘에서 230조 돈벼락을 맞았던 것입니다.

▌남들과 다른 생각

권 씨는 무슨 생각으로 60조원에 달하는 자산을 증발시켰는지 우리는 알 수 없습니다. 그의 뇌 속으로 들어가 살펴보고 싶지만 불가능 합니다. 다만, 유사한 사주팔자를 비교해서 그 이유를 유추할 수는 있습니다. 일론 머스크는 어려서부터 다독가였고 책을 통해 배우는 것에 익숙했고 10세(1981년)때 이미 컴퓨터를 사용했고 12세(1983년)에 컴퓨터 프로그래밍을 익혀서 비디오 게임을 만들었다고 합니다. 공상과학 소설에서 영감을 얻어 가상공간 게임으로 잡지회사로부터 500달러를 받고 소스코드를 공개했습니다. 머스크는 뛰어난 기억력을 가졌고 책을 좋아해서 친구들에게 따돌림을 당했습니다. 1989년에 캐나다로 이주해 퀸스 대학교에서 우수한 성적으로 1992년에 장학금을 받

- 39 -

고 펜실베이니아 대학교로 편입해서 경제학과 물리학도 전공하였으며 24세 1995년에 재료과학과 물리학 분야에서 스탠퍼드 대학 박사과정을 등록했다가 자퇴하고 실리콘 밸리로 이주하였습니다. 그가 했던 표현들을 좀 살펴보겠습니다.

▶당신은 왜 살고 싶은가? 중요한 것은 무엇인가? 무엇이 영감을 주는가? 어떤 미래를 사랑하는가? 나의 경우, 인류의 미래가 성간비행과 다 행성 종족 화를 포함하지 않는다면 엄청나게 우울하게 느낄 것이다.

▶대학에 다닐 때 세상을 바꿀 수 있는 일에 참여하고 싶었다.

▶수백 년 전으로 돌아간다면 오늘날 우리가 당연하게 여기는 것이 마법처럼 보일 것입니다. 장거리에 있는 사람들과 대화할 수 있고, 이미지를 전송하고, 하늘을 날고, 오라클처럼 방대한 양의 데이터에 액세스할 수 있습니다. 이것들은 모두 몇 백 년 전에는 마법으로 여겨졌을 것입니다.

▶저는 세상을 변화시키거나 미래에 영향을 미치거나 사람들이 주목할 놀라운 신기술에 관심이 있습니다. 그리고 사람들은 "와, 어떻게 그런 일이 일어났지? 어떻게 그게 가능합니까?"라고 말하는 것입니다.

▶내 생애 동안에 인류가 화성에 착륙하지 않는다면 나는 매우 실망할 것입니다. 화성은 태양계에서 생명체가 다중 행성종이 될 수 있는 유일한 장소입니다.

▶기존 기술들을 무너뜨릴 정도로 파괴적인 혁신은 새로운 회사에서 나오는 경향이 있습니다.

평범한 우리들은 하늘을 우러러 어떻게 복종할까를 고민하지만 머스크는 어떻게 화성을 정복할까를 고민합니다. 복종과 정복은 전혀 다릅니다. 지배자와 피지배자, 왕과 신하, 신과 인간처럼 차이가 큽니다. 머스크는 지배자를 원하는데 그 동력은 다른 생각에서 비롯됩니다. 그렇다면 "다른 생각"은 사주팔자 어디에서 비롯되는 것일까요?

시-모름	일-28	월-6	년-1971
모	甲	甲(月干)	辛
름	申(38-45세)	午(月支)	亥

그것을 이해하려면 위에서 살펴보았던 三合과정을 살펴야 합니다. 판단기준은 반드시 <u>年支를 기준</u>으로 하는데 그 이유는 근본 터전, 전생의 업보를 상징하기 때문입니다. 이 사주의 年支는 亥水로 亥卯未 三合운동을 하기에 亥子丑, 寅卯辰, 巳午未 9개월 동안 성장하려는 성향입니다. 절대로 포기하지 않고 불굴의 의지로 계속 도전하면서 발전합니다. 마치 나무가 하늘을 향하듯 항상 자신을 발전시키고자 노력합니다. 亥卯未 三合의 내부와 외부를 나누면 亥子丑, 寅卯辰, 巳午未 三合을 벗어난 공간은 <u>申酉戌</u> 세 글자뿐입니다. 따라서 申酉戌과 申酉를 천간으로 올린 庚辛(申=庚, 酉=辛)은 三合의 특징과 정반대로 행동하려고 합니다. 따라서 사주팔자에 이런 글자들이 많을수록 정해진 법이나 규칙을 깨려는 성향이 강합니다. 물론 사주구조에 따라 화성을 정복하겠다는 기발한 생각을 하는 사람도 있지만 일반인은 할 수 없는 행동들 예로 전철에서 담배를 피우거나, 주위사람들을 배반하거나, 거짓말을 밥 먹듯 하거나, 사기범죄를 저질러서 교도소에 수감되는 경우도 많습니다.

사실 머스크처럼 화성을 정복하려는 사람은 찾아보기 어렵고 주로 일반인들이 못하는 범법 행위를 저지릅니다. 위에서 예를 든 것처럼 훌륭한 가문에서 태어나 부자임에도 화류계 인생을 살아가는 경우도 유사한 상황입니다. 우리가 도저히 이해할 수 없는

- 41 -

행동을 하는 것이 바로 三合 밖의 글자들입니다. 우리는 그들의 기발한 생각과 행동을 따라잡지 못합니다. 설령 이해해도 실천하지 못합니다. 물론 우리가 그들을 이해하지 못하는 것처럼 그들도 평범한 사람들의 생각과 행동을 이해하기 어려워합니다. 이 특징을 이해하고 머스크 사주팔자를 보면 年의 辛과 日支의 申은 亥卯未 三合을 벗어난 글자 속성입니다. 따라서 그의 사고방식은 굉장히 독특하고 일반인들은 상상도 못할 행동을 합니다. 전생에서 그런 영혼을 가지고 이 세상에 온 것입니다. 만약 우리가 이런 이치를 이해하고 깨우칠 수만 있다면 머스크와 같은 자식을 낳는 것은 어려운 일이 아닙니다. 다만, 사기꾼을 낳느냐, 화성을 훔치는 대도를 낳느냐는 사주구조와 배합에 달렸습니다. 이제 동일한 논리를 권 씨 사주팔자에 적용해보겠습니다.

시-모름	일-6	월-9	년-1991
모	己	丙(月干)	辛
름	卯	申(月支)	未

未年에 태어났으니 亥子丑, 寅卯辰, 巳午未로 亥卯未 三合운동을 하므로 범주를 벗어난 申酉戌과 庚辛은 三合이 추구하는 속성과 정반대로 행동합니다. 亥卯未는 국가나 조상이 추구하는 방향과 동일한데 년과 월에 辛과 申이 있으니 국가, 조상이 추구하는 방향에 반기를 들고 정반대로 행동하려는 의지가 매우 강합니다. 이런 속성 때문에 머스크는 남아프리카에 태어났지만 조국을 떠나 캐나다와 미국으로 옮겼고 권 씨는 미국으로 유학했으며 계속 해외를 떠돕니다. 해외로 이민을 떠나는 이유도 모두 이런 속성이 강하기 때문입니다. 흥미롭게도 일론 머스크가 가진 辛, 申과 권 씨가 가진 辛, 申이 동일합니다. 그리고 평범한 사람들은 상상도 못할 엄청난 돈을 다룹니다. 남들과 다른

생각이 상상 못할 부를 축적할 기회를 제공하는 것입니다. 만약 그런 성향을 가진 영혼을 얻어서 태어날 수 있다면 하늘에서 돈벼락을 맞을 것입니다. 질문했던 내용을 다시 보겠습니다.

1.젊은 나이에 50조 이상의 회사를 운영할 수 있는 이유는?
2.갑자기 망한 이유는 무엇일까?

이제 1번의 궁금증을 대충 이해할 수 있습니다. 저 구조는 50조 단위를 접촉할 기회를 갖고 태어난 겁니다. 2번을 이해하려면 몇 가지 내용을 먼저 살펴봐야 합니다.

1.그는 왜 코인을 다루었는가?
2.세계연락망을 갖춘 이유는 무엇인가?
3.왜 己亥, 庚子, 辛丑년에 크게 발전했고 壬寅년에 망했는가?

辛과 申은 일반인들은 절대로 할 수 없는 생각과 행동을 과감하게 실행하는 능력이라고 설명했습니다. 사고방식도 매우 독특해서 일반인들은 그의 기발한 생각에 환호하지만 단점은 그 생각과 행동에 지속력을 갖기 힘듭니다. 보통사람들이 살아가는 세상에서는 저승사자들이 살기 어렵기에 대부분 이상한 사람 혹은 사기꾼으로 전락해서 교도소에 수감되는 경우가 많습니다. 亥子丑, 寅卯辰, 巳午未는 9개월이고 申酉戌은 3개월이므로 일반인들이 사용하는 3분의 1만 활용할 수 있기에 극히 짧은 시간에 원하는 것을 얻어야만 합니다. 이런 성향 때문에 갑자기 순간적으로 짧은 시간에 엄청난 부를 축적하기에 거의 대부분 부작용이 발생하고 원래의 목적이나 방향을 지속하지 못하기에 꾸준히 하는 행위, 반복행위를 매우 싫어합니다.

- 43 -

辛申은 金錢(금전, 돈)물상이고 남들이 생각 못하는 것들이기에 가상의 세계, 가상의 성질이며 未申과 卯申으로 乙庚(未의 地藏干 乙木과, 卯의 地藏干 乙木이 申의 地藏干 庚과) 합하기에 정보통신, 컴퓨터, 다양한 사람들과 교류하는 물상입니다. 참고로 乙庚 합 물상에 대해서는 340페이지에 자세히 설명하였으니 참조하시기 바랍니다. 당장은 이해가 어렵더라도 계속 반복될 내용이기에 어떤 물상으로 발현되는지 기억하면 됩니다. 참고로 빌게이츠도 사주에 乙庚 합이 있기에 소프트웨어로 세계 제일 부자가 되었습니다. 상기 의문 중에서 1과 2의 이유는 밝혀졌습니다. 이제 3번의 이유를 살펴보겠습니다.

시-모름	일-6	월-9	년-1991
모	己	丙(月干)	辛
름	卯	申(月支)	未

그는 2019년 己亥년에 회사를 설립했습니다. 己土가 亥를 만나서 卯未와 함께 亥卯未 三合으로 조직을 형성하면서 해외, 국가, 직업에 활용해서 일을 시작합니다. 2020년 庚子년과 2021년 辛丑년을 지나면서 폭발적으로 성장한 이유는 天干에서 저승사자와 같은 庚辛을 만났기 때문입니다. 즉, 남들이 상상할 수도 없는 독특한 에너지들을 만나면서 하늘에서 돈벼락을 맞은 겁니다. 이제 壬寅년에 크게 몰락하는 과정을 보겠습니다. 亥子丑, 寅卯辰, 巳午未 9년은 평범한 기운들입니다만 申酉戌과 庚辛은 三合을 벗어났기에 저승세계처럼 독특한 庚子, 辛丑년를 만나 폭발적으로 발전하고 하늘에서 상상도 못할 돈벼락을 맞았습니다만 단점은 그 영화가 길지 못하기에 壬寅년에는 더 이상 마법을 부릴 수 없게 되었습니다. 연령도 사주원국 月支 申金의 시기인 24-30세를 벗어나 日干 己의 시기인 31세를 출발하기에 더 이상 마법을 부릴 수 없었고 극히 짧은 시간에 상상도 못할

돈을 축적하는 과정에 사회에서 인정할 수 없는 문제들이 발생하자 도망자 신세가 되었습니다. 2-3년 사이에 60조 시가총액을 자랑했지만 결국 도망자신세로 전락한 이유는 모두 저승사자와 같은 申酉戌, 庚辛이 가진 특징에 영향을 받았기 때문입니다.

▌우리도 그들처럼 부자가 될 수 있을까?

그렇다면 우리도 그들처럼 하늘에서 내리는 돈벼락을 맞을 수 있을까요? 있습니다. 어떻게요? 저런 사주팔자를 가지고 태어나는 겁니다. 자주하는 농담처럼 다시 태어나는 겁니다. 이 책은 그런 꿈을 꾸는 사람들을 위해 다양한 방법을 제시하려는 겁니다. 돈벼락 맞는 방법을 함께 찾아보자는 겁니다. 로또에 당첨되거나 3년 민에 50조를 관리하거나, 노력하지 않아도 쉽게 돈을 버는 인생으로 태어나는 겁니다. 다양한 선택지가 존재하는데 아래와 같습니다.

- 돈을 실컷 벌고 싶습니다.
- 권력을 쥐고 흔들고 싶습니다.
- Leader가 되고 싶습니다.
- 세계 제일의 기술자로 부를 축적하고 싶습니다.
- 유명 예술가가 되고 싶습니다.
- 유명 영화배우, 연예인이 되고 싶습니다.

돈벼락 맞는 방식과 직업은 다르지만 상상할 수 없을 정도의 부를 축적할 수 있다는 점은 동일합니다. 로또보다 훨씬 높은 확률로 실현가능한 꿈입니다. 물론 택일 했으나 거부당하는 경우도 있지만 좋은 날을 고르려는 시도였으니 손해 볼 일은 없을 겁니다. 2부에서는 하늘에서 돈벼락을 맞는 사주팔자들의 인생

을 살펴보고 그 당시는 연구해서 배양자와의 기질도 장이 보리
고 합니다.

2부

누가 부자가 되는가?

사업으로 돈벼락 - 乙丙庚 三字

위에서 살펴보았던 권 씨 사주구조에는 독특한 꼴이 있습니다. 바로 丙申과 未申, 卯申으로 모두 늦여름에 과일이 무럭무럭 익어가는 구조입니다. 그 이유를 간략하게 설명했지만 이해가 어려운 정도는 아니었습니다. 이런 구조를 乙丙庚 三字라 부르고 하늘에서 돈벼락을 맞는 유형 중 하나입니다. 그 이유는 여름에는 과일들이 계속 확장하는 과정이기에 일상생활에 비유하면 물질지향 적이며 주로 사업하는 방식으로 돈벼락을 맞습니다. 그 이치를 자세히 이해하려면 四季圖라는 표를 기준으로 봄여름과 가을겨울이 순환하는 과정에 보여주는 乙丙庚 三字 원리를 살펴야 합니다.

《四季圖》

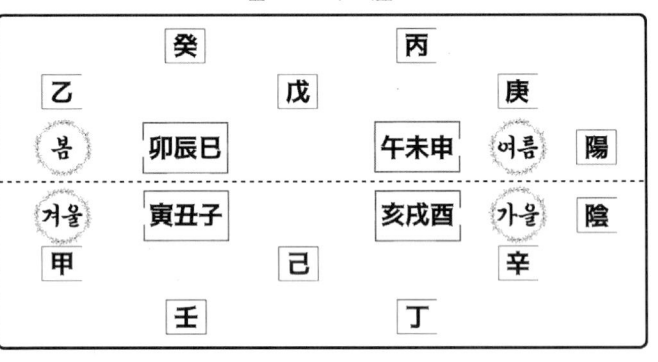

위는 四季圖라고 명명한 표인데 四季를 순환하는 과정을 十干과 12支를 활용해서 표현한 것입니다. 이 표가 중요한 이유는 명리를 학습하는 과정에 명확하고 흔들리지 않는 기준을 제공하

- 48 -

기 때문입니다. 이런 경험을 해보셨을 겁니다. 이 명리학자는 이런 주장을 하고 저 사주 상담자는 저런 주장을 하는데 주장이 너무도 달라서 도대체 누구의 말을 믿어야 하는지 알 수 없습니다. 왜 이런 문제가 끊임없이 발생할까요? 그 이유는 옳고 그름을 **판단할 기준이 없기 때문**입니다. 명리를 공부하는 과정에 가장 난감한 부분입니다. 판단기준이 없다면 천년을 공부해도 맞는지 틀리는지 알 수 없습니다. 이 문제를 해결하는 강력한 무기가 바로 四季圖로 표를 통하여 주장하는 이치가 맞는지 틀리는지 바로 확인할 수 있습니다. 복잡한 四季의 순환과정을 十干과 12支로 단순하게 표현하였지만 자연의 깊은 뜻을 이해하는 것은 매우 어렵기에 인내심을 가지고 차근차근 학습해야만 합니다. 이해를 돕고자 四季圖 중에서 봄과 여름만을 잘라서 살펴보겠습니다.

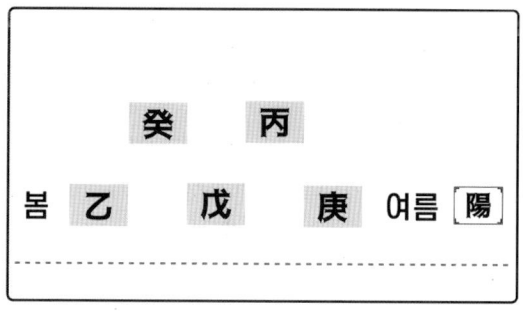

우리는 새싹이 오르는 것을 보면 봄이 왔구나, 여름에는 참 덥다고 하면서 계절을 피부로 느끼지만 그 이치를 표현하는데 애를 먹습니다. 하지만 명리에서 활용하는 十干(時間부호)으로 비교적 쉽게 자연이 순환하는 과정과 이치를 표현할 수 있습니다. 위 그림은 봄과 여름을 지날 때 자연에서 보여주는 움직임을 표현한 부호입니다. 각 글자들은 다양한 의미를 가졌는데 핵심개

념만 표현해보겠습니다.

◉癸水(계수): 만물의 성장을 촉진하는 에너지입니다.
◉丙火(병화): 만물의 부피를 확장하는 빛 같은 에너지입니다.
◉乙木(을목): 봄에 좌우로 펼치며 성장하는 새싹과 같습니다.
◉戊土(무토): 지구표면을 상징하며 만물의 생존터전입니다.
◉庚金(경금): 봄에는 활짝 핀 꽃이요, 여름에는 열매입니다.
주: 참고로 十干 뒤에 붙은 것은 오행특징을 표현한 것입니다. 예로, 癸는
물과 같은 水氣를 상징합니다.

봄과 여름을 상상해보세요. 봄에는 만물을 촉진하는 癸를 활용
해서 새싹과 같은 乙을 지구표면 戊土에서 성장하도록 돕습니
다. 이런 조합을 <u>乙癸戊</u> 三字라 부르고 봄에 자연에서 보여주는
움직임을 표현한 것입니다. 따라서 세 글자의 공통적인 특징은
현실에 안주하지 않고 계속 성장하려고 노력합니다. 이런 성향
을 직업에 활용하면 성장을 돕는 교육, 백성들을 보살피는 공직
에 적합합니다. 봄이 지나고 여름에 이르면 열매의 부피가 부풀
어집니다. 그런 움직임이 가능한 이유는 봄에 乙癸戊가 힘을 합
하여 성장하였기에 여름에는 丙과 庚에너지의 특징을 활용해서
열매를 키우기 때문입니다. 이때 열매는 庚이요, 庚을 확장해주
는 에너지는 丙으로 태양과 같은 작용입니다. 여름에 태양이 내
리쬐면 빛이 열로 바뀌고 과일 내부에 침투하여 부피가 확장하
고 내면에 열과 水氣를 채워서 당도 좋은 과일로 익어갑니다.
이런 움직임은 모두 <u>丙戊庚</u> 三字를 활용하기에 가능합니다. 봄
과 여름을 종합하면 새싹이 성장하고 열매로 바뀐 후 확장하는
과정으로 乙(새싹) + 庚(열매)와 丙(태양빛)을 활용하는데 바로
<u>乙丙庚</u> 三字입니다. 이런 이치를 인간의 운명에 그대로 응용하
면 사업을 시작하고 성장해서 사업규모가 커지고 수익을 내는

과정과 다를 바 없습니다. 결국 봄과 여름에 수고롭게 움직였던 이유는 열매를 확장하기 위한 것이었습니다. 따라서 乙丙庚 세 글자는 반드시 함께 조합해야 효과를 극대화 할 수 있습니다. 결국 돈의 크기는 乙庚이 合해서 만든 열매가 얼마나 튼실하고 丙火로 어느 크기로 확장했는가에 따라 달라집니다. 사주구조에 乙丙庚三字를 모두 가졌다면 부를 축적하려는 의지가 굉장히 강하기에 안정적으로 월급 생활하는 것에는 전혀 흥미를 느끼지 못하며 반드시 사업이나 투자를 통하여 빠르고 크게 富(부)를 축적합니다. 이런 구조의 사주팔자를 가지고 태어났다면 아무리 높은 봉급을 제안해도 절대로 만족하지 못하고 결국 사업으로 부를 축적합니다. 다만, 지금까지 설명은 원론적인 수준이고 사주구조에 따라 다양하게 반응합니다.

乾命				陰/平 1957년 7월 16일									
時	日	月	年	81	71	61	51	41	31	21	11	1	
모름	乙卯	戊申	丁酉		己亥	庚子	辛丑	壬寅	癸卯	甲辰	乙巳	丙午	丁未

이 구조를 통해서 乙丙庚 三字 의미를 살펴보겠습니다. 戊申月에 태어났으니 열매 맺는데 흥미가 많고 재물을 추구하려는 욕망도 강하고 재능도 뛰어납니다. 하지만 열매를 완성해줄 나머지 조합들이 없으면 열심히 돈을 쫓아도 헛물만 켜고 결과가 없습니다. 따라서 나머지 글자들이 부족한 부분을 채워주는지를 살펴야 합니다. 마치 퍼즐처럼 乙丙庚과 乙丙庚을 地支로 내린 卯(乙), 巳(丙), 申(庚), 卯午(丙,丁)申을 조합할 수만 있다면 하늘에서 돈벼락을 맞을 필요조건을 충족하는 겁니다. 이처럼 사주구조를 퍼즐 맞추듯 乙卯가 보이면 丙庚이 있는지, 이 구조처

- 51 -

럼 申이 있으면 乙卯와 丙午, 巳가 있는지, 乙巳干支가 보이면 주위에 庚申이 있는지를 살피게 됩니다. 이런 조합들은 봄과 여름의 움직임을 가장 효율적으로 활용해서 재물을 쉽고, 크고, 빠르게 축적하기 때문입니다. 우리는 이 책에서 퍼즐 맞추듯 사주구조를 효율적으로 배합하는 방법을 학습할 것입니다. 戊申의 주위를 둘러보니 乙卯일에 태어났으니 戊申과 乙卯는 서로 끌어당길 수밖에 없습니다.

이 의미를 남녀궁합에 적용하면 서로 대화가 통하고 함께 사업하면 좋은 결과를 얻을 수 있습니다. 그 이유는 내가 반드시 필요한 부분을 상대가 가졌기에 서로 힘을 합하면 훨씬 좋은 시너지 효과를 발휘할 수 있다는 것을 알기 때문입니다. 사회활동에 비유하면 戊申은 乙卯를 찾고, 乙卯는 戊申을 찾아서 서로 협력하는 사이가 됩니다. 乙卯 스스로는 절대로 戊申 열매를 얻지 못하고, 또 戊申 만으로는 돈을 좀 벌수 있어도 **하늘에서 돈벼락**을 맞을 수는 없습니다. 戊申과 乙卯는 자신의 한계를 잘 알기에 서로 힘을 합해서 시너지 효과를 발휘해야 합니다. 이제 나머지 퍼즐을 맞춰보겠습니다. 어딘가에 丙, 巳午가 있어야 乙庚과 卯申이 완성한 열매를 확장할 수 있기 때문입니다. 없다면 열매는 열렸으나 부피를 확장하지 못하니 마치 열심히 일은 하지만 재산이 늘지 않는 것과 같습니다. 하지만 아무리 찾아도 보이지 않습니다. 년에 丁火가 보입니다만 丙火처럼 부피를 확장하는 에너지가 아닙니다. 丁火의 특징에 대해 바로 아래에서 살펴볼 예정입니다. 다행스러운 점은 어려서부터 丁未, 丙午, 乙巳, 甲辰으로 흐르면서 乙庚 열매를 크게 확장합니다. 이런 이유로 미국에서 유학하는 시기부터 사업에 뛰어난 재능을 보였다고 합니다. 이 구조의 특징은 乙卯 새싹이 월에 있는 戊申을 향하고 년에 있는 丁酉로 열매를 완성하는 과정이 국가, 해외에

- 52 -

서 이루어지기에 시공간을 넓게 활용하는 인물입니다. 乙卯일에서 출발해서 戊申월을 지나 丁酉년을 향하는 구조는 국가와 세계, 혹은 부모와 가족을 위해서라면 자신의 능력을 활용하려는 의지가 매우 강합니다. 결국 戊申 월에 태어나면 사주팔자 어딘가에 乙卯와 丙. 巳나 午火가 있다면 그 배합이 매우 효율적입니다. 만약 乙卯를 년으로 보낸다면 어떤 의미일까요? 조상, 국가를 상징하는 宮位에서 乙卯 새싹을 키우고 申月에 열매 맺기에 사업으로 개인적인 부를 축적하는데 흥미를 느낍니다. 즉, 부자가 될 수는 있지만 국제적인 인물은 아니라는 것입니다. 그 이유는 글자들이 가진 方向 때문으로 년에서 월일로 흐르는지, 일에서 월년으로 흐르는지에 따라 가치관과 추구하는 방향이 크게 달라집니다. 이 사주처럼 乙卯가 년과 월을 향하면 사회, 국가, 세계를 위해 활동하는 인물이지만 년에서 월을 지나 일을 향하면 조상과 국가에서 내리는 음덕이나 유산을 자신이 취합니다. 만약 乙卯년, 甲申월에 태어났다면 庚戌일을 택하면 乙卯의 결과물이 戊申을 지나 庚戌에 이르기에 큰 부자가 되는 겁니다. 지금 당장은 설명이 어려울 수 있지만 점점 익숙해질 것입니다.

▶**실제상황**◀ 이 사주의 주인공은 일본의 손 정의 회장입니다. 乙巳대운에 미국에 유학하였고 甲辰대운 1990년부터 공격적 인수합병으로 엄청난 성공을 거두었습니다. 甲辰대운 庚午년 乙丙庚 三字조합을 이루는 시기에 주식공개에 성공하여 2000억 엔이라는 거금을 쥐었습니다. 또 초창기에 야후, 알리바바, 슈퍼셀에 투자하는 방식으로 큰 성공을 거두었다고 합니다. 癸卯대운에도 乙癸戌 三字조합과 乙庚 合으로 성공가도를 달렸습니다. 卯申과 乙庚 合은 정보통신, 컴퓨터와 정보, 기계와 정보를 활용하는 물상이기에 인터넷과 정보통신 사업을 활용합니다. 이 책 후반부에 乙庚 合 물상에 대해 자세히 설명하였으니 참조하

시기 바랍니다. 미국에 유학했으며 공격적 인수합병으로 성공한 이유와 매우 총명한 이유는 위에서 학습했던 三合운동의 구조 때문입니다. 丁酉년에 태어났으니 巳酉丑 三合운동을 하기에 巳午未, 申酉戌, 亥子丑을 벗어난 寅卯辰과 寅卯를 천간으로 바꾼 甲乙은 三合 밖에 있는 속성이기에 사고방식이나 행동방식이 일반인들과 전혀 다릅니다. 위에서 일론 머스크 사례로 자세히 설명했는데 평범한 우리들은 상상도 못하는 두뇌를 활용할 수 있습니다. 일본에서는 그의 총명함을 활용하기에 너무 좁기에 미국으로 유학하였습니다. 특히 일주가 乙卯로 三合을 철저히 벗어났기에 기존의 틀을 격파하려는 성향이 강하기에 공격적 인수합병으로 기존의 회사를 취하는 방식을 선호합니다. 巳午未, 申酉戌, 亥子丑은 9개월이지만 寅卯辰은 3개월에 불과하기에 직접 회사를 세워서 확장하기에는 시간이 부족하다고 느끼는 겁니다. 그의 생각은 항상 가장 짧은 시간을 활용해서 가장 효율적인 결과물을 얻은 후 치고 빠지는 전략을 선호합니다. 차근차근 회사를 키워가는 사업전략을 선호하는 것이 아니며 극히 불안정한 상황에서 매우 교묘한 방식으로 결과를 취하는 겁니다. 乙卯와 戊申의 사주구조에서 보여주는 숨겨진 심리를 읽어내면 그가 왜 저런 방식의 사업을 선호하는지를 이해합니다. 아래에서는 三合을 벗어난 속성을 나쁘게 활용하는 사주구조를 살펴보겠습니다. 三合을 벗어나기만 하면 무조건 손 회장처럼 대단한 인생을 살 수 있다는 생각에서 벗어나려는 것입니다.

坤命				陰/平 1993년 8월 28일 08:30								
時	日	月	年	88	78	68	58	48	38	28	18	8
甲	丁	壬	癸	辛	庚	己	戊	丁	丙	乙	甲	癸
辰	卯	戌	酉	未	午	巳	辰	卯	寅	丑	子	亥

이 여인은 2022년 봄에 상견례를 하고 2023년 癸卯년에 결혼하기로 하였는데 몇 개월 앞둔 壬寅년 壬子월에 헤어졌던 과거애인과 사랑의 도피행각을 벌였습니다. 부모입장에서는 딸의 행동을 도저히 이해하기 못합니다. 그 이유를 보겠습니다. 癸酉년에 태어났으니 巳酉丑 三合을 벗어난 공간이 寅卯辰과 寅卯를 천간으로 올린 甲乙인데 日支와 時柱에 卯, 甲辰으로 세 글자 모두 있습니다. 또 壬寅년의 寅木도 三合을 벗어났기에 저승사자처럼 일탈하려는 속성이 매우 강해집니다. 즉, 일반인들은 절대로 할 수 없는 엉뚱한 행동으로 부모 속을 썩입니다. 이처럼 三合을 벗어나면 무조건 총명하고 또 돈벼락을 맞는 것이 아니라 구조에 따라서 상상도 못할 황당한 행동을 할 수도 있으니 주의해야 합니다. 만약 보수적인 자식을 원한다면 年支를 기준으로 三合운동 내부에 있는 干支들을 골라야 하며 만약 三合을 벗어났다고 해도 한 글자에 그치는 것이 좋습니다. 사주구조를 읽는 방식에 익숙해지기 위해서 손 회장 사주를 기준으로 태어난 해만 바꿔서 살펴보겠습니다.

乾命				陰/平 1967년 8월 19일 12:30								
時	日	月	年	84	74	64	54	44	34	24	14	4
모름	乙卯	戊申	丁未	己亥	庚子	辛丑	壬寅	癸卯	甲辰	乙巳	丙午	丁未

이렇게 바꾸면 年支만 酉金과 未土로 다를 뿐 나머지 글자들은 모두 동일하지만 그 속성은 많이 다릅니다. 특히 未年에 태어났으니 酉年처럼 巳酉丑 三合이 아니라 亥卯未 三合운동을 하기에 三合을 벗어난 글자는 申酉戌과 申酉를 天干으로 올린 庚辛이기에 월지 申金이 해당됩니다. 따라서 손 회장처럼 자신이 독

- 55 -

특한 사고방식을 가진 것이 아니라 월지 申金을 독특한 방식으로 활용합니다만 나머지 글자들은 모두 三合운동 범위에 있기에 보수적인 성향도 강합니다. 권 씨처럼 이 사주도 未申卯 세 글자가 있으니 컴퓨터와 정보통신, 국제연락망을 활용합니다. 또 초년부터 강렬한 火氣로 흐르니 卯申으로 만들어진 열매의 부피를 계속 확장하고 수확하려는 욕망이 강합니다.

▶실제상황◀ 이 사주의 주인공은 사티아 나델라 마이크로소프트 CEO입니다. 매우 총명하여 乙巳대운 컴퓨터공학 석사학위를 받고 마이크로소프트에 입사해 능력을 인정받고 癸卯대운 2014년 甲午년에 제 3대 CEO가 되었습니다. 未申, 卯申, 乙申 등 다양한 방식으로 乙庚 합하기에 컴퓨터공학, 정보통신분야에 적합하고 癸卯대운에는 천간에서 **乙癸戊** 三字로 조합하고 地支에서 卯申으로 조직을 형성하는 시기에 CEO가 되었습니다. 그렇다면 권씨, 일론 머스크, 손 회장과 다른 점은 무엇일까요? 이 사주는 유일하게 월지 申金만 三合을 벗어났기에 나머지 사주구조에 비해서 보수적인 성향이 강하기에 직접 사업하지 않고 조직에서 CEO로 지냅니다. 다만 강력한 **乙丙庚** 三字로 열매를 수확하기에 명예와 부를 축적하였습니다.

乾命				陰/平 1907년 8월 27일 10:30								
時	日	月	年	86	76	66	56	46	36	26	16	6
丁	戊	戊	丁	己	庚	辛	壬	癸	甲	乙	丙	丁
巳	申	申	未	亥	子	丑	寅	卯	辰	巳	午	未

위 사주팔자 년과 월의 4개 글자가 동일합니다. 未申으로 地藏干(지장간, 地支에 담겨진 시간) 내부에서 乙庚이 만나 열매 맺

습니다. 태어난 시간이 丁巳이기에 강렬한 巳火를 활용해서 乙庚 합한 열매를 확장합니다. 태어난 월과 일에 申金 열매가 많기에 반드시 巳火로 확장해야 열매의 가치가 높아집니다. 이 구조는 돈벼락의 원천 乙卯를 직접 공급하는 것이 아니라 未土에 담아서 월과 일에 있는 申金에게 제공한 후 巳火로 확장합니다. 세 글자를 天干으로 올리면 乙丙庚(未巳申)三字로 하늘에서 돈벼락 맞는 조합이 분명합니다. 그렇다면 乙卯를 申에게 공급하는 것과 辰土, 未土 地藏干에 있는 乙木을 공급하는 것은 어떤 차이가 있을까요? 계절의 공간 환경을 생각하면 이해가 쉽습니다. 乙卯는 卯月이니 음력 2월로 아직 이른 봄이며 새싹에 불과하지만 未月은 음력 6월로 열매가 성숙해진 계절입니다. 따라서 卯, 辰, 未의 地藏干에 있는 乙木과 庚申이 乙庚 合하는 것은 동일하지만 卯申, 辰申, 未申이 효과는 전혀 다릅니다. 卯申이 열매를 완성하려면 2월에서 7월까지 기다려야하고 辰申이 열매를 완성하려면 3월부터 7월까지 기다려야 하지만 未申은 6월에서 7월이기에 즉시 열매를 만들어낼 수 있습니다. 결국 가장 빠른 시간에 가장 가치 높은 열매를 완성하는 조합은 未申이 분명합니다. 물론 나머지 구조에 따라서 가치가 변하기에 무조건 未申이 가장 좋은 열매라는 의미는 아닙니다. 차근차근 사주구조에 따라 달라지는 의미들을 살펴볼 예정입니다.

▶**실제상황**◀ LG 창업주 구인회 회장입니다. 申月에 열매가 익어가는 과정에 乙丙庚 三字를 활용해서 하늘에서 돈벼락을 맞아서 재벌이 되었습니다. 참고로 巳申이 조합하면 빛과 기계물상이기에 전기제품을 생산하고 未申으로는 정보통신 물상을 활용했습니다. 세 명의 사주팔자 구조에서 공통적으로 발견한 특징은 바로 이것입니다. 未申, 卯申으로 열매 맺고 丙과 巳 火氣로 열매를 확장하는 재능을 가지고 태어났으며 三合운동을 벗어

- 57 -

나 일반인들과 전혀 다른 독특한 사고방식으로 하늘에서 돈벼락 맞을 수 있는 申金이 열매에 해당하기에 이 사주팔자도 사업으로 돈벼락을 맞았습니다. 다른 달에 태어난 구조를 비교해보겠습니다.

乾命				陰/平 1938년 2월 16일 12:30								
時	日	月	年	86	76	66	56	46	36	26	16	6
戊午	戊申	乙卯	戊寅	甲子	癸亥	壬戌	辛酉	庚申	己未	戊午	丁巳	丙辰

위 세 사주들은 申月에 태어났고 이 사주는 乙卯 월에 태어났습니다. 태어난 달은 우리에게 어떤 영향을 미칠까요? 물질적, 육체적, 심리적으로 지대한 영향을 미칩니다. 乙卯월은 음력 2월로 땅 위로 올라온 새싹들이 순식간에 좌우로 펼치면서 무럭무럭 성장합니다. 따라서 인간의 심리도 자연의 그것처럼 발현됩니다. 이 사람은 무엇이던 키우려는 성향이 강합니다. 사업, 인맥도, 지식, 자신의 성장을 위해서 노력하며 절대로 현실에 만족하거나 안주하지 않습니다. 乙卯월에 태어나거나 亥卯未 三合운동의 본능입니다. 위 세 사주들은 申月에 태어나 열매가 무럭무럭 익어가기에 키울 필요가 전혀 없으며 수확할 날만 기다리기에 열매를 완성하는 행위에만 집중합니다. 이처럼 어느 달에 태어났느냐에 따라서 우리의 생각과 행동이 달라지는 것입니다. 흥미로운 점은 戊申일에 태어났으니 위에서 살폈던 손 회장과 월과 일의 배합만 틀릴 뿐 네 글자는 동일하기에 그 의미가 동일할까요? 전혀 다릅니다. 이 구조는 乙卯월에 새싹이 점점 성장해서 戊申에 이르러야 열매를 확장합니다. 젊었을 때에는 키우는데 집중하다 중년에 이르러서는 수확하는데 집중합니다.

- 58 -

따라서 이 사주구조의 심리나 행동은 비록 시간이 걸리더라도 순차적으로 키우고 수확하려는 욕망이 강합니다. 하지만 戊申월 乙卯 일에 태어난 손 회장의 경우는 申月에 이미 열매가 익어가기에 키워야할 필요가 없습니다. 이미 존재하는 열매에 乙卯 새싹을 공급해서 계속 열매들이 확장하는 것에만 흥미를 느낍니다. 戊申의 宮位는 월에 있으니 사회활동을 뜻하기에 회사들이 열매를 수확하려는 의지는 강하지만 乙卯가 없다면 아무리 노력해도 회사가 성장하는데 한계가 있습니다. 손 회장은 이런 회사를 노리는 겁니다. 乙卯(자본)만 제공하면 바로 수확할 수 있는 회사들을 찾아내 자본을 투자하고 빠른 시일에 결실을 맺으려는 심리가 강하며 그 의지대로 행동합니다. 분명하게 글자는 동일한데 干支의 宮位가 월과 일로 달라지면 전혀 다른 인생으로 바뀝니다. 이처럼 乙卯월이 戊申일을 향하고, 乙卯일이 戊申월을 향하는 움직임을 **時間方向(시간방향)**이라 부릅니다. 어려울 것도 없습니다. 자연에서는 봄, 여름, 가을, 겨울 그리고 다시 봄으로 순환하듯 새싹 乙卯는 반드시 열매 戊申을 향하여 갈 수밖에 없는 겁니다. 이처럼 사주팔자에는 정해진 시간방향이 존재하며 사주구조를 분석하는 핵심 논리입니다. 계속 다룰 예정이기에 자연스럽게 이해하게 됩니다.

결국 네 글자는 동일해도 손 회장은 국제적 인물이 되었고 이 사주는 비록 수천억 부를 축적했음에도 해외에 알려지지 않았습니다. 寅年을 기준으로 寅午戌 三合운동을 벗어난 亥子丑과 亥子를 위로 올린 壬癸가 사주팔자에 전혀 없으니 해외인연도 약하고 보수적인 성향이 분명합니다. 월과 일에서 卯申으로 배합할 경우 어떤 의미인지 이해하였으니 열매를 확장하는 방법을 살펴보겠습니다. 戊午시에 태어났기에 午火의 地藏干에 있는 丙火 빛과 丁火 열기를 활용해서 열매를 확장합니다. 또 어려서부터 들어온 大運의 강력한 火氣들을 적극적으로 활용해서 열매를 크게 확장하였기에 수천억 돈벼락을 맞았습니다. 만약 戊申일 다음 날인 己酉일에 태어났다면 어떻게 되었을까요? 하루 차이 이기에 최소 500억은 벌었을까요? 전혀 그렇지 않습니다. 戊申 과 己酉가 乙卯와 배합하는 방식은 크게 다릅니다. 戊申과 乙卯 는 四季圖에서 보았던 봄과 여름의 글자들로만 배합하였기에 시 공간이 매우 적절하지만 己酉와 乙卯는 봄과 가을로 시공간도 적절하지 않지만 칼날과 같은 酉金으로 乙卯 새싹을 날카롭게 잘라버립니다. 乙卯와 戊申은 황금알을 낳는 거위를 잘 다독여 서 계속 황금알을 戊土에 축적하지만 乙卯와 己酉는 당장 눈앞 의 황금에 눈이 멀어서 키울 생각이 전혀 없습니다. 이런 이유 로 건강도 좋지 않고 수억도 벌지 못할 수 있습니다. 여자의 경 우에 己酉 일에 태어나면 무능한 남편을 만나서 본인이 직접 사 회활동 해서 가족을 부양하는 경우를 자주 봅니다. 그 이유는 日支 酉金이 남편인데 성장해야할 乙卯를 잘라버리기에 남편의 덕을 바라기 힘듭니다. 이처럼 하루 차이로 수천억과 수억으로 돈 그릇이 크게 달라집니다. 단지 24시간 차이인데 수천억을 날 리고 말았습니다.

▶**실제상황**◀ 27세 이후 사업을 시작해서 1986년 즈음 수천억 재산가입니다. 이 구조도 전형적인 **乙丙庚** 三字조합으로 乙卯와 申이 合해서 열매를 만들고 午火로 확장하고 수확하는데 마침 申金이 日支에 있으니 모두 본인이 취하는 것입니다. 대운도 초 년부터 巳午未로 열매를 크게 확장하고 일지의 시기인 38세에 서 45세 사이에 하늘에서 돈벼락을 맞았습니다. 이제 변형된 구 조를 살펴보겠습니다.

坤命				陰/平 1936년 7월 22일 10:30								
時	日	月	年	90	80	70	60	50	40	30	20	10
乙巳	壬辰	丙申	丙子	丁亥	戊子	己丑	庚寅	辛卯	壬辰	癸巳	甲午	乙未

권 씨와 동일하게 丙申 月에 태어났으니 부를 축적할 기본조건
은 갖추었습니다. 申월은 열매가 주렁주렁 매달려 익어가는 계
절이기에 그 열매들의 부피를 확장할 수만 있다면 빠른 속도로
부를 축적합니다. 마침 년과 월에 丙火를 배합하였으니 언제라
도 열매를 확장할 재주를 가지고 태어났습니다. 다만 여기에는
한 가지 더 필요한 조건이 있는데 무엇일까요? 위의 내용들을
집중해서 읽었다면 乙卯, 辰土, 未土라고 답할 수 있습니다. 열
매를 만들어내는 새싹이 있어야 수시로 또 지속적으로 열매를
완성할 수 있기 때문입니다. 日支 辰土의 지장간에 乙이 있고
또 時干에도 乙이 있습니다. 즉, 38세 이후에는 乙木을 丙申에
게 공급해서 열매를 완성할 여건을 마련하기에 비교적 늦은 나
이에 부를 축적할 기회가 찾아옵니다. 위 사주는 월에 乙卯가
있으니 27세부터 사업을 시작하였습니다. 이처럼 사주구조에 따
라서 부를 축적하는 시기가 달라집니다. 또 時의 乙巳도 丙申과
짝을 이루어 乙丙庚 三字의 특징대로 동시 다발적으로 열매를
확장하고 수확하기에 하늘에서 돈벼락을 맞습니다. 또 丙子년에
태어났기에 申子辰 三合운동을 벗어난 巳午未와 巳午를 천간으
로 올린 丙丁은 일반인들과 전혀 다른 독특한 사고방식과 행동
방식을 갖는데 丙丙과 巳火로 8개 글자 중에서 3개나 있으니
굉장히 독특한 사고방식을 가졌거나 일반인들은 전혀 볼 수 없
는 면을 관찰할 수 있는 재능이 있습니다.

▶**실제상황**◀ 애경유지 장 영신회장의 사주팔자입니다. 미국 체스트 넛 힐 대학에서 화학을 전공했고 애경유지 창업자 남편과 사별한 후 2년 뒤에 경영일선에 나서 1976년 플라스틱 용기를 생산하는 성우산업을 시작으로 1985년 애경산업을 발족시키고 선진기술을 도입해 종합 생활용품업체로 자리 잡았습니다. 미국에 유학했던 이유는 三合을 벗어난 丙火의 기세가 강하기 때문으로 해외로부터 선진기술을 도입한 이유이기도 합니다. 또 사업에 남다른 안목을 가진 것이 분명합니다. 만약 丙子년, 丙申월에 자식을 낳는다면 무엇을 보충해야 할까요? 반드시 乙木을 보충해야 丙申의 가치를 크게 활용할 수 있습니다. 만약 없다면 열매를 키우려고 노력해도 부의 원천인 乙卯나 辰未를 공급하지 못하기에 돈 그릇이 작아집니다. 글자 하나로 1억과 천억 차이로 벌어집니다.

乾命				陰/平 1935년 7월 20일 00:00								
時	日	月	年	83	73	63	53	43	33	23	13	3
戊	丙	甲	乙	乙	丙	丁	戊	己	庚	辛	壬	癸
子	寅	申	亥	亥	子	丑	寅	卯	辰	巳	午	未

이 사주로 응용해보겠습니다. 甲申월에 태어났으니 알찬 열매를 수확하려면 乙木이 있는지 살펴야 합니다. 다행하게 乙亥년에 태어났으니 乙木을 활용할 수 있습니다만 문제는 亥水 공간에 있으니 乙木의 가치가 좋지는 않습니다. 만약 乙亥년 대신 乙巳년이었다면 乙巳와 甲申 네 글자로 乙丙庚 三字를 적극적으로 활용할 수 있습니다. 巳火의 地藏干에 丙火가 있고 申金을 천간으로 올리면 庚金이기에 乙木과 乙丙庚 三字 효과를 온전히 누릴 수 있었을 겁니다. 乙亥년의 문제를 해결해줄 달은 무엇일

요? 乙木은 성장하여 열매를 완성해야 하기에 戊나 庚을 배합하면 활발하게 움직일 수 있습니다. 혹은 卯木을 활용해서 亥卯로 짝을 이루거나 辰土로 亥水를 담아서 냉기를 없애고 생명수로 활용할 수도 있습니다. 이처럼 辰未戌丑을 활용하는 방법을 墓庫라고 부르는데 하늘에서 돈벼락을 맞는 유형의 하나이며 다른 章에서 자세히 살필 것입니다. 정리하면 乙亥년은 庚辰 월을 택해서 乙亥의 가치를 높여서 활용해야 합니다. 문제는 비록 乙庚 合하면 반드시 필요한 丙火가 보이지 않습니다. 따라서 乙亥와 庚辰을 적절하게 활용할 丙申일을 고르면 흐름이 좋아지면서 乙亥와 庚辰을 원래의 가치보다 높게 활용하게 됩니다.

하지만 乙巳년에 태어났다면 乙亥년처럼 계속 문제를 해결하느라 고민할 필요가 없었을 겁니다. 乙巳년과 甲申월은 새싹과 꽃을 키워서 甲申으로 열매를 완성하고 부피를 확장하면 그만이기에 굉장히 효율적으로 활용합니다. 하지만 乙亥, 庚辰, 丙申으로 이어지는 흐름은 좋아도 乙亥 시작점부터 乙木이 만난 亥水 공간이 적절하지 않기에 문제를 해결하기에 바쁩니다. 비록 문제를 해결했다고 해도 이미 적절하지 않은 배합으로 태어났으니 발전에 한계가 있는 겁니다. 乙巳년 甲申월은 이미 훌륭한 환경을 만나 적극적으로 활동하기에 문제를 보충할 필요도 없습니다. 우리는 이런 분석과정을 통하여 조상, 부모, 국가, 사회의 음덕을 명확하게 읽어낼 수 있습니다. 이 사주는 庚辰 월이 아니고 甲申월에 태어났으니 亥水와 申金이 엇박자이기에 문제를 해결해야 합니다. 乙과 申의 地藏干에 있는 庚金을 활용해서 乙庚 合할 수는 있으니 마지막 퍼즐인 丙火가 있어야 乙丙庚 三字로 하늘에서 돈벼락을 맞을 가능성이 높아지고 또 乙木의 움직임을 방해하는 亥水의 추위를 제거할 수 있습니다. 마침 丙寅일에 태어났으니 본인 스스로 열매를 확장할 재능을 가지고 태

- 63 -

어났습니다. 따라서 乙庚 슴한 열매들은 자신들이 가진 문제점을 해결하려면 반드시 丙火를 찾아와야만 하기에 丙火 주위에 사람들이 몰려들기 시작하고 열매의 가치를 높여달라고 부탁합니다. 이처럼 주위에 사람들이 많이 모여들거나 또 정반대로 절대로 머물지 않고 떠나는 이유도 모두 사주구조 때문입니다. 만약 내 주위에 사람들이 몰려든다면 그들이 갖지 못한 에너지를 내가 소유하고 있는 것이 분명합니다. 이 사주구조에서 丙火도 또한 자연스럽게 주위에서 반드시 필요한 인물입니다. 인맥을 형성하려고 노력하지 않아도 혹은 조금만 노력해도 많은 사람들이 모여듭니다. 이런 이치를 직업에 활용하면 정치인에 어울립니다.

丙寅일 대신 壬子일을 택해서 乙亥년 甲申월 壬子일로 조합하면 어떨까요? 냉해 때문에 가치 없는 열매가 되었을 겁니다. 만약 乙巳년 甲申월 壬子일의 경우라면 년이 乙亥에서 乙巳로 바뀌었기에 흐름이 매우 좋습니다. 열매 맺고 壬子에 씨종자를 풀어내 부와 명예를 취하기 때문입니다. 이런 방식으로 사주구조를 분석하는데 익숙해지면 택일이 매우 쉬울 뿐만 아니라 어느 宮位에서 언제 인생이 막히는지 혹은 풀리는지, 막히게 만드는 육친은 누구인지, 운명을 좋게 만들어주는 육친은 누구인지를 빠르고 정확하게 읽어냅니다. 지금 당장은 이해하기 어려운 내용이지만 점점 익숙해질 겁니다.

▶실제상황◀약사로 약국을 운영하였는데 己卯대운에 손님들이 몰려와 많은 돈을 벌었고 우연히 경매로 넘어가는 대지와 산을 구입하여 수백억 돈벼락을 맞았습니다. 己卯대운에 <u>乙丙庚</u> 三字를 활용하기 좋은 시기였습니다.

乾命				陰/平 1946년 7월 23일 08:30								
時	日	月	年	87	77	67	57	47	37	27	17	7
庚	乙	丙	丙	乙	甲	癸	壬	辛	庚	己	戊	丁
辰	丑	申	戌	巳	辰	卯	寅	丑	子	亥	戌	酉

년과 월에 丙戌과 丙申으로 열매를 확장하기 좋은 계절에 태어났으니 무엇을 보충해야 丙申간지의 가치를 더욱 높일 수 있을까요? 그렇습니다. 열매를 계속 만들어낼 새싹 乙卯 혹은 乙木을 저장한 辰土, 未土를 공급해야 丙申이 계속 열매를 찍어냅니다. 이처럼 乙木은 열매의 원천이기에 사주팔자에 있는 것과 없는 것은 하늘과 땅 차이입니다. 만약 없다면 년과 월에서 아무리 열매를 학장하려고 해도 한번 망가지면 다시는 열매를 만들지 못합니다. 이 사주처럼 乙木이 있다면 丙戌년과 丙申월은 乙木에게 어떤 태도를 보일까요? 비유하면, 반도체를 개발하는 과정에 핵심 기술을 보유한 사람이 乙木인데 丙戌 국가와 丙申 대기업에는 기술이 없으니 반도체 산업을 주축으로 키우려고 해도 방법이 없습니다.

문제를 해결하고자 다양한 경로를 통하여 乙木이 핵심 기술을 보유하고 있음을 알고 국가와 대기업은 乙木을 찾아와 원하는 조건을 모두 수락하겠으니 반도체 산업을 키워달라고 부탁하는 상황입니다. 물론 乙木도 반드시 丙申이 필요하지만 丙申만큼 간절하지는 않습니다. 그 이유는 丙申이 乙木을 거부하면 丙戌과 협력할 수도 있기에 상대를 고를 수 있지만 丙戌과 丙申은 丙丙으로 협력하고 경쟁하는 상황에서도 문제를 해결할 유일무이한 존재는 乙木뿐이기 때문에 간절함이 전혀 다릅니다. 미모의 여인 乙木은 많은 남자들의 구애를 받기에 가장 원하는 남자

- 65 -

를 고를 수 있지만 많은 남자들은 경쟁적으로 유일무이한 乙木을 차지하려고 쟁투가 벌어집니다. 이제 乙木이 얼마나 소중한 가치를 가졌는지 이해했습니다. 년과 월이 서로 달려들어서 <u>乙丙庚</u> 三字로 사주팔자의 효율을 크게 높였습니다. 乙이 없다면 丙申으로 재물욕심만 많고 노력해도 결실이 크지 않았을 겁니다. 이 구조가 더욱 좋은 점은 <u>乙丙庚</u> 三字가 천간에 드러나 빠르고 크게 열매를 수확한 후에는 일지 丑土 창고에 담아서 결과물을 乙木이 취하는 것입니다. 이 의미는 매우 중요합니다. 乙木이 아무리 핵심기술을 보유하고 있어도 丙戌과 丙申에게 이용당하면 월급이 높은 기술자 정도이지만 丙戌과 丙申이 원하는 것을 충족한 후 그 결과물을 일지에 있는 丑土에 담으면 마치 스톡옵션처럼 일순간 엄청난 돈벼락을 맞는 것과 같습니다. 이런 작용을 <u>墓庫</u>라 부르며 돈벼락을 맞는 유형으로 다른 章에서 자세히 다룰 예정입니다.

▶**실제상황**◀ 전 미국 대통령 빌 클린턴 사주팔자입니다.

乾命				陰/平 1856년 7월 10일 모름								
時	日	月	年	89	79	69	59	49	39	29	19	9
모름	乙丑	丙申	丙辰	乙巳	甲辰	癸卯	壬寅	辛丑	庚子	己亥	戊戌	丁酉

위 사주구조와 유사해보입니다. 丙申월에 태어났기에 새싹이 필요한데 이미 년에 있는 辰土의 地藏干에 乙을 활용하여 申과 함께 乙庚 合하고 丙火로 열매를 확장할 수 있습니다. 그렇다면 위의 클린턴 사주팔자와 어떤 점이 다른가요? 이 구조는 이미 년에 있는 辰土의 지장간에 있는 乙木과 丙申이 조합해서 乙丙

庚 三字로 돈벼락 맞을 조건을 갖추고 태어났습니다만 위 사주는 丙戌년이기에 乙丙庚 三字를 활용할 수 없기에 물질을 지향하기 어렵습니다. 하지만 시간이 흘러 중년 이후에는 일주 乙丑과 시주 庚辰이 만나면 점점 물질 지향적 인물로 변합니다. 하지만 이 사주팔자는 丙辰과 丙申으로 선천적으로 사업을 위해서 태어난 인물이며 어려서부터 사업에 흥미를 느낍니다. 두 사주를 통해서 알 수 있는 것은 어느 해에 태어나느냐에 따라서 인생의 가치관이 크게 변한다는 것입니다. 또 다른 차이는 년과 월에서 乙木을 원하는 강도가 크게 다릅니다. 클린턴의 경우는 년과 월에서 너도 나도 달려들어 乙木을 필요로 하지만 이 사주는 辰土에 乙木이 있으니 급하고 간절하게 찾아오지는 않습니다. 결국, 사주구조에 따라서 그 인물의 사회성이 결정되는 것입니다. 이 구조도 좋은 점은 丙申에서 열매를 확장하고 일지 丑土에 담아서 자신이 취하기에 돈벼락을 맞는 사주입니다. 결국 丙丙은 申辰이 있기에 쓰임이 좋고 申은 乙과 辰이 있기에 쓰임이 좋고, 丑은 申金 열매를 저장할 수 있기에 사주팔자에 존재하는 모든 글자들이 서로서로 쓰임을 얻어서 매우 활발하고 역동적으로 움직이기에 에너지 넘치는 인물이 분명합니다.

▶실제상황◀ 석유재벌 Edward L. Doheny로 미국에서 처음으로 유전을 개발한 인물입니다. 부친은 미국 이민자로 건설노동자였고 모친은 교사였지만 부친은 단명했습니다. 두 사주 모두 부친 복이 없었던 이유는 년과 월에서 丙丙으로 동일한 글자가 있으니 부친이 둘임을 암시하기 때문입니다. 만약 그런 문제를 피하려면 동일한 글자를 계속 활용하지 말아야 합니다. 부친이 미국 이민자인 이유는 辰年을 기준으로 申子辰 三合을 벗어난 巳午未와 巳午를 천간으로 올린 丙丁은 아웃사이더이기 때문입니다. 비교사주를 하나 더 보겠습니다.

乾命				陰/平 1946년 8월 6일 08:30								
時	日	月	年	82	72	62	52	42	32	22	12	2
丙辰	戊寅	丙申	丙戌	乙巳	甲辰	癸卯	壬寅	辛丑	庚子	己亥	戊戌	丁酉

년과 월은 丙戌과 丙申으로 동일합니다. 따라서 반드시 乙木을 보충해야 년과 월에 있는 글자들의 가치가 높아지고 또 乙丙庚 三字의 혜택을 누릴 수 있습니다. 위에서는 乙丑을 택해서 일간 주도형 구조들 만들었는데 이 사주팔자는 戊寅 일을 택함에 따라 많이 달라졌습니다. 戊土는 봄과 여름에 癸水 아지랑이와 태양 빛을 받아내는 지구터전과 같아서 주도적으로 乙木을 활용해서 물질을 생산하려는 의지가 강하지 않습니다. 다만 丙申에게 열매를 완성할 터전을 제공하는 방식으로 돕습니다. 이때 문제는 계속 살펴본 것처럼 乙卯, 辰, 未가 없다면 乙丙庚 三字의 효율이 낮아지면서 노력의 결과가 좋지 않다는 겁니다. 물론 용도를 다르게 활용하는 것은 전혀 다른 이야기입니다. 우리는 하늘에서 돈벼락 맞는 사주구조를 분석하는 중이지만 빌 클린턴처럼 변호사, 정치인으로 활동하는 경우는 전혀 다른 에너지를 활용한 것입니다.

즉, 丙辰년 丙申월에 태어나면 반드시 돈을 추구하지만 丙戌년 丙申월은 년과 월에 乙木을 보충하지 못했으니 물질을 추구할 수 없다는 것을 본능적으로 아는 겁니다. 따라서 丙戌 干支의 뜻대로 戊土에 깔린 어둠을 밝히는 행위에 가치를 두기에 빌 클린턴은 젊어서 변호사로 활동했던 겁니다. 그는 乙木이 필요한 곳을 재빠르게 찾아내서 자신의 가치를 높이는 행위를 보였던 것입니다. 이 사주는 戊일에 태어났으니 주동적이지 못하고 피

동적으로 丙申 열매의 존재를 밖으로 드러내주는 터전 역할을
하려고 합니다. 지구터전은 스스로 무엇을 추구하는 것이 아니
라 지구에 살아가는 모든 존재들의 터전이기에 그렇습니다. 우
리는 이런 분석을 통해서 일간의 심리는 물론이고 행동양식도
이해할 수 있습니다. 그렇다면 일지 寅木은 어떤 작용일까요?
乙木과 寅木의 차이를 이해하려면 기준이 필요합니다. 먼저 四
季圖를 보겠습니다.

乙木은 새싹과 같아서 봄에, 寅木은 뿌리와 같아서 겨울에 배속
되어 있습니다. 그리고 丙과 申은 빛과 열매와 같아서 모두 여
름에 배속되어 있습니다. 丙申 月 입장에서는 乙木과 寅木 중에
서 어떤 글자를 더욱 간절히 원할까요? 당연히 乙木입니다. 봄
과 여름은 그 속성이 유사하기에 오래 기다릴 필요도 없고 필요
할 때마다 바로 활용이 가능하지만 寅木은 땅 속의 뿌리와 같아
서 먼저 乙木 새싹으로 나오려면 상당한 기간이 필요하기에 아
무리 寅木을 옆에 두었다고 해도 활용하려면 많은 시간이 필요
합니다. 다만 丙戌과 丙申으로 반드시 木氣를 배합해야 수확할
수 있기에 寅木도 좋은 작용을 하지만 효율이나 활용도 측면에
서는 乙卯, 辰, 未에 비해 훨씬 떨어지는 겁니다. 寅木이 있는

일지 宮位의 시기 38세 이후에 이르면 년과 월에 있는 丙戌과 丙申에게 寅木을 제공해서 활용가치가 높아지지만 乙木처럼 즉시 활용할 수는 없으니 반응이 느려 효율이 떨어집니다. 이제 남은 것은 時柱뿐이니 어떤 干支를 배합해야 효율이 좋아지는지 고민해야 합니다. 丙辰 일에 선택할 수 있는 시간은 아래와 같습니다.

◉壬子, 癸丑, 甲寅
◉乙卯, 丙辰, 丁巳
◉戊午, 己未, 庚辛
◉辛酉, 壬戌, 癸亥

이 사주는 丙辰 시를 선택하였습니다. 만약 乙卯시였다면 46세 이후에 새싹을 년과 월에 공급하였을 겁니다. 물론 丙辰의 地藏干에 乙木이 있으니 乙卯보다 성숙한 목재를 년과 월에 공급해서 乙丙庚 三字를 활용하지만 이 구조의 단점은 丙戌, 丙申, 丙辰으로 천간은 모두 丙으로 동일해도 地支에서는 辰戌로 충돌하기에 갈등문제를 가졌다는 겁니다. 다만 丙辰을 보충하면 좋은 점은 寅木보다 효율이 높은 辰土를 보충해서 丙戌과 丙申에서 원하는 가치를 훨씬 더 높일 수 있습니다. 따라서 時柱에 이르면 훨씬 효율적으로 발전할 수 있습니다. 이런 방식으로 사주 구조를 분석하면 인생에서 언제 가장 화려한 시기를 맞을 수 있는지 어렵지 않게 읽어냅니다.

▶실제상황◀ 노무현 전 대통령 사주팔자라고 합니다. 년과 월의 조합이 동일한 빌 클린턴처럼 젊어서 변호사로 활동하였는데 과연 우연일까요? 아직 명확하게 알 수는 없지만 년과 월에 있는 干支조합이 사회활동 직업에 영향을 미친다는 것을 암시합니다. 계속 살펴보면 익숙해질 것입니다.

乾命				陰/平 1937년 4월 20일 04:30								
時	日	月	年	88	78	68	58	48	38	28	18	8
庚寅	丙辰	乙巳	丁丑	丙申	丁酉	戊戌	己亥	庚子	辛丑	壬寅	癸卯	甲辰

丁丑년에 태어났습니다. 그렇다면 두 글자는 무엇을 원하는 것일까요? 干支를 분석하는 방법은 다양한데 丁火와 三合운동의 관계를 살피는 것이 가장 효율적입니다. 丑土는 巳酉丑 三合으로 물질을 단단하게 완성하는 운동을 하기에 丁火가 巳酉丑에 열을 가해서 열매를 익히려는 욕망이 강합니다. 다만 丁巳, 丁酉, 丁丑 중에서 巳酉丑 三合의 마지막인 丁丑으로 干支를 구성했으니 이제 남은 일은 丑土에서 三合운동을 마감하고 丑月에 땅속에서 보이지 않게 성장하는 생명체 寅木을 길러야 하므로 물질을 추구하기 어려워졌습니다. 丁巳, 丁酉, 丁丑은 모두 물질욕망은 강하지만 丁巳와 丁酉처럼 물질을 만들어가는 과정과 달리 丁丑은 三合운동이 끝나버렸기에 반드시 丑土를 포기하고 다음 단계를 생각해야 합니다.

어떤 방향을 추구하는지 사주구조에 따라 달라지기에 어느 달에 태어났는지를 살펴야 합니다. 이 사주는 乙巳월에 태어났으니 丁丑과 乙巳가 무엇을 원하는지 살펴야 합니다. 丑土 속에서 乙木을 내놓고 巳月에 꽃이 활짝 피었습니다. 대운도 마침 甲辰과 癸卯로 흐르니 乙木이 巳火에서 화려하게 꽃을 피웠습니다. 이제 다음 단계를 고민해야 합니다. 위에서 살폈던 乙巳와 甲申조합은 어떨까요? 이 조합은 乙巳와 申金이 乙丙庚 三字로 열매를 수확하지만 申金이 다시 年支에 있는 丑土를 향하여 가버립니다. 이런 시간방향은 내가 열심히 노력해서 수확한 재산을 국

- 71 -

가에 헌납하는 것과 다를 바 없습니다. 재산을 기부하는 것처럼 국가의 창고로 들어갑니다. 예로, 범죄를 저질러 모든 재산을 국가에 몰수당하는 상황입니다. 이 사주는 丙辰일을 택했기에 뜸을 들이는 것처럼 보입니다. 예로 丙申일을 골랐다면 乙巳와 丙申이 봄과 여름으로 연결되면서 열매를 수확하기에 38세 즈음부터 부를 축적할 수 있지만 丙辰으로 辰土의 지장간에 있는 乙木을 키우려고 할 뿐 열매를 완성할 수 없습니다. 이제 어떤 시주를 고르느냐에 따라서 운명이 달라집니다. 庚寅시를 선택하자 연월일에 있는 효율이 낮은 글자들을 구제하게 됩니다. 乙巳는 반드시 庚金을 보충해야 乙丙庚으로 효율이 높아지고 丙辰도 庚金을 끌어와야 乙丙庚 三字를 활용할 수 있습니다. 결국 乙巳와 丙辰의 가치를 획기적으로 높여준 것은 庚金입니다. 이런 방식과 조합으로 글자의 효율이 크게 달라집니다. 만약 庚寅 대신 丙申시를 택했다면 열매의 존재가 천간에 드러나지 못합니다. 庚金처럼 천간에 드러나면 모든 사람들이 열매의 존재를 확인할 수 있기에 두각을 나타내지만 丙申처럼 地支에만 있다면 열매가 보이지 않으니 두각을 나타내기 어렵습니다. 비유하면 庚寅처럼 드러나면 주위사람들이 모두 부자라는 것을 알지만 丙申이라면 돈이 얼마인지는 모르지만 대충 알부자라고 인식합니다.

時干 庚金은 46세 이후를 상징하는 宮位이기에 乙木과 辰土 속의 乙木이 그 시기에 모두 열매로 완성됩니다. 乙丙庚 三字가 순차적으로 흐르니 乙庚으로 열매 맺고 丙으로 확장합니다. 또 답답해 보였던 일지 辰土도 46세 이후에 地藏干에 있는 乙木을 적극적으로 활용해 乙庚 合으로 계속 열매를 수확합니다. 마치 50되도록 풀리지 않던 인생이 갑자기 폭발적으로 발전하고 그때까지의 고생을 보상받는 것과 같습니다. 지금 설명들은 사실

초보수준이 아니라 굉장히 높은 단계에 해당합니다만 천천히 익숙해질 것이기에 조급할 필요 없습니다.

▶**실제상황**◀ 51세 1988년 戊辰년 당시에 대기업을 운영하는 사업가로 부자였습니다. 이 구조는 돈벼락을 맞는 조합이 하나 더 있습니다. 년과 일에 丑辰이 조합해서 재산을 빠르고 크고 부풀리는데 다른 章에서 자세히 다룹니다. 命理를 조금 공부했다면 庚金이 財星(재성)으로 재물을 상징하지만 寅木에 무기력한데 어떻게 사업체를 운영하는 부자냐고 반문할 수 있습니다. 바로 <u>通根(통근)</u>논리의 폐단으로 사주팔자를 분석할 때는 通根이나 强弱을 살필 것이 아니라 乙과 丙과 庚이 만나면 어떤 파동을 일으키는지를 살펴야 합니다. 乙丙이나 乙巳로는 꽃만 화려할 뿐 결실이 없지만 庚金을 만나는 순간 두 글자의 효율이 갑자기 크게 높아지는 겁니다. 이런 분석에 익숙해지면 세 글자가 있는지 없는지, 있다면 어느 宮位에 있는지를 살펴서 그 의미를 읽어낼 수 있는 안목이 생깁니다. 庚金이 다른 宮位에 있는 사주구조를 살펴보겠습니다.

乾命				陰/平 1919년 12월 18일 20:30								
時	日	月	年	89	79	69	59	49	39	29	19	9
丙	乙	戊	庚	丁	丙	乙	甲	癸	壬	辛	庚	己
戌	未	寅	申	亥	戌	酉	申	未	午	巳	辰	卯

이 사주는 庚金이 년에 있으니 宮位가 적절하지 않아 보입니다. 그 이유는 위 사주처럼 새싹 乙木이 년과 월에 있고 열매를 확장하는 丙火가 다음에 있고 일시에 庚열매가 있으면 새싹이 열매로 자연스럽게 바뀌고 부피를 확장하니 그 흐름이 매우 순조

- 73 -

롭고 매끄럽습니다, 하지만 이 구조는 년에 庚金이 있으니 추운 겨울 寅月에 너무 빨리 나온 열매처럼 쓸모없어 보입니다. 음력 1월을 상상하면 매우 춥고 봄이 오기까지 오랜 세월을 기다려야 합니다. 이런 환경에서 庚申은 어떤 작용을 할까요? 종자돈이라 고 표현하는 씨종자의 역할입니다. 그 이유는 시간이 년에서 월 을 지나 일과 시를 향하여 지나기 때문으로 년에 있는 宮位의 시간이 먼저요, 시에 있는 宮位의 시간이 나중이기에 戊寅월 입 장에서 庚申년은 지나온 여름에 얻어진 열매와 같습니다. 따라 서 년에서 월까지 흐름은 庚申열매가 뿌리 寅木으로 물형을 바 꾸는 과정입니다. 이런 흐름을 "조상의 얼"을 이어받는다, 혹은 "종묘사직을 지킨다."고 표현합니다. 따라서 조상으로부터 받을 것이 있으니 음덕이 좋고 받을 유산이 있습니다. 물론 庚申년 戊寅월에 태어났다고 해서 무조건 유산을 받는다는 의미는 아니 고 나머지 배합을 살펴야합니다.

이 사주는 년과 일에서 庚과 乙이 합하는데 봄의 새싹과 같은 乙木이 여름의 열매와 같은 庚金으로 바뀌는 과정을 표현합니다 만 이 구조는 흐름이 거꾸로 되어 있습니다. 庚金이 먼저요 乙 木이 나중이기에 먼저 씨종자와 같은 庚金이 寅月을 지나 새싹 乙木으로 나오는 흐름입니다. 즉, 乙에서 庚으로 흐르면 봄에서 여름으로, 庚에서 乙로 흐르면 여름에서 가을, 겨울을 지나 봄 으로 바뀝니다. 따라서 이 구조는 乙木이 년에 있는 庚申을 합 으로 이어받는 것입니다. 더욱 좋은 점은 천간에서 시간에 丙 火가 있으니 庚乙丙 三字로 조상의 얼을 이어받아 丙으로 확장 합니다. 地支는 申寅未戌로 申酉戌, 亥子丑, 寅卯辰, 巳午未, 申酉戌 순차적 흐름입니다. 정리하면, 庚申 조부모, 戊寅 부모 의 음덕을 이어받으려면 乙未 일에 태어나는 것이 좋고 丙火까 지 보충하면 열매를 크게 확장할 수 있습니다.

▶**실제상황**◀초년부터 귀공자로 평생 재복이 풍족한 대재산가였습니다. 어려서부터 귀공자로 살아갈 여건을 만들어준 원인은 바로 庚申입니다만 새싹을 키워서 열매를 완성하는 것이 아니고 조상과 부모가 만들어낸 씨종자를 이어받아서 활용하는 구조입니다. 따라서 **조상의 음덕을 활용**해서 돈벼락을 맞으려면 이런 흐름이 좋습니다. 물론 그 재산을 유지하고 확장하려면 가장 적절한 일주를 골라야 합니다. 이 구조처럼 乙未는 庚申과 天干과 地支에서 합할 뿐만 아니라 寅木 뿌리가 성장하면 자연스럽게 일지 未土 창고(墓地)로 들어오니 조상, 부모의 유산을 탕진하지 않을 뿐만 아니라 丙火로 확장하는 능력까지도 갖추었습니다. 위 사주는 시간 宮位에 庚金이 있으니 자신이 직접 열매를 만들어가는 과정을 거치지만 이 사주는 조상대에 열매를 완성한 후 유산으로 남겨주었습니다. 월에 庚金이 있는 구조를 보겠습니다.

坤命				陰/平 1942년 9월 11일 14:30								
時	日	月	年	84	74	64	54	44	34	24	14	4
乙	丙	庚	壬	辛	壬	癸	甲	乙	丙	丁	戊	己
未	午	戌	午	丑	寅	卯	辰	巳	午	未	申	酉

庚金이 월에 있으니 조부모의 유산이나 조상의 얼, 혹은 국가에서 내리는 복록을 상징하는 것은 아닙니다. 특히 戌月 늦가을에 태어났으니 열매를 확장할 수 없는 계절입니다. 하지만 丙午일에 태어나 丙火를 활용해서 庚金 열매를 확장하려는 욕망이 강합니다. 흐름을 정리해보면, 년과 월에서는 壬으로는 庚戌을 확장할 수 없기에 돈을 벌고자 해도 어렵지만 丙午의 시기 31세에서 45세 사이에 이르면 자신도 모르게 열매를 확장하려는 강

- 75 -

한 욕망과 의지가 생겨나면서 돈을 벌고자 노력합니다. 30세 즈음까지는 돈을 많이 벌고 싶다는 생각은 있지만 현실에서는 그럴 수 있는 환경을 만나지 못하다가 30세가 넘어서면 그 꿈이 점점 현실화되기 시작합니다. 물론 꿈이 이루어질 것인가는 사주전체 구조를 살펴야 합니다. 乙未 時에 태어났으니 월과 시에 있는 乙庚이 서로 당겨와 合하면서 열매를 만들어내자 丙午는 자신의 에너지를 활용해서 적극적으로 열매를 확장하는 乙丙庚 三字 조합을 활용합니다. 여기에서 주목할 점은, 년에 있는 생명수 壬水가 그 시기에는 매우 중요한 역할을 한다는 것입니다. 초년을 지날 때의 壬水는 늦가을 열매 庚戌을 망치는 냉해와 같은 작용이었다면 30대 이후 丙午의 시기에는 강렬한 태양 빛에 庚金 열매가 타들어가는 문제를 해결하는 생명수와 같은 작용으로 바뀌었습니다. 만약 여름에 태양 빛은 강렬한데 비가 오지 않으면 농작물이 모두 말라죽는데 그 문제를 해결할 수 있는 글자는 오로지 壬水뿐입니다.

이처럼 사주팔자에 있는 모든 글자들은 그 쓰임과 가치가 수시로 바뀌기에 무조건 좋거나 무조건 나쁘게 결정된 것이 아닙니다. 물론 이 사주에서 더욱 중요한 역할을 담당하는 것은 乙木으로 庚金이 계속 열매(돈)를 생산할 수 있도록 새싹을 공급하는 핵심 역할입니다. 만약 乙木이 없다면 30대 이후에 사업하겠다고 날뛰지만 뒷심(사업자본)이 부족하기에 한번 망하면 다시는 재기하지 못합니다. 정리하면, 庚戌과 丙午로 조합하는 경우에는 반드시 乙과 壬을 배합해야 사주구조가 좋아집니다. 壬水는 열매가 타죽지 않도록 해주는 생명수요, 乙木은 새싹을 공급해서 부를 창조하는 원천이기 때문입니다.

▶**실제상황**◀30세 이전에는 교육계에 있었으나 건축업을 시작하

여 부동산과 농장, 유흥업에 성공하여 여걸로 통하는 재산가였습니다. 교육계에서 사업계로 크게 변신할 수 있었던 이유는 年月과 日時의 조합이 상이하기 때문입니다. 30세 전에는 丙庚壬 三字로 검경, 교육, 성악, 기술, 예술 물상을 활용하다가 丙午의 시기로 넘어가면 乙丙庚 三字로 부를 축적하려는 욕망에 충실했습니다. 결국 사주팔자 배합으로 인생이 드라마틱하지만 년월과 일시의 인생방향이 너무도 다르기에 갈등이 심합니다. 년과월에 있는 丙庚壬 三字를 활용하려면 교육 업에 적합한 丙子日을 고르거나 乙丙庚 三字조합을 활용하려면 午未申월을 골라야 키우고 수확하기에 인생방향이 뚜렷해집니다.

이처럼 택일 할 때는 반드시 먼저 사주팔자의 목표나 인생의 방향을 명확하게 설정해야 합니다. 사업가를 원하면 사주전체가 그 꿈을 이룰 수 있도록 단일방향을 향하도록 도와야 하며 교육자가 되려면 연월일시가 그에 적합한 방향을 향하도록 배합해야 흔들리지 않고 목표를 향해 나아갑니다. 인생의 목표도 설정하지 않고서 대충 五行만 골고루 섞으면 좋은 택일이 아닙니다. 이 사주를 사업에 전념하는 인생으로 바꿔보겠습니다. 庚金 열매가 戌月에 열리는 것은 사업에 적절하지 않기에 午未월로 바꿔야 합니다. 따라서 庚戌干支는 月보다는 時로 이동하는 것이 적절하고 乙未를 月로 끌어오는 것이 좋습니다. 배치를 바꾸면 아래와 같은 사주팔자로 바뀝니다.

坤命			
時	日	月	年
庚戌	丙午	乙未	壬午

물론 이런 干支조합은 없기에 예를 든 것에 불과하지만 간지를 배합하는 요령을 쉽고 빠르게 이해하는 방법입니다. 일주도 丙午 대신 丙申으로 바꾸면 사업가 구조가 훨씬 뚜렷해집니다. 동일한 간지를 활용해서 더욱 효율적인 사주구조를 만들면 아래와 같습니다.

坤命			
時	日	月	年
庚戌	壬午	乙未	丙午

이 구조도 교육은 물론 사업에도 적절하지만 사주구조에 따라 그 가치가 크게 달라집니다. 丙午일에 태어나면 자신이 직접 뛰어다니며 열매를 확장해야 하지만 이 구조처럼 壬午일에 태어나면 주위환경이나 타인을 활용해서 자신이 직접 뛰어다니지 않아도 돈벼락을 맞을 수 있습니다. 반드시 자신이 직접 행동해야만 하는 사업가와 부하를 적절하게 활용하는 사업가의 차이입니다.

▌乙丙庚 三字 변형조합

乾命					陰/平 1990년 3월 2일 12:30								
時	日	月	年		83	73	63	53	43	33	23	13	3
모름	壬辰	己卯	庚午		戊子	丁亥	丙戌	乙酉	甲申	癸未	壬午	辛巳	庚辰

왜 젊은 나이에 부자가 되었는지 이해하기 어렵다고 하는 사주

사례입니다. 겉으로 보기에 부자사주도 아니고 乙丙庚 三字조합과 거리가 멀어 보입니다. 이 사주팔자를 활용해서 乙丙庚 三字의 변형 구조를 살펴보겠습니다. 년에 庚이 있고 卯月에 태어났으니 새싹이 열매로 바뀌는 시간흐름이 아니고 庚金 씨종자가 卯木 새싹으로 바뀌는 흐름입니다. 따라서 조상의 음덕을 새싹으로 풀어낼 수 있으니 젊은 나이에 큰돈을 벌 가능성이 있습니다. 庚이 있고 卯월의 地藏干(지장간: 卯月에 서용하는 시간)에 乙이 있으니 乙庚 合으로 열매 맺을 수 있기에 丙火만 보충하면 열매를 확장할 수도 있습니다. 마침 庚午년에 태어났으니 午의 지장간에 丙丁이 있으니 丙火를 활용해서 乙庚 열매를 확장할 수 있습니다. 따라서 년과 월에서 乙丙庚 三字를 활용해 부를 축적하는데 宮位의 연령을 감안하면 30세 이전에 젊은 나이에 큰돈을 벌 수 있습니다. 이 구조에서 힉습해야할 내용은 庚午와 己卯는 겉으로는 달라 보이지만 乙丙庚 三字의 변형된 구조로 젊은 나이에 큰돈을 벌 수 있는 조합입니다. 여기에 壬日을 배합하면 매우 좋은 이유는 庚午로 午火에 자극받은 庚金이 뜨거워서 壬水에 풀어지는 丁辛壬 三字 조합이기 때문입니다.

자세한 내용은 다음 章에 이어집니다. 물론 壬辰보다는 壬午일, 壬戌일처럼 열매를 크게 확장하는 간지라면 더욱 좋습니다. 이 사주의 주인공은 가수인데 그 이유는 丙庚壬 삼자의 효과 때문입니다. 丙火로 庚金을 자극하면 壬水에 풀어지는 공명작용으로 아름다운 소리를 냅니다. 이처럼 사주팔자에 丙庚壬, 丙庚子 三字로 조합하면 성악, 가수물상에 적합합니다. 기억할 점은, 대장장이가 칼을 담금질하듯 丙丁 火氣가 庚金에게 열기를 가하면 뜨거워진 庚金은 壬水를 향하여 튀어 가는데 그 속도를 결정하는 것은 火氣의 자극이 얼마나 강한가에 달려있으며 壬水를 향하는 속도가 빠를수록 돈과 명예를 축적하는 속도와 크기가 달

- 79 -

라집니다.

▶**실제상황**◀젊은 나이에 많은 돈을 벌었다는 **랩퍼** 도끼입니다.

乾命				陰/平 1978년 7월 11일 08:30								
時	日	月	年	88	78	68	58	48	38	28	18	8
丙	戊	庚	戊	己	戊	丁	丙	乙	甲	癸	壬	辛
辰	申	申	午	巳	辰	卯	寅	丑	子	亥	戌	酉

戊午년에 태어났습니다. 寅午戌로 삶의 터전과 같은 戊土를 확장하려는 의지가 강하기에 매우 현실적이고 물질지향적인 干支입니다. 따라서 그 목적을 이룰 수 있는 월일시 조합을 적절하게 고려해야 합니다. 특히 월을 선택하는 것이 매우 중요한데 戊午를 적극적으로 활용하지 못하는 달이라면 년과 월의 쓰임이 나빠지기 때문입니다. 예로 癸亥, 甲子月을 선택하면 어떨까요? 戊午의 의지가 무의미해집니다.

"나는 戊土 터전에서 午火로 열매를 잘 익혀서 존재감을 드러낼 거야!" 이런 속내를 가진 戊午의 마음을 몰라주고 엉뚱한 癸亥, 甲子 겨울에 태어나면 戊午는 참으로 당황스럽습니다. 午月의 戊土가 할 수 있는 일이 없기 때문입니다. 庚金 열매를 드러낼 수도 없으며 癸亥, 甲子 겨울에 쓸쓸하게 눈 내리는 들판처럼 변합니다. 이런 조합은 년과 월의 의지가 서로 달라서 조상은 부모를 돕지 못하고 부모도 조상을 돌볼 수 없습니다. 일과 시에서 두 조합의 단점을 해결해도 소 잃고 외양간 고치는 격입니다. 따라서 年의 의지에 맞는 月을 고를 수만 있다면 일간이 무엇이던 조상과 부모의 음덕이 매우 좋은 가정에서 태어나게 됩

- 80 -

니다. 이것이 바로 금수저, 은수저, 흙수저를 결정하는 기준입니다. 일간이 그런 운명을 결정하는 것이 아닙니다. 일간의 의지와는 전혀 상관도 없이 년과 월의 조합에서 운명의 밑그림이 결정됩니다. 이런 이유로 택일에 가장 신경써야할 조합은 바로 년과 월에 있는 네 글자입니다. 戊午년 庚申월에 태어나면서 년과 월의 의지가 뚜렷하게 드러납니다. 바로 戊午의 터전에 庚申열매를 드러내려는 것입니다. 위에서 계속 살핀 것처럼 庚申열매의 가치는 丙火에 의해서 결정됩니다. 잘 익은 열매로 키울 것인지 냉해로 망가진 과일이 될 것인지는 丙火의 유무와 쓰임에 따라서 달라집니다. 마침 년지 午火의 地藏干에 丙丁이 모두 있으니 庚申을 확장하고 익혀주기에 년과 월의 조합이 매우 좋습니다. 가치가 높은 庚申 열매를 드러낼 戊土 터전이 년에 있기에 해외, 국가를 상징합니다. 다만 丙庚으로 얼내를 확장하는 과정에 무언가 부족해보입니다. 바로 乙木을 보충해야 乙丙庚 三字를 활용해서 열매를 계속 생산하는데 乙卯나 辰未가 없으니 열매의 존재를 드러내도 가치가 높지 않으며 한번 수확하고 나면 다시 재배할 수 없습니다.

따라서 日과 時에서 반드시 필요로 하는 乙卯를 채워주지 않으면 년과 월의 노력도 무용지물입니다. 戊申일을 택했으니 엇박자가 분명합니다. 戊午와 戊申으로 계속 동일한 글자가 반복되기에 효율이 떨어집니다. 그나마 戊午가 만들어낸 가치 높은 庚申을 戊申의 터전에 드러낼 수는 있으며 조금 더 숙성된 열매를 일지에 품었지만 반드시 필요한 乙卯와 辰未를 보충하지는 못했습니다. 연월일에 충분한 열매를 가졌음에도 열매를 완성하고 가치 높은 씨종자를 만들어낼 乙卯, 辰未를 배합하지 못했습니다. 또 庚申申으로 열매는 가득한데 午火는 하나뿐이기에 많은 열매를 익히기 벅찹니다. 이제 남은 기회는 시간뿐입니다. 戊申

일을 기준으로 태어날 수 있는 시간은 아래와 같습니다.

> ●壬子, 癸丑, 甲寅
> ●乙卯, 丙辰, 丁巳
> ●戊午, 己未, 庚申
> ●辛酉, 壬戌, 癸亥

그 중에서 새싹을 품은 시간은 乙卯, 丙辰, 己未시 뿐입니다. 乙卯는 새싹을 庚申에게 공급하지만 丙火처럼 열매의 가치를 높이지는 못하기에 욕심은 많고 가치는 낮을 수 있습니다. 丙辰시는 丙火로 庚申을 계속 확장할 뿐만 아니라 辰土의 地藏干(지장간)에 있는 乙木을 활용해서 申辰 내부에서 乙庚 合하고 丙午로 확장하고 익히기에 매우 좋은 배합입니다. 己未는 戊戌로 충분한데 己未까지 추가하면 동일한 土 五行이 너무 많아 산만하고 탁해집니다. 이제 연월일시 宮位에 시간을 가미하면 어떤 의미가 있는지 살펴보겠습니다.

연월일에서는 열매를 익히려는 의지가 강하기에 물질을 추구하지만 乙卯나 辰未가 없으니 사업을 할 수가 없습니다. 이런 구조가 사업하면 어떤 결과가 나올까요? 午火가 庚申에 열을 가해서 일정기간 돈을 벌수 있지만 돈의 원천에 해당하는 乙卯, 辰未가 없으니 한번 망하면 재기하기 힘듭니다. 또 午火가 많은 庚申申을 모두 익히려고 해도 힘이 부족하니 욕심만 많고 의지가 약합니다. 결국 연월일을 지나는 45세까지는 물질에 욕심을 부려도 소용이 없습니다. 대운도 물질을 추구하지 말라고 합니다. 어려서부터 辛酉, 壬戌 癸亥, 甲子로 흐르니 乙丙庚 三字를 활용하지 못하는 가을, 겨울을 향해 갑니다. 대신에 午火가 庚申에 열을 가하고 水氣에 풀어지는 丁辛壬 三字를 활용해서 매우 총명하고 한순간 폭발적으로 돈벼락을 맞을 수도 있는 조합입니다. 다만 계절이 가을, 겨울을 지나기에 재물을 추구하기 보다는 두뇌를 활용하는 것이 현명합니다. 정리하면, 년과 월에서는 乙卯, 辰未를 배합해야 乙丙庚 三字를 활용하지만 보충하지 못했고 대운도 가을, 겨울을 지나니 45세까지는 乙丙庚 三字를 활용하지 못하기에 사업보다는 총명함을 활용해야 합니다.

▶실제상황◀2015년, 38세 乙未년 당시에 판사로 재직하는데 부인이 2백억 재산가라고 합니다. 자신이 아니라 부인이 부자인 이유는 日支 申金 부인이 時柱 丙辰과 乙丙庚 三字로 조합하기 때문입니다. 즉, 日支 배우자가 들어오기 전까지는 丙辰 時를 적극적으로 활용하지 못하다가 申金이 들어오면 申과 辰이 연결되면서 地藏干 내부에서 乙庚 합하고 丙火로 확장하는 乙丙庚 三字를 활용해서 하늘에서 돈벼락을 맞을 수 있게 됩니다. 丙辰 시를 택했기에 가능한 것으로 다른 시간을 택했다면 돈벼락은 생각지도 못했을 겁니다. 이런 방법이 宮位의 六親과 연령을 살피는 방법입니다. 時柱를 잘 선택함에 따라서 200억이 들어왔고 말년으로 갈수록 더 큰 돈벼락을 맞을 가능성이 높아졌습니다. 이처럼 時柱도 함부로 결정할 수 없습니다. 丙辰 두 글자로 로또보다 100배 많은 돈벼락을 맞을 수도 있기 때문입니다. 전생까지 감안하면 그 상황을 더 자세하게 이해할 수 있습니다. 丙辰을 년주 앞으로 돌리면 丙辰, 戊午, 庚申, 戊申으로 이미 증조부의 음덕이 매우 좋은 사주로 현생에서는 부인 덕으로 발현되었나 봅니다.

坤命				陰/平 1918년 7월 23일 08:30								
時	日	月	年	87	77	67	57	47	37	27	17	7
丙辰	戊申	庚申	戊午	辛亥	壬子	癸丑	甲寅	乙卯	丙辰	丁巳	戊午	己未

- 83 -

이 구조는 위 판사의 사주팔자와 동일하지만 여성이고 60년이 많습니다. 따라서 두 사주의 차이를 명확하게 드러낼 수 있는 것은 대운흐름으로 판사는 대운이 水氣로 흘러서 겨울에 할 일이 없으니 학업에 집중했고 이 여인은 초년부터 강력한 火氣로 흘러서 열매를 확장하는데 집중해서 엄청난 부를 축적했습니다. 물론 두 사주 모두 사주구조가 좋으니 大運(대운, 10년마다 변하는 기운)과 상관없이 모두 부자가 되었지만 大運方向(대운방향)에 따라 직업에 큰 차이를 보였습니다. 판사는 어둠 속에서 지혜를 찾았고 이 여인은 초년부터 계속 돈을 추구하여 부자가 되었습니다.

坤命				陰/平 1989년 1월 20일 16:30								
時	日	月	年	83	73	63	53	43	33	23	13	3
丙申	丙辰	丙寅	己巳	乙亥	甲戌	癸酉	壬申	辛未	庚午	己巳	戊辰	丁卯

己巳년에 태어났으니 己土와 巳酉丑이 조합한 것으로 己土 내부에 巳酉丑 열매를 품고 저장하려는 욕망이 강합니다. 이런 의지를 만족시키려면 어떤 월주를 배합할지 고민해야 합니다. 己土가 원하는 것은 巳酉丑 열매를 품는 것이기에 巳火의 地藏干에 있는 丙火와 庚金으로 열매를 완성하려면 반드시 乙卯나 辰未가 있어야 乙丙庚 三字를 활용할 수 있습니다. 따라서 己巳년에 선택할 수 있는 월은 丁卯, 戊辰, 辛未, 乙亥가 적절하지만 더 고려할 점은 月支(월지)의 공간 환경과 己巳와의 배합이 어울리는가를 살펴야 합니다. 己巳는 화려한 봄의 속성이기에 봄과 여름의 공간 환경을 배합하는 것이 적절한데 乙亥는 亥月이기에 어울리지 않으므로 丁卯, 戊辰, 辛未 정도가 적절해보입니

다. 그 중에서 丁卯의 문제는 己巳를 향하는 시간방향이기에 부친은 자신의 재주를 사회활동에 활용하지만 자신이 부를 축적하기 어려우며 戊辰은 己巳와 함께 土가 너무 많아지면서 다툼이 발생합니다. 辛未월은 己巳에서 辛未를 향하지만 단점은 사막과 같은 未月에 水氣가 전혀 없으니 열매가 열려도 선인장처럼 좋은 열매를 기대하지 못합니다. 결국 己巳年에 丁卯, 戊辰, 辛未를 배합해도 년과 월의 조합이 그렇게 좋은 것은 아니기에 일과 시에서 문제를 해결해줘야 하지만 땜질에 불과합니다. 이 여인은 丁卯월 대신 丙寅월에 태어났습니다.

그렇다면 丙寅과 丁卯는 어떤 차이가 있을까요? 己巳에서 원했던 것은 巳의 지장간에 丙庚이 있으니 乙卯, 辰未를 배합해서 乙丙庚 三字를 활용해야 하는데 寅月에 태어나면 아식 겨울이기에 乙卯처럼 바로 활용할 수 없어 비효율적입니다. 또 寅巳가 조합하면 刑이라는 이름으로 불리는데 寅木이 巳火에 의해 비틀리면서 生氣를 상실하기에 붙여진 이름입니다. 따라서 己巳년 丙寅월에서 보여주는 의미는 丙寅 부모는 성장하려면 반드시 水氣가 필요한데 없고 己巳에 의해 마르니 부모의 상황이 불편합니다. 차라리 丁卯월을 선택했다면 卯木을 巳火에서 활용할 수 있기에 나름의 결과를 얻겠지만 丙寅월은 寅巳 刑으로 부모의 노력이 비틀리고 상하기에 조상과 부모의 음덕을 기대하기 어렵습니다. 그렇다면 일과 시에서 년과 월의 문제를 해결할 방법을 찾아야 합니다. 첫째, 水氣를 공급해서 丙寅이 성장하도록 도와야 합니다. 둘째, 乙卯, 辰未를 공급해서 巳火를 좀 더 효율적으로 활용해야 합니다. 丙辰일을 택하였습니다. 장점이라면 辰土 속의 乙木을 활용해서 巳火 속의 庚金과 乙庚 합하고 丙火로 열매를 확장할 수 있습니다. 문제는 여전히 水氣가 부족하기에 학문과 인연이 없고 돈을 벌고자 노력하지만 조합이 효율적이지 않습니다. 이처럼 水氣가 부족한 구조들은 고등학교만 졸업하고 젊은 나이에 사회에 나가서 돈을 벌지만 뿌리를 깊이 내리지 못했기에 발전에 한계가 있습니다. 또 丙丙으로 월간 부친과 글자가 동일하니 인연이 길지 못하거나 부친이 단명하거나 발전에 한계가 있습니다. 또 丙火의 분산작용은 매우 강한데 水氣가 부족하면 정신이 산만해지기에 자신도 모르게 水氣를 보충하고자 종교, 명리, 철학에 강한 흥미를 보입니다. 보통은 학문을 통해서 水氣를 보충하지만 이 사주처럼 水氣가 전혀 없으면 차분하게 앉아서 공부 할 수 없고 육체활동을 선호하기에 종교나 사주명리, 무속을 통해서 부족한 수기를 보충하려고 합니다.

이제 남은 것은 時柱뿐이기에 적절한 선택으로 연월일의 단점을 해결해야 합니다. 丙申 時를 선택하면서 연월일에서 노력한 모든 결과물이 申金의 시기에 완성됩니다. 즉, 申金은 寅辰에 있는 木氣들과 乙庚 합해서 열매를 완성하고 수많은 丙火들이 열매를 확장하는 乙丙庚 三字조합이기에 인생목표가 명확합니다. 한눈팔지도 않고 오로지 돈을 벌고자 끝없이 노력합니다. 단점은 水氣가 거의 없고 년과 시에서 巳申으로 합하는 과정에 중간에 끼어있는 寅木이 심하게 상하면 피의 흐름이 원활하지 않기에 육체나 정신에 문제가 발생할 수 있습니다. 비록 인생의 목표는 뚜렷하지만 정신적, 육체적으로는 단점이 많은 구조입니다. 이처럼 사주구조를 다양한 각도에서 분석해보면 인생여정을 비교적 쉽게 이해할 수 있으며 사주배합의 중요성을 인식하게 됩니다.

▶**실제상황**◀庚午대운에 乙丙庚 三字로 조합하는 시기에 개인 브랜드 패션사업 하는 여성입니다. 2022년 壬寅年 癸丑월 코로나가 끝나가는 시기에 사업이 힘들어지자 전화 사주상담 과정에

상담사에게 3천만 원이 필요한데 구할 수 있는지 문의하였는데 얼굴도 모르는 상담자가 무이자로 빌려주었다고 합니다. 이 여인의 흥미로운 점은 거의 무속 인에 가까울 정도로 태백산에 올라 108배 기도를 자주하며 눈을 감으면 꿈꾸듯 영상이 지나간다고 합니다. 기도효과가 매우 뛰어나고 스스로도 자기 몸 안에 할머니가 계셔서 항상 도와주신다고 합니다. 부친이 빚이 많아서 갚느라 고생하지만 부모원망도 없고 빨리 돈을 벌어서 효도하고 싶다고 합니다.

기도 덕분인지, 할머니 도움인지 모르지만 얼굴도 모르는 사주 상담자에게서 3천 만 원을 빌리는 황당한 일이 발생했고 또 자주 생각도 못하는 돈벼락을 맞는다고 합니다. 이것은 모두 乙丙庚 三字를 활용할 때 드러나는 독특한 특징입니다. 참고로 무속의 기운이 강한 이유는 첫째, 火氣가 탱천하면 정신을 지배하는 癸水가 증발하기에 다중영혼처럼 산산력이 풍부해집니다. 둘째, 寅巳 刑으로 피의 흐름이 순탄하지 않기에 정신에 이상이 오는데 심각하지는 않기에 끼가 강하다고 느끼지만 심해지면 귀신을 보거나 빙의, 접신 등의 문제를 일으키기에 水氣를 보충해야 좋습니다. 유사한 사례를 보겠습니다.

坤命				陰/平 1974년 4월 22일 20:30								
時	日	月	年	83	73	63	53	43	33	23	13	3
甲戌	甲寅	己巳	甲寅	庚申	辛酉	壬戌	癸亥	甲子	乙丑	丙寅	丁卯	戊辰

甲寅년에 태어났으니 甲과 寅午戌이 조합하여 성장을 상징하는 甲木을 寅午戌로 확장하려는 의지이기에 교육, 공직에 어울립니

다. 하지만 어떤 달에 태어나느냐에 따라서 상황이 달라질 수도 있습니다. 甲寅에게 무엇보다 절실한 것은 안정적으로 성장할 생명수 壬水입니다. 하지만 己巳월을 받았기에 甲寅은 기대할 수도 없을 뿐만 아니라 天干에서는 甲己로 合하고 地支에서는 寅巳로 刑하는 조합이기에 하늘의 뜻과 땅의 뜻이 전혀 달라서 비틀립니다. 구조가 심각하면 위 사례처럼 寅巳 刑으로 寅木이 마르고 비틀리면 심장마비, 뇌출혈, 정신질환에 시달릴 수 있습니다. 이 문제를 해결하려면 일주와 시주를 신중하게 선택해야 하는데 다시 甲寅일을 선택했으니 기대하기도 어려워졌을 뿐만 아니라 문제만 더 심각해졌습니다.

▶**실제상황**◀ 乙丑대운 癸巳, 甲午년을 지날 때 정신이상으로 신 내림을 받았고 水氣를 보충하고자 밤에 술집을 운영합니다. 술집을 운영하면서 사주팔자에서 부족한 水氣를 억지로 보충하는 겁니다. 이처럼 사주팔자에 水氣가 심각하게 부족하면 정신적으로 문제가 발생하기에 종교, 명리, 무속, 술집 등의 물상으로 해결하려는 반응을 보입니다. 水氣가 없으니 성정이 급하고 자비(水氣)가 부족하기에 믿고 의지하는 상담자들의 돈을 수단과 방법을 가리지 않고 뜯어냅니다. 사주팔자에 水氣가 부족할 때의 문제입니다.

坤命				陰/平 1958년 6월 26일 06:30								
時	日	月	年	81	71	61	51	41	31	21	11	1
己卯	庚申	庚申	戊戌	辛亥	壬子	癸丑	甲寅	乙卯	丙辰	丁巳	戊午	己未

戊戌년에 태어났으니 戊土와 寅午戌이 조합하여 戊土의 땅을 확장하려는 의지가 강합니다. 이처럼 터전을 확장하려는 행위를

일상에 비유하면 토지나 부동산을 계속 사들이는 행위입니다. 고대에는 전쟁을 통해서 영토를 확장하려고 노력하였습니다. 이제 어떤 월주를 얻느냐에 따라 년에서 추구하는 상황이 결정될 것인데 庚申월을 이어서 받았습니다. 그렇다면 戊戌과 庚申은 무엇을 원하는 것일까요? 庚申은 여름에 열매가 주렁주렁 달렸는데 戊戌 넓은 땅과 조합하였으니 戊土에 그 존재를 뽐내려고 합니다. 즉, 해외나 국가를 상징하는 년에 있는 戊土 터전 위에 庚申 열매를 드러내기에 구조에 따라서 국가정책을 활용해서 부동산으로 부자가 되거나 庚申의 기운을 금융, 의료에도 활용할 수 있습니다.

물론 庚申열매의 가치를 결정하는 것은 丙火이기에 사주팔자에 있느냐에 따라 그릇이 크게 달라집니다. 또 庚申이 반드시 필요로 하는 乙卯, 辰未가 있는지도 함께 살펴야 합니다. 이 구조는 년과 월에 丙火도 乙卯와 辰未도 없으니 일과 시에서 반드시 보충해서 乙丙庚 三字를 활용해야 합니다. 하지만 庚申 일을 선택하였으니 비록 열매의 양이 두 배로 늘어났습니다만 오히려 당황스러운 이유는 열매는 가득한데 丙火가 없으니 열매를 확장하지도 못하고 乙卯나 未辰도 없으니 열매의 크기도 작고 먹음직스럽지도 않고 당도도 떨어지니 사람들이 찾지 않습니다. 이제 유일한 방법은 태어난 시를 잘 선택해서 문제를 해결해야 합니다. 庚申일에 얻을 수 있는 시간은 아래와 같습니다.

◉<u>丙子</u>, 丁丑, 戊寅,
◉<u>己卯</u>, 庚辰, 辛巳,
◉<u>壬午</u>, 癸未, 甲申,
◉<u>乙酉</u>, 丙戌, 丁亥.

연월일에서 반드시 필요한 글자는 丙과 乙이니 丙子, 己卯, 庚

辰, 辛巳, 壬午, 癸未, 乙酉, 丙戌 정도입니다만 丙子는 어둠 속에 흐릿한 빛이니 무기력합니다. 庚辰은 辰의 地藏干에 있는 乙木을 활용할 수는 있지만 庚金이 더욱 많아지면서 열매의 가치는 더욱 하락합니다. 辛巳는 巳를 활용해서 열매확장은 가능하지만 乙卯 새싹을 辛이 잘라버리기에 활용도가 낮습니다. 壬午와 癸未도 丙火를 적절하게 활용할 수 없으며 乙酉는 수확할 욕심은 많지만 丙火가 없으니 장사꾼 정도에 불과합니다. 丙戌과 丁亥도 乙卯가 없으니 기대하기 어렵습니다.

그런데 이 사주는 모호하게도 己卯 時를 택했습니다만 여전히 부족한 것은 수많은 열매들을 키워줄 丙火입니다. 하지만 己卯를 선택하는 순간 오묘한 효과가 발생하는데 바로 卯戌 슴의 작용입니다. 명리이론에 卯戌(묘술)이 슴하면 火氣를 만들어낸다고 주장하는 이유를 살펴보겠습니다. 卯木 새싹이 卯辰巳, 午未申월을 지나는 과정에 새싹에서 꽃으로, 열매로 바뀌고 酉戌월에 씨종자로 완성된 후 일정한 공간으로 낙하합니다. 그리고 그 위에 卯木이 마른 낙엽으로 변해서 낙하한 씨종자를 덮으면 밖에서 서리가 내려서 춥고 습해지지만 낙엽의 내부에서는 열기가 생겨나는 시공간을 戌土라고 표현합니다. 이처럼 卯木 새싹과 씨종자를 저장한 창고와 같은 戌土가 합하는 과정을 물상에 비유하면 오래도록 내부에 열기를 저장한 화석연료와 같은 석유, 석탄, 오일가스 물상이기에 火氣를 만들어낸다고 표현하였던 것입니다. 이 사주의 卯戌 슴이 더욱 효과적인 이유는 卯木과 戌土가 년과 시에 있으니 활용하는 시공간이 매우 넓어서 영향력이 장기적이고 광범위 합니다. 또 卯와 戌의 중간에 申申 열매가 끼어있으니 자연스럽게 卯戌 슴의 열기를 활용해서 성숙한 열매를 만들려고 노력합니다. 마치 화로에 고구마를 올려두었더니 맛있게 익어가는 과정과 같습니다. 이것이 사주구조에 있는

刑沖破害合의 묘미입니다. 사주원국을 분석했으니 대운을 살펴보겠습니다. 초년부터 강렬한 火氣로 흘러가면서 열매의 부피를 확장하다가 중년에 이르면 계속 辰, 乙卯로 새싹을 공급해서 수확할 수 있는 열매가 더욱 늘어나니 흐름이 매우 좋습니다.

▶실제상황◀58세 당시 상황은 이렇습니다. 젊어서 간호사로 근무하다 의사 남편을 만나 재테크로 성공해서 준 종합병원을 운영하는 천억 부자입니다. 간호사, 종합병원과 인연이 있었던 이유는 년과 월에서 申戌로 살기가 강하고 庚申이 卯木 새싹을 合한 후 戌土에 들어가면 마치 사람이 죽는 것처럼 生氣가 상하기에 보호하고 치료하는 직업을 골랐기 때문입니다.

乾命				陰/平 1952년 5월 13일 20:30								
時	日	月	年	80	70	60	50	40	30	20	10	0
庚	壬	乙	壬	甲	癸	壬	辛	庚	己	戊	丁	丙
戌	午	巳	辰	寅	丑	子	亥	戌	酉	申	未	午

지금까지 분석과정을 통해서 사주구조를 읽어내는 안목이 생겼을 겁니다. 壬辰년에 태어났으니 壬水가 申子辰과 조합하여 壬水 생명수를 물의 흐름과 같은 申子辰을 활용해서 후대에 전달합니다. 특히 壬辰은 생명수를 辰土 마른 땅에 공급하기에 약국, 의료, 심리상담 직업과 인연이 많습니다. 이제 무슨 월을 얻느냐에 따라 壬辰의 향방이 결정될 것인데 乙巳月에 태어나 巳酉丑 三合운동으로 열매를 완성하는 과정에 乙木 새싹이 자신을 희생하여 열매를 완성하도록 돕습니다. 따라서 乙巳가 추구하는 방향은 두 가지로 자신을 巳酉丑 열매를 완성하는 과정에 희생하고 봉사하면 교육, 공직에 적합하고 乙巳를 활용해서 庚

- 91 -

金 열매를 완성하려면 사업에 어울립니다. 다만, 이 사주구조의 년과 월은 壬辰과 乙巳이기에 庚金이 없으니 사업으로 물질을 추구할 수 있는 조합은 아닙니다. 하지만 乙木이 巳月에 꽃을 활짝 피웠으니 열매 맺고 수확할 수 있는 환경이 조성된다면 일반적인 부를 추월합니다. 壬午일을 선택하였습니다. 乙巳의 꽃을 午火로 열매를 만들었으니 좋지만 문제는 여전히 庚金이 없으니 乙庚 합한 후 巳午로 열매를 확장할 수 없습니다.

따라서 壬辰과 乙巳, 壬午까지는 성장을 촉진해서 열매를 만들려는 의지는 강하지만 실질적인 열매 庚金이 없으니 노력해도 결과가 없는 것과 같습니다. 어떤 시주를 선택하느냐에 따라 인생의 방향이 결정될 것인데 庚戌시를 택하였습니다. 과연 어떤 의미가 있는지 살펴보겠습니다. 연월일에서 불분명했던 삶의 방향이 매우 뚜렷해졌습니다. 乙巳월에 새싹이 꽃을 활짝 피었으나 열매가 드러나지 않았는데 庚金이 乙庚 합하면서 할 일없이 빈둥거리던 巳午 火氣는 庚金을 크게 확장하고 단단하게 만들어 가치 높은 과일로 바꿉니다. 더욱 좋은 점은 乙木 외에도 辰土의 지장간에 있는 많은 乙木들도 乙庚 합으로 계속 열매를 생산하기에 마치 원하지 않아도 계속 돈이 나를 찾아오는 것처럼 돈벼락을 맞습니다. 庚金이 들어오기 전까지는 특별한 가치가 없었던 辰土, 乙巳, 午火는 빈둥거리고 있었는데 庚金을 보자마자 갑자기 엄청난 생기와 파동을 일으키며 활기차게 움직입니다. 이 과정에 일간 壬水는 어떤 역할일까요? 庚金 열매의 당도를 높이는 水氣를 제공할 뿐만 아니라 열매가 타죽지 않도록 보호해주는 매우 중요한 역할입니다. 재물을 상징하는 庚金이 時干에 있으니 46세 이후에 하늘에서 돈벼락을 맞을 것임을 암시합니다. 반드시 그럴 것이라고 확신하는 이유는 바로 乙壬庚의 구조 때문으로 壬水가 乙庚 합 사이에 끼어 있기에 반드시

乙과 庚의 가치를 자연스럽게 흡수합니다. 부연설명하면 이렇습니다.

시	일	월
庚	壬	乙

乙庚 합 사이에 壬水가 있으니 乙木이 庚金과 합하는 과정에 반드시 壬水가 乙庚 합의 효과를 흡수합니다. 즉, 庚金이 만들어낸 돈벼락을 자연스럽게 壬水가 자기 것으로 만들어내는 재주가 있습니다.

시	일	월
壬	庚	乙

이 구조는 壬水가 乙庚 합 사이에 끼어있지 않고 밖으로 벗어났기에 합의 효과를 직접 누릴 수 없습니다. 시간방향으로 살피면 乙庚壬으로 乙庚 합해도 그 가치를 壬水에게 내주어야 하기에 庚金은 그 가치를 지키지 못하고 壬水에게 빼앗기는 겁니다. 예로, 돈을 벌면 이상하게 나갈 일이 생기고 돈을 모으지 못하는 상황과 같습니다. 분명히 동일한 글자조합이지만 사주팔자에 정해진 궁위와 시간방향 때문에 1억과 천억 정도의 돈 그릇 차이가 발생합니다. 마지막으로 戌時에 태어난 효과를 살펴보겠습니다. 첫째, 庚金 열매를 戌土에 저장합니다. 둘째, 수많은 巳午 火氣들을 戌土에 담아서 화로가 항상 따뜻한 상태를 유지합니다. 이런 작용을 <u>墓庫</u>라 부르며 하늘에서 돈벼락을 맞는 방법이며 다른 章에서 자세히 다룰 것입니다.

▶**실제상황**◀ 90년대에 유명학원 강사로 돈을 벌어서 2000년대 10년 동안 부동산 투자로 하늘에서 돈벼락을 맞았습니다. 명동

에 3채 빌딩과 강남에 3개의 학원을 소유하여 2천억 부를 축적했습니다. 결국 연월일을 지날 때는 乙巳간지를 교육으로 활용했고 庚戌시에 이르자 사주팔자에 있는 모든 글자들이 활기 넘치고 효율적으로 움직이면서 2천억 돈벼락을 맞았습니다.

坤命					陰/平 1960년 7월 24일 20:30								
時	日	月	年		82	72	62	52	42	32	22	12	2
丙	乙	乙	庚		丙	丁	戊	己	庚	辛	壬	癸	甲
戌	巳	酉	子		子	丑	寅	卯	辰	巳	午	未	申

庚子년에 태어났으니 庚金과 申子辰 三合이 조합하여 씨종자와 같은 庚金을 후대에 전송하려는 의지가 분명합니다. 이때 庚子의 가치는 宮位에 따라 달라지는데 이 사주처럼 년에 있으면 국가, 조상을 상징하기에 자신(庚金)의 가치를 子水에 풀어서 후대에 전송하니 교육, 공직과 인연이 강하지만 동일한 干支(간지)라도 일과 시에 있다면 그 가치가 私的으로 변하면서 자신을 희생하기는커녕 돈을 벌려고 노력하는 성향으로 바뀝니다. 이처럼 干支가 동일해도 연월일시 어느 宮位(궁위)에 있느냐에 따라서 의미가 크게 바뀔 수 있음을 기억해야 합니다. 또 다른 인자는 바로 丙火로 庚子의 가치를 결정합니다. 庚金은 반드시 丙火가 있어야 열매로서의 가치가 생겨나는데 없다면 썩은 열매와 유사합니다. 庚金이 子水 水氣에 들어가 변질되고 있기 때문으로 庚金의 사고방식이나 행동이 정상적이지 않기에 아무리 년에 있어도 국가, 조상이 후대에 전달하는 씨종자의 가치가 높지 않습니다. 이제 庚子의 가치를 결정하는 인자를 이해했으니 월에서 무엇을 얻어야할지 명확해졌습니다. 하지만 이 사주는 乙酉월에 태어나면서 의도가 모호해졌습니다. 庚子와 乙酉로 조합해서 무

엇을 원하는 것일까요? 乙庚 합하는데 酉月이니 수확하기에 좋은 계절이 분명합니다만 단점이 있습니다. 첫째, 乙庚 합하면 반드시 필요한 丙火가 없고 둘째, 乙酉가 모두 庚子를 향하여 가기에 부모를 상징하는 乙酉의 행위가 모두 庚子로 사라지기에 교육, 공직처럼 희생하고 봉사하는 직업을 가져야 하므로 경제적으로 부유할 수 없는 조합입니다.

만약 부자를 꿈꾼다면 년과 월에서 부족한 에너지를 보충해야하는데 당장 필요로 하는 것이 丙火임이 분명합니다만 일과 시에서 적절한 조치를 취하지 않으면 庚子와 乙酉의 가치를 활용하지 못합니다. 아무리 노력해도 원하는 것을 얻을 수 없거나 자신의 존재가치를 드러낼 수 없습니다. 이 여인은 乙巳 일을 선택하면서 장점과 단점이 공존합니다. 상점은 년과 월에서 간절히 원했던 巳火 속의 丙火로 庚子와 乙酉의 가치를 크게 높일 수 있습니다. 단점은 이미 乙庚 합하고 있는데 다시 乙木이 와서 庚金과 재차 합하는 과정에 두 개의 乙木이 경쟁할 수밖에 없습니다. 다행스러운 점이라면 庚子와 乙酉는 반드시 乙木이 가진 巳火가 있어야 그 가치를 획기적으로 높일 수 있기에 乙巳를 반드시 찾아옵니다. 이처럼 사주구조에 따라서 선과 후의 문제는 물론이고 주도권을 결정합니다. 남녀 관계에 비유하면 남자인 庚子가 두 여인과 선을 보았는데 먼저 乙酉를 만나서 나중에 乙巳를 만난다면 무조건 乙巳를 더욱 간절하게 원하는 이유는 乙木이 소유하고 있는 巳火의 지장간에 있는 丙火가 필요하기 때문입니다. 선후의 문제를 감안하면 庚子 바로 옆에 乙酉가 있으니 반드시 먼저 乙酉와 접촉하고 나서야 乙巳와 짝을 이룹니다. 이런 구조를 일상에 비유하면 庚子는 반드시 먼저 乙酉 여인을 만나 결혼하는데 나이가 비슷합니다. 하나의 宮位 연령에 해당하는 15년이 흘러 乙巳를 만나는데 매우 젊은 여인이 분명합니다. 신기한 점은 乙酉도 庚子를 향하고, 乙巳도 庚子를 향하기에 庚子의 능력이 매우 뛰어나거나 국가적 인물로 여인들이 좋아할 수밖에 없는 남자입니다. 단점이라면 년과 월에 巳火가 없으니 乙巳여인을 만나기 전까지는 두각을 나타내지 못하는 상황입니다. 乙巳를 기준으로 분석하면, 31세에서 45세 사이에 乙巳를 활용해서 庚子의 가치를 크게 높일 수 있습니다. 그렇다면 庚子의 가치를 높인 후에 자신이 취할 수 있을까요? 정확한 답을 얻으려면 반드시 사주구조를 분석해야 합니다. 巳火가 酉金을 향하고 酉金이 子水를 향하고 그 위에 있는 庚金은 두 개의 乙木과 합으로 연결되었기에 庚子의 가치와 인연이 있음이 분명합니다. 하지만 庚子년, 乙酉월, 甲午일에 태어났다면 庚子와 甲午가 서로 沖하기에 庚子의 가치를 취하려고 해도 불가능합니다.

이것이 바로 사주구조가 우리에게 알려주는 인생 향방입니다. 甲이 소유한 午火 속의 丙火를 활용해서 庚金의 가치를 높여주지만 庚金은 적반하장으로 甲木을 沖으로 괴롭힙니다. 즉, 庚子가 반드시 乙巳를 찾아와 가치를 높여달라고 한 후 乙庚 합으로 열매를 나누는 것과는 달리 甲午는 午火로 庚子를 도왔지만 결국 沖으로 버림받습니다. 이런 사주구조가 운명을 결정하는 겁니다. 이제 어떤 시주를 얻어야 연월일의 가치가 높아지는지 고민해야 합니다. 乙巳 일에 얻을 수 있는 시간은 아래와 같습니다.

◉丙子, 丁丑, 戊寅
◉己卯, 庚辰, 辛巳
◉壬午, 癸未, 甲申
◉乙酉, 丙戌, 丁亥

이 사주는 丙戌시에 태어나 자연스럽게 乙丙庚 三字를 형성해서 열매를 확장합니다. 다만, 乙酉月에 태어났으니 열매를 확장하는 巳午未 月이 아니라 수확하는 계절에 태어났습니다. 그렇다면 어떻게 다를까요? 巳午未월에 태어나 꽃 피고 열매 맺는 과정은 극히 자연스럽지만 酉月에 태어나면 그 과정을 생략하고 수확하려고만 하므로 빠른 결과만을 원하는 성격입니다. 또 酉戌亥子로 酉에서 子를 향하기에 사회활동의 결과물이 국가를 상징하는 년에서 완성되고 그 위에 있는 庚과 合하니 사회활동 범위가 해외, 국가와 연결되며 인맥과 연락망을 가동해서 수확하려는 의지가 강합니다. 이때 乙庚의 열매를 확장하는 丙火가 日支와 時干에 있으니 자신의 재주나 아이디어로 국가정책을 활용하여 부를 축적합니다. 특히 巳火, 丙火는 子年을 기준으로 申子辰 三合을 벗어난 巳午未와 丙丁 중에서 劫煞에 해당하기에 일반인은 상상도 못할 기발한 아이디어를 활용해서 돈벼락을 맞는 재주가 뛰어납니다. 저승사자처럼 독특한 사고방식을 가졌고 교묘한 아이디어를 활용해서 짧은 시간에 엄청난 부를 축적합니다. 대운도 어려서부터 未午巳로 계속 天煞(천살), 災煞(재살), 劫煞(겁살)로 흐르기에 사회통념상 용납하지 않는 불법과 비리도 과감하게 저지르면서 부를 축적했습니다. 저승사자 이론에 대해서는 다른 章에서 자세히 다룰 예정입니다.

▶실제상황◀젊어서 유치원을 운영하면서 미인계와 돈으로 국가정보를 빼내서 부동산 투자로 30대 말에 이미 3천억 돈벼락을 맞았습니다. 결혼하지는 않았고 국회의원의 정부가 되었다고 합니다. 庚金 남자가 月의 乙木과 결혼한 후에 다시 乙巳와 合하였기 때문입니다. 사주구조대로 유부남, 국가인물과 인연을 맺었던 목적은 모두 국가정책을 활용하여 돈벼락을 맞으려는 욕망 때문이었습니다.

- 97 -

乾命				陰/平 1939년 3월 4일 10:30								
時	日	月	年	86	76	66	56	46	36	26	16	6
辛	庚	戊	己	己	庚	辛	壬	癸	甲	乙	丙	丁
巳	寅	辰	卯	未	申	酉	戌	亥	子	丑	寅	卯

己卯년은 己土와 亥卯未가 조합하였으니 하늘과 땅의 뜻이 많이 다릅니다. 己土는 지구 내부와 같아서 辛金 씨종자를 품거나 甲寅木 뿌리의 성장을 촉진하는 터전이지만 卯木은 己土를 뚫고 땅 밖으로 올라온 새싹과 같습니다. 따라서 己土는 내부에서 활동하지만 卯木은 외부를 지향합니다. 특히 亥卯未 三合은 끊임없이 성장하려고 움직이기에 내부에서 안정을 원하는 己土는 亥卯未를 상대하는데 굉장히 애를 먹습니다. 이런 움직임을 직업에 활용하면 크게 두 가지로 나뉩니다. 첫째, 성장하는 새싹을 품는 교육, 공무원에 어울립니다. 둘째, 己土 터전에 卯木을 위로 올리는 건설, 건축, 부동산 임대업에 적합합니다. 이런 의미를 어떻게 활용할지는 월일시에서 어떤 배합을 얻느냐에 따라 달라집니다. 戊辰월을 선택하였으니 戊己 넓은 터전에서 卯辰 새싹들이 무럭무럭 성장하는 계절에 태어났는데 무언가 부족해 보입니다. 성장에 반드시 필요한 생명수가 없으니 卯辰이 성장하는데 한계가 있습니다. 이 상황을 학업에 비유하면 차분하게 공부할 여건이 아니라는 겁니다. 水氣는 인간을 사유하게 만들고 火氣는 인간을 행동하게 만듭니다. 이 사주처럼 卯辰으로 조합하면 새싹들이 서로 경쟁하며 남들보다 더 좋은 자리를 차지하고자 끊임없이 육체를 움직입니다. 이제 己卯와 戊辰의 향방은 일주에 따라 달라질 것입니다. 예로 水氣를 보충하면 계속 학업에 전념하여 정신적으로 성장하려고 노력할 것이며 火氣나 金氣를 보충하면 수확하려는 욕망이 강해집니다. 庚寅일을 택하

면서 의도가 뚜렷해졌습니다. 년과 월에 있는 卯辰과 乙庚 合하고 수확하려는 욕망이 강해집니다. 다만 상대적으로 정신적 성장은 포기하고 매우 현실적인 성정으로 바뀝니다. 卯辰은 새싹처럼 더 높은 곳을 향하여 열심히 달려가는데 庚金은 卯辰을 활용해서 수익을 챙기기 때문입니다. 결국, 많은 사람들을 활용해서 庚金을 완성하고 戊土에 존재감을 드러내려는 성향, 우월감에 빠질 수도 있으니 조심해야 합니다. 특히 卯年을 기준으로 亥卯未 三合운동을 벗어난 申酉戌과 庚辛은 사고방식이 일반인들과 너무도 달라서 독특한 아이디어로 대중의 돈을 크고 빠르게 취하는 재주가 뛰어나지만 나쁘게 활용하면 저승사자처럼 타인의 돈을 강탈하는 범죄행위에 능숙합니다.

연예인처럼 대중의 이목을 집중해서 엄청난 부를 죽적하는지 아니면 다단계처럼 사람들의 돈을 갈취하느냐는 사주구조에 따라 달라지는데 己卯, 戊辰, 庚寅에는 특별한 문제점이 보이지 않습니다만 庚寅의 시기 31세에서 45세 사이에 이르면 卯辰 새싹을 활용해서 자신이 취하려는 욕망이 강해지는데 乙庚 合한 열매를 확장할 丙火가 없으니 크게 확장할 수는 없습니다. 이제 時柱에서 어떤 간지를 배합하는 것이 좋은지 살펴보겠습니다. 경인일이 선택할 수 있는 시간은 아래와 같습니다.

◉<u>丙子</u>, 丁丑, 戊寅
◉己卯, 庚辰, <u>辛巳</u>
◉<u>壬午</u>, 癸未, 甲申
◉乙酉, <u>丙戌</u>, 丁亥

丙火를 가진 時柱는 丙子, 辛巳, 壬午, 丙戌 정도인데 丙子는 밤이기에 연월일에서 추구하는 방향과 달라 활용하기 어렵습니다. 봄에 태양이 강렬해야 열매가 충만해질 것인데 밤에는 성장

에 한계가 있기 때문입니다. 丙戌의 경우도 丙子보다는 좋지만 밤에 드러난 丙火이니 쓰임에 한계가 있습니다. 남은 것은 辛巳와 壬午인데, 壬午는 庚金이 壬水를 향하여 튀어나가는 탄성이 강해지면서 절제력이 떨어지기에 기술, 예술을 직업으로 활용하거나 운에 따라서는 절제력을 상실하고 방탕, 방랑하는 성향을 드러냅니다. 예로 밖에서 따로 가정을 차리는 경우입니다. 辛巳도 문제가 많습니다. 비록 巳火의 地藏干에 있는 丙火를 활용해서 卯辰+庚으로 만들어진 열매를 확장하지만 巳火의 소유권이 천간에 있는 辛金에 있기에 庚과 辛은 경쟁하고 갈등하는 관계입니다. 庚金은 巳火를 활용하려면 반드시 辛에게 사용료를 내야 하는데 밑에서는 寅巳로 刑하기에 내면에서 갈등과 반목, 다툼이 발생합니다.

특히 庚辛은 亥卯未 三合을 벗어났기에 사고방식이 매우 독특해서 피해망상에 시달리는 단점이 있습니다. 하지만 반드시 丙火를 활용해야 열매를 확장할 수 있기에 연월일시로 흐르는 과정에 부족한 부분을 보충해서 발전합니다. 흐름을 정리해보면, 戊己 넓은 땅에서 새싹들이 자라는 과정에 물이 부족한 상태에서 庚金으로 열매 맺으니 새싹과 열매의 모습이 상당히 조급합니다. 또 열매를 확장하는 과정에 庚辛이 巳火를 함께 활용해야 하므로 협력하고 경쟁하는 과정에 타협이 필요합니다. 이런 이유로 사주당사자의 행위는 억지스러운 부분이 많습니다. 水氣가 부족하기에 빠른 결과를 원하고 열매를 확장하고자 타인이 소유한 巳火를 활용하는 과정에 불법, 비리, 경쟁, 시비가 발생하는 조합입니다. 만약 丙子나, 丙戌을 택했다면 이런 문제는 피해가지만 열매를 확장하는데 한계가 있다는 단점이 있습니다.

▶**실제상황**◀초년 丁卯, 丙寅대운 어려운 환경에서 대학을 졸업

하고 乙대운에 출판업을 시작했고 甲子대운에 전성기를 맞아서 큰돈을 모았으며 국회의원 선거과정에 많은 돈을 뿌려서 癸亥대운 乙丑년 47세에 야당 국회의원이 되었습니다. 대운을 감안해서 살피면, 중년에 亥子丑 대운에 필요한 水氣를 충분히 보충해주니 새싹들이 폭발적으로 성장하고 庚金이 乙庚 합하여 열매를 취하였습니다. 乙丙庚 三字를 활용하는 시기에는 출판업으로 부를 축적하였고 癸亥로 水氣가 충분해지는 시기에는 年柱 己卯에 水氣를 보충해서 교육, 공직의 성향이 강해지면서 갑자기 국회의원에 도전하여 당선되었습니다.

다만, 강력한 癸亥 水氣에 영향을 받아서 즉흥적이고 방탕해지면서 불법운동으로 원하는 국회의원 직을 성취했습니다. 이처럼 庚金이 丙火를 만나면 직원이 사장을 만난 것처럼 고분고분하지만 庚金이 壬癸를 만나면 丙火의 통제에서 벗어나면서 기분대로 하려는 성향이 강해지고 심하면 불법, 비리를 과감하게 저지릅니다. 따라서 庚金이 사주팔자에 있을 때에는 주위에 丙火로 배합했는지 아니면 壬癸로 배합했는지 잘 살펴서 판단해야 합니다.

坤命				陰/平 1930년 10월 17일 06:30								
時	日	月	年	89	79	69	59	49	39	29	19	9
己	庚	丁	庚	戊	己	庚	辛	壬	癸	甲	乙	丙
卯	寅	亥	午	寅	卯	辰	巳	午	未	申	酉	戌

庚午년에 태어났으니 庚金이 寅午戌 三合운동으로 열매를 확장하려는 욕망이 강합니다. 따라서 욕망을 완성해줄 월을 적절하게 선택해야 하는데 丁亥 月에 태어나면서 년과 월의 의지가 비

- 101 -

틀립니다. 예로 己卯월에 태어나면 위에서 살펴본 래퍼 도끼처럼 자연스럽게 乙丙庚 三字를 활용할 수 있는데 丁亥월에는 이미 수확도 끝나버렸으니 아무리 庚午로 열매를 확장하려고 해도 방법이 없습니다. 자연에서 亥月에 원하는 행위는 열매를 키우려는 것이 아니고 땅 속에서 뿌리내리라고 합니다. 이렇게 干支끼리 추구하는 방향이 다르면 단점을 보완하는데 예를 먹습니다. 庚午를 적절하게 활용하려면 반드시 卯木을 보충해서 乙丙庚 三字로 조합해야 사주효율이 높아집니다.

또 丁亥를 활용하려면 반드시 辛金 씨종자를 보충해서 丁辛壬 三字로 조합해야 가치가 높아집니다.(이 조합은 다음 章에서 자세히 다룹니다.) 결국 庚午가 원하는 간지는 乙卯요, 丁亥가 원하는 것은 辛酉이니 봄의 새싹과 가을의 씨종자처럼 원하는 조건이 너무도 상반되기에 두 간지를 동시에 효율적으로 활용하기 어렵습니다. 庚寅일에 태어납니다. 이 조합도 모호합니다만 좋은 점은 丁亥에서 만들어내야 할 뿌리를 寅木으로 내놓았습니다. 비록 庚午에서 원하는 卯木을 보충하지 못했지만 丁亥가 원하는 寅木을 日支에 내놓았으니 38-45세 사이에 발전하거나 좋은 배우자를 얻을 것이라는 암시입니다. 다만, 흐름이 좋을 뿐 乙丙庚 三字나 丁辛壬 三字를 활용해서 하늘에서 돈벼락을 맞을 수 있는 것은 아닙니다. 이제 마지막 남은 時柱를 최대로 활용해서 연월일에서 부족한 기운을 보충해야 합니다. 己卯시를 선택하면서 상황이 이상해집니다. 그 이유는 庚午년에서 그렇게 필요로 했던 己卯를 월과 일에서 보충하지 못하다가 시주에서 보충했습니다. 만약 庚午년 己卯월이었다면 초년부터 乙丙庚 삼자로 돈벼락을 맞을 수 있었는데 丁亥월을 택함으로써 庚午도, 丁亥도 모두 적절하게 활용하지 못했습니다.

庚寅일에 태어나 丁亥월과 庚寅일의 흐름은 좋아졌지만 庚午와 丁亥의 효율을 크게 높이지는 못했습니다. 기대할 것이 없던 인생이 갑자기 己卯시를 선택하자 멀뚱멀뚱 빈둥거리던 庚午가 갑자기 활기가 넘치기 시작하고 己卯와 짝을 이루어서 干支의 가치를 훨씬 효율적으로 활용하기 시작합니다. 결국, 干支의 효율은 각 宮位에 따라서 달라지는 겁니다. 庚午년 己卯월로 조합하면 젊어서 돈벼락을 맞지만 庚午년 己卯시로 조합하면 46세 이후에서야 비로소 돈벼락을 맞습니다. 庚午에서 간절히 원했던 卯木을 늦게나마 보충함으로써 乙丙庚 三字로 열매를 수확하니 사주효율이 크게 향상되었습니다.

▶실제상황◀酉대운에 결혼하고 자수성가로 부자가 되었습니다. 남편은 酉, 甲申, 癸대운까지 큰돈을 벌었고 그 후에는 부동산 투자로 더욱 큰 부자가 되었습니다. 午, 辛巳대운에도 남편의 부동산 빌딩과 임대사업은 막힘이 없었습니다.

이 구조에는 세 종류의 상이한 三字조합이 있습니다. 남편이 젊어서부터 많은 돈을 벌었던 이유는 년과 월에 있는 午火와 丁火가 庚金에 열을 가하면 마르면서 결국 가을의 씨종자와 같은 辛金으로 바뀝니다. 가을에 수확한 곡식을 바닥에 깔아서 말리는 이유와 동일한데 씨종자가 열을 품으면 亥月에 水氣에 풀어지는 과정이 수월해지고 가치 높은 뿌리인 甲寅을 세상에 내놓게 됩니다. 따라서 다음 章에서 자세히 설명할 丁辛壬 三字를 丁庚亥(壬)로 비효율적으로 활용하기에 어려서 힘들게 살았고 성장해서 자수성가로 돈을 벌기 시작했습니다. 대운도 酉申으로 흐르면서 씨종자를 亥水에 풀어내는 丁辛壬 三字로 빠르게 재산을 축적했습니다. 또 일지 寅木 남편은 월지 亥水를 이어받아 巳午未 대운을 지나는 과정에 壬甲丙 三字로 甲木의 성장을 촉진하였고 더욱 좋은 점은 庚일이 時支 卯木과 乙庚 合하고 午火가 <u>乙丙庚</u> 三字를 활용해서 말년으로 갈수록 하늘에서 돈벼락을 맞았습니다. 己卯干支는 건설과 부동산, 임대 물상이며 46세 이후요 자식 宮位이므로 자식들이 부친의 부동산을 관리하였습니다.

時	日	月	年
0	0	丁	庚
0	0	亥	午

이 구조를 활용해서 택일요령을 더 자세히 살펴보겠습니다. 먼저 자연에서 亥月에 어떤 움직임을 원하는지 이해해야 합니다. 申酉戌月을 지나는 과정에 열매를 수확하고 辛酉 씨종자를 戌土 창고에 저장한 후 亥月에 꺼내서 亥子丑月을 지나는 과정에는 딱딱한 씨종자에 水氣를 공급해서 씨에 숨겨져 있던 生氣를 풀어내서 땅속에 뿌리 내립니다. 콩과 콩나물의 관계를 상상하면 이해가 쉽습니다. 수확한 콩은 열과 물을 적절하게 보충하지 않으면 절대로 발아하지 않고 딱딱한 물형을 유지하지만 적절하게 열을 가하고 생명수를 공급하면 그토록 딱딱했던 콩 속에서 콩나물이 나오기 시작합니다. 나무가 뿌리내리는 과정도 동일합니다. 十干으로 표현하면 콩은 辛金이요 적당한 열은 丁火, 생명수는 壬水, 亥水요 딱딱한 콩을 부드럽게 풀어내는 것은 癸水이며 辛酉가 콩나물로 바뀌면 甲寅입니다. 자세히 보면 甲의 글자모양이 마치 콩나물처럼 생긴 이유입니다. 다시 년과 월의 조합을 살펴보겠습니다. 亥月에 반드시 필요한 것은 콩과 열과 생명수입니다. 따라서 열에 해당하는 丁과 午는 충분하고 亥水 생명수도 있는데 辛金 콩을 찾아보니 없습니다. 다행하게 庚金이 午와 丁에 의해서 콩 내부에 열기를 축적하면 점점 딱딱해지고 辛金처럼 변하는 과정이 月干 丁火의 시기인 16세에서 23세까

지 이어집니다. 24세에 이르면 딱딱하게 변한 庚金 콩이 亥水와 접촉하면 점점 부드럽게 풀어지기 시작하는데 이 흐름이 바로 丁辛壬 三字 조합으로 콩이 콩나물로 부풀어지듯 하늘에서 돈벼락을 맞습니다. 이 조합도 평범한 부를 추월하는 강력한 에너지입니다. 자세한 내용은 다음 章에서 살펴보겠습니다. 지금까지 살펴본 내용은 어느 해, 어느 달에 태어나는 아이의 상황을 분석한 것이고 이제 남아있는 일과 시를 결정해야 합니다. 사실, 택일을 의뢰한 부모는 답답합니다. 용하다는 소문을 듣고 택일을 의뢰하지만 어떤 기준으로 소중한 자식을 선택했는지 알길이 없습니다만 나름의 요령을 소개하겠습니다.

> **부모가 바라는 자식의 미래를 알려서 상응하는 택일을 돕는 겁니다.**

물론 여전히 안심하기는 이릅니다. 예로 사업가 자식을 원한다고 설명했는데 상담자가 선택한 택일이 사업가 사주인지, 공무원 사주인지, 기술자 사주인지 알 길이 없습니다. 바로 이 책을 쓴 이유로, 비록 부모가 命理를 학습한 적은 없지만 자식의 출산 일자를 사주팔자를 바꿔서 사주구조를 분석하는 방법을 제시하려는 겁니다. 부모는 사업가 자식을 원했는데 택일 날짜를 살펴보니 공무원 사주구조라면 스스로 일자를 조정할 정도의 안목을 길러보자는 겁니다. 이런 검증과정을 거치지 않으면 상담자가 대충 알아서 사업가 사주팔자를 가진 자식을 골라 줄 것이라는 근거 없는 믿음으로 아이를 낳았는데 공무원이 되었거나 다른 상황이라면 이미 때는 늦습니다.

時	日	月	年
己	庚	丁	庚
卯	寅	亥	午

이제 庚申일과 庚寅일 중에서 하나를 선택하는 상황을 가정해보 겠습니다. 년과 월에서 庚金에 열을 가해서 亥水에 담았습니다. 딱딱한 콩을 열과 생명수가 적절히 배합된 공간에 두었다면 어떤 일이 벌어지기를 원할까요? 당연히 콩나물로 바뀌는 것을 원하고 그렇게만 된다면 콩의 가치는 획기적으로 높아집니다. 콩의 상태라면 바로 활용하지 못하지만 콩나물로 바뀌면 활용할 방법이 많아지면서 가치가 상승하는 겁니다. 위에서 설명한 것처럼 콩나물은 甲寅이기에 사주팔자 어디엔가 甲이나 寅이 있다면 년과 월의 노력이 수포로 돌아가는 것을 막을 수 있습니다.

이 사주는 庚寅일에 태어났으니 庚과 寅 중에서 어느 글자가 그 노력을 이어받을까요? 寅木이며 日支에 있으니 남편이며 宮位의 쓰임이 좋으니 남편 덕이 좋음을 알 수 있습니다. 이처럼 출산택일은 사주당사자의 운명뿐만 아니라 <u>조부모, 부모, 배우자와 자식의 운명까지도</u> 영향을 미치기에 신중하게 선택해야 합니다. 년과 월에서 행했던 노력이 寅에서 결실을 맺을 수 있는 흐름이 분명합니다. 만약 庚申일을 택하면 어떤 결과가 나올까요? 년과 월에서 콩나물이 나오기를 바라는데 庚申으로 또 다른 콩만 생겼습니다. 년과 월에서 열심히 행했던 노력이 수포로 돌아갔습니다. 누가 그렇게 만들었나요? 특히 申이 그렇게 만들어버렸습니다. 나와 배우자가 년과 월에서 노력한 행위들을 수포로 돌아가게 하였습니다. 조상과 부모의 노력을 망치는 배우자임이 분명합니다. 寅木 콩나물이 나오기를 간절히 원했는데 申金 남편이 콩나물을 만들지도 못하게 방해합니다. 글자 하나만 바뀌어도 인생이 크게 달라집니다. 태어나보니 庚申일이고 결혼해서 살아보니 남편이 내 인생을 막는 원수와 다를 바 없습니다. 부모를 원망해도 소용이 없습니다. 한번 사는 인생이니 가장 좋은 날짜를 택해야 합니다. 물론 태어난 날이 아무리 좋아도 년과 월의 배합이 나쁘면 의미가 없기에 연월일시가 유기적으로 움직이도록 적절한 구조를 선택해야 합니다. 庚寅일을 얻었지만 아직 부족한 것이 남았습니다. 바로 庚金의 존재를 드러낼 안정적인 터전입니다. 戊寅과 己卯시에 태어나면 어떤 차이를 보일까요? 庚寅과 戊寅으로 조합하면 庚金여인의 존재가 戊土 자식에게 드러나지만 寅寅으로 남편과 자식이 동일한 글자이기에 함께 살기는 어렵습니다. 또 庚金을 적절하게 활용하려면 반드시 乙卯가 있어야 乙庚 슴으로 가치가 높아지는데 寅木이니 활용하려면 시간이 걸립니다. 己卯시에 태어나면 戊土처럼 겉으로 드러나는 터전은 아니지만 庚金이 卯木을 활용해서 乙庚 슴하고 午火로 열매를 확장하기에 부를 축적하는 속도가 戊寅보다 훨씬 빠릅니다. 육친으로 살피면 庚午와 庚寅이 己卯와 연결되면서 남편과 자식의 복으로 엄청난 부를 축적했습니다.

乾命				陰/平 1988년 7월 7일 12:30								
時	日	月	年	87	77	67	57	47	37	27	17	7
모름	乙巳	庚申	戊辰	己巳	戊辰	丁卯	丙寅	乙丑	甲子	癸亥	壬戌	辛酉

戊辰년에 태어났으니 戊土와 申子辰이 조합하여 戊土의 터전이 申子辰을 따라 이동합니다. 또 辰土의 지장간에 있는 癸水와 乙木을 활용해서 乙癸戊 三字로 새싹들이 성장합니다. 이렇게 戊辰의 뜻을 이해했다면 그 행위를 어떻게 활용할지 고민해야 합니다. 庚申月에 태어났으니 戊辰 국가자리에서 庚申 열매가 존재감을 드러냅니다. 따라서 해외나 국가에서 누구나 알 수 있는 열매가 분명합니다. 다만 庚申의 가치는 丙火에 의해 높아지는데 없으며 더욱이 庚申과 辰土 속의 乙이 乙庚 슴하기에 반드

시 丙火가 있어야 그 열매를 확장하는데 없으니 열매의 가치가 높지 않습니다. 따라서 일을 잘 선택해야 년과 월에 있는 글자들의 효율과 가치를 높일 수 있습니다. 달리 표현하면 어떤 일자를 고르느냐에 따라서 조부모와 부모의 가치가 획기적으로 상승합니다. 乙巳일에 태어나면서 년과 월에서 반드시 필요했던 丙火를 巳火의 지장간에서 얻을 수 있게 되었습니다. 庚申 열매를 확장하고 익히며 申辰으로 계속 열매를 완성합니다. 또 일간 乙木은 庚申과 합해서 연월일에서 노력했던 결과물을 취할 수 있습니다. 가수 지드래곤(권지용)사주팔자라고 합니다. 유사한 배합들을 살펴보겠습니다.

乾命				陰/平 1968년 2월 9일 06:30								
時	日	月	年	90	80	70	60	50	40	30	20	10
辛	丙	乙	戊	甲	癸	壬	辛	庚	己	戊	丁	丙
卯	子	卯	申	子	亥	戌	酉	申	未	午	巳	辰

년과 월에 戊申과 乙卯로 새싹들이 戊土 위에서 성장하고 卯申으로 열매를 맺습니다. 宮位를 감안하면 해외, 국가를 상징하는 戊土에서 乙卯 새싹들이 자라서 申金 열매를 戊土가 품었기에 해외나 국가를 활용해서 결과를 만들어내는 재주를 가졌습니다. 국가 정책을 활용하거나 乙卯를 활용해서 국가를 상대하는 국책사업에도 어울립니다. 戊土입장에서도 乙卯가 戊土를 아름답게 꾸며주기에 乙卯의 행위를 적극적으로 받아들입니다. 戊申만으로는 가치나 쓸모가 없기에 성장할 나무와 申金 열매를 완성할 새싹이 필요합니다. 따라서 국가를 상대하거나 국가에서 선호하는 행동을 하는 겁니다. 위의 지드래곤과 이 구조의 차이는 무엇일까요? 庚戌는 庚金의 가치를 확연하게 드러내기에 만인이

- 108 -

그 존재를 인식하지만 戊申은 庚金이 地支로 내려가 申金으로 바뀌기에 존재감이 훨씬 떨어집니다. 또 년과 월에서 卯申으로 슴해서 열매를 완성했지만 丙火나 巳가 있어야 부피를 확장할 수 있고 또 乙卯도 활발하게 움직이면서 재물의 원천으로 활용합니다. 丙子일에 태어나면서 丙火를 활용해서 년과 월의 열매를 확장하기 시작합니다. 卯申의 열매를 확장해줄 구원자 丙火가 등장하였습니다. 따라서 일간 丙火는 년과 월의 요구를 충족할 수 있는 재능을 가지고 태어난 것입니다. 일지 子水는 어떤 작용일까요? 생명수를 공급해서 乙卯가 적절하게 성장하도록 돕습니다. 대운을 살펴보겠습니다. 초년부터 열매를 확장할 수 있는 강력한 태양빛이 들어오면서 乙丙庚 三字가 유기적으로 효과를 발휘하였습니다.

▶**실제상황**◀부동산과 건축업으로 하늘에서 돈벼락을 맞았습니다만 그 과정에 불법을 저지르고 2012년 당시, 교도소에 두 번이나 들어갔다 나왔으며 壬辰년에도 홍콩으로 도망간 상태였습니다. 천억 재산을 축적하였는데 부인은 더욱 부자로 2천억 부를 축적했습니다. 자식들은 모두 해외 유학중입니다. 젊어서부터 부부가 과감하게 밀수입으로 돈을 모았고 나중에는 자동차까지 밀수해서 돈이 모이면 정부로부터 논밭을 사들였다가 대형 건설회사에 팔아넘겼습니다. 이 과정에 불법과 비리로 교도소에 수감되었던 것입니다. 申年을 기준으로 申子辰 三合운동을 벗어난 巳午未와 丙丁은 저승사자와 같아서 사고방식이 매우 독특하고 일반인들이 절대로 할 수 없는 행동을 과감하게 실행하는 과단성이 있습니다. 물론 좋은 쪽으로 활용하면 천재로 세상을 구하지만 나쁘게 활용하면 불법, 비리를 저질러서라도 타인의 돈을 강탈하기에 교도소에 자주 들어가는 것입니다. 하늘에서 돈벼락을 맞아서 좋지만 법을 어기고 날뛰면 교도소에 들어가

다시는 나오지 못할 수도 있습니다. 이처럼 三合운동을 벗어난 글자가 많은 사람들은 욕망을 적절하게 통제해야 합니다. 이처럼 사주팔자에 있는 글자는 동일해도 12神煞(신살 -역마, 도화살 등으로 불리는 작용)의 특징에 따라 그 쓰임이 크게 달라진다는 것을 기억해야 합니다. 이 구조처럼 일간 丙火는 저승사자와 같은 성향인데 대운이 어려서부터 계속 저승사자 운으로 흘렀기에 불법, 비리를 눈도 깜빡하지 않고 과감하게 저질렀습니다. 정리하면, 戊申, 乙卯의 가치를 높이고자 丙일을 택해서 빠르게 돈벼락을 맞아서 좋지만 불법을 저지르고 교도소에 수감되면서 모든 재산을 빼앗길 수도 있는 구조입니다. 이런 문제를 해결하고자 丙子를 거꾸로 돌려서 癸巳일을 선택하면 어떨까요?

모	癸	乙	戊	乾
름	巳	卯	申	命

매우 좋은 배합처럼 보입니다. 천간에서 乙癸戊 三字로 봄에 새싹들이 성장하도록 돕기에 교육, 공직에 어울리지만 地支는 巳卯申으로 乙丙庚 三字의 변형이기에 강하게 물질을 추구합니다. 따라서 겉으로 드러난 모습과 속마음이 전혀 다른 이중적인 속성입니다. 겉으로는 선생님, 속으로는 계속 촌지를 요구하는 모습입니다. 물론 이 사주는 구조가 좋으니 뇌물이나 촌지의 문제가 없겠지만 인생의 방향이 이중적인 것은 분명합니다. 특히 申年을 기준으로 申子辰 三合을 벗어난 巳午未와 丙丁은 불법, 비리의 속성을 드러낼 수 있기에 법을 무시하는 경향이 강합니다. 위 사주는 천간에 丙火가 드러나 노골적으로 불법을 저지르지만 이 사주는 地支에 巳火가 있으니 조용히 취하기에 그릇이 크게 달라집니다. 丙子처럼 죽고살기로 달려들어서 천억 부자가 되지만 癸巳는 선비처럼 행동하기에 50억도 힘들 수 있습니다.

乾命				陰/平 1918년 2월 25일 16:30								
時	日	月	年	90	80	70	60	50	40	30	20	10
庚申	癸未	丙辰	戊午	乙丑	甲子	癸亥	壬戌	辛酉	庚申	己未	戊午	丁巳

비교사주를 보겠습니다. 년과 월의 戊午와 丙辰은 辰土의 地藏干에 있는 乙木이 午와 丙을 향하기에 적극적으로 좌우로 펼치며 성장하는데 국가자리에 戊土 터전을 갖추었고 戊癸로 합하기에 해외, 국가 인연입니다. 사주팔자에서 두 글자가 합하면 그 인연은 강한 인력으로 끌릴 수밖에 없는데 일간 癸水가 국가자리에 있는 戊土와 합하므로 국가와의 인연이 좋습니다. 시골에서 농사짓는 상황과 공무원의 경우는 활용하는 시공간이 전혀 다릅니다. 국가에서 봉급을 받으니 국가와의 인연이지만 시골에서 농사를 지으면 戊土의 땅을 곡식이 성장하는 터전으로 활용하는 겁니다.

이 사주는 戊癸가 합하기에 乙木을 보충하면 乙癸戊 三字로 부가가치를 높여서 교육, 공직으로 활용할 수 있습니다. 마침 丙辰 月에 태어나 辰土의 지장간에 있는 乙木을 활용할 수 있습니다. 辰土의 宮位는 모친이기에 모친의 음덕이 좋음을 암시합니다. 사주구조에 필요한 글자가 있는 宮位는 그 가치가 높다고 인식해야 합니다. 년에 있으면 조상, 월에 있으면 부모, 일에 있으면 배우자, 시에 있으면 자식과의 인연이 좋습니다. 癸未일에 태어났으니 45세까지의 방향은 乙癸戊 三字를 활용해서 교육, 공직을 추구하려는 것입니다. 다만 그것은 癸水가 원하는 方向일 뿐 다른 글자들이 모두 원하는 것이 아닙니다. 년과 월에 있는 午火, 丙辰, 그리고 日支 未土는 열과 태양 빛 그리고 성숙

- 111 -

한 열매를 뜻하며 원하는 것이 따로 있습니다. 즉, 癸戊는 辰土 속 乙木을 활용하여 <u>乙癸戊</u>로 가치를 높이는 것에 만족하지만 丙, 辰, 午, 未는 乙癸 대신 庚金열매를 원합니다. 만약 열매가 없다면 연월일에 있는 많은 글자들은 할 일이 없어서 무기력해지고 빈둥거리기에 존재가치가 낮습니다. 만약 존재가치를 높여줄 글자를 사주원국이나 운에서 만날 수만 있다면 그렇게 빈둥거리며 놀던 사람이 갑자기 활발하게 움직이며 존재가치를 발휘합니다. 그렇다면 時柱에 어떤 干支를 배합해야만 연월일에 있는 수많은 글자들의 가치를 높일 수 있을까요? 庚申과 甲寅을 비교해보겠습니다.

四季圖의 여름을 상징하는 조합입니다. 결국 이 사주의 년과 월에 있는 대부분의 글자들은 여름을 상징하는 부호로 구성되어있습니다. 다만 아쉽게도 이 사주의 연월일에 보이지 않는 글자가 있는데 바로 庚과 申입니다. 두 글자가 반드시 있어야 辰土 속 乙木을 열매로 바꾸고 戊와 丙午 그리고 未도 庚申 열매를 확장해서 그 가치를 획기적으로 높일 수 있습니다. 연월일에 저런 구조를 가지고 태어났다면 시주에 庚申을 택해서 가치를 높여주어야 합니다. 이 사주는 마침 時柱에 庚申을 선택함으로써 46세 이후에 원하는 결과를 얻을 수 있으며 자식들과의 인연도 매우 좋습니다.

▶**실제상황**◀유산을 받아서 교육계와 육영사업에 성공한 명사라고 합니다. 교육과 물질이 함께 섞인 이유는 연월일에서는 <u>乙癸戊</u> 三字로 교육으로 활용하고 <u>乙丙庚</u> 三字로 물질을 추구하기에 교육과 물질을 혼합한 육영사업 형태를 취했습니다. 사주구조가 탁하지 않기에 돈과 명예 사이에서 갈등한 것이 아니라 가장 적절한 사업을 택했습니다. 하지만 사주구조가 탁하면 겉으로는 교육자이지만 뒤에서는 부정행위를 합니다.

乾命				陰/平 1968년 6월 27일 14:30								
時	日	月	年	85	75	65	55	45	35	25	15	5
己	癸	己	戊	戊	丁	丙	乙	甲	癸	壬	辛	庚
未	巳	未	申	辰	卯	寅	丑	子	亥	戌	酉	申

만약 乙卯나 丙辰처럼 봄이 아니고 열매가 완성되는 己未 月이라면 어떨까요? 키우려는 의도는 없고 빨리 수확하려는 마음이 강합니다. 따라서 년과 월의 의도에 적합한 干支를 택해야 합니다. 위의 천억 사주는 戊申과 乙卯를 丙火로 확장했지만 이 사주는 未月에 태어났기에 더 이상 乙卯를 키울 필요가 없고 열매를 확장하는 움직임으로 충분합니다. 天干에서 戊癸로 合했기에 乙木을 배합해야 하지만 未월에는 성장움직임의 가치가 크게 좋은 것은 아닙니다. 오히려 未申의 지장간에서 乙庚 合으로 열매를 맺었으니 巳火로 열매를 확장하는 것이 적절한 행위입니다. 정리하면, 戊癸 合으로 국가와 인연이 있고 卯申으로 열매 맺고 巳火로 확장하기에 국가정책을 활용해서 열매를 수확하는 구조입니다. 신살로 살피면, 申年을 기준으로 申子辰 三合을 벗어난 巳午未와 丙午는 원하는 것을 과감하게 실행하기에 일반인들은 상상할 수 없는 기발한 생각으로 국가정책을 희롱합니

- 113 -

다. 다만 地支에 있으니 겉으로는 합법적으로 보입니다.

▶실제상황◀수천억 재산가로 큰 부자인 이유는 년과 월에 있는 未申 열매를 일지 巳火로 확장하기에 배우자 인연이 매우 좋고 자신의 재능을 국가, 사회에 활용합니다. 더욱 좋은 점은 巳火가 申에게 열기를 가하면 자극받은 申은 癸水를 향하여 튀어가기에 일간이 부와 명예를 빠르게 취합니다. 단점이라면 癸水가 수많은 戊己에 생명수를 공급하는 과정에 고갈될 수 있지만 대운에서 넉넉한 水氣를 보충해서 문제가 없습니다.

乾命				陰/平 1940년 3월 8일 08:30								
時	日	月	年	87	77	67	57	47	37	27	17	7
丙辰	戊子	庚辰	庚辰	己丑	戊子	丁亥	丙戌	乙酉	甲申	癸未	壬午	辛巳

년과 월에서 辰土의 지장간에 있는 乙木과 庚金이 합하니 丙火만 보충하면 乙丙庚 三字로 열매를 확장할 수 있습니다. 戊子일을 선택하면서 辰土에 水氣를 채워서 새싹 乙木의 성장을 돕고 戊土에 庚金과 乙木의 존재를 드러내지만 열매를 확장해줄 丙火는 보이지 않습니다. 다행하게도 丙辰 時를 택하면서 사주의 목표가 명확해졌습니다. 庚金을 씨종자로 활용하고 辰土에서 乙木 새싹을 만들고 戊土에서 성장한 후 丙火로 열매를 확장합니다. 만약 丙火가 없다면 년과 월에 있는 庚辰은 가치가 낮기에 부자는 어려웠을 겁니다. 마침 대운도 초년부터 巳午未로 열매를 확장하고 중년에 申酉戌로 수확하였습니다.

▶실제상황◀사업으로 수백억 돈벼락을 맞았습니다. 첫 부인과

사별하고 재혼한 부인은 병으로 시달렸습니다. 그 이유는 일지 子水가 마른 辰月의 땅에 생명수를 공급하느라 힘들기 때문입니다. 사주원국에서 乙庚 合이 다양하게 발생하니 다양한 인맥을 형성하고 다양한 사업으로 수백억을 축적하였습니다. 辰辰辰의 地藏干 乙木이 庚金과 합한 후 부피를 확장했기에 가능한 일입니다. 단점이라면 부인의 건강이 나쁘기에 다른 날을 골라보겠습니다. 예로 戊子대신 戊午日을 택했다면 午火의 地藏干에 丙丁이 모두 있으니 쓰임이 더욱 좋으며 38세부터 열매를 확장하고 배우자의 역할도 뛰어나기에 부인이 사망하지 않았을 겁니다. 그리고 戊午일에 庚申시를 배합했다면 더욱 큰 열매를 수확했을 겁니다.

乾命				陰/平 1836년 4월 13일 06:00								
時	日	月	年	83	73	63	53	43	33	23	13	3
己卯	乙丑	癸巳	丙申	壬寅	辛丑	庚子	己亥	戊戌	丁酉	丙申	乙未	甲午

丙申년에 태어났으니 丙火가 申子辰 三合과 조합하여 빛을 전송합니다. 또 丙火가 申金 열매를 확장하기에 물질과의 인연도 강합니다만 丙申이 간절히 필요로 하는 乙卯와 辰未는 없기에 반드시 보충해주어야 사주구조의 효율이 높아집니다. 하지만 癸巳월에 태어나면서 화려하게 꽃을 피웠지만 乙木을 보충한 것은 아닙니다. 다만, 丙申과 癸巳로 巳月에 꽃을 활짝 피우고 丙申으로 열매를 확장하려는 의지는 뚜렷합니다. 이제 乙卯나 辰未를 보충하면 乙丙庚, 乙丙申 三字로 오래도록 열매를 수확하게 됩니다. 다행하게 乙丑일에 태어나 년과 월의 국가와 사회에 반드시 필요한 인물이 분명하지만 乙木이 노력의 대가를 돌려받을 수 있는지는 구조를 살펴야 합니다. 위에서 살펴보았던 빌 클린

- 115 -

턴 사주팔자에서 丙申월 乙丑일 배합이 좋은 이유를 살폈었습니다. 申金이 일지 丑土 墓地로 자연스럽게 들어오기에 국가와 사회에서 乙木을 활용하면 결국 乙木의 결실이 丑土로 들어오니 서로 도움을 주고받는 관계가 분명합니다. 또 己卯시에 태어나면서 더욱 좋아진 이유는 년과 시에서 卯申으로 乙庚 합하고 丙, 巳로 오래도록 열매를 확장하기 때문입니다.

▶**실제상황**◀철도 왕 제이 굴드입니다. 현재가치로 71조 돈벼락을 맞았습니다. 년과 월의 巳申은 기계와 빛 물상이고 巳酉丑 三合은 금속, 기계요 卯申 合은 기계와 소프트웨어 혹은 길게 늘어선 철로와 같은 물상이기에 사주팔자에 적합한 직업물상을 활용하였습니다. 또 위에서 己卯는 건설, 부동산임대 물상이라고 한 것처럼 철도를 건설하여 엄청난 부를 축적하였습니다. 아래에서 사주구조와 배합에 따라 부의 크기가 달라지는 이유를 살펴보겠습니다.

乾命				陰/平 1927년 4월 1일 10:30								
時	日	月	年	88	78	68	58	48	38	28	18	8
辛巳	乙未	甲辰	丁卯	乙未	丙申	丁酉	戊戌	己亥	庚子	辛丑	壬寅	癸卯

丁卯년은 丁火가 亥卯未 三合의 성장운동과 조합하니 丁火 본래의 소명인 巳酉丑 三合의 열매를 만들어내는 것이 아니고 성장하려는 새싹들을 정화로 적절하고 부드럽게 수렴하기에 교육, 공직에 적합합니다. 즉, 만물에 열을 가해서 딱딱하게 만들려는 의지가 아니고 좌충우돌 삐딱하게 성장하려는 휘어진 나무들이 바르게 자라도록 돕는 역할입니다. 여기에 甲辰월을 배정받았으니 새싹들이 무성하게 자라지만 결과가 전혀 없으니 행위의 결

과를 취할 수 있는 干支를 일과 시에 배정해야 합니다. 예로, 庚申일로 열매를 완성하거나 丙申으로 卯辰申이 지장간에서 乙庚 합하고 丙火로 열매를 확장하면 년과 월에서의 성장노력이 결실을 맺을 수 있는데 乙未일을 선택하였습니다. 여전히 성장하는 수풀은 무성한데 어디에도 성장의 결과물인 열매가 보이지 않습니다. 이제 유일하게 남은 시주를 잘 활용해야 연월일의 노력이 허사로 돌아가지 않을 것입니다. 庚辰, 辛巳시를 고르면 수많은 木氣들의 결과물인 열매를 완성할 수 있습니다. 다만, 庚辰 時는 庚金이 다양한 木氣들과 乙庚 합해도 丙火, 巳火가 없으니 열매확장은 어렵기에 돈벼락을 기대하지 못합니다. 辛巳時의 경우는 비록 乙庚 합할 수는 없지만 巳火의 地藏干에 있는 丙火와 庚金을 활용해서 연월일의 새싹들을 열매로 바꾸고 수확할 수 있습니다. 辛巳 宮位(궁위)는 46세 이후로 그 시기에 이르면 폭발적으로 발전할 것이 분명합니다.

▶실제상황◀庚子대운 甲寅년 48세에 1년 만에 거부가 되었고 戊戌대운 60세 丙寅년에 고소득을 올리고 풍족한 생활을 유지하였습니다. 이처럼 사주팔자 원국에는 언제 부자가 될 것인지가 정해져 있습니다. 사주원국 辛金의 시기에 이르고 마침 庚子대운을 만나니 수많은 乙卯들을 乙庚 합하면서 乙丙庚 三字로 돈벼락을 맞았습니다.

乾命				陰/平 1937년 5월 29일 10:30								
時	日	月	年	90	80	70	60	50	40	30	20	10
辛	乙	丙	丁	丁	戊	己	庚	辛	壬	癸	甲	乙
巳	未	午	丑	酉	戌	亥	子	丑	寅	卯	辰	巳

丁丑년은 丁火가 巳酉丑을 만나서 열매를 완성했기에 더 이상

- 117 -

열매를 얻을 수 없기에 丑土를 버리고 새로운 땅으로 떠나서 새출발 해야만 발전할 수 있습니다. 하지만 丙午월에 태어나면서 년과 월의 의도가 불분명합니다. 또 강력한 火氣를 활용하려면 반드시 庚申이 필요한데 없습니다. 따라서 적절한 일주를 골라야 하는데 乙未일에 태어나면서 시간이 거꾸로 흐르듯 丙午월에 열매를 드러냈는데 乙未에서 乙木 새싹이 다시 등장했습니다. 결국 년과 월의 조합도 무엇을 원하는지 그 방향이 불분명하고 乙未일도 모호하기는 마찬가지입니다. 이제 남은 것은 時柱뿐으로 乙과 丙午가 있으니 반드시 庚辛을 보충해야 <u>乙丙庚</u> 三字로 돈벼락을 맞을 수 있게 됩니다. 이 사주도 위 사주처럼 辛巳시에 태어나면서 巳火의 지장간에 있는 丙庚을 활용해서 乙未와 <u>乙丙庚</u> 三字 조합을 완성하고 열매를 수확합니다.

▶**실제상황**◀아버지 사업을 물려받아 고전하다 辛丑대운에 크게 성공하였습니다. 연월일에서 노력한 결과물을 얻을 수 있는 辛巳時의 시기에 마침 대운도 辛金을 만나 크게 발전하였습니다. 1996년 丙子년에는 정치에 입문하여 출세가도를 달리고 있습니다. 연월일까지는 丙丁, 午未로 火氣는 강력한데 결과물이 없으니 노력해도 소용이 없었는데 辛巳에 이르면 열매를 얻고 年支 丑土와 巳丑으로 습하기에 년과 시가 연결되면서 국가에서도 쓰임을 얻었습니다. 辛金 입장에서 관찰하면, 강력한 火氣들이 그 가치를 활용하려면 반드시 辛金을 필요로 하므로 辛金 주위에 丙丁의 무리들이 모여들면서 가치가 크게 올라갑니다. 그런 이유로 돈벼락을 맞자 정치에 뛰어든 것입니다.

坤命				陰/平 1955년 7월 7일 18:30									
時	日	月	年	85	75	65	55	45	35	25	15	5	
己	丁	甲	乙	癸	壬	辛	庚	己	戊	丁	丙	乙	
酉	巳	申	未	巳	辰	卯	寅	丑	子	亥	戌	酉	

이 사주는 왜 부자인지 이해가 어렵다는 사례입니다. 사주팔자의 干支를 보면 그 간지의 의도나 목적이 무엇일까를 고민해야 합니다. 그리고 주위에 어떤 간지와 배합해야 좋은지 살펴야 합니다. 乙未년에 태어났으니 乙木이 亥卯未 三合의 마지막 공간 未土에서 성장운동을 마감하면서 더 이상 성장은 어렵기에 무엇을 배합해야 乙未의 가치를 효율적으로 활용할까요? 열매를 완성하고 수확해야 합니다. 예로, 癸未 月을 선택한다면 년과 월의 의도가 모호해집니다. 未月에 乙木은 더 이상 성장할 수도 없고 성장할 필요도 없는데 癸水가 乙木의 성장을 돕겠다고 덤벼들지만 이런 행위는 무의미 합니다.

표현 그대로 쓸데없는 짓을 하므로 癸水는 가치 없는 짓을 하므로 그 행위의 효율이 떨어지고 존재감을 드러내지 못하고 주위에서 쓸데없는 짓을 한다고 욕만 먹습니다. 宮位를 감안하면 월간 癸水는 16세 이후에서 23세까지에는 발전하기 힘들고 육친은 부친을 상징하기에 부친의 존재 가치가 높지 않습니다. 이처럼 干支와 干支가 조합할 경우에 생산되는 의미를 고려하지 않으면 서로 쓸모없는 행동으로 에너지만 낭비합니다. 이 사주는 甲申월에 태어났기에 乙未와 甲申이 地支에서 乙庚 합해서 열매를 완성하고 수확이 가능해졌습니다. 즉, 申金을 보충함으로써 乙未간지를 가장 효율적으로 활용할 수 있게 되었습니다. 다만, 乙丙庚 三字를 완성하려면 여전히 丙火가 필요합니다.

이처럼 四季의 순환과정에 필요한 三字조합의 의미를 이해하면 어떤 글자를 배합해야 하는지를 빠르게 이해할 뿐만 아니라 맹목적으로 五行을 골고루 맞추는 것이 출산택일이라는 엉뚱한 생각에서 벗어납니다. 어떻게 배합해야 각 글자가 가진 고유한 에너지 파동을 합리적으로 활용할 수 있을지를 고민하는 것이 택일의 핵심입니다. 이제 기준이 명확해졌으니 태어날 날을 고르는 것은 어렵지 않습니다. 丙火나 巳火가 있어야 년과 월에서의 노력이 허사로 돌아가지 않습니다. 이 여인은 丁巳일에 태어나 년과 월에서 가장 필요로 하는 巳火 속의 丙火를 활용해서 申金 열매를 확장합니다. 언제, 누가 좋은 작용을 하는지 宮位(궁위)를 살피면 매우 명확하게 분석해낼 수 있습니다. 日支는 사주당사자의 38세에서 45세사이요 육친은 배우자가 분명합니다. 이처럼 좋은 역할을 담당하는 宮位의 연령과 육친을 살피면 언제, 누구에 의해서 발전하는지 어렵지 않게 분석해냅니다. 己酉時에 태어나 천간에서 甲己 合하는데 丁火가 중간에 끼어서 甲과 己의 좋은 작용을 모두 취하니 배합이 더욱 효과적입니다. (天干 合의 작용에 대해서는 기 출판한 책들을 참조하시기 바랍니다.)

▶실제상황◀54세 당시 수십억 부동산을 소유했고 남편도 지방의 고위공직자로 재직합니다. 자식들도 학업 성적이 뛰어나 부족한 것이 없습니다. 丁火가 가장 좋아하는 甲이 월에 있으며 水氣가 없으니 丁火의 체성이 뚜렷하며 乙未에서 익은 열매를 甲申으로 乙庚 合하고 丁巳로 확장하기에 부자가 분명합니다. 열매를 확장하는 작용을 巳火가 행하기에 남편 덕이 매우 좋습니다. 수십억 재산에 그친 이유는 申金 열매를 위해서 일지 巳火가 월지를 향해 나가기 때문입니다. 이 구조는 표면적으로는 부자로 보이지 않지만 50억 부를 축적한 이유는 모두 <u>乙丙庚</u>

三字의 효과 때문입니다.

坤命				陰/平 1929년 5월 26일 06:30								
時	日	月	年	82	72	62	52	42	32	22	12	2
乙卯	戊申	庚午	己巳	己卯	戊寅	丁丑	丙子	乙亥	甲戌	癸酉	壬申	辛未

사치의 극치를 보여준 인물입니다. 戊庚은 기본적으로 戊土의 땅에 庚金 열매가 떨어져 있으니 가치 높은 땅으로 적절한 물상은 부동산입니다. 또 심리상태는 庚午로 극히 화려한 열매를 戊土에 드러내니 사치를 부리고 자신의 존재감을 알려야만 직성이 풀립니다. 또 천간에서 乙庚 습하고 巳午가 엄청난 속도로 얼매를 확장합니다. 地支도 卯申(乙庚)이 습하면 巳午가 열매를 확장합니다. 결국 이 구조는 천간과 지지 모두 乙丙庚 三字로 조합하니 화려한 물질세상에서 살아갑니다. 특히 사주원국에 水氣가 전혀 없으니 자신의 욕망을 절제할 수 없고 즉흥적이며 기분파가 분명합니다.

▶실제상황◀ 이멜다 마르코스, Imelda Marcos 사주팔자로 부친은 변호사로 지방의 유지였다. 1953년 미인대회에서 우승은 못했으나 입상해서 유명해졌으며 1954년 4월 마르코스와 만나 11일 만에 결혼하였다. 1965년 남편 마르코스가 필리핀 대통령에 당선되었다. 1975년 필리핀의 수도 마닐라 시장으로 당선되었지만 1986년 2월 미국 하와이로 망명하였다. 1991년 필리핀 대법원의 사면을 받았고 1995년 외아들과 총선에 출마하여 아들은 상원의원, 자신은 하원의원에 당선됨으로서 정계에 복귀하였다. 기업가로도 대성공하였다. 2022년 94세, 庚辰대운 壬寅년 5월에는 아들 봉봉 마르코스가 대통령에 취임하였다. 남편의 2

기 재임 기부터 사치향락에 맛을 들이고 하루도 빠지지 않고 성대한 연회와 수많은 파티, 특히 세계굴지의 패션쇼는 빠지지 않고 참석했다. 부동산 투자를 좋아했는데 무조건 땅을 사놓고서 권력을 이용해서 부지를 개발한 후 비싸게 팔거나, 해외에 수많은 부동산에 투자했는데 은닉 재산이 약 100억 달러가 넘는다. 10조원 상당으로 대부분은 미국 부동산이다.

총알처럼 빠른 속도로 富를 축적 -丁辛壬 三字

```
겨울 甲    己    辛 가을 陰

         壬    丁
```

지금까지 위에서 봄과 여름의 움직임을 상징하는 十干부호들이
있음을 알았습니다. 여름이 지나자 점점 청량한 하늘로 바뀌고
곡식과 과일이 무르익어가는 가을을 만납니다. 새싹이던 초목들
이 어느새 과일을 주렁주렁 달았고 봄에 모내기 했던 벼들이 토
실토실 살이 찝니다. 추수가 끝나고 서리가 내리더니 추워지고
눈 내리는 겨울로 들어갑니다. 이런 움직임을 표현해주는 부호
들이 위의 5개입니다. 가을과 겨울의 시공간을 지나는 과정에
보여주는 움직임의 특징을 표현한 것입니다. 물론 十干으로 삼
라만상의 모든 변화를 담아야 하므로 각 글자에는 참으로 많은
의미들을 품었지만 핵심만 표현하면 아래와 같습니다.

●辛金(신금): 가을에 수확한 씨종자로 부피를 최대로 축소시킵니
다. 활짝 핀 꽃이 작은 씨앗으로 바뀐 이유입니다.
●丁火(정화): 만물의 부피를 수렴, 축소하는 에너지입니다.
●己土(기토): 씨종자를 품고 저장하는 지구내부입니다.
●壬水(임수): 블랙홀처럼 만물을 응축시켜 사라지게 만듭니다.
●甲木(갑목): 씨앗 내부에 감춰진 生氣가 겨울에 水氣와 접촉하여
땅속으로 하강하여 뿌리내리는 움직임입니다.

가을과 겨울에 보여주는 자연의 모습들을 상상하면 이해가 쉽습니다. 봄과 여름을 이해했기에 대칭구조로 가을과 겨울을 살피는 것도 좋은 방법입니다. 봄에 좌우로 펼치는 움직임은 癸水가 주도했지만 가을에 만물을 수렴하고 단단하게 만드는 움직임은 丁火가 주도합니다. 열매가 단단해졌다, 벼가 익었다는 표현은 모두 丁火가 곡식과 과일의 내부에 열을 공급하였기에 가능합니다. 이런 작용을 중력이라고 표현하는데 밀고 당기는 작용 외에도 열이 이동하는 움직임입니다. 만물의 내부에 丁火가 열을 공급해야만 딱딱한 물형이 만들어집니다. 예로 철이 단단한 이유도 용광로에서 열을 가했기 때문입니다. 벼가 익으면 고개를 숙이고, 사과가 땅에 떨어지고, 여름이 가을로 변하고, 만물이 블랙홀로 빨려 들어가는 것도 모두 丁火가 만물의 내부에 열을 축적하기 때문입니다. 인간의 행동에 비유하면, 돈을 벌고자 쉬지 않고 일했더니 병에 걸려 고생하는 것도 모두 丁火가 만든 중력 바로 집착, 집념, 고집 때문입니다.

겉으로는 전혀 달라 보이지만 모두 丁火의 작용입니다. 과학적으로 표현하면 時間의 정체를 파악하는 과정에 반드시 열의 움직임이 개입됩니다. 또 癸水의 도움으로 좌우로 펼치던 새싹 乙의 움직임이 여름을 지나 가을에 최대로 축소한 물형이 바로 씨종자 辛金입니다. 결국, 丁과 辛 두 에너지를 활용해서 열매가 낙하하면 己土가 품습니다. 戊土는 지구표면, 己土는 지구내부를 상징하기에 辛金 씨종자를 땅 속에 안전하게 보호하는 역할을 己土가 담당합니다. 이 조합을 丁辛己 三字라 부르고 가을에 보여주는 자연의 움직임을 표현한 것입니다. 세 글자의 공통점은 지극히 현실적이고 물질적이며 만물을 자신을 향하여 당기려는 중력처럼 利己적입니다. 직업에 활용하면 사업에 어울리지만 집중하는 에너지를 활용하면 연구 활동에도 적합합니다. 가을이

지나면 하얀 눈이 내리는 겨울을 만납니다. 아름다웠던 자연은 어디론가 사라지고 아무것도 보이지 않습니다. 이처럼 만물을 블랙홀로 감춰버리는 작용은 壬水가 담당합니다. 저승사자처럼 生氣를 빼앗는 무서운 작용이지만 壬水가 있기에 빅뱅으로 폭발하고 자연에 生氣가 돌기 시작합니다. 겨울에 움츠렸기에 봄에 새싹이 땅을 뚫고 오르는 겁니다. 만물을 응축하면서도 만물을 창조하는 이중적인 역할을 壬水가 담당합니다만 사실 壬水를 창조했던 것은 丁火의 수렴하는 움직임이었습니다. 사업을 확장하는 움직임은 丙火, 사업이 갑자기 쪼그라드는 움직임은 丁火, 완전히 부도나고 해외로 도피해서 존재감이 사라지거나 교도소에 수감되는 상황이 壬水입니다. 그리고 재기하고자 미래를 기획하고 설계하는 과정이 甲입니다. 다만 블랙홀과 같은 특징 때문에 움직임들이 겉으로 드러나지는 않기에 사람들이 잘 인식하지 못합니다. 땅 속에 뿌리 내린 후 밖으로 상승하면 그때서야 새롭게 등장한 甲의 존재를 알아보는 겁니다. 이런 과정을 <u>壬甲己</u> 三字조합이라 부르고 겨울에 보여주는 움직임을 표현한 부호들입니다.

가을과 겨울의 움직임을 종합해보겠습니다. 열매가 단단해지고 무르익어 낙하하는 과정을 丁(열기, 중력) + 辛(씨종자) + 己(지구내부)가 담당합니다. 사주팔자에 응용하면 가장 중요한 물건을 저장하고 보관하기에 규모를 확장해야만 하는 사업에는 어울리지 않습니다. 예로 반도체칩처럼 극히 작은 내부에 다양한 정보를 저장하는 움직임이 丁辛己의 특징입니다. 己土가 품은 씨종자가 땅 속에 모여든 水氣와 접촉하면 딱딱했던 물형이 부드러워지면 속에 감추었던 生氣가 드러나는 과정은 辛(씨종자) + 壬(블랙홀, 생명수) +己(땅속) + 甲(辛金 씨종자가 부드러워져 生氣가 동하는 물형)이 겨울입니다.

- 125 -

▌뻥이요!

어릴 적 길을 지나다 보면 "펑"하는 큰 소리가 들려 깜짝 놀라 돌아보면 아저씨가 뻥튀기를 튀겨내던 기억이 납니다. 한 십년 이 지나자 기계에서 뻥튀기가 자동적으로 튕겨져 나오는 모습을 보게 되었습니다. 마른 쌀이나 옥수수를 넣고 압력을 가하면 원래의 부피와 비교할 수 없을 정도로 부풀려진 뻥튀기가 튀어나옵니다. 불과 몇 알의 쌀이 뻥튀기로 변신하는 과정은 참으로 신기합니다. 팝콘도 유사합니다. 열과 약간의 물이나 기름을 가해서 콘의 부피를 크게 확장합니다. 이런 움직임을 丁辛壬 三字 조합이라 표현합니다. 원래의 부피보다 크게 부풀리는 움직임을 심리에 비유하면 과장, 허세와 같습니다. 공작새가 날개를 펼치고, 복어가 배를 부풀리고, 조폭이 몸에 문신하여 공포감을 조성하는 행위도 유사합니다. 대장간에서 칼을 담금질하는 과정도 유사한데 열을 가하면 금속의 움직임이 빨라지고 水氣에 담금질하기를 반복하면 보검이 됩니다.

자연에 비유하면 未申酉月을 지날 때 丁火의 수렴작용으로 열기와 약간의 水氣가 좁은 공간으로 수축되면 辛金 씨종자로 변했다가 亥月에 생명수에 들어가 딱딱했던 물형이 부드럽게 변합니다. 콩에 비유하면 辛金 콩은 반드시 열기(丁火)와 적절한 수기(壬水)가 배합되어야 압축을 풀어헤치고 부드러운 콩나물로 변합니다. 이처럼 辛金은 발아하기 좋은 환경에서는 순간적으로 폭발해서 엄청난 부피로 확장됩니다. 이런 에너지를 활용할 수만 있다면 상상도 못하는 빠른 속도로 엄청난 부를 한순간 축적합니다. 표현 그대로 하늘에서 돈벼락을 맞는 겁니다. 丁辛壬 三字의 원리를 쉽게 이해하는 방법은 팝콘을 만드는 과정을 상상하는 겁니다. 팝콘이 튀겨지는 이유는 옥수수 속에 감추어진 수분 때문으로 옥수수 낱알 내부에 13~14% 수분을 포함하고 있다가 전자레인지에서 가열되면 수분이 증발하는 과정에 수증기가 되면서 부피가 커지고 압력이 높아져 팽창하고 폭발합니다. 따라서 팝콘이 폭발하는 이유는 辛金이 아무리 딱딱해도 내부에 수분을 머금었기 때문이었습니다. 바로 丁辛壬 三字의 원리이자 인간의 윤회과정처럼 죽음에서 삶으로의 전환과정입니다.

▌時間方向

사주사례를 보기 전에 먼저 이해해야할 이론이 바로 時間方向(시간방향)입니다. 이론이라고 부르기도 모호한 이유는 너무나 자연스럽기 때문입니다. 겨울, 봄, 여름, 가을 그리고 겨울을 순환하는 과정을 우리는 時間이 흐른다고 표현합니다. 또 태어나서 성장하고 결혼하고 살다가 죽는 과정도 모두 시간이 흘러서 그렇습니다. 이런 이치를 기존의 명리이론에서는 설명하지 못했던 이유는 모두 時空間 개념이 없었기 때문입니다. 극히 자연스러운 시간과 공간의 순환원리를 사주구조를 분석하는데 활용해야 하는데 엉뚱한 生剋 논리에만 집중했던 것입니다. 위에서 살펴보았던 乙丙庚 三字의 時間方向을 살펴보겠습니다.

봄에서 여름으로 흘러갑니다. 시간에 영향을 받은 공간은 끊임

- 127 -

없이 물형을 바꿉니다. 새싹이 땅을 뚫고 올라와 좌우로 펼치더니 꽃이 활짝 피어나고 열매가 달리더니 그토록 작았던 수박이 머리통만한 크기로 바뀌었습니다. 이런 시간방향을 十干으로 표현하면 乙丙庚입니다. 정확한 표현은 乙이 庚을 향하고 丙火가 庚을 향합니다. 부수적인 시간방향이 존재하지만 자세한 설명은 나눠서 하겠습니다. 乙丙庚의 時間方向이 우리에게 주는 의미와 물상은 새싹이 열매로 바뀌고 확장하는 흐름입니다. 일상생활에 비유하면 재물을 확장하려는 욕망입니다. 만약 자식의 사주팔자에 세 글자가 뚜렷하다면 학자나 연구원이 되라고 강요하는 것은 옳지 않습니다. 물론 사주원국에 乙丙庚으로 봄과 여름을 살도록 태어났는데 운의 흐름은 겨울로 간다면 내면의 욕망을 실현하기 어려운 환경을 만났기에 현실과 꿈 사이에서 갈등하면서 살아갑니다.

겨울 **甲**　　　**己**　　　**辛** 가을 　陰

　　　　　壬　　　**丁**

丁辛壬 三字의 시간방향을 살펴보겠습니다. 가을에 丁火는 자신의 열기를 辛金에게 전달합니다. 열기를 품은 辛金은 자연스럽게 壬水를 향하여 갑니다. 겨울에 극도로 응축된 壬水는 자신이 품은 생명수를 甲木에게 전달하여 하강하도록 유도합니다. 이런 시간방향은 극히 자연스럽습니다. 그리고 丁辛과 壬甲의 모든 과정은 己土에서 이루어집니다. 따라서 丁辛壬은 丁火 열기를

품은 씨종자 辛金이 블랙홀과 같은 壬水로 빨려 들어가는 시간 방향임을 기억해야 합니다. 사례를 보겠습니다.

乾命				陰/平 1967년 10월 10일								
時	日	月	年	81	71	61	51	41	31	21	11	1
甲	己	辛	丁	壬	癸	甲	乙	丙	丁	戊	己	庚
子	卯	亥	未	寅	卯	辰	巳	午	未	申	酉	戌

丁未년에 태어났으니 丁火와 亥卯未가 조합하여 乙未년과는 맛이 다릅니다. 乙未는 새싹이 성장을 멈췄으니 乙木을 활용해서 乙庚 合으로 수확하지만 丁未는 丁火가 亥卯未 성장과정을 중력과 열로 통제하기에 훨씬 주도적입니다. 예로 丁卯는 丁火가 새싹 卯木을 부드럽게 통제하는 선생님의 성질이라면 丁未는 성장이 끝났기에 丁火 열과 중력을 달리 활용해야 합니다. 즉, 乙庚 合처럼 여름에 열매를 완성하는 것이 아니라 가을에 丁辛으로 조합해서 丁火를 辛에게 전달한 후 壬水에 풀어져야 합니다. 이처럼 癸水는 봄에 활용해야 쓰임이 좋고, 丁火는 가을에 활용해야 쓰임이 좋아집니다. 그렇다면 월에 무엇을 배합해야 좋은지 분명해졌습니다. 丁火가 필요로 하는 辛金과 壬水를 배합하여 丁辛壬 三字를 활용하면 하늘에서 돈벼락을 맞을 가능성이 높아집니다.

이 사주는 가장 적절한 辛亥월에 태어나 그 의지가 명확합니다. 丁未로 辛金 씨종자에 열을 가해서 亥水(壬水)에 뻥튀기 하듯 풀어내는 겁니다. 심리에 비유하면 크게 한탕을 벌고자 말겠다는 의지가 강합니다. 이처럼 丁年에 태어나는 경우에는 가능한 辛金과 壬水 혹은 辛金과 亥水를 배합해야 丁火를 가장 효율적

- 129 -

으로 활용합니다. 특히 丁火가 년에 있으면 月이나 日에 있는 丁火보다 가치가 훨씬 높은 이유는 조상이나 국가의 음덕을 누릴 수 있기 때문입니다. 즉, 자신이 노력하지 않아도 전생에 선을 베풀어 현생에서 보상받는 것처럼 돈벼락을 맞을 운명으로 태어납니다. 丁年에 태어나는 경우는 6개로 丁亥, 丁卯, 丁未와 丁巳, 丁酉, 丁丑년이며 모두 辛亥월을 만날 수 있습니다. 丁火 열기를 辛에게 가해서 亥水나 壬水에서 폭발적으로 뻥튀기하기에 조상, 부모의 음덕을 누리는 겁니다. 다만, 丁亥년은 辛亥와 亥亥로 중복되고 丁巳년은 巳亥 沖하니 30세까지는 좌충우돌 불안정하다는 단점이 있습니다만 기본 틀은 좋습니다.

가장 좋은 배합을 고른다면 丁未나 丁酉가 辛亥를 만나서 亥水에 풀어지니 매우 좋습니다. 년과 월의 구조를 살폈으니 日柱를 어떻게 활용할지 고민해야 합니다. 그 기준은 亥月에 자연에서 어떤 행위를 원하는지 살펴야 합니다. 위에서 설명한 것처럼 丁辛壬은 丁火 열기를 辛에게 전달해서 壬水에 들어가 겨울에 땅속에 새로운 뿌리 甲寅을 내리는 것입니다. 따라서 亥水의 지장간에 있는 甲이나 寅을 밖으로 내놓을 수만 있다면 년과 월의 丁辛亥의 꿈을 완성합니다. 亥水에 품었던 辛金이 새로운 甲寅으로 혁신하는 겁니다. 이것이 자연에서 원하는 時間方向(시간방향)입니다. 이런 이치를 응용해보겠습니다. 甲寅일에 태어나야 하는데 庚申이나 辛酉일에 태어나면 어떤 의미일까요? 과장해서 표현하면 조상과 부모가 이루어놓은 모든 것들을 망치는 자식으로 나오는 겁니다. 글자의 쓰임과 시간방향을 고려해서 적절한 일자를 택해야 하는 이유입니다. 이 사주는 己卯일을 택해서 묘한 맛이 있습니다. 卯의 지장간에 甲木이 있고 뿌리내릴 터전 己土를 배합함으로써 甲이 안정적으로 성장할 터전을 마련했기 때문입니다. 단점이라면 甲木이 천간에 드러나지 않았으니

- 130 -

그 존재가 감추어져 뚜렷하지는 않습니다만 적어도 丁辛亥에서 원하던 것을 己卯가 만족시켜주는 것은 분명합니다. 이 구조에서 조부모와 부모가 바라보는 己卯는 어떤 느낌일까요? 사랑스러울 수밖에 없습니다. 자신들의 꿈을 완성해줄 것으로 믿습니다. 이런 자식을 낳으면 답답했던 조부모와 부모의 상황이 갑자기 호전되기 시작합니다. 특히 辛亥 부모는 己卯와 조합해서 부모의 나이 대략 46세부터 운이 풀리기 시작합니다. 그리고 甲子時에 태어났습니다. 亥水가 원했던 甲이 卯木의 地藏干에 있고 또 時干에 甲으로 나왔으니 육친으로 살피면 亥월의 꿈이 손자 甲까지 이어지고 다시 己土와 甲己로 合하니 己卯는 물론이고 甲子까지 조상과 부모의 음덕이 이어집니다.

▶실제상황◀2006年 39세부터 사업을 시작해서 폭발적으로 발전하였고 10년 만에 200억 돈벼락을 맞았습니다. 모두 丁辛壬 三字조합이 가진 폭발적인 에너지를 활용해서 甲과 卯로 완성했기 때문입니다. 이때 주의할 점은, 辛金 씨종자가 많을수록 더욱 많은 재산을 축적하는 것이 아닙니다. 반드시 효율을 따져야 하는데 庚申이 많으면 오히려 수확하는데 애를 먹고 시간이 걸리듯 辛酉가 많으면 甲木으로 物形을 바꾸는데 많은 시간을 낭비해야 합니다.

坤命				陰/平 1834년 10월 21일 20:30								
時	日	月	年	84	74	64	54	44	34	24	14	4
庚	壬	乙	甲	丙	丁	戊	己	庚	辛	壬	癸	甲
戌	子	亥	午	寅	卯	辰	巳	午	未	申	酉	戌

이 구조는 흥미롭습니다. 하늘에서 돈벼락 맞는 두 三字조합을

- 131 -

활용하기 때문입니다. 다만 년과 월의 구조는 뚜렷한 특징이 보이지는 않습니다. 甲午년으로 태어났으니 甲과 寅午戌이 만나서 甲 생기를 寅午戌로 확장하려는 의지입니다만 문제는 甲이 午의 공간에서 生氣를 잃고 시들합니다. 또 甲을 午火 열매로 바꿨다면 庚辛이나 申酉 열매를 배합해야 午火도 할 일이 생기면서 효율적으로 움직입니다. 따라서 두 문제를 해결하려면 먼저 壬水나 亥水로 甲木이 生氣를 되찾아야 하고 또 庚辛, 申酉를 보충해서 午火가 열심히 일할 환경을 조성해야 합니다. 乙亥월을 선택하였습니다. 두 가지 문제 중에서 亥水를 보충해서 甲木이 生氣를 되찾지만 문제는 亥水를 소유한 주인이 乙木이니 그의 허락을 받아야만 합니다. 물론 乙木도 편한 것은 아닙니다. 亥水 블랙홀과 같은 공간에서 새싹과 같은 乙木이 활발하게 성장할 수 없기에 甲木이 가진 午火를 원할 수밖에 없습니다. 결국 甲과 乙은 서로를 필요로 하면서도 항상 경쟁, 시기, 질투할 수밖에 없는 운명입니다.

특히 이 사주구조는 반드시 辛酉가 필요한데 첫째, 午火는 辛酉를 만나야 자신의 열기를 적절하게 활용합니다. 둘째, 午亥를 천간으로 올리면 丁壬이기에 辛金을 보충해야 <u>丁辛壬</u> 三字를 적절하게 활용합니다. 셋째, 亥月에는 반드시 丁辛을 보충해야 亥水의 지장간에 있는 甲木을 밖으로 꺼낼 수 있습니다. 또 월간에 乙木이 드러나 있으니 경우에 따라서는 庚金을 보충해서 乙庚 合하고 午火로 <u>乙丙庚</u> 三字를 활용할 수 있습니다. 다만 亥月 가을에는 열매를 확장할 수 없기에 쓰임은 제한적입니다. 년과 월에 없는 辛酉를 일과 시에서 보충할 때의 단점은 시간방향이 거꾸로 흐릅니다. 년과 월에서 일과 시를 향하여 丁辛壬이 순차적으로 흐르면 조상과 부모의 음덕을 일간이 취하고 누리지만 년과 월에서 필요한 에너지를 일과 시에서 보충해줘야만 하는 구조라면 조상, 부모가 가진 문제를 자식이나 손자가 해결해야 합니다. 물론 좋은 흐름은 아니지만 효자, 효녀를 낳고 싶다면 이런 배합을 고려해야 합니다. 이 사주는 壬子일을 택하면서 년과 월에 있는 문제를 해결하지 못하였습니다. 이제 남은 것은 時柱뿐이기에 신중하게 선택해야 합니다. 다행한 점은 庚戌 時에 태어나면서 사주팔자의 효율이 갑자기 높아집니다. 첫째, 할 일이 없어 빈둥거리는 乙木과 庚金이 합한 후 午火에 있는 丙丁과 戌土의 지장간에 있는 丁火를 활용해서 乙丙庚 三字로 열매를 확장합니다. 또 戌土 속의 丁火와 辛金이 壬과 亥子와 조합하여 丁辛壬 三字로 뻥튀기합니다. 또 일간 壬水는 乙庚 合의 중간에 끼어서 두 글자의 혜택을 누립니다. 대운을 살펴보면 초년부터 년과 월에서 간절히 필요한 申酉와 庚辛을 亥水에 공급해서 계속 甲乙을 생산합니다. 또 중년 이후에는 巳午未를 활용해서 乙丙庚 三字로 열매를 확장합니다. 정리하면, 34세까지는 午亥와 申酉戌로 丁辛壬 三字를 활용하고 이후에는 乙庚에 巳午未를 활용해서 열매를 확장하였습니다.

▶**실제상황**◀ "헤티 그린"이라는 여인으로 고래잡이 선주이자 엄청난 부자였던 부친에게서 21세(1855년) 酉대운에 9만 달러 유산을 상속받았는데 午火가 酉金을 자극하고 亥水에 폭발하는 丁辛壬 三字로 하늘에서 돈벼락을 맞는 시기였습니다. 申대운에도 부모가 사망하면서 유산을 받았는데 이 역시도 丁辛壬과 유사한 작용입니다. 30대부터 60대까지는 유산을 활용해서 금융투자로 58조원이라는 상상하기도 힘든 돈벼락을 맞았습니다. 辛未, 庚午대운을 지나면서 丁辛壬은 물론이고 乙丙庚 三字조합을 동시에 활용했기에 가능한 일이었습니다. 그녀는 19세기 최초의 여성 백만장자였다고 합니다. 다른 章에서 살펴볼 내용 중에서 "저승사자"처럼 대중의 돈을 겁탈하는 방식으로 하늘에서

- 133 -

돈벼락을 맞는데 午年을 기준으로 寅午戌 三合을 벗어난 亥子 丑과 亥子를 천간으로 올린 壬癸는 저승사자처럼 독특한 사고 방식으로 대중의 돈을 강탈하는 재주가 뛰어납니다. 이 사주에 는 壬子와 亥水가 이에 해당하기에 58조라는 엄청난 부를 축적 하였습니다. 이런 방식을 활용해서 벼락부자가 된 인물로는 미 국의 워런 버핏이 있습니다.

乾命				陰/平 1923년 10월 12일 18:30								
時	日	月	年	84	74	64	54	44	34	24	14	4
己 酉	丁 酉	癸 亥	癸 亥	甲 寅	乙 卯	丙 辰	丁 巳	戊 午	己 未	庚 申	辛 酉	壬 戌

이 구조는 독특하게도 년과 월에서 동일한 癸亥를 받았기에 亥 月에 癸水 거센 눈발이 날리는 살벌한 환경입니다. 위에서 학습 한 것처럼 癸水는 봄에 乙木 새싹을 戊土 위에서 성장하도록 돕는 에너지인데 亥月을 만나면 늦가을의 매서운 찬바람으로 바 뀌어버립니다. 이처럼 동일한 十干도 어떤 달에 활용하느냐에 따라 그 성질이 크게 변합니다. 보통 亥月에는 매우 추우니 丙 火로 따뜻하게 해주어야 좋다고 상상하지만 큰 오류가 있습니 다. 그 차이를 정리해보겠습니다.

1. 일간을 중시한 조후 - 丁火가 亥月에 태어나면 추우니 甲과 庚 그리고 丙火가 필요하다는 주장을 합니다만 丁火 日干의 입 장만 고려한 것입니다.

2. 월지 계절환경을 중시한 조후 - 자연에서는 亥月에 辛金 씨 종자와 丁火 열기를 활용해서 壬水(亥水)에 풀어낸 후 寅月에 甲木을 생산해야 하므로 반드시 丁이나 午, 辛이나 酉가 있어야

- 134 -

합니다. 소위 丁辛壬 三字가 협동하여 甲木을 생산하는 것입니다. 이 조건은 丁火 일간과는 상관이 없고 癸亥월을 기준으로 관찰한 것입니다.

2의 방식으로 관찰하는 것이 올바른 이유는 癸亥월 부모가 어떤 상태에서 자식을 낳았는지 살필 수 있기 때문입니다. 즉, 부모가 일간(丁火) 자식을 낳았기에 부모의 상황을 살펴야 자식의 동태를 객관적으로 파악할 수 있습니다. 하지만 日干을 기준으로 분석하면 부모의 동태를 살필 생각조차 못합니다. 예로 1번의 이론을 활용하면 천간에 甲과 庚도 없고 丙火도 없습니다. 亥水의 地藏干에 甲이 있고 酉金의 地藏干에 庚金이 있지만 겉으로 드러나지 않아서 활용도 어렵습니다. 대운을 살펴도 가장 필요로 하는 甲木이 84세 이후에 들어옵니다.

2번을 이해하면 丁酉일에 태어났으니 년과 월에서 반드시 필요한 에너지를 공급하는 효자입니다. 비록 시간방향으로는 년과 월에서 필요한 것을 일주 丁酉가 공급하기에 초년에 매우 어려운 시기를 보내야 합니다만 31세가 넘어서면 丁酉를 활용해서 돈벼락을 맞을 수 있습니다. 이처럼 癸亥년 癸亥월에 자식을 낳아야만 하는 상황이라면 부모의 상황은 크게 좋지는 않을 것임을 암시합니다. 바꿔서 표현하면, 癸亥년 癸亥 월에 태어난 자식 때문에 부모는 아이가 성장해서 30세가 되기까지는 고생하면서 살아갈 가능성이 높은 것입니다. 그렇다고 걱정할 필요는 없습니다. 년과 월에서 부족한 것을 日에서 보충해줄 수 있다면 뒤집기 한판이 가능합니다. 丁酉와 癸亥로 丁辛壬 三字의 에너지를 효율적으로 활용하고 丁己酉로 가을에 활용하는 丁辛己 三字의 집념과 집중력을 동시에 활용합니다. 일주를 잘 활용해서 년과 월에서 부족한 부분을 해결하는 겁니다. 물론 己酉보다

이른 甲辰시에 태어났다면 훨씬 효율적인 배합이 됩니다. 비록 己酉는 강한 집념으로 씨종자를 풀어내서 부를 축적하지만 주위의 도움을 얻기 어렵다는 단점이 있습니다. 甲辰은 년과 월에 丁酉를 풀어낸 후 수많은 水氣를 辰土에 담아서 갈무리하기에 자식들도 좋고 손자들도 좋습니다만 단점이라면 불굴의 투지로 역경을 이겨내려는 의지는 약합니다. 또 甲辰에 담겨진 水氣와 酉金이 辰酉합하면 辰土의 地藏干에 있는 乙木의 활동이 답답해지면서 자식 중에서 지체장애를 가진 아이가 나올 수도 있습니다.

▶**실제상황**◀2006년 丙戌년 당시 인터넷에 올라온 자료입니다. 申酉戌대운까지 고생했지만 巳午未대운에 폭발적으로 발전해서 부산에서 재벌이 되었고 개인소득 1위에 올랐으며 거액을 기부했던 송 금조 회장 사주팔자라고 합니다. 중년에 <u>丁辛壬</u> 三字조합에 필요한 강력한 火氣를 보충해서 씨종자를 癸亥에 풀어내 폭발적으로 부를 축적했습니다. 일지 酉金이 년과 월을 향하기에 재능과 재산을 국가, 사회에 내놓으려는 성정이 강하기에 학교를 설립하고 기부도 많이 했습니다. 비교사주를 보겠습니다.

乾命				陰/平 1960년 11월 18일 12:30								
時	日	月	年	80	70	60	50	40	30	20	10	0
모름	丁酉	戊子	庚子	丁酉	丙申	乙未	甲午	癸巳	壬辰	辛卯	庚寅	己丑

사주명리를 조금이라도 공부한 분이라면 日干 丁火가 참으로 무기력하여 힘들 것이라고 생각하거나 "從格"(일간의 가치를 포기하는 행위)일 것이라는 이상한 생각을 끌어옵니다. 그렇게 고통

- 136 -

스럽게 고민할 필요가 없습니다. 원리원칙대로 사주를 분석하는 순서에 입각해서 관찰하면 그만입니다. 첫 단계는 바로 사주팔자에서 가장 중요한 子月에 자연에서 무엇을 원할까를 생각해야 합니다. 子月에는 빅뱅처럼 폭발하는 기운이 생겨나는데 추운 겨울을 벗어나야 봄을 향하기 때문입니다. 그 과정에 씨종자 辛金을 풀어내서 寅月에 甲木 뿌리를 내려야 합니다. 또 이 과정에 반드시 필요한 에너지들이 있는데 丙火로 온기를 제공하고 또 모든 행위의 결과물과 같은 甲木도 사주팔자 있어야 성취감이 좋은 인생이 됩니다. 좋은 점이라면 丁酉를 활용해서 년과 월에 있는 子水에 풀어내기에 자신의 재능을 사회와 국가에 활용하는 것입니다. 또 년의 庚金도 국가, 조상들이 만들어낸 씨종자이기에 子水에 풀어내고 새롭게 활용하면 교육, 공직에 적합한 흐름입니다. 마침 庚金의 존재감을 드러낼 수 있는 戊土가 月에 있으니 좋습니다.

정리하면, 丁辛壬 三字로 매우 총명하며 공직자로 활용할 수 있습니다. 부족한 甲木과 丙火는 대운 초년부터 庚寅, 辛卯, 壬辰, 癸巳, 甲午, 乙未로 흐르기에 木氣를 생산하고 火氣로 丁辛壬 三字조합을 완성하였습니다. 다만 위 사주는 중년에 강력한 火氣로 재물을 추구했고 이 사주는 대운이 木에서 火로 흘렀기에 먼저 성장을 추구하여 공직에 종사한다는 차이가 있습니다. 기억할 점은, 亥子월에 태어나면 丁, 午와 辛酉를 배합해야 효율이 높아진다는 점입니다.

▶**실제상황**◀1984년 26회에 사법고시에 합격하고 1991년 변호사를 개업하고 1994년 MBC 오 변호사, 배 변호사를 진행했습니다. 2000년 5월 ~ 2004년 5월 16대 국회의원을 지냈고 2006년 7월 ~ 2010년 6월까지 제 33대 서울시장을 역임했습니다.

2010년 7월 ~ 2011년 8월 제34대 서울특별시장 역임했고 2021
년부터 서울시장에 재직 중입니다. 참으로 무기력해 보이는 사
주가 어떻게 계속 성공가도를 달릴까요? 그 이유는 각 글자의
쓰임이 좋기 때문입니다. 丁火는 酉金이 있기에, 庚金은 戊土가
있기에, 子水는 丁酉가 있기에 자신의 에너지를 효율적으로 활
용해서 생산성을 높이는 것입니다.

乾命				陰/平 1923년 8월 16일 12:30								
時	日	月	年	86	76	66	56	46	36	26	16	6
丙午	壬寅	辛酉	癸亥	壬子	癸丑	甲寅	乙卯	丙辰	丁巳	戊午	己未	庚申

위에서 살펴보았던 癸亥년 癸亥월의 경우에는 丁酉일에 태어나
癸亥에 보충해주면 가치 높은 생명수로 바뀌는 것을 확인했습니
다. 동일한 이치로 이 사주는 癸亥년에 태어났으니 丁酉가 월에
있으면 癸亥의 가치를 높일 수 있는데 辛酉월에 태어났습니다.
그래도 辛酉 씨종자를 癸亥에 풀어내기에 미네랄을 품은 생명수
로 가치가 높아지는 것은 분명하지만 단점이라면 丁辛壬 三字
를 활용하려면 반드시 필요한 丁火나 午火가 년과 월에 없기에
일과 시에서 보충해주어야 사주구조의 효율이 높아집니다. 壬寅
일, 丙午시에 태어났으니 丙午를 활용해서 辛酉를 자극한 후 癸
亥와 壬水에 풀어집니다. 대운도 초년부터 강력한 火氣로 흐르
면서 丁辛壬 三字의 에너지를 적극적으로 활용하였습니다.

▶실제상황◀16세 이전에 조실부모하고 고학하여 戊午대운부터
재산을 축적하여 1986년 당시에 900억 돈벼락을 맞았습니다.
辰대운에 소강상태가 아니었으면 수천억 부를 축적했을 것이라

고 합니다. 丁辛壬 三字를 화려하게 활용해서 엄청난 부를 축적한 것이 틀림없습니다. 辛酉가 癸亥와 壬水에 풀어질 때 丁火, 午火가 없다면 폭발력이 약한데 戊午대운부터 강력한 火氣를 활용해서 辛酉에 열기를 가해 壬水에 풀어지기에 엄청난 부를 축적했습니다. 초년에 조실부모한 이유는 년과 월의 배합이 적절하지 않았기 때문입니다. 예로 辛酉년 亥월이었다면 조상음덕을 부모가 받았을 것입니다. 유사한 구조들을 살펴보겠습니다.

乾命				陰/平 1983년 10월 24일								
時	日	月	年	87	77	67	57	47	37	27	17	7
모름	庚申	癸亥	癸亥	甲寅	乙卯	丙辰	丁巳	戊午	己木	庚申	辛酉	壬戌

이 사례도 위에서 살펴보았던 癸亥년 癸亥월과 동일합니다. 매우 흉해보이는 조합입니다만 물의 가치를 결정하는 것이 무엇인가를 이해하면 답을 얻기 쉽습니다. 지구에 존재하는 물의 종류와 가치는 다양합니다. 바닷물, 수돗물, 미네랄워터, 늪지의 물, 하수구, 공업용수 등으로 그 가치는 물이 품은 것이 무엇이냐에 따라 달라집니다. 반드시 고려할 점은 태어난 월지로 이 사주처럼 亥月에 태어나면 반드시 丁火, 辛酉를 배합해서 가치 높은 미네랄워터로 바꿔주어야 합니다. 그 효과는 첫째, 매우 총명해집니다. 그 이유는 전생의 기록을 담은 반도체칩과 같은 辛酉를 癸亥에 풀어내기에 기억력도 좋고 빠르고 쉽게 이치를 깨우치는 천재적인 자질을 드러냅니다. 둘째, 뻥튀기 논리처럼 빠르고 크게 하늘에서 돈벼락을 맞습니다. 특히 辛酉를 자극해주는 丁이나 午가 있다면 그 효율이 더욱 뛰어나지만 辛酉만 있어도 매우 총명하며 운에서 丁, 午를 보충해주어도 유사한 효과를 발휘합

- 139 -

니다. 癸亥년 癸亥월에 태어난 남자의 경우 초년부터 辛酉, 庚申으로 흘러가니 기본적으로 매우 총명합니다. 따라서 일찍부터 사회에서 두각을 나타내고 중년에 이르면 대부분 사업으로 방향으로 잡습니다. 이 사주는 일주가 庚申으로 金氣를 보충했는데 년지 亥水를 기준으로 亥卯未 三合을 벗어난 申酉戌과 庚辛이기에 사고방식이 독특하여 대중의 돈을 취하는 능력이 뛰어납니다.

▶실제상황◀ 외국에 유학하여 박사학위를 받았고 부친이 사망하면서 유산을 물려받았으며 사업으로 500억 돈벼락을 맞았다고 합니다.

乾命				陰/平 1923년 10월 29일 13:40								
時	日	月	年	90	80	70	60	50	40	30	20	10
甲	甲	癸	癸	甲	乙	丙	丁	戊	己	庚	辛	壬
子	寅	亥	亥	寅	卯	辰	巳	午	未	申	酉	戌

이 구조도 년과 월이 동일합니다만 태어난 날이 甲寅으로 亥水에서 원하는 甲木을 얻었습니다. 위 사주는 庚申으로 500억 돈벼락이지만 이 사주는 甲寅이기에 흉하다고 인식할 수 있습니다만 대운이 초년부터 辛酉, 庚申으로 흐르면서 癸亥의 가치를 높이기에 매우 총명합니다. 좋은 점은 亥月에 원하는 甲이 순차적으로 일간으로 드러났습니다. 이런 사주구조는 년과 월에 水氣가 강력하기에 木火로 활용해야 하며 辛酉, 庚申대운으로 흐르면 水氣가 더욱 강해져 매우 흉하다고 인식합니다. 하지만 맹탕과 같은 물의 가치가 辛酉를 품으면 미네랄워터처럼 변한다는 이치를 이해하면 五行(오행, 목화토금수)의 生剋을 통한 강약의

- 140 -

작용을 버리게 됩니다. 에너지 파동과 쓰임으로 관찰하면 癸亥 년 癸亥월은 간절하게 辛酉와 庚申 씨종자를 활용해서 결국 甲 寅을 생산하는 것을 매우 기뻐합니다. 이 구조는 亥月에 필요한 金氣가 년과 월에 없으니 씨 없는 수박과 같고 종묘사직을 유지 할 수 없는 왕조와 같으며 부친 없는 유복자와 같습니다만 다행 하게도 대운이 壬戌, 辛酉, 庚申으로 金氣를 亥水에 풀어서 종 묘사직을 이어받은 甲寅을 생산합니다. 아쉬운 점이라면 甲寅이 안정을 취할 己土 터전이 없는데 다행하게도 <u>己巳</u>년생 배우자를 만났고 <u>己丑</u>년생 자식을 얻었으며 <u>己未</u>대운에 사업을 시작했던 것은 결코 우연이 아닙니다. 이처럼 사주팔자에 없지만 자신이 필요한 것을 다양한 방법으로 보충해서 발전할 수도 있습니다. 우리는 이런 방법을 개운법이라고 부릅니다.

▶**실제상황◀**동서식품 창업자 김 재명 회장 사주팔자라고 합니 다. 己未대운까지 삼성 중역으로 직장생활 하다 사업을 시작해 서 준 재벌에 올랐습니다. 삼성물산을 시작할 때부터 이 병철 회장의 두터운 신임을 받으며 제일제당과 전주제지 및 삼성전자 전신의 사장 등을 거쳐 삼성그룹의 근간을 만드는데 일조하였고 1968년 戊申년에 독립하여 동서식품을 설립하였습니다.

乾命				陰/平 1983년 10월 9일 12:30								
時	日	月	年	82	72	62	52	42	32	22	12	2
모름	乙巳	癸亥	癸亥	甲寅	乙卯	丙辰	丁巳	戊午	己未	庚申	辛酉	壬戌

년과 월이 동일합니다만 乙巳 일에 태어났습니다. 亥月에 필요 한 金氣를 대운에서 壬戌, 辛酉, 庚申으로 보충하는 것은 동일

- 141 -

하고 亥水가 생산해야할 甲木 대신 乙木을 내놓았습니다. 따라서 매우 총명하고 하늘에서 돈벼락을 맞을 수 있는 운명입니다.

▶**실제상황**◀유명 대학병원, 유명 의대교수의 전문의로 활동하는데 흥미롭게도 결혼한 배우자의 장인이 금속공구 총판을 운영하며 천억 부자입니다. 자신은 부자가 아니지만 다양한 방식으로 500억 이상의 부를 축적합니다. 지금까지 우리가 살펴본 癸亥년, 癸亥월 조합은 日柱가 무엇이던 공통적으로 하늘에서 돈벼락을 맞았습니다. 물론 富의 정도가 다르지만 일반인들은 상상도 못할 돈벼락을 맞는 것은 분명합니다. 우리가 학습할 내용은 년과 월의 배합으로 70%의 운명을 결정한다는 사실입니다. <u>태어난 일주가 중요한 것이 아니라 년과 월의 배합이 운명을 결정하는 핵심</u>이기에 택일과정에 반드시 년과 월의 배합에 집중해야 합니다.

乾命				陰/平 1971년 8월 6일 06:30								
時	日	月	年	85	75	65	55	45	35	25	15	5
癸	壬	丁	辛	戊	己	庚	辛	壬	癸	甲	乙	丙
卯	子	酉	亥	子	丑	寅	卯	辰	巳	午	未	申

辛亥년에 태어났으니 辛金이 亥卯未 三合과 조합하여 씨종자 辛金을 亥水에 풀어내 甲木을 생산하려는 목적이 분명합니다. 그렇다면 辛亥에 무엇을 보충해야 가치를 높일 수 있을지 고민해야 합니다. 첫째, 丁火로 丁辛亥(壬) 三字를 활용할 수 있다면 매우 총명하고 하늘에서 돈벼락을 맞을 수 있습니다. 둘째, 亥水의 지장간에 있는 甲木을 밖으로 꺼내면 辛金이 노력한 결과를 얻을 수 있습니다. 辛亥년을 기준으로 가능한 달은 아래와

- 142 -

같습니다.

◉<u>庚寅</u>	辛卯,	壬辰,
◉癸巳	<u>甲午</u>,	乙未,
◉丙申	<u>丁酉</u>	戊戌,
◉己亥	庚子,	辛丑

丁과 午 그리고 甲寅을 가진 달을 고르면 庚寅, 甲午, 丁酉 정
도입니다. 다만, 庚寅월의 경우는 丁火가 없으니 辛亥의 가치를
적극적으로 활용하기 어렵습니다. 甲午월은 辛亥에 午火를 가해
서 甲木을 만들어내기에 흐름이 적절해보입니다. 이 사주는 丁
酉월에 태어나면서 시간방향이 불편해지면서 구조의 효율이 떨
어집니다. 만약 동일한 간지를 활용해서 丁酉년 辛亥월로 바꾼
다면 자연스럽게 丁火가 辛酉에 열기를 가해서 亥水에 풀어지
게 한 후 甲木을 생산하기에 시간방향이 매우 자연스럽습니다.
하지만 이 사주는 丁火가 월에 있기에 辛과 酉에 열기를 가하
면 년의 亥水와 일주 壬子로 산만하게 풀어집니다.

이처럼 방향이 다양할 경우의 물상은 첫째, 다양한 직업이나 일
을 동시에 진행합니다. 둘째, 생각이 계속 바뀌기에 산만합니다.
셋째 육친관계가 복잡해집니다. 예로, 丁火는 부친인데 辛金과
酉金에 동시에 열을 가하기에 그 마음이 여러 곳을 향하면서 여
자관계가 복잡합니다. 다만 丁酉에서 壬子를 향하는 흐름이 좋
고 丁酉와 壬子가 만들어내야 하는 생명체 卯木을 시주에 내놓
았기에 월주의 시기부터 상황이 좋아질 것임을 사주구조가 알려
줍니다. 물론 甲辰시에 태어났다면 그 흐름이 더욱 아름다웠을
것입니다. 대운도 초년부터 未午巳 火氣로 흐르면서 丁酉에 강
한 열기를 가하여 <u>丁辛壬</u> 三字의 가치를 크게 활용하였습니다.

- 143 -

▶**실제상황**◀20대부터 부동산 중개인으로 활동하다 부동산에 투자해서 200억 부를 축적하였습니다. 구조의 단점이라면 날카로운 酉金이 卯木을 沖하기에 건강에 문제가 생기거나 구설시비가 발생합니다. 국가정책의 허점을 파고들어 허름한 땅을 매입하고 개발해서 가치를 확장한 후 다시 파는 방식으로 부자가 되었습니다. <u>丁辛壬</u>으로 총명하고 돈벼락을 맞을 운을 가지고 태어났음이 분명합니다.

乾命				陰/平 1972년 10월 15일 04:30								
時	日	月	年	86	76	66	56	46	36	26	16	6
戊	乙	辛	壬	庚	己	戊	丁	丙	乙	甲	癸	壬
寅	卯	亥	子	申	未	午	巳	辰	卯	寅	丑	子

이 사주구조를 통해서 씨종자를 水氣에 풀어낸다는 의미를 조금 더 살펴보겠습니다. 壬子년에 태어났습니다. 壬水가 申子辰 三合과 조합하여 무엇을 하려는 것일까요? 블랙홀과 같은 壬水 응축에너지 특징이 子水 공간에 있으니 겉으로는 칠흑 같은 어둠이지만 내부에서는 子水의 地藏干에 있는 癸水로 빅뱅처럼 폭발합니다. 다만 밖에서는 그런 움직임을 알아차리지 못합니다. 壬水가 무엇을 원하는지 月日時에 무엇을 배합하느냐에 따라 달라지지만 기본적으로 壬水는 辛酉 씨종자를 내부에 품거나 甲寅, 乙卯 뿌리와 새싹에 생명수를 공급하는 것을 선호합니다. 만약 金氣와 木氣를 동시에 취하면 미네랄워터를 활용해서 뿌리와 새싹을 키울 수 있는 가치 높은 생명수가 됩니다. 만약 씨종자를 품지도 못하고 뿌리와 새싹을 키우지도 못하면 여름에 홍수처럼 만물을 괴롭히는 쓸모없는 행동을 합니다. 이런 문제를 해결하기 위해서는 반드시 金과 木을 배합해야 하는데 무엇이

더 중요한지는 시간방향을 고려하면 명확합니다. 가을에 열매를 수확하고(金氣) 겨울에 씨종자를 품어서(壬癸, 亥子) 겨울과 봄에 땅 속에 뿌리내리고 새싹을(甲寅과 乙卯) 밖으로 내놓기에 반드시 먼저 金氣가 있어야 합니다. 만약 없다면 씨 없는 수박과 같고 무정자증으로 아이를 낳지 못하는 이치와 다를 바 없습니다. 더욱 중요한 문제는 壬子가 金氣를 품지 못하면 해일이나 홍수처럼 방탕, 방랑하며 행실이 바르지 않고 총명할 수도 없으니 사회에서 인정받기도 어렵습니다. 이런 이치를 고려한 다음 무슨 달을 고르는 것이 좋은지 살펴보겠습니다.

```
◉壬寅 癸卯, 甲辰,
◉乙巳 丙午, 丁未,
◉戊申 己酉, 庚戌,
◉辛亥 壬子, 癸丑
```

씨종자를 품을 수 있는 干支는 戊申, 己酉, 庚戌, 辛亥 정도입니다. 그렇다면 戊申과 己酉 그리고 庚戌과 辛亥의 차이는 무엇일까요? 먼저 四季圖를 살펴보겠습니다.

《四季圖》

- 145 -

戊申은 여름 시공간이고 己酉는 가을 시공간이며 壬子는 겨울 시공간입니다. 따라서 戊申과 壬子가 배합하면 여름과 겨울이기에 조화를 이루기 어렵습니다. 하지만 己酉와 壬子는 가을과 겨울이기에 시간의 흐름이 자연스럽습니다. 다만, 壬子가 필요한 것은 辛金인데 천간에 드러나지 않았기에 그 가치를 외부에서 알아주지 못하는 단점이 있습니다. 庚戌과 壬子가 조합할 때는 庚金이 여름에 있기에 壬子가 庚金을 빠르고 효과적으로 활용할 수 없습니다만 辛亥는 가을에 있기에 壬子와의 조합이 적절합니다. 또 庚辛이 천간에 드러났기에 씨종자의 가치를 많은 사람들이 인식하게 됩니다. 이 사주는 辛亥월 카드를 받아서 辛金이 壬子와 亥水에 미네랄을 공급해 가치를 높여줍니다. 만약 辛金이 없다면 어떨까요? 방탕, 방랑하는 홍수나 해일처럼 만물을 괴롭히는 용도입니다. 일상에 비유하면 조폭, 강도, 도둑의 무리와 같습니다. 하지만 辛金을 배합하면 어머니가 아이를 잉태한 것처럼 차분해지고 안정을 취해서 甲寅을 낳을 수 있다면 글자들의 효율이 크게 좋아집니다. 다만 壬子년 辛亥월의 단점은 네 글자 모두 흑색으로 어둡습니다. 마치 어머니의 배속처럼 빛이 들어오지 않는 어두운 세상과 같아서 활동이 불편한 시공간임은 틀림없습니다. 따라서 년과 월의 문제를 해결할 방법을 찾아야 합니다. 乙卯 일에 태어났습니다. 辛金이 亥水에 풀어지고 그 가치를 품은 乙卯를 세상 밖으로 내놓았습니다. 그 다음 동작은 무엇을 해야 할까요? 적극적으로 성장하도록 도와야 합니다. 乙卯 일에 선택할 수 있는 시간은 아래와 같습니다.

- ◉丙子, 丁丑, 戊寅
- ◉己卯, 庚辰, 辛巳
- ◉壬午, 癸未, 甲申
- ◉乙酉, 丙戌, 丁亥

壬子, 辛亥와 같은 어두운 밤길을 지나왔으니 丙子, 丁丑, 乙酉, 丙戌, 丁亥를 배합하는 것은 효율적이지 않습니다. 戊寅, 己卯는 乙卯에게 안정적인 삶의 터전을 제공하고, 庚辰과 辛巳는 꽃과 열매를 제공합니다. 壬午와 癸未는 여름에 생명수를 공급하지만 년과 월에 충분하니 쓰임이 약합니다. 甲申은 乙卯와 卯申 合하지만 열매를 확장해줄 丙火가 없으니 비효율적입니다. 乙酉는 乙卯와 乙酉가 다투니 生氣가 상하기에 좋을 것이 없습니다. 따라서 활용도가 높은 시주를 골라보면 戊寅과 己卯, 庚辰과 辛巳 정도입니다만 庚辰과 辛巳의 단점은 辛金과 庚金이 섞이고 辛亥와 辛巳가 巳亥 沖하니 불편합니다. 결국 戊寅과 己卯만 남았습니다. 이 남자는 戊寅시를 택하여 乙卯의 안정적인 터전을 얻었지만 여전히 부족한 점은 丙火가 없으니 乙卯의 성장에 한계가 있습니다. 대운을 살펴보니 다행하게도 36세부터 乙卯, 丙辰, 丁巳, 戊午로 이어지기에 성장하기 좋은 시공간을 만났습니다.

▶**실제상황**◀초년에 가난하게 살았지만 자수성가하여 2023년 현재 사업으로 천억 돈벼락을 맞았다고 합니다. 이 구조에서 기억할 점은, 辛金이 壬子와 亥에 풀어지기에 쓸모없는 물의 가치가 높아졌지만 초년에는 어둠 속에서 살기에 가난했던 것입니다. 하지만 총명하기에 중년이 넘어서자 돈벼락을 맞았던 것입니다.

坤命				陰/平 1977년 8월 16일 20:30								
時	日	月	年	83	73	63	53	43	33	23	13	3
壬戌	戊子	己酉	丁巳	戊午	丁巳	丙辰	乙卯	甲寅	癸丑	壬子	辛亥	庚戌

조금씩 時間方向의 개념에 익숙해져가고 있습니다. 丁巳년에 태어났으니 丁火 열을 활용해서 巳酉丑 열매를 완성해야 하므로 甲이나 乙의 성장을 촉진하는 행위는 매우 비효율적입니다. 시간방향은 반드시 甲乙->丙丁->戊己->庚辛->壬癸로 흐르기에 月에 甲辰이나 乙巳를 배치하면 시간이 역류하면서 효율이 떨어지는 겁니다. 만약 甲辰년에 태어나면 丁卯나 丁丑월 카드를 받아서 甲에서 丁으로 흐름이 좋아집니다만 丁巳년에 태어난 이상 그 가치를 甲乙의 성장에 활용할 것이 아니라 戊申이나 己酉, 庚戌, 辛亥처럼 강력한 丁巳를 열매를 확장하고 수확하는데 활용해야 효율이 높습니다. 이 사주는 己酉월에 태어났기에 丁巳를 적극적으로 활용해서 酉金 열매를 완성하지만 년과 월의 구조에 부족한 점이 있습니다. 바로 丁巳와 己酉로 火氣를 가득 품은 酉金을 水氣에 풀어야만 丁辛壬 三字의 가치를 크게 활용할 수 있습니다. 따라서 壬癸, 亥子를 가진 干支를 배합해야만 년과 월의 효율이 높아집니다.

甲子, 丙子, 戊子, 庚子, 壬子 그리고 乙亥, 丁亥, 己亥, 辛亥, 癸亥도 가능합니다만 추구하는 인생방향이나 목적에 따라 어떤 干支를 日柱(일주)로 택할 것인가를 고민해야 합니다. 예로 壬子일을 고르면 두뇌를 활용해서 부를 축적하려는 의지입니다. 甲子는 甲己 合하기에 사업보다는 교육, 공직에 훨씬 적절합니다. 戊子일에 태어나면 반드시 月에 있는 己土와 경쟁할 수밖에 없기에 육체를 가미한 직업에 적합합니다. 예로 스포츠이지만 구조가 나쁘면 조폭, 깡패처럼 육체를 강압적으로 활용합니다. 다만 핵심은 丁巳년 己酉월에 태어난 이상 壬癸나 亥子일을 배합해야 년과 월의 가치를 최대로 끌어올릴 수 있습니다. 만약 戊申 월을 고르면 丁巳년, 戊申월, 戊子일 흐름이 좋아 보입니다. 丁巳로 申金 열매를 확장하기 때문이지만 단점은 巳申을 天

干으로 올리면 丙庚이기에 반드시 사주 어딘가에 乙이나 卯가 있어야 乙丙庚 三字를 활용해서 효율이 높아집니다. 하지만 日과 時에 없다면 丁巳로 戊申 열매를 확장해도 부를 축적하는데 한계가 있습니다. 己酉월의 경우는 酉金 씨종자를 丙火나 巳火로 확장하는 것이 아니고 물에 풀어내야만 하므로 乙卯가 필요한 것이 아니라 壬癸, 亥子가 필요합니다. 이것이 바로 사주구조를 배합할 때 반드시 이해해야할 오묘한 차이입니다. 극히 미세한 구조차이로 1억과 100억의 차이를 보입니다.

▶**실제상황**◀골프여왕 박세리입니다. 지금까지 학습했던 丁辛壬 三字의 효율을 감안하면 어렵지 않게 이해하는 사주구조입니다. 이 구조의 가치가 더욱 높은 이유는 년과 시에서 丁壬 합하기 때문입니다. 빌게이츠도 년과 시에서 乙庚 합하고 유명인들의 사주에 년과 시에서 합하는 구조가 많습니다. 年時의 합은 시공간이 굉장히 넓어서 국제적으로 유명하고 장기적으로 활용합니다. 박세리도 국제적으로 명성을 날렸고 여전히 활동할 수 있는 이유는 바로 丁壬 합 효과 때문입니다.

丁壬 합의 전문가적 자질을 활용하고 戊己로 경쟁심리가 강하고 육체를 경쟁도구로 활용하였습니다. 또 地支에서는 巳酉子로 시간방향이 순차적입니다. 巳月을 지나 酉月에 이르고 子月로 풀어지기에 그 흐름에 막힘이 없습니다. 결론적으로 골프라는 스포츠로 수백억 부를 축적한 이유는 바로 丁辛壬 三字때문입니다. 丁巳가 酉金에 열기를 가하고 子水에서 팝콘처럼 폭발하기에 엄청나게 빠른 속도로 하늘에서 돈벼락을 맞았습니다.

- 149 -

乾命				陰/平 1954년 9월 8일 14:30								
時	日	月	年	82	72	62	52	42	32	22	12	2
壬	癸	癸	甲	壬	辛	庚	己	戊	丁	丙	乙	甲
子	巳	酉	午	午	巳	辰	卯	寅	丑	子	亥	戌

甲午년에 태어났으니 그 가치를 어떻게 활용해야 좋을지를 고민해야 합니다. 만약 甲午와 엇박자의 月柱를 택하면 년과 월의 효율은 떨어질 수밖에 없습니다. 干支의 가치를 이해하는 쉽고 빠르고 바른 방법은 위에서 계속 살펴보았던 四季圖를 이해하는 것입니다. 甲午는 甲이 午火에서 열매로 바뀌기에 火金이나 金水를 배합해주어야 흐름이 효율적입니다. 또 午火를 활용하려면 반드시 酉金을 배합하고 壬癸 水氣를 보충해서 <u>丁辛壬 三字</u>를 활용해야 가치가 크게 높아집니다. 마침 癸酉월을 택함으로써 甲午로 酉金을 자극하고 癸水에 풀어내는 <u>時間方向</u>이 좋습니다. 이제 어떤 날을 골라야 년과 월의 가치를 적극적으로 활용할 수 있을까요? 癸巳일을 택하면서 묘한 구조가 되었습니다. 만약 흐름을 좋게 하고자 甲午년 己巳월 癸酉일 壬子시로 바꾸면 비록 강력한 火氣로 酉金을 자극해서 癸, 壬子에 풀어낼 수 있지만 癸酉에서 壬子로 흐르는 시간방향 때문에 癸酉가 노력했던 모든 결과물을 옆에서 빈둥거리던 壬子가 취해버립니다.

이처럼 時間方向을 감안하지 않으면 남 좋은 일만 하는 인생이 될 수도 있습니다. 癸酉월 癸巳일은 時間이 역류하지만 좋은 점은 午火, 巳火가 酉金을 자극하면 반드시 먼저 癸水가 돈벼락을 맞습니다. 문제는 반드시 壬子에게 빼앗기기에 자식들이 재산을 탕진하거나 동업의 유혹에 넘어가 일부를 탕진할 수 있습니다. 하지만 甲午년 己巳월 癸酉일 壬子시처럼 癸酉의 노력을 일방적으로 壬子에게 빼앗기지는 않습니다. 또 癸巳일의 좋은 점은 酉金에 강한 빛과 열을 가해서 癸癸壬에서 동시다발적으로 뻥 튀기하면서 엄청난 속도로 돈벼락을 맞습니다.

▶**실제상황**◀56세 당시에 화장품대리점으로 성공한 사업가였습니다. 명동에 화장품 가게를 열어서 큰돈을 벌었고 빌딩 두 개를 소유하였습니다. 丁辛壬과 丁辛癸 三字를 활용해서 하늘에서 돈벼락을 맞았습니다.

乾命				陰/平 1941년 7월 22일 20:30								
時	日	月	年	82	72	62	52	42	32	22	12	2
甲	甲	丁	辛	戊	己	庚	辛	壬	癸	甲	乙	丙
戌	子	酉	巳	子	丑	寅	卯	辰	巳	午	未	申

이 구조는 박세리 사주와 유사한 느낌이 있습니다만 甲子일을 선택함으로써 교육, 공직에 어울리는 성향입니다. 辛巳년에 태어났으니 辛金이 巳酉丑 三合과 조합하여 辛金 씨종자를 활용해서 새로운 형태의 巳酉丑 열매를 만들려는 것입니다. 따라서 극히 작고 딱딱한 辛金을 巳火에서 꽃으로 활짝 펼치기에 월에서 열매를 맺을 수만 있다면 辛巳의 가치가 높아집니다. 丁酉월 카드를 받았습니다. 巳火에서 酉金으로 흘렀기에 발전하는 모습이지만 효율이 크게 좋은 것은 아닙니다. 丙火, 巳火는 庚申의 부피를 확장하는데 활용하기에 乙卯를 보충해서 <u>乙丙庚</u> 三字로 효율을 높여야 합니다. 동일한 火五行이지만 丁火, 午火는 辛酉 씨종자에 열기를 가해서 壬子, 癸亥에 풀어져야 <u>丁辛壬</u> 三字의 가치를 활용할 수 있습니다. 그렇다면 왜 乙丙庚은 반드시 乙卯가 필요하고 丁辛壬은 水氣가 필요할까요? 자연의 순환과정에

- 151 -

보여주는 <u>時間方向</u> 때문에 그렇습니다. 甲乙丙丁戊己庚辛壬癸로 흐르는 과정에 6번째 글자와 天干 습하는데 <u>甲己, 乙庚, 丙辛, 丁壬, 戊癸</u>입니다. 乙丙庚은 새싹과 열매의 습으로 빛과 열을 가해야 씨종자 辛金으로 완성되기에 반드시 乙卯가 필요하지만 辛金내부에는 이미 乙卯를 품었기에 바로 水氣에 풀어져 새로운 甲乙을 생산해야 효율이 높아지기 때문입니다. 이것이 乙丙庚과 丁辛壬의 에너지 효율이 다른 이유입니다. 만약 배합을 바꿔서 丁酉가 년에 있고 辛亥가 월에 있다면 흐름이 좋지만 辛巳, 丁酉로 반드시 필요한 水氣를 배합하지 못했으니 辛酉가 火氣에 날카로워지고 殺氣(살기)가 강해졌음에도 문제를 해결할 수 없습니다. 이처럼 년과 월에서 酉金의 殺氣를 水氣에 풀어내지 못하는 구조들은 30세 즈음까지는 경제적으로 잘 풀리지 않을 뿐만 아니라 주위에 식구들이 질병에 시달리거나 단명할 수도 있으니 가능한 택일하지 않는 것이 좋습니다. 예로 년과 월이 丙午, 丁酉로 강력한 火氣로 酉金을 자극하면 화로에 달구어진 칼처럼 주위 육친이나 친구들을 불편하게 만듭니다. 과거에는 "부모 잡아먹는 자식"이라고 표현하기도 했습니다.

이제 년과 월의 결함을 반드시 일주로 해결해야만 합니다. 다행하게 甲子일에 태어나면서 辛巳, 丁酉의 날카로움을 子水에 풀어낼 수 있게 되었습니다. 따라서 일지 宮位 38세에서 45세 사이에 이르면 폭발적으로 뻥튀기해서 발전합니다. 박세리는 戊子일에 태어났고 이 사주는 甲子일에 태어났으니 戊土와 甲木의 차이가 무엇일까요? 60甲子 출발점이 甲子이기에 과거를 청산하고 새 출발해야 하므로 甲子는 물질과의 인연이 좋지는 않습니다. 부자를 원한다면 甲子일은 적절한 선택은 아닙니다. 丁酉와 甲子의 배합은 전문가 속성을 가진 丁火를 활용하기에 기술직에 적합하고 丁酉를 子에 풀어내기에 총명하고 창의적입니다만 교육, 공직에 더욱 어울리며 사업과는 거리가 있습니다. 하지만 이 구조처럼 년과 월의 배합이 나쁘면 교육계로 진출하는 것도 쉽지 않습니다.

▶**실제상황**◀어릴 때 어려운 가정환경에서 초등학교를 졸업했으며 한학에 정통한 서예가입니다. 씨종자 酉金을 子水에 풀어내기에 한학에 정통한 것입니다. 종묘사직, 조상의 얼을 甲子로 바꾸기에 그렇습니다. 이런 속성을 가진 것이 바로 丑土입니다. 이 남자는 2억에 구매한 한옥이 壬辰대운에 재개발되면서 보상비 30억이라는 돈벼락을 맞았습니다. 바로 丁辛壬 三字의 뻥튀기 속성 때문입니다. 또 다른 조합은 辰대운 酉丑辰 三字조합 중에서 酉辰으로 하늘에서 돈벼락을 맞는 운이기에 2억이 30억으로 부풀려졌던 것입니다. 따라서 丁辛壬과 酉丑辰 두 개의 조합을 활용해서 30억을 축적했습니다. 酉丑辰 三字조합에 대해서는 다음 章에서 자세하게 다룰 것입니다.

乾命				陰/平 1957년 6월 5일 04:30								
時	日	月	年	89	79	69	59	49	39	29	19	9
戊寅	乙亥	丙午	丁酉	丁酉	戊戌	己亥	庚子	辛丑	壬寅	癸卯	甲辰	乙巳

丁酉년에 태어났으니 辛亥월을 배합하면 丁辛壬 三字를 활용할 수 있는데 丙午월에 태어나서 火氣만 가득하고 날카롭습니다. 다만 年支에 酉金이 있으니 水氣에 풀어낼 수만 있다면 조상이나 국가의 음덕을 활용할 수 있습니다. 따라서 년과 월의 문제를 해결하려면 반드시 水氣를 보충해서 열기를 가득 품은 酉金 씨종자를 壬子와 癸亥에 풀어내야 합니다.

- 153 -

▶**실제상황◀**38세부터 시작하는 壬寅대운부터 갑자기 재벌급으로 돈벼락을 맞습니다. 그 이유를 설명하려고 해도 마땅한 이론이 없습니다만 丁辛壬 三字가 품은 엄청난 폭발력을 이해하면 일지 亥水의 시기 38세부터 하늘에서 돈벼락을 맞은 이유를 자연스럽게 이해합니다. 년과 월을 지나는 과정에는 매우 힘들지만 사주원국 일지 亥水의 시기에 마침 壬寅대운을 만나면서 시너지효과로 갑자기 재벌급으로 변신하였습니다. 우리가 이런 에너지파동을 이해하고 이런 자식을 낳을 수 있다면 찢어지게 가난해도 어느 순간 재벌 자식을 둔 부모로 변신합니다. 자신의 세대에서 부를 축적하지 못한다고 절망할 것이 아니라 자식이나 손자를 통하여 부를 축적할 수도 있습니다. 유사한 구조를 보겠습니다.

乾命				陰/平 1957년 6월 2일 20:30									
時	日	月	年	88	78	68	58	48	38	28	18	8	
庚	壬	丙	丁	丁	戊	己	庚	辛	壬	癸	甲	乙	
戌	申	午	酉	酉	戌	亥	子	丑	寅	卯	辰	巳	

년과 월이 위 사주와 동일합니다. 초년부터 丁火와 丙午가 酉金에 열기를 가하니 내부에 열기를 품어 답답하지만 水氣가 없으니 풀어내지 못합니다. 울분이 생기고 울화통이 터지듯 밖으로 쏟아내지 못하고 속병이 생깁니다. 이 문제를 해결하려면 반드시 일이나 시에 水氣를 보충해야 하는데 다행하게 壬申일에 태어나 酉金의 날카로움을 壬水에 풀어내서 해소합니다. 위 사주는 乙亥 일에 태어났기에 亥水를 만나는 38세 이후에 폭발적으로 발전했지만 이 사주는 壬申일이니 일간 宮位 대략 31세부터 발전할 수 있습니다. 마침 대운도 癸卯와 壬寅으로 酉金을 뻥튀

- 154 -

기해서 폭발적으로 돈벼락을 맞습니다. 단점이라면 年支에 酉金이 있기에 壬水를 향하여 오려면 반드시 丙午를 거쳐야 하므로 그 과정이 답답합니다. 좋은 점이라면 조상의 음덕과 같은 酉金을 활용하기에 壬水의 시기 31-37세에 하늘에서 돈벼락을 맞습니다. 38세부터 시작하는 壬寅대운에도 계속 酉金을 풀어내기에 돈을 빠르고 크게 벌어들입니다.

▶**실제상황**◀사주당사자는 30세가 넘어서면서 돈벼락을 맞았을 뿐만 아니라 수십 명의 여자들과 동거하였습니다. 그 이유는 火氣에 자극받은 申酉는 반드시 壬水를 찾아와야 문제를 해결하기 때문입니다. 하지만 午戌사이에 끼어있는 申金 배우자나 애인은 午戌의 뜨거운 열기를 감당하지 못하고 도망가 버리기에 수십 명의 여자와 동거했습니다. 부자가 되었던 이유는 강력한 火氣에 자극받은 酉金을 壬水에 풀어내는 <u>丁辛壬</u> 三字를 활용했기 때문입니다.

坤命				陰/平 1948년 6월 5일 00:00								
時	日	月	年	81	71	61	51	41	31	21	11	1
庚子	丁酉	己未	戊子	庚戌	辛亥	壬子	癸丑	甲寅	乙卯	丙辰	丁巳	戊午

戊子년에 태어났으니 삶의 터전 戊土가 申子辰을 따라 이동합니다. 다만 월일시에 어떤 干支를 배합하느냐에 따라 戊子의 가치는 달라집니다. 예로 丁酉와 조합하면 丁火에 자극받은 酉金을 子水에 풀어내 戊土가 취하기에 물질을 크고 빠르게 축적하려는 욕망이 강합니다. 만약 甲寅이나 乙卯를 배합하면 子水를 생명수로 활용해서 木氣의 성장을 촉진하는 터전을 제공합니다.

- 155 -

하지만 己未월에 태어나자 인생방향이 모호해졌습니다. 사주구조를 분석할 때는 각 글자가 무엇을 원하는지 고민해야 합니다. 戊己는 지구터전과 같기에 甲乙 생명체의 성장터전을 제공하거나 庚辛열매의 존재가치를 드러내는데 戊子와 己未로 배합하니 성장을 촉진하는 것도 아니요 열매를 수확해서 씨종자를 품으려는 의지도 아닙니다. 결국 태어날 날을 신중하게 골라야 년과 월의 글자들이 가치를 얻고 효율을 높일 수 있습니다. 丁酉일에 태어났습니다만 사주구조를 이해하기 위해서 癸卯와 丙申 그리고 丁酉일의 차이를 비교분석 해보겠습니다.

```
0 癸 己 戊
0 卯 未 子
```

癸卯일에 태어나면 四季圖의 봄과 여름의 에너지를 적극적으로 활용하면서 살아갑니다. 좋고 나쁨의 문제가 아니라 탄생하면서 그런 에너지 특징을 받았기에 그런 특징을 드러내면서 살아가는 겁니다. 특히 癸卯를 선택하면 할 일이 없어서 빈둥거리던 戊土와 乙癸戊 三字로 戊土 터전에서 새싹 乙木을 癸水 발산에너지로 성장을 촉진하기에 세 글자들이 모두 역동적으로 움직입니다. 문제는 태어난 달이 己未월이기에 풋과일이긴 해도 과일이 성숙하였습니다. 따라서 己未와 乙癸戊는 하나의 사주팔자에 있지만 서로 원하는 방향이 크게 다릅니다. 己未가 원하는 시간방향은 庚申으로 열매를 완성한 후 병화로 확장하고 수확하는 것이지만 乙癸戊는 여전히 성장을 원하기에 서로 엇박자를 내면서 시너지 효과를 바랄 수 없습니다. 己未월 여름에 봄날과 같은 乙癸戊로 새싹을 키우려는 행위가 얼마나 엉뚱한지 이해하실 겁니다. 마치 己未 성인들이 나이트클럽에서 술 마시고 노는데 乙癸戊 초등학생들이 함께 놀자고 찾아오는 상황과 유사합니다. 맞고 틀림의 문제가 아니라 활용하는 에너지 특징이 전혀 다른 겁니다. 이렇게 배합하면 사주당사자는 매우 산만합니다. 癸卯일에 태어났으니 卯木을 키우려는 의지가 강해지면서 국가 宮位에 있는 戊子의 터전을 활용해서 교육, 공직에 종사하지만 중간에 끼어있는 己未는 癸卯의 의지와 달리 乙卯를 키울 의도가 전혀 없고 오로지 庚申, 辛酉로 수확하기를 원합니다. 물론 乙癸戊와 己未가 타협해서 적절한 물성을 택할 수는 있습니다. 예로 공무원인데 부동산이나 건축, 건설 혹은 토지개발 업무를 담당할 수는 있지만 시간방향이 상이한 것은 분명합니다.

```
0 丙 己 戊
0 申 未 子
```

만약 丁酉일을 하루 앞당긴 丙申일에 태어난다면 그 의도가 명확합니다. 시간방향에서 보여주는 특징은 未土의 地藏干에 있는 乙木을 일지 申金과 合으로 열매를 완성하고 丙火로 열매를 확장합니다. 이 구조의 장점은 己未와 丙申을 효율적으로 활용할 수 있지만 탄성은 강하지 않기에 하늘에서 돈벼락을 맞을 정도는 아닙니다.

```
0 丁 己 戊
0 酉 未 子
```

사주당사자처럼 丁酉일에 태어나면 하루차이에도 사주배합이 크게 바뀌는 이유는 丙申과 丁酉가 원하는 에너지 파동이 전혀 다르기 때문입니다. 己未와 丁酉는 배합이 적절하지 않아 보이지만 四季圖로 살피면 여름 未月에서 가을 丁酉(丁辛)로 흐르기에 丙申에 비해 활용하는 시공간이 훨씬 넓어지면서 사고방식, 행동방식에 영향을 미칩니다. 평생 시골에서 사는 경우와 수시로 해외를 넘나드는 정도의 차이입니다. 丙申과 丁酉의 또 다른 차이는 년에 있는 子水를 활용하는 방식이 전혀 다릅니다. 丙火는 申金을 확장하는 과정에 반드시 乙木을 필요로 합니다.

따라서 戊子대신 戊辰년 己未월에 태어났다면 丙申과 辰未의 地藏干에 있는 乙木을 활용해서 乙庚 合으로 열매를 계속 생산합니다. 하지만 戊子와 丙申은 서로 활용하기에 불편한 관계입니다. 물론 子水는 사막과 같은 己未 마른 땅에 생명수를 공급하는 역할이기에 흉한 작용은 아니지만 己未와 丙申이 추구하는 방향은 아니라는 겁니다. 단지 하루차이에 불과한 丁酉일에 태어나면 丁辛壬 三字를 효율적으로 활용해서 하늘에서 돈벼락을 맞을 수 있습니다. 이 사주는 庚子시를 선택했는데 택일로 낳았는지 자연분만인지 모르지만 추구하는 방향은 명확합니다. 己未월의 열매를 활용해서 庚子로 완성하려는 것입니다. 특히 좋은 점은 庚金이 未土 속의 乙木과 합해서 열매를 완성하는 것입니다. 결국 두 개의 三字조합을 동시에 활용하는데 丁酉子(丁辛壬)와 乙丙庚(未庚과 丁)입니다. 그 시기는 대략 丁酉가 水氣에 풀어지는 38세 이후입니다. 흥미롭게도 酉金은 두 개의 子水를 향하는데 년의 子水를 활용하면 국가, 조상의 음덕을 받습니다. 또 시의 子水를 활용하면 자식들이 효도하고 발전합니다.

▶실제상황◀41세부터 시작하는 甲寅대운에 부동산으로 엄청난 부를 축적했습니다. 丁火가 酉金을 자극하고 子水에서 폭발하여

돈벼락을 맞는 시기였는데 마침 대운은 甲寅으로 戊己 땅을 다스리니 부동산으로 250억, 동산으로 280억 돈벼락을 맞았다고 합니다.

乾命				陰/平 1936년 8월 8일 22:30								
時	日	月	年	85	75	65	55	45	35	25	15	5
癸亥	戊申	丁酉	丙子	丙午	乙巳	甲辰	癸卯	壬寅	辛丑	庚子	己亥	戊戌

丙子년에 태어났으니 丙火와 申子辰이 만나서 빛을 후대에 전송하기에 정보통신에 어울립니다만 부족한 점이 많습니다. 干支가 火와 水로 구성되어 실질적인 물질인 木金이 아니기에 주위에 무엇을 배합하느냐에 따라 丙子의 쓰임이 크게 달라집니다. 다행히 丁酉월에 태어나면서 그 의도가 분명해졌습니다. 丁火로 酉金을 자극해서 子水에 풀어내려는 것입니다. 문제는 시간방향이 년지 子水를 향하는 것입니다. 丙火가 丁火에게 빛을 전달하면 丁火가 열로 바꿔서 酉金에 열을 가하고 子水에 풀어지는데 시간방향이 순차적이지 않기에 불편합니다. 그리고 戊申일에 태어났으니 무엇을 원하는 것일까요?

안정적인 터전 戊土에 申酉 열매를 품으려는 의도입니다. 또 申子로 三合이 연결되고 그 위에 있는 丙火가 戊土에 빛을 비추니 국가, 조상의 음덕이 있는 구조입니다. 단점이라면 丙子, 丁酉가 원했던 丁辛壬 三字를 활용하기 불편한 戊申으로 태어나면서 답답한 맛이 있습니다. 이제 시를 잘 선택해서 문제를 해결해야 합니다. 癸亥시에 태어나면서 丙丁의 열기를 품은 酉金이 亥水에 풀어지는 丁辛壬 三字를 활용할 수 있게 되었습니다.

- 159 -

더욱 좋은 점은 丁酉가 亥水에 풀어지면 일주를 벗어나는데 다행하게 亥水 위에 있는 癸水와 일간 戊土가 戊癸 합하니 丁酉와 癸亥조합으로 하늘에서 내리는 돈벼락을 일간 戊土가 취합니다. 이처럼 사주구조에서 누가 재물을 취하는지에 따라 돈 그릇이 크게 달라집니다.

▶실제상황◀30대부터 발전하고 45세 이후 큰 부자가 되었습니다. 이 구조는 돈을 추구하는 인생방향이 너무도 명확합니다. 辛丑, 壬寅, 癸卯 대운을 지날 때 <u>丁辛壬</u> 三字조합을 활용해서 하늘에서 내리는 벼락부자가 되었습니다. 만약 丙午년 丁酉月에 태어났다면 초년에 힘들게 살았겠지만 丙子년에 태어났기에 젊어서부터 날카로운 酉金을 풀어내 부를 축적하였습니다.

乾命					陰/平 1978년 9월 6일 18:30								
時	日	月	年		80	70	60	50	40	30	20	10	0
己	壬	辛	戊		庚	己	戊	丁	丙	乙	甲	癸	壬
酉	寅	酉	午		午	巳	辰	卯	寅	丑	子	亥	戌

戊午년에 태어났으니 어떤 월에 태어나야 戊午의 가치를 적극적으로 활용할 수 있을지 고민해야 합니다. 戊土는 지구터전이기에 甲乙을 기르거나 庚辛을 품어야 하는데 戊午년에 태어났으니 甲乙을 키우는 것을 원하지 않습니다. 午火에서 열매가 열렸기에 더 이상 키울 의미가 없습니다. 따라서 戊午는 물질지향적인 간지가 분명하기에 그에 적절한 월주를 배합해야 합니다. 열매를 키우거나 완성하려면 庚申이나 辛酉月이 적절하지만 두 간지의 의미는 상이합니다. 庚申은 아직 부피를 확장하고 여물어야하는 과일이기에 午火의 地藏干에 있는 丙火로 확장시켜야

- 160 -

합니다. 이때 문제는 丙庚을 적절하게 활용하려면 년과 월의 어딘가에 반드시 乙木이 있어야 하는데 없습니다. 예로 戊辰년 庚申월의 경우는 辰土에 담긴 乙木을 활용하지만 丙火가 없으니 이 또한 배합이 적절하지 않습니다. 정리하면, 戊辰년 庚申월의 경우는 丙火를 배합해야 하고 戊午년 庚申월이라면 乙木을 배합해야 글자들을 효율적으로 활용할 수 있습니다. 하지만 辛酉월에 태어나면 午火를 활용해서 辛酉에 열기를 공급합니다만 반드시 水氣를 배합해야 辛酉의 날카로움을 해소하고 丁辛壬 三字의 효과를 누릴 수 있습니다.

壬癸와 亥子를 가진 干支를 배합해야 하는데 壬寅일에 태어났으니 壬水의 시기 31세부터 37세 사이에 午火의 열을 축적한 辛酉가 팝콘처럼 폭발하는 기회를 잡습니다. 또 午火와 辛酉 그리고 壬水가 만들고자 했던 새로운 생명체 寅木을 일지에 내놓았으니 년에서 일까지의 흐름이 매우 순조롭습니다. 이제 어떤 시주를 골라야 할까요? 甲辰 혹은 乙巳를 고르면 壬寅이 원하는 목적을 이루지만 己酉시에 태어났으니 시간이 역류하면서 불편해 보입니다. 己酉를 택하자 문제가 없었던 辛酉와 壬寅 조합도 酉金이 양쪽에 배치되면서 寅木이 상할 수도 있습니다. 寅酉는 피의 흐름이 막히는 조합이기에 심장마비, 뇌출혈, 정신병과 같은 문제가 발생합니다. 甲辰, 乙巳시가 아니라면 庚戌을 택해서 寅午戌 火氣로 庚辛을 자극한 후 壬水에 풀어진다면 훨씬 좋은 배합입니다.

▶실제상황◀젊은 나이에 20억 재산을 모았다고 합니다. 戊午, 辛酉의 날카로움을 壬戌, 癸亥, 甲子대운으로 흐를 때 丁辛壬 三字를 활용해서 뻥튀기하듯 20억 돈벼락을 맞았습니다. 다만, 사주구조의 단점 때문에 폭발정도가 강하지는 않습니다.

乾命				陰/平 1978년 8월 13일 20:30								
時	日	月	年	88	78	68	58	48	38	28	18	8
丙 戌	庚 辰	辛 酉	戊 午	庚 午	己 巳	戊 辰	丁 卯	丙 寅	乙 丑	甲 子	癸 亥	壬 戌

년과 월의 조합이 위 사주와 동일합니다. 신기한 점은 이 사주도 젊은 나이에 20억 돈벼락을 맞았습니다. 두 사주의 차이점은 壬寅일과 庚辰일로 위 사주는 壬水를 활용했고 이 사주는 辰土 속에 있는 癸水를 활용했습니다. 이 구조의 좋은 점은 庚辰이 丙火 바른 지도자를 만났고 辰土 속의 乙木과 乙丙庚 三字를 활용할 수 있다는 것입니다. 따라서 壬戌, 癸亥, 甲子대운으로 흐를 때 丁辛壬 三字를 활용하고 丙寅, 丁卯, 戊辰으로 흐를 때는 乙丙庚 三字를 활용합니다. 위 사주는 오로지 丁辛壬만 활용하지만 이 구조는 두 조합을 모두 사용할 수 있습니다. 단점이라면 방향이 두 갈래로 산만합니다. 이 구조는 일지 辰土를 활용해서 뺑튀기하므로 배우자의 역할이 좋습니다만 乙丑대운에 酉丑辰 三字로 불법, 비리를 저지르면 교도소에 갈 수도 있으니 주의해야 합니다. 상세한 내용은 酉丑辰 三字조합에서 다루겠습니다.

乾命				陰/平 1921년 9월 3일 20:30								
時	日	月	年	88	78	68	58	48	38	28	18	8
甲 戌	己 亥	丁 酉	辛 酉	戊 子	己 丑	庚 寅	辛 卯	壬 辰	癸 巳	甲 午	乙 未	丙 申

辛酉년에 태어났으니 辛金과 巳酉丑이 만나서 오래된 씨종자

辛金을 새로운 巳酉丑으로 바꾸려는 것입니다. 辛酉를 활용하는 방법은 두 가지로 첫째, 丁火를 활용해서 열기를 가하거나 둘째, 水氣를 배합해서 甲寅이나 乙卯를 만들어내야 합니다. 이 사주는 丁酉월을 선택하였으니 丁火로 辛酉에 열기를 가하려는 의도지만 丙午년 丁酉 월에 비해서 火氣의 정도가 심하지는 않습니다. 년과 월에서 丁辛을 조합하였으니 반드시 壬水나 亥水를 배합해서 辛酉의 가치를 적극적으로 활용해야 합니다. 만약 배합하지 못하면 년과 월의 노력이 수포로 돌아가기에 조상, 부모의 상황이 나빠지면서 음덕도 받지 못합니다. 다양한 水氣 중에서 己亥일을 선택해서 丁辛亥(壬) 三字를 활용한 후 己土에 보관할 수 있게 되었습니다. 己土는 亥水를 품었으니 그 다음에 무엇을 해야 할까요? 亥水의 지장간에서 성장하는 甲木을 세상 밖으로 내놓을 수만 있다면 이름다운 흐름이 됩니다. 甲戌시에 태어나 己土와 甲己 合하니 辛酉에서 시작한 조상의 음덕을 일지에서 받아서 결국 후대에 전달합니다.

▶실제상황◀부자였던 부친의 재산을 물려받아 더욱 불려서 큰 부자가 되었으며 교수로 재직하다 OO부 차관을 역임하였습니다. 총명한 이유는 丁辛壬 三字의 에너지 때문임이 분명합니다. 부자이면서도 대학교수와 공직자로 재직한 이유는 모두 甲과 己 亥의 壬甲己 三字의 속성이 교육과 공직에 어울리기 때문입니다. 이 조합도 아래에서 세부적으로 살필 것입니다.

坤命				陰/平 1961년 8월 19일 00:00								
時	日	月	年	83	73	63	53	43	33	23	13	3
丙	甲	丁	辛	丙	乙	甲	癸	壬	辛	庚	己	戊
子	子	酉	丑	午	巳	辰	卯	寅	丑	子	亥	戌

辛丑년에 태어났으니 가치를 효율적으로 활용하려면 辛丑에서 甲辰으로 발전하거나 이 구조처럼 丁火로 辛酉를 자극해서 丑土의 지장간에 있는 癸水에 풀어져야 합니다. 시간방향으로 살피면, 丁酉가 辛丑을 향하기에 사회에서 국가를 향해갑니다. 丁酉월을 기준으로 살피면, 丁火가 酉金에 열기를 가했으니 반드시 壬亥, 癸子를 보충해야 쓰임이 좋아집니다. 이 사주는 甲子를 선택했는데 60甲子의 새로운 출발을 상징하기에 물질보다는 교육, 공직의 속성이 강합니다. 연월일 흐름을 종합해보면, 辛酉 종묘사직을 丁火로 자극해서 甲子에 풀어내니 조상의 얼을 이어받는 흐름입니다. 구조의 단점이라면 모두 내부를 지향하는 가을과 겨울 속성이기에 어둡습니다. 이 문제를 해결하고자 丙子시에 태어났고 마침 년과 시에서 丙辛 合하기에 총명하며 교육, 종교, 철학에 어울립니다. 이처럼 동일하게 丁辛壬 三字를 활용해도 일간이 甲이나 乙의 경우는 물질보다는 교육, 공직, 정치에 적합한 인물이 됩니다.

▶**실제상황**◀호주 첫 여성총리였던 변호사 출신 "줄리아 길라드"입니다. 14대 총리이자 노동당 당수였습니다. 사주원국 丙火의 시기인 47세에 壬甲丙 三字로 4부총리 겸 교육부장관에 임명되었고 50세에 호주총리에 당선되었다가 丙火 빛이 子水에 어두워지는 53세 즈음에 정계에서 은퇴하였습니다. 유사한 구조를 비교해보겠습니다.

乾命				陰/平 1971년 8월 18일 02:30								
時	日	月	年	89	79	69	59	49	39	29	19	9
乙	甲	丁	辛	戊	己	庚	辛	壬	癸	甲	乙	丙
丑	子	酉	亥	子	丑	寅	卯	辰	巳	午	未	申

위는 辛丑년 丁酉월, 이 사주는 辛亥년 丁酉월이니 丁辛壬 三字를 년과 월에서 활용하기에 총명하고 돈벼락을 맞을 수 있는 에너지를 가지고 태어났습니다. 만약 년과 월의 배합을 丁酉년 辛亥월로 바꾸면 시간방향이 훨씬 자연스럽습니다. 丁酉가 씨종자에 열기를 가하고 辛亥에서 풀어진 후 甲子를 내놓으면 조상, 국가의 음덕을 이어받기 때문입니다. 이 사주는 丁酉월, 甲子일로 子水에 씨종자를 풀어내니 유사한 작용입니다. 아쉬운 점은 甲子다음에 흐름이 이어져야 하는데 乙丑 시에 태어나면서 어둡고 답답합니다. 예로, 丙寅, 戊辰, 己巳시에 태어났다면 甲子가 더욱 적극적으로 성장할 수 있었을 겁니다.

▶**실제상황**◀금융공학을 전공하고 영업능력을 인정받아 전문경영인이 되었습니다. 丁火가 酉金을 사극하고 일지 子水에서 뻥튀기하고 子丑 습하므로 酉金은 결국 丑土에 머무는데 하필 그 위에 乙木이 있으니 자신이 뻥튀기한 재물이 乙木의 지갑 속으로 들어갑니다. 비록 丑土로 가기 전에 반드시 일지에 있는 子水를 거치기에 일정부분을 甲木이 취하지만 돈의 주인은 乙木이 분명합니다. 丁酉, 子로 매우 총명하고 대운도 巳午未로 흐르면서 酉金을 자극해서 子水에 풀어지니 전문경영인으로 회사를 발전시키는 능력이 뛰어납니다만 甲日에 태어났기에 비록 총명해도 부를 축적하는 성향이 아니라 교육, 공직에 어울리는 성정입니다. 정리하면, 丁酉년 辛亥월, 혹은 辛亥년 丁酉 월로 배합하고 벼락부자를 원한다면 甲일이나 己일이 아닌 물질성향이 강한 일자를 고르는 것이 좋습니다. 물론 총명하고 교육, 공직이나 정치에 어울리는 자식을 낳고 싶다면 甲이나 己土를 선택하는 것이 좋습니다.

坤命					陰/平 1941년 12월 8일 10:30								
時	日	月	年		84	74	64	54	44	34	24	14	4
乙	丁	辛	辛		庚	己	戊	丁	丙	乙	甲	癸	壬
巳	丑	丑	巳		戌	酉	申	未	午	巳	辰	卯	寅

辛巳年에 태어났으니 오래된 辛金을 새로운 庚金으로 바꾸려는 의지가 분명한데 辛丑 월에 태어나니 그 의도가 모호합니다만 辛과 巳를 모두 墓庫(묘고, 묘지와 고지로 창고와 같은 작용)와 같은 丑土에 담으려고 합니다. 巳酉丑 三合의 기본 물상은 금융, 의료, 사채, 정치에 어울리지만 어떤 일간을 취하느냐에 따라 달라집니다. 분명한 점은 辛金을 가치 높게 활용하려면 반드시 丁火를 보충해야 한다는 것입니다. 마침 丁丑 일에 태어나 丁火가 년과 월에 있는 수많은 辛金을 자극하면 뜨거워진 辛金들이 월지와 일지에 있는 丑土 창고에 들어옵니다. 이런 구조는 소유욕이 매우 강합니다.

자신의 능력(丁火)으로 국가, 사회 궁에 있는 辛金을 활용해서 일지 丑土금고에 저장하기 때문입니다. 이 구조의 좋은 점은 모든 글자들이 향하는 방향이 열매를 지향하기에 부를 축적하기 위해서 태어났습니다. 丁火로 巳酉丑 열매를 완성하려는 사명감으로 끝없이 물질을 추구합니다. 좋고 나쁨의 문제가 아니라 그런 에너지특징을 가지고 태어난 것입니다. 유일하게 時干 乙木만 강력한 金氣들 틈에 끼어서 무슨 역할을 하는지 궁금합니다. 사실 이 사주에는 두 조합이 연결되어 있습니다. 첫째 辛丑과 丁丑이 만나서 丁辛壬 三字조합을 활용합니다. 둘째는 巳의 地藏干에 있는 丙火와 庚金 그리고 乙木을 乙丙庚 三字로 활용하며 두 조합 모두 물질을 추구하는 욕망이 강합니다. 대운도 중년에 강력한 火氣로 흐르면서 두 조합을 모두 활용할 수 있습니다. 이처럼 인생의 목적이나 방향이 명확한 사주는 원하는 꿈을 이룹니다.

▶**실제상황**◀증권시장 큰손으로 수천억대를 다루는 부자입니다.

乾命				陰/平 1952년 1월 6일 04:30								
時	日	月	年	88	78	68	58	48	38	28	18	8
壬	丁	辛	辛	壬	癸	甲	乙	丙	丁	戊	己	庚
寅	丑	丑	卯	辰	巳	午	未	申	酉	戌	亥	子

辛卯년에 태어났으니 辛金이 亥卯未 성장을 관리하는 모습입니다. 亥卯未는 성장하려는 욕망을 멈추지 않는데 辛金으로 木氣를 다루기에 한의사처럼 치료로 활용하거나 사업을 원할 수도 있습니다. 하지만 辛丑월에 태어났으니 무언가를 보충하지 않으면 쓰임이 좋지 않아 보입니다. 다행하게 丁丑일에 태어나 辛金에 열기를 가하고 자극 받은 辛金이 壬水에 풀어지고 丑土 금고에 들어가는 丁辛壬 三字를 활용할 수 있으니 인생의 방향이 명확하게 물질 지향적입니다. 태어난 시는 壬寅을 받았습니다. 위 사주처럼 乙巳시에 태어나면 봄에 새싹과 꽃이 활짝 피어나지만 壬寅은 壬水 생명수로 寅木 뿌리의 성장을 촉진하기에 추구하는 방향이 많이 다릅니다. 乙巳는 극히 현실적이라면 壬寅은 미래지향적입니다. 연월일시 흐름으로 살피면 丁辛壬 三字조합으로 총명하고 빠른 속도로 부를 축적할 수 있습니다만 위 사주는 인생의 목적이 단일하지만 이 구조는 씨종자 辛金을 활용해서 壬寅으로 미래를 꿈꾸기에 돈만 추구하는 성향과는 다릅니다. 물질을 수확하는데 만족하는 것이 아니라 미래를 설계하고

- 167 -

후대를 고민하기에 수확과 성장사이에서 갈등하는 구조입니다. 대운까지 감안하면 중년에 丁酉와 丙申을 만나서 <u>丁辛壬</u>과 <u>乙丙庚</u> 三字를 모두 활용할 수 있었습니다.

▶**실제상황**◀2014년 63세 당시에 상가와 부동산으로 120억 부를 축적했습니다. 아들은 <u>丁辛壬</u> 三字의 영향을 받아서 매우 총명하고 壬寅으로 미래를 설계하는 것을 좋아하기에 학문을 추구하여 하버드대를 졸업한 수재라고 합니다. 결국 부친의 사주에서 드러난 壬寅의 특징을 자식이 활용하고 있음이 분명합니다.

乾命				陰/平 1957년 6월 19일 06:30								
時	日	月	年	83	73	63	53	43	33	23	13	3
丁	己	丁	丁	戊	己	庚	辛	壬	癸	甲	乙	丙
卯	丑	未	酉	戌	亥	子	丑	寅	卯	辰	巳	午

丁酉년 辛亥월 대신 丁酉년 丁未월에 태어났습니다. 丙午년 丁酉월에 태어나는 경우에 水氣를 만나지 않으면 극히 날카롭다고 설명한 것처럼 이 구조도 유사합니다. 丁酉도 丁未도 모두 水氣를 보충해야 날카로움을 해소할 수 있는데 己丑일에 태어납니다. 酉金의 날카로움을 丑土의 지장간에 있는 癸水로 뻥튀기할 수는 있지만 풀어지는 과정이 壬水에 비해 답답하지만 다행스럽게 일지에 丑土가 있으니 자신이 취할 수 있습니다. 일지 궁위는 38세에서 45세 사이로 폭발적으로 부를 축적할 것임을 암시합니다. 마침 대운도 癸卯와 壬寅으로 씨종자를 癸壬에 폭발적으로 풀어내서 짧은 기간에 하늘에서 돈벼락을 맞을 수도 있습니다.

▶**실제상황**◀ 壬寅대운에 丁火에 자극받은 酉金이 壬水에 폭발하는 丁辛壬 三字를 활용하여 60억을 축적하였습니다. 조금 다른 구조를 살펴보겠습니다.

乾命				陰/平 1970년 7월 29일 12:30								
時	日	月	年	83	73	63	53	43	33	23	13	3
丙	壬	甲	庚	癸	壬	辛	庚	己	戊	丁	丙	乙
午	午	申	戌	巳	辰	卯	寅	丑	子	亥	戌	酉

庚戌년 甲申 월에 태어났으니 사주명리를 공부한 경험이 있다면 庚申이 강하게 甲木을 沖하기에 흉할 것이라는 느낌을 받습니다. 특히 태어난 날이 壬午로 일간기순 甲은 食神이기에 偏印倒食(편인도식)으로 밥그릇을 엎어버리니 문제가 심각하다고 간주합니다만 과연 그럴까요? 사실 이 사주에는 다양한 三字조합이 섞여있는데 좋은 듯 나쁜 듯 모호합니다. 乙丙庚 三字를 활용하려면 乙木이 있어야 하는데 없고 丁辛壬 三字를 활용하려면 庚申 대신 辛酉가 있어야 하는데 戌土의 地藏干에만 있으니 활용하기 어렵습니다. 하지만 자세히 살펴보면 오묘한 이치가 숨어있습니다.

1. 수많은 丙午 강력한 火氣들이 년의 戌土에 들어갑니다. 어떤 오행이 辰未戌丑에 들어가는 작용을 墓庫라고 부릅니다만 時에서 年을 향하는 시간방향 때문에 개인 재주를 국가에서 활용합니다. 문제는 丙午가 戌土에 들어가면 壬水가 그 혜택을 취할 방법이 없습니다. 따라서 반드시 일간 壬水와 丙午 그리고 庚戌에는 연결고리가 있어야 하는데 日支 午火도 戌土를 향해 나가버리기에 결국 戌土가 모든 火氣를 차지합니다. 다행한 점은 戌

土를 소유한 천간이 庚金으로 午戌 火氣에 자극 받으면 水氣가 마르면서 그 속성이 辛金처럼 변합니다. 비유하면, 가을에 곡식을 수확해서 도로에 말리는 과정과 유사합니다. 水氣를 품었던 열매가 火氣에 굳어져가는 과정입니다. 결국 庚金이 辛金처럼 변하고 壬水를 향하여 총알처럼 튀어오기에 국가에서 제공하는 씨종자를 취합니다. 내가 소유한 丙午午가 戌土로 갈 때에는 손해였지만 壬水로 돌려받으니 그 노력을 보상받습니다. 이처럼 사주팔자에 정해진 시간방향을 읽어내야 내가 취하는지 상대가 취하는지 정확하게 알 수 있습니다. 내가 취하면 부자가 되지만 남이 취하면 남 좋은 일만 하는 겁니다.

2. 丙午午로 열기 가득하니 쓰임을 얻으려면 반드시 庚辛이 필요한데 모두 년과 월에 있으니 국가, 사회에서 그 가치를 얻습니다. 다만, 丁辛壬 三字로 폭발하는 에너지를 활용하려면 辛金이 좋은데 庚申이니 아쉽습니다만 午戌의 작용으로 庚申이 辛酉로 바뀌고 壬水일간을 향하니 丁辛壬 三字를 활용할 수 있습니다. 이처럼 겉으로 드러난 글자 속성도 사주구조에 따라서 특징이 바뀔 수 있음을 이해해야 합니다.

3. 甲申월과 乙酉월은 수확의 계절입니다. 甲乙은 수확할 대상이요 申酉는 수확도구입니다. 이때 수확하는 속도에 따라서 돈벼락의 크기가 달라지는데 마르고 건조한 상태에서는 수확이 빠르고 쉽지만 水氣가 많으면 어렵고 힘이 듭니다. 년과 월이 庚戌과 甲申으로 날카로운 낫으로 甲을 빠르고 쉽게 수확합니다. 이때 丙午, 午는 무슨 작용을 할까요? 庚申에 열을 가해서 낫을 더욱 날카롭게 만들고 甲木을 쉽게 수확하도록 돕습니다. 이 사주를 이해하는 핵심으로 偏印倒食만 생각하면 甲木이 庚申에 沖당해서 단명하거나 거지사주라고 합니다만 계절의 시공간을

- 170 -

고려하면 甲申월에 너무도 쉽고 빠르게 목재를 수확해서 돈을 버는 겁니다. 정리하면, 偏印倒食은 十神의 生剋작용을 살핀 것이고 빠른 수확은 시간과 공간의 상황을 살핀 것이니 <u>2차원과 4차원</u>처럼 그 수준이 너무도 다릅니다. 우리는 4차원에서 살고 있으니 4차원적 사고를 해야만 바른 명리를 학습하게 됩니다.

▶**실제상황**◀丁亥대운을 시작으로 2008년 戊子년 39세 당시에 5천억 돈벼락을 맞았습니다. 실제로 이런 상황을 알았다고 해도 十神의 生剋으로는 5천억을 이해할 수 없는 구조가 분명하지만 <u>丁辛壬</u> 三字의 특징을 이해하면 사주팔자에 있는 모든 글자들의 결과물을 모두 壬水가 취한다는 것을 이해합니다.

乾命				陰/平 1947년 10월 21일 20:30								
時	日	月	年	88	78	68	58	48	38	28	18	8
戊	丙	辛	丁	壬	癸	甲	乙	丙	丁	戊	己	庚
戌	辰	亥	亥	寅	卯	辰	巳	午	未	申	酉	戌

丁亥년과 辛亥월로 <u>丁辛壬</u> 삼자를 활용할 수 있는 조합이 분명하지만 단점이라면 亥亥로 폭발하는 강도가 약하고 산만합니다. 즉, 뻥튀기 기계처럼 열을 가득 담아서 순간적으로 폭발시켜야 크게 부풀리는데 辛金이 품은 열기는 약하고 亥亥로 水氣만 많으니 폭발하는 탄성이 약합니다. 그래도 <u>丁辛壬</u>을 활용할 수는 있기에 언제라도 돈벼락을 맞는 조합은 분명합니다. 丙辰일에 태어났으니 년과 월에 있는 干支들과 어떻게 조화를 이루는지 살펴야 합니다. 丁亥와 辛亥가 추구하는 것은 씨종자 辛金에 열을 가해서 亥水에 풀어서 甲木을 만들려는 것인데 丙辰일에 태어났으니 甲木을 직접 생산하는 것은 아니고 두 개의 亥水를

辰土에 담아서 丙火 빛을 비춰서 辰土속의 乙木 새싹들이 빠르게 성장하도록 유도합니다. 이 구조의 좋은 점은 바로 많아서 효율이 떨어지는 亥水를 辰土에 담아서 활용하는 것입니다. 위 사주는 丙午 火氣를 戊土에 담아서 5천억 부를 축적했고 이 사주는 넓은 바다와 같은 亥亥를 辰土에 담아서 돈벼락을 맞을 수 있습니다. 이 작용을 墓庫라 부르며 자세한 내용은 墓庫 章에서 다룰 예정입니다. 연월일 흐름에서 신의 한수가 바로 辰土로 丁火 열기를 품은 辛金 종묘사직을 풀어낸 亥水를 자연스럽게 辰土에 담고 丙火로 乙木의 성장을 촉진하기에 그 흐름이 매끄럽습니다. 따라서 丁辛壬 三字와 墓庫효과를 동시에 활용한 구조로 효율이 높습니다.

▶**실제상황**◀丙火 빛이 없던 초년에는 고생하였고 고물상, 택시업으로 재산을 늘리고 부동산 투기로 재벌이 되었습니다. 52세 戊寅년에는 30억 원에 달하는 세무추징을 당했으나 적은 비용으로 해결하였습니다. 그 이유는 丙辰으로 담은 돈을 戊戌로 沖해서 불안정해졌기 때문입니다.

乾命				陰/閏 1955년 3월 30일 04:30								
時	日	月	年	85	75	65	55	45	35	25	15	5
壬	壬	辛	乙	壬	癸	甲	乙	丙	丁	戊	己	庚
寅	午	巳	未	申	酉	戌	亥	子	丑	寅	卯	辰

乙未년에 태어날 경우 어떤 달을 선택해야 효율이 높아지는지 위에서 살펴보았습니다. 庚辛을 배합해서 乙未를 열매로 수확해야 합니다. 庚辰, 辛巳, 甲申, 乙酉 월을 선택할 수 있는데 庚辰의 단점은 乙庚 합해도 丙火가 없으니 확장의 기세가 약합니

다. 甲申과 乙酉도 丙火가 필요하지만 없습니다. 辛巳월에 태어
나면 巳火의 地藏干에 있는 丙火와 庚金을 활용해서 열매를 확
장할 수 있지만 천간에 드러나지 않아서 그 효과는 떨어집니다.
乙未와 辛巳조합의 목적은 두 가지로 巳午가 辛金을 자극해서
水氣에 풀어내거나 巳未의 地藏干에 있는 乙庚 열매를 丙火로
확장하는 것입니다. 따라서 丁辛壬 三字를 활용하려면 반드시
水氣를 보충해야하며 乙丙庚 三字는 효율은 떨어지지만 조건은
갖추었습니다. 이제 태어날 날을 신중하게 골라야 하는데 辛金
을 폭발적으로 활용하려면 壬癸, 亥子일을 골라야합니다. 壬午
일을 택함에 따라 巳午未로 더욱 강해진 火氣에 자극받은 辛金
은 壬水를 향해 총알처럼 튀어옵니다. 丁辛壬 三字를 활용하면
서 매우 총명할 뿐 아니라 壬水의 시기에 하늘에서 돈벼락을 맞
을 수 있습니다. 壬水기 취하는 것은 단순하게 辛金만이 아니라
乙庚 합하고 丙火로 열매를 확장한 후 丁火의 열을 가해서 辛
金을 취하기에 사주팔자에 있는 모든 움직임을 직접 취하는 것
입니다. 富의 속도와 크기는 辛金의 탄성으로 결정되는데 그 핵
심은 얼마나 강력한 열기로 辛金을 자극하느냐에 달렸습니다.

▶실제상황◀56세 당시, 코스닥에 상장한 중견기업 사업가입니
다. 30대부터 대운도 水氣로 흘렀기에 丁辛壬을 활용해서 하늘
에서 돈벼락을 맞았습니다.

坤命				陰/平 1947년 5월 14일 14:30								
時	日	月	年	82	72	62	52	42	32	22	12	2
丁	壬	丙	丁	乙	甲	癸	壬	辛	庚	己	戊	丁
未	午	午	亥	卯	寅	丑	子	亥	戌	酉	申	未

- 173 -

丁亥년, 丙午월에 태어났으니 무언가 부족해보입니다. 丙午를 활용하려면 庚申이나 辛酉가 있어야 하는데 사주원국에 없습니다. 午亥와 丁壬으로 엄청난 열기를 블랙홀과 같은 壬水에 저장하였지만 金氣가 없으니 많은 火氣들은 쓰임이 없고 할 일이 없어 빈둥거립니다. 이처럼 사주팔자 글자가 쓰임이 없으면 발전하기 힘듭니다. 반드시 글자들이 서로 원하는 조합을 만나야 바쁘게 움직이고 팔자의 효율을 높여서 발전합니다. 壬午일, 丁未 시에 태어났지만 여전히 필요한 金氣가 없으니 일하고 싶지만 일거리가 없으니 놀아야만 하는 상황입니다. 사주원국은 이미 결정되었으니 이제 남은 희망은 대운뿐입니다. 여자이기에 대운이 金水로 흘러갑니다. 사주팔자 원국에는 庚辛, 申酉가 없으니 빈둥거리지만 대운에서 계속 金氣를 보충하면 수많은 火氣들이 丁辛壬 三字의 효과를 활용해서 폭발적으로 돈벼락을 맞지만 사주원국 구조가 적절하지 않으니 큰 부자는 어렵습니다.

▶**실제상황**◀유년시절에 가정형편으로 초등학교만 졸업했고 己酉대운에 결혼하여 장사를 시작했는데 너무 잘되었고 辛亥대운에 돈을 많이 벌어서 도로가에 있는 시골집을 밭 포함해서 몇백 평 구입했는데 2012년 壬辰년에 중소건설 기업이 매입하여 콘도형 원룸 10층짜리 건물을 짓는다고 토지보상비 18억을 받았습니다. 파주 LG 필립스 공장이 인접한 동네입니다. 이 구조에서 배울 점은 사주원국의 쓰임이 나빠도 대운이 좋으면 30억 정도의 부를 이룰 수 있다는 것입니다. 따라서 사주원국이 나쁘다고 포기할 것이 아니라 대운까지도 적절하게 고려해서 결정해야 합니다.

坤命				陰/平 1927년 2월 1일 06:30								
時	日	月	年	81	71	61	51	41	31	21	11	1
癸	丁	壬	丁	辛	庚	己	戊	丁	丙	乙	甲	癸
卯	酉	寅	卯	亥	戌	酉	申	未	午	巳	辰	卯

丁卯년 壬寅월에 태어났으니 丁辛壬 三字 중에서 두 글자는 갖췄으나 辛酉가 없으니 효율이 좋지 않습니다. 따라서 태어날 일자를 신중하게 골라서 년과 월에 있는 글자들의 효율을 높여야 합니다. 地支는 寅卯가 있으니 丙庚을 배합하면 乙丙庚 三字도 활용할 수 있습니다. 丁酉일을 선택함으로써 년과 월에 있는 丁壬에 酉金을 배합하여 丁辛壬으로 활용할 수 있습니다. 즉, 년과 월의 글자들이 지신의 쓰임을 얻기 위해서는 반드시 일지 酉金을 찾아와야 합니다.

이런 에너지의 역학관계를 분석하면 배우자가 좋은 역할인지 나쁜 역할인지 쉽게 이해합니다. 년과 월에서 丁卯와 壬寅은 단순하게 寅卯를 키우는 행위만 할 수 있지만 辛酉가 없으니 壬水의 가치가 높지 않는데 酉金이 오자 일지 宮位에 있는 남편이 사주당사자의 존재가치를 크게 상승시킵니다. 이 여인의 조부모와 부모를 상징하는 丁卯와 壬寅은 남편 酉金이 씨종자를 공급해주면서 신분상승을 하는 겁니다. 단점이라면 丁酉로 자극받았는데 두 개의 卯木이 바로 옆에 붙어서 沖합니다. 태어난 달도 寅月로 성장하는 공간인데 酉金이 방해하고 殺氣가 강해지면서 주위 친인척들이 질병에 시달리거나 사고로 고통 받을 수 있습니다.

▶실제상황◀2015년 89세 당시에 생존했으며 이태리 피아트 그

- 175 -

룹 총수 Agnelli Giovanni의 부인입니다. 27세 乙巳대운 癸巳
년에 결혼했고 甲午년에 뉴욕에서 득남했으며 乙未년에 딸을 낳
았습니다. 미국, 스위스, 이태리에 매우 아름답게 장식한 7채의
저택을 가지고 있습니다. 각 저택에는 많은 하인들이 있으며 방
대한 예술품을 소장하였고 수십 대의 차, 두 대의 요트, 회사헬
기 2대, 회사비행기 7대를 가지고 있습니다. 거주하는 집은 이
태리 Turin에 45개 방이 있는 Rococo형 저택으로 아름다운 알
프스 전경으로 유명합니다. 개인재산은 17억 달러라고 합니다.
남편의 외도로 스트레스를 받았지만 이혼하자는 말은 하지 않았
다고 합니다. 2000년 11월 장남이 사망했고 2003년 1월에 남편
이 사망했습니다. 사주구조가 흉해보여도 반드시 필요한 酉金을
일지에 배합함으로써 하늘에서 돈벼락을 맞았고 상상하기 어려
운 부를 누리며 살았습니다. 다만, 강한 살기 때문에 장남과 남
편을 일찍 보냈습니다.

乾命					陰/平 1969년 1월 29일 20:30								
時	日	月	年		84	74	64	54	44	34	24	14	4
戊	辛	丁	己		戊	己	庚	辛	壬	癸	甲	乙	丙
戌	卯	卯	酉		午	未	申	酉	戌	亥	子	丑	寅

己酉년에 태어나면 무엇을 원할까요? 己土가 巳酉丑 三合과 조
합하였으니 열매를 己土 내부에 품으려는 의지가 강하지만 단점
은 소유욕이 강하고 酉金의 가치를 외부에 드러내지 못합니다.
그렇다면 어떤 간지를 배합해야 己酉의 가치를 적극적으로 활용
할 수 있을지 고민해야 합니다. 결국 酉金을 적극적으로 활용해
야 하는데 가장 효율적인 방법이 丁辛壬 三字입니다. 丁卯월을
선택하였습니다만 문제는 卯酉가 沖하는 것으로 하필 卯月에

성장해야할 새싹이 酉金에 상합니다. 하지만 시간흐름으로 살피면 己土가 품었던 酉金 씨종자가 시간이 흘러서 卯木으로 물형을 바꾼 후 성장하려는 것입니다. 어느 각도에서 살피더라도 酉金과 卯木 사이에 반드시 壬癸, 亥子丑이 있어야 卯酉 沖으로 生氣가 상하는 문제를 해결할 수 있는데 水氣가 없습니다. 더욱이 丁火가 酉金을 자극하면 날카로워지기에 반드시 壬水를 배합해서 酉金의 날카로움을 해소하고 丁辛壬 三字의 가치를 활용해야 합니다. 이제 문제를 적절하게 해결할 수 있는 날짜를 잘 선택해야 효율이 높아집니다만 辛卯일에 태어났으니 연월일에서 무엇을 원하는지 방향을 가늠하기 어렵습니다. 辛卯는 辛金이 亥卯未 三合과 조합하여 씨종자를 풀어내 새로운 木氣 생명체로 탈바꿈하려는 것입니다. 다만 구조에 따라서 그 속성이 달라지는데 사주팔자에 水氣기 있으면 金水木으로 金(辛金)이 水(壬水)를 통해서 木(甲木)으로 바뀌는 윤회과정처럼 종교, 명리, 철학, 교육에 활용하지만 水氣가 없으면 辛金은 낫처럼 卯木을 수확할 대상으로 간주하여 돈에 집착합니다.

이 사주구조의 연월일에서 보여주는 의도는 결국 木氣를 수확해서 돈을 벌려는 의지가 분명합니다. 이제 남은 것은 시주뿐이니 연월일의 구조에 있는 문제를 해결해야 하는데 戊戌시를 택하면서 丁辛이 필요로 하고 卯酉 沖을 해소할 수 있는 水氣를 얻지는 못했습니다만 좋은 점은 辛金이 자신의 존재를 戊土에 드러내기에 말년으로 갈수록 안정적인 터전을 얻습니다. 이제 희망은 오로지 대운뿐입니다. 다행하게도 乙丑, 甲子, 癸亥, 壬戌로 흐르면서 문제를 해결할 뿐만 아니라 丁辛酉와 水氣를 배합해서 丁辛壬 三字로 하늘에서 내리는 돈벼락을 맞을 수 있습니다. 대운에서 들어오는 운을 활용할 때의 단점은 水대운이 끝나면 사주원국에 水氣가 없는 대가를 지불해야 하는데 예로, 재산을

- 177 -

탕진하거나 질병에 시달립니다.

▶**실제상황◀**46세 2014년 壬대운 甲午년 상황입니다. 癸亥대운 삼십대 초반부터 장사하여 4층 건물을 소유하였고 임대수익을 포함하여 수십억 부자가 되었습니다. 장사를 시작할 당시에 사주상담을 받았는데 때가 아니니 장사하지 말라고 말렸지만 야채곱창 집을 시작하여 십년 넘도록 년 매출 3억이 넘고 순이익은 50% 정도라고 합니다.

창업하고 3년이 지나 방송에 소개된 후 매출이 급격하게 늘었습니다. 결국 33세부터 들어오는 癸亥대운은 이 사주구조에서 절실히 필요한 에너지를 10년 동안 활용할 수 있도록 하였습니다. 丁과 辛酉를 활용하려면 반드시 壬水가 필요했는데 마침 癸亥로 천간과 지지를 모두 활용해서 사주원국의 문제점을 일시에 해결하고 돈벼락을 맞았습니다. 水氣가 전혀 없다가 강력한 水氣를 만나 말라비틀어진 辛酉를 뻥튀기 하듯 폭발시켰습니다. 다만 사주원국의 배합이 불편하기에 丁辛壬 三字의 효과가 수십억 정도에 그쳤습니다. 아래에서 古書에 나오는 사례를 소개합니다.

坤命				陰/平 1837년 7월 26일 02:00								
時	日	月	年	85	75	65	55	45	35	25	15	5
己丑	辛丑	戊申	丁酉	丁巳	丙辰	乙卯	甲寅	癸丑	壬子	辛亥	庚戌	己酉

기존 해설은 從革格(종혁격)으로 丁火가 문제라고 설명하는데 그 이유는 <u>申酉戌</u> 혹은 <u>巳酉丑</u> 三合을 이루어야 좋다고 생각하

기 때문입니다. 해석하기를, 금의 세력이 모여 있기에 辛壬癸 대운에 丁火를 공격하여 문제를 해결함으로써 집안이 발전하고 일품부인에 봉해졌다가 寅대운 초에 申金이 冲하여 庚子년 64 세에 남편이 사망하고 몰락했다고 합니다. 이 사주구조에서 가장 좋은 역할을 하는 丁火를 나쁜 작용으로 몰고 가지만 丁辛 壬 三字의 효과를 이해하면 그 이치가 명확합니다. 丁酉년에 태어났으니 丁火와 巳酉丑이 만나서 열매를 완성하려는 의지가 강하지만 壬水가 없으니 반드시 월이나 일에서 보충해야 합니다. 하지만 戊申 월을 선택하였기에 丁酉의 문제를 해결하지 못했고 酉에서 申으로 시간이 역류합니다.

예로 丁酉년 辛亥월처럼 흐름이 바르면 좋지만 酉에서 申으로 역류하는 느낌입니다. 년과 일의 문제를 읽어냈으니 좋은 날을 택하여 해결해야 합니다. 辛丑일에 태어나면서 좋은 점과 나쁜 점이 공존합니다. 좋은 점은 두 가지로 丁火가 酉金과 辛金에 열기를 가하고 丑土에 들어가면 地藏干에 있는 癸水가 丁辛癸 로 말라버린 씨종자를 팝콘처럼 폭발시켜 돈벼락을 맞습니다. 또 년과 월에서 酉申으로 시간이 역류하고 쓸모없이 섞인 酉申 을 丑土 墓庫에 담아서 돈벼락을 맞을 수 있습니다.

墓庫(묘고)는 창고와 같은 작용으로 하늘에서 돈벼락을 맞는 방법 중 하나인데 다른 章에서 살필 것입니다. 이런 효과를 宮位와 六親을 활용해서 살피면 일지 丑土의 시기 38세에서 45세 사이에 남편의 도움으로 크게 발전합니다. 이처럼 宮位의 연령과 작용을 이해하면 내가 언제, 누구에 의해 발전하는지를 쉽게 이해합니다. 이제 어떤 時를 골라야 연월일을 더욱 효과적으로 활용할까요? 선택할 수 있는 시간은 아래와 같습니다.

| ◉戊子, 己丑, 庚寅 |
| ◉辛卯, 壬辰, 癸巳 |
| ◉<u>甲午</u>, 乙未, 丙申 |
| ◉丁酉, <u>戊戌</u>, 己亥 |

甲午 혹은 *戊戌*을 선택하면 자식들이 크게 발전하는 흐름입니다만 이 사주는 己丑시에 태어나면서 丑丑으로 동일한 글자가 반복되기에 흐름이 답답해졌습니다. 대운을 살피면, 丁酉를 활용할 수 있는 辛亥, 壬子, 癸丑대운이 20대 중반에서 시작되면서 사주팔자에 있는 글자들을 효율적으로 활용하면서 하늘에서 돈벼락도 맞게 되었습니다.

▶**실제상황**◀집안이 발전하고 일품부인에 봉해졌다가 寅대운 초申金이 冲하여 庚子년 64세에 남편이 사망하고 몰락했습니다. 20대부터 <u>丁辛壬</u> 三字의 영향을 받아서 발전하고 모든 결과물을 일지에 담을 수 있기에 좋은 남편 만나 일품부인에 봉해졌습니다. 이처럼 辛亥, 壬子, 癸丑에서 丁酉에 압축되었던 씨종자를 엄청난 크기로 부풀려서 발전하다가 사주팔자에 없는 甲寅이 들어오자 金氣와 木氣가 충돌하면서 문제가 발생하였습니다. 사주원국에 없는 글자가 대운에서 들어올 때의 문제입니다. 마치 소유할 수 없는 것이 들어와서 전체의 운명을 흩트리는 작용과 같습니다.

坤命				陰/平 1977년 1월 4일 22:00								
時	日	月	年	84	74	64	54	44	34	24	14	4
乙	己	壬	丁	辛	庚	己	戊	丁	丙	乙	甲	癸
亥	酉	寅	巳	亥	戌	酉	申	未	午	巳	辰	卯

丁巳년에 태어났으니 丁火로 열매를 완성하려는 의지가 강합니다. 丁火는 丁辛壬을 활용해서 돈벼락을 맞을 수 있고 巳火는 乙丙庚으로 부자가 될 수 있으니 어떻게 활용할지 고민해야 합니다. 두 조합은 모두 여름과 가을의 시공간에서 활용할 때 비로소 丁巳의 가치를 최대로 활용합니다. 예로 乙巳월에 태어나면 乙丙庚을 활용하고, 辛亥월을 선택하면 丁辛亥로 효율이 높아집니다. 하지만 이 사주는 壬寅월을 택하면서 방향이 모호해졌습니다. 첫째, 여름과 가을을 원하는 丁巳는 壬寅에서 그 목적을 이루지 못합니다. 둘째 丁壬 合을 활용하려고 해도 辛酉가 없으니 合의 가치가 낮습니다. 또 乙木이 없으니 巳중 丙火를 활용하기도 어렵습니다. 壬水 생명수로 寅木을 키우려고 해도 寅巳가 刑(형, 비틀림)으로 성장하는데 애를 먹습니다. 이처럼 글자를 효율적으로 활용할 수 있는 에너지를 배합하지 못하면 사주팔자의 효율이 크게 나빠집니다. 예로 丁과 壬이 있다고 해도 辛酉가 없으니 직업이 없어서 놀고 있는 처지와 같습니다. 그 이유를 四季圖에서 살펴보겠습니다.

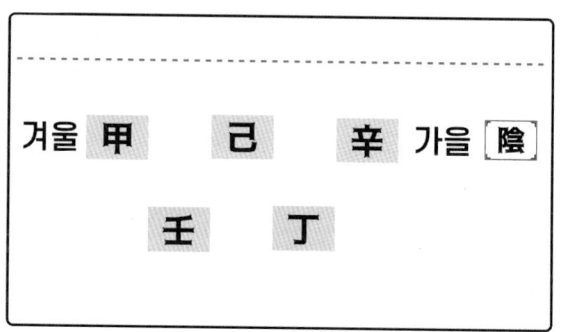

가을에 丁辛을 활용해서 씨종자를 완성하면 壬水에 들어가 딱딱한 물형을 부드럽게 바꿔서 甲을 내놔야 합니다. 결론적으로 丁壬의 가치를 적극적으로 활용하려면 반드시 辛酉가 있어야 한다

는 것입니다. 己酉일을 선택하였는데 년과 월의 조합과 어떻게 반응하는지 보겠습니다. 己酉를 만나기 전까지는 빈둥거리던 丁과 壬은 갑자기 할 일이 많아지면서 바빠집니다. 丁火는 酉金에게 열기를 가하고 壬水는 酉金을 품어서 甲木을 만드느라 분주합니다. 丁巳와 壬寅만 있을 때에는 직업도 없는 건달이라고 보았는데 갑자기 좋은 직장에 다니고 사업하면서 크게 발전합니다. 이것이 빈둥거리던 사주팔자가 좋은 운을 만나서 역동적으로 움직일 때의 상황입니다.

우리 주위에는 이런 일들이 수시로 발생합니다. 힘들게 살던 사람도 좋은 운을 만나면 갑자기 벼락부자가 됩니다. 그 이유는 사주팔자의 글자들이 놀지 않고 성실하게 일하기 때문입니다. 팔자에 있는 8개의 글자를 일개미로 인식하고 주위의 글자들과 조합을 살피면 바쁘게 일하는지, 놀고 있는지, 질병으로 시달리는지를 이해하고 또 대운과의 조합으로 어떤 반응을 보이는지를 살펴서 길흉을 판단하게 됩니다. 이런 이치가 실제 생활에서 어떻게 발현 되었을까요?

▶실제상황◀초년에 말썽을 많이 피웠고 30세까지도 알바생활을 했다고 합니다. 년과 월의 天干에서는 丁壬으로 合하고 地支에서는 寅巳로 刑하니 하늘과 땅의 의지가 달라서 시공간이 비틀립니다. 이런 현상은 그대로 삶에 영향을 미치기에 어려서부터 말썽을 많이 피웠습니다. 또 그 이유로 학업성적도 좋지 못하고 알바를 하면서 보냈습니다만 己酉일에 태어나 31세가 넘어가면 酉金을 만난 丁壬은 갑자기 총명해지고 활발하게 움직이자 알바를 전전하던 사람이 직접 옷을 디자인하고 생산해서 해외에 수출하는 사업가로 변신, 2014년 甲午年 당시에 50억 돈벼락을 맞았습니다. 이처럼 우리의 운명은 운에 따라 상상도 못할 일이

언제라도 발생합니다. 마침 대운도 乙巳, 丙午, 丁未로 酉金에 강력한 열기를 가하고 壬水에 풀어지는 丁辛壬 三字로 하늘에서 돈벼락을 맞은 겁니다. 마침 태어난 시도 乙亥로 丁辛壬은 물론이고 乙丙庚도 동시에 활용이 가능해졌습니다. 특히 酉金이 壬水와 亥水에서 동시에 뻥튀기하기에 부를 축적하는 속도가 훨씬 빨라졌습니다. 寅木을 巳火로 刑해서 가공하고 寅酉로 원단을 재단하기에 섬유물상이 분명하며 丁壬을 전문기술 물상으로 활용했습니다. 또 壬水와 亥水는 바다와 같아서 해외수출에 어울립니다.

乾命				陰/平 1920년 2월 11일 02:30								
時	日	月	年	82	72	62	52	42	32	22	12	2
辛	丁	己	庚	戊	丁	丙	乙	甲	癸	壬	辛	庚
丑	亥	卯	申	子	亥	戌	酉	申	未	午	巳	辰

庚申년에 태어났으니 乙丙을 배합해서 乙丙庚 三字를 활용해야 좋은데 己卯월에 태어나 卯申으로 乙庚 合했으니 丙火만 보충하면 효율이 높아집니다. 하지만 丁亥일에 태어나면서 구조가 이상해졌습니다. 卯申에 丙을 더해서 열매를 확장하는 방식으로 부를 축적해야 하는데 엉뚱하게 亥水가 卯木을 키우겠다고 나선 겁니다. 생각해보세요. 卯申으로 열매를 수확하려는 욕망이 강한 사람에게 갑자기 사업을 포기하고 다시 학교에 다니라고 하는 겁니다. 따라서 丁亥의 시기를 지날 때는 삶의 방향이 산만해질 수밖에 없습니다. 이제 두 가지 선택지가 있습니다. 丁亥에 辛金을 보충해서 丁辛壬을 활용하거나 卯申(乙庚)에 丙火를 보충해서 乙丙庚을 활용하는 겁니다. 辛丑시를 선택하면서 방향이 확실하게 정해졌습니다. 바로 丁辛壬 三字를 활용하려는 겁

- 183 -

니다. 그 시기는 시간에 있는 辛金을 만나는 46세 즈음입니다.

▶실제상황◀ 40대 申대운에 100억대 돈벼락을 맞았습니다. 丁
亥가 辛丑을 만나서 빠르고 크게 부를 축적하였습니다. 20대부
터 巳午未 대운으로 흐르면서 卯申 열매를 확장하다가 40대부
터 丁火가 辛에게 열기를 가해서 亥丑에 부풀리기에 짧은 시간
에 100억 돈벼락을 맞았습니다.

乾命				陰/平 1937년 8월 29일 08:30								
時	日	月	年	88	78	68	58	48	38	28	18	8
丙辰	癸亥	己酉	丁丑	庚子	辛丑	壬寅	癸卯	甲辰	乙巳	丙午	丁未	戊申

丁丑년에 태어났으니 丁火로 열매를 수확하려는 욕망이 강합니
다만 辛酉를 보충해야 丁辛壬을 활용할 수 있습니다. 다행하게
己酉 월을 선택함으로써 丁火가 酉金에게 열기를 가하면 酉金
이 자연스럽게 丑土와 合하기에 년과 월의 결과물이 모두 丑土
에 저장됩니다. 이제 문제는 어떻게 해야 丑土를 내 쪽(일간)으
로 끌어올지 고민해야 합니다. 癸亥 일을 선택하자 상황이 반전
됩니다. 丁火가 酉金에 열을 가하면 자극받은 酉金은 癸亥에 풀
어지기에 丑土를 향하던 酉金이 亥水로 발길을 돌리고 丁辛壬
三字의 결과물이 일지에 이릅니다.

▶실제상황◀평생 재물 복이 많았으며 40대까지 운수회사를 운
영하면서 많은 재산을 모았고 50대에 해외에서 큰돈을 벌었으나
60대에 모든 재산을 국가에 압류당하고 교도소 수감생활을 했다
고 합니다. 2003년 癸未년에 관재가 발생하였으나 합의로 풀려
났습니다. 국회의원에 4번이나 출마했지만 모두 낙선했습니다.

이 사주팔자가 60이전까지 부자가 되었던 이유는 많습니다. 첫째, 丁辛壬 三字를 활용하였고 둘째, 酉丑辰 三字조합을 활용해서 하늘에서 돈벼락을 맞았습니다. 다음 章에서 자세히 살펴보겠습니다. 대운도 계속 火氣로 흐르면서 己酉에 열기를 가하면 酉金이 총알처럼 癸亥를 향하기에 부와 명예를 모두 취하였습니다. 40대까지 운수회사를 운영한 이유는 酉丑이 자동차 물상이기 때문입니다. 또 酉亥辰으로 酉金 자동차가 亥水 물길을 타고 흐르다가 辰土 주차장에 멈추었습니다. 다만 문제는 辰土와 丑土 조합을 나쁘게 활용하면 범죄를 저지르고 교도소 수감되는 물상이기에 60대에 교도소에 수감되는 흉한 일을 겪었습니다. 이처럼 동일한 글자조합도 바르게 활용하면 하늘에서 돈벼락을 내리지만 불법, 비리를 저지르면 한순간 모든 재산을 빼앗기고 교도소에 수감됩니다 이런 무서운 특징을 가진 조합이 酉丑辰 三字로 독특한 특징 하나는 한순간 엄청난 돈벼락을 맞지만 불법, 비리의 유혹을 견디지 못하면 모든 재산을 빼앗기고 교도소에 수감되는 것입니다.

大富와 大盜 사이 - 酉丑辰 三字

《四季圖》

酉丑辰 三字의 이해

하늘에서 돈벼락을 맞는 조합 중 하나인 酉丑辰 三字의 이치를 살펴보겠습니다. 먼저 세 글자의 의미를 나눠서 살펴보면, 酉金은 지구에 존재하는 물질 중 가치가 가장 높은 씨종자와 같습니다. 우리는 그 가치를 강조하고자 "다이아몬드"에 비유합니다. 봄에 새싹이 땅을 뚫고 오르는 움직임을 卯月이라 부르는데 그 작용이 중요한 이유는 땅속과 땅 밖으로 경계가 갈라지기 때문입니다. 酉月은 卯月과 대칭구조로 땅 위에서 땅 아래로 떨어지는 움직임입니다. 卯月과 酉月의 움직임이 중요한 이유는 축구 경기에서 선수를 교체하듯 기존의 에너지들은 더 이상 활용하지 못하고 새로운 에너지로 교체해야만 가을과 겨울에 활용할 수 있기 때문입니다. 봄과 여름에 발산, 분산으로 활짝 펼치던 움직임이 가을과 겨울에 이르면 수렴과 응축으로 변하면서 기존의 에너지들의 특징과 너무도 달라서 활용하지 못하는 겁니다. 12개월 중에서 에너지 특징이 급변하는 공간은 卯月과 酉月입니다. 물질측면에서 살피면, 卯월에 새싹을 내서 봄과 여름, 가을을 지나는 과정에 꽃피고 열매 맺어 씨종자를 완성하는데 寅卯辰, 巳午未, 申酉戌 9개월 과정입니다. 결국 寅午戌 三合은 극히 화려한 물질의 생장쇠멸 과정입니다만 일방적으로 좋거나 나쁜 것은 아닙니다. 지구가 회전하는 것처럼 시공간이 끊임없이 순환하기에 申子辰, 亥卯未, 寅午戌, 巳酉丑 4개의 三合운동이 얽히고설키면서 돌아갑니다. 生死(생사)로 구분하면 卯辰巳, 午未申까지 생명을 유지하지만 酉月에 이르러 열매가 땅으로 떨어지면 죽음을 상징합니다. 卯木에서 새싹들이 성장하다 酉月에 독립된 씨종자로 분리되는 겁니다. 이런 속성을 사회활동에 비유하면 卯에서 申까지는 조직, 단체를 형성합니다. 강력한 단체속성은 申으로 乙과 습하여 인맥을 형성하고 조직을 체계화해서 유지합니다 하지만 酉金은 땅에 떨어지고 소식을 벗어나 홀로 일정한 공간에 정착합니다. 그리고 亥子丑 겨울을 지나 봄에 다시 卯木 새싹으로 나오고 여름과 가을에 酉金으로 떨어지기를 매년 반복합니다.

酉金이 물질 중에서 가장 가치가 높다고 주장하는 이유는 인간에게 생명을 유지할 음식을 제공하기 때문입니다. 卯木은 성장하는 과정이기에 당장 음식으로 활용하지 못하지만 酉金은 생명을 유지하고 계속 순환하는 과정에 반드시 필요한 종자돈과 같습니다. 시공간으로 살피면, 酉월에서 戌亥子월로 순차적으로 흐르면 움직임이 매우 안정적이지만 酉월에서 갑자기 戌亥월을 뛰어넘고 바로 子月과 접촉하면 子月의 지장간에 있는 癸水때문에 갑자기 뻥튀기하듯 폭발합니다. 딱딱한 酉金이 폭발하면서 부드러워지기 시작합니다. 예로, 사주팔자 日支 酉金이 月支에 있는 子水를 향하면 씨종자를 사회 宮位에서 활용하기에 사채놀이, 다단계, 은행, 금융 물상입니다. 이처럼 酉子 破는 戌亥과정을 생략하고 순서를 무시하면서 속성과로 빠르고 크게 재물을 부풀리는 에너지입니다. 안정적인 월급에 만족하지 못하고 팝콘 튀기듯 순식간에 큰돈을 벌려는 심리입니다. 두 조합을 천간으로 올리면 酉金은 辛金이요, 子水는 壬水나 癸水인데 壬水는 응축에너지로 블랙홀과 같으며 辛이 壬水에 풀어지면 블랙홀로 사라졌다가 새로운 별을 만드는 것처럼 생명체를 잉태하고 배양합니다. 시간이 지나면 결국 甲乙 생명체로 지구에 다시 등장합니다. 따라서 壬水의 작용이 없다면 생명체는 지구에 존재할 수 없습니다. 글자속성을 보겠습니다. 子水는 겨울을 지나기에 흑색이고 어둡기에 기본적으로 그 정체를 확인하기 어렵습니다. 이런 이유로 子水가 申子辰 三合과 연결되면 불법, 비리를 암시합니다. 밤 12시가 넘은 상황을 상상해보세요. 도둑질, 음주가무, 경찰이 도둑을 잡는 시기입니다. 子水에는 빛이 없고 어두운 이유는 바로 壬水와 癸水의 암흑(흑색) 때문입니다.

이런 속성을 가진 공간은 子月, 丑月, 辰月로 공통적으로 地藏干에 癸水를 품었습니다. 따라서 그 특징을 나쁘게 활용하면 불법, 비리를 저지릅니다. 그 중에서 도둑심보가 가장 강하며 불법과 비리는 물론이요 교도소와 연결되는 글자는 丑土인데 地藏干에 씨종자 辛金과 癸水가 破작용으로 뻥튀기하려는 욕망 때문입니다. 이처럼 子水는 酉金을 만나야 한탕을 노리지만 丑土는 지장간에서 발생하는 破작용으로 불법과 비리를 저질러서라도 한탕을 벌고야 말겠다는 욕망이 강합니다. 이 문제를 해결하려면 반드시 丑土를 戌未로 刑하거나 沖해야 한다고 강조하는 것입니다. 墓庫작용으로 살피면, 申金을 丑土 墓地에 담고 酉金을 丑토 庫地에 담습니다. 다음 章에서 墓庫이론도 자세히 설명하기에 여기에서 어려워할 필요 없습니다. 또 巳丑이나 酉子丑으로 불법과 비리, 범죄는 물론이고 도박, 투기로 한탕을 노립

니다. 이런 丑土의 문제를 戌未 刑과 沖으로 고치지 않으면 교
도소에 들어갈 확률이 높아집니다. 예로 사주팔자에 戌土가 있
는데 운에서 丑土가 오면 戌土 창고를 丑土가 털기에 강도, 사
기, 관재구설이 발생합니다. 반대로 사주원국에 丑土가 있는데
운에서 戌土가 刑하면 범죄를 저지르려는 음습한 성향이 줄어듭
니다. 정리하면, 丑土는 불법비리, 강도, 사기, 소매치기, 도박,
투기와 같은 문제를 가지고 있는 이유는 丑의 지장간에서 辛金
(酉金)이 癸水(子水)에 폭발하기 때문입니다. 정상적인 절차를
거부하고 크고 빠르게 한탕을 노리는 겁니다. 이처럼 酉金의 物
形이 부드러워지는 과정에 반드시 壬癸, 亥子가 개입되고 卯月
에 이르면 辛酉는 철저하게 변질되면서 가치를 상실합니다. 酉
子 破 물상의 사례를 보겠습니다.

坤命				陰/平 1948년 9월 1일 12:30								
時	日	月	年	88	78	68	58	48	38	28	18	8
모름	辛酉	辛酉	戊子	壬子	癸丑	甲寅	乙卯	丙辰	丁巳	戊午	己未	庚申

이 여인은 결혼에 실패하고 일수놀이를 합니다. 戊土 터전에 수
많은 辛酉 씨종자들이 떨어져 있는데 丁火가 없으니 辛酉의 가
치를 효율적으로 활용하지 못하며 酉子로 子水에 풀어져도 뻥튀
기하는 속도가 느립니다. 다만, 씨종자를 풀어내서 빠르고 크게
부풀리려는 욕망이 강하기에 일수놀이를 하는 겁니다. 좋은 점
은 대운이 초년부터 강력한 火氣로 흘러 辛酉에 열을 가하면
뜨거워진 辛酉가 빠르게 子水에 풀어지는 <u>丁辛壬</u> 三字를 활용
합니다. 다만, 씨종자가 폭발하는 宮位가 年支이기에 취할 방법
이 마땅하지 않습니다. 다행하게 子水 위에 戊土가 辛金의 존재

- 189 -

를 드러낼 터전 역할을 해주기에 子水에 풀어진 씨종자 일부를 취할 수는 있습니다. 만약 時柱를 활용해서 子水에 부풀려진 물질을 취하고 싶다면 己丑시를 골라 년과 시에서 子丑 합하면 먼저 투자하고 나중에 합으로 끌어오기에 많은 부를 축적할 수 있습니다. 또 壬辰시를 활용해서 연월일에 있는 모든 글자들을 합으로 활용할 수도 있으며 癸巳시를 택해서 巳火로 酉金에 열을 가하고 子水에 풀어지면 그 위에 있는 戊土와 癸水가 합하여 辛金 일간이 취할 수 있습니다. 이것이 <u>時間方向을 전환하는</u> 방법입니다.

酉丑辰 三字중에서 <u>辰土</u>를 살펴보겠습니다. 辰土의 地藏干에 癸와 乙이 있고 酉丑辰이 연결됩니다. 癸水는 도둑과 같은 탐욕이라 설명했으며 乙木은 콩나물에 비유합니다. 그 부피는 콩보다 훨씬 크지만 가치는 훨씬 낮습니다. 酉金 씨종자는 부피는 매우 작아도 가치는 수십 배, 수백 배 높습니다. 문제는 癸水의 어둡고 음흉한 속성이 辰土의 지장간에도 숨어서 乙木을 좌우로 확산해서 가치를 부풀리려는 의지가 강합니다. 직업에 활용하면 <u>다단계, 곗돈놀이, 성인오락실, 부동산 떴다방, 도박, 투기</u> 물상입니다. 辰土에 있는 콩나물 가치는 낮은데 높은 것처럼 癸水와 乙木으로 부풀리는 겁니다. 乙의 좌우로 펼치는 움직임을 다단계처럼 확장하고 부동산 떴다방처럼 가치를 과장해서 사람을 모아서 돈을 갈취한 후 도망가 버립니다. 이런 특징을 가진 酉丑辰 三字가 조합해서 다양한 물상을 만들어냅니다. 세상에 존재하는 물질 중에서 가장 딱딱한 酉金이 丑土에서 酉子 破로 부드럽게 변하고 辰土에서 딱딱함은 철저하게 사라지고 껍질만 남습니다. 물상에 비유하면, 딱딱한 치아가 酉丑辰 三字를 만나면 불안정해지고 흔들립니다. 갑자기 치아를 모두 뽑아내고 임플란트 치료를 받거나 튼튼했던 뼈가 갑자기 관절염에 시달립니다.

사주팔자에 酉丑이 있는데 運에서 辰土가 오거나 酉辰이 있는데 丑土가 오면 이런 현상들이 발생할 수 있습니다. 酉丑辰 三字가 조합할 경우에 발현되는 물상을 살펴보겠습니다.

첫째, 酉丑이 사주원국에 있는데 辰土가 오면 신체 일부의 뼈가 부실해집니다.

둘째, 범죄를 저지르고 교도소에 수감되는 과정에 불법으로 축적한 돈을 빼앗깁니다. 그 이유는 辛金 콩이 乙木 콩나물로 바뀌는 것처럼 酉丑辰을 지나는 과정에 엄청난 부피의 돈벼락을 맞지만 불법을 저지르면 辰土에서 소유했던 씨종자들이 바람처럼 사라지는 겁니다. 물에 불린 酉金 콩이 丑土를 지나 辰土에 이르면 가치가 전혀 없는 콩 껍질만 남는 이치입니다.

셋째, 폭발적으로 돈벼락을 맞습니다. 위에서 살폈던 사례 중에서 2억짜리 집이 한순간 30억으로 변하는 것입니다. 辰대운에 酉辰으로 30억으로 부풀렸던 겁니다. 만약 酉丑辰 세 글자가 모두 있다면 부의 크기가 전혀 다릅니다. 수백억, 수천억도 짧은 기간에 축적하지만 불법을 저지르면 빼앗기고 교도소에 갑니다.

乾命				陰/平 1975년 12월 29일 22:30								
時	日	月	年	88	78	68	58	48	38	28	18	8
丁	庚	己	乙	庚	辛	壬	癸	甲	乙	丙	丁	戊
亥	辰	丑	卯	辰	巳	午	未	申	酉	戌	亥	子

태어난 시간은 丁丑이나 丁亥시라고 합니다. 乙酉대운과 甲申대운 교접기 辛丑년 1월에 적금을 깨서 비트코인에 투자하여 3개

월 만에 9억을 벌어서 52평 아파트로 이사 갔습니다. 사주원국에 丑辰이 있는데 酉金이 없다가 乙酉대운, 辛丑년을 만나 한탕을 노리는 심리가 발동하고 하늘에서 돈벼락을 맞았습니다.

넷째, 다치거나 사망합니다. 가장 뚜렷한 물상은 <u>교통사고</u>입니다. 酉金은 자동차 물상인데 酉丑辰으로 조합하면 멀쩡하던 차량이 파손되는 교통사고가 발생합니다. 酉丑辰이 모두 만나야만 하는 것은 아니고 酉辰, 酉丑, 丑辰이 조합해도 교통사고 물상으로 발현됩니다. 특히 丑辰의 경우는 교통사고 외에도 도박, 투기, 한탕, 마약, 정신병과 같은 문제도 발생합니다. 그 이유는 丑辰 破로 지장간에 있는 인간의 정신을 지배하는 癸水가 불안정해지면서 정신착란이 오기 때문입니다. 원국에 酉丑辰이 모두 있으면 하늘에서 돈벼락 맞을 가능성이 높은데 丑土나 辰土가 일지에 있으면 더욱 높습니다.

乾命				陰/平 1967년 12월 8일 08:30								
時	日	月	年	80	70	60	50	40	30	20	10	0
壬	丙	癸	丁	甲	乙	丙	丁	戊	己	庚	辛	壬
辰	子	丑	未	辰	巳	午	未	申	酉	戌	亥	子

丁未년에 태어났으니 무슨 월을 선택해야 丁未의 가치를 적극적으로 활용할까요? 庚戌을 배합하면 좋은 이유는 첫째, 未土의 지장간 乙木과 庚金이 합해서 열매를 완성합니다. 둘째, 丁未의 열기로 庚金 열매를 수확해서 戌土에 저장합니다. 이 사주는 癸丑월을 택하였기에 丁未의 가치를 효율적으로 활용하지 못합니다. 천간에서 丁癸로 沖하고 지지에서 未丑으로 沖하니 년에서 월까지의 과정이 불안정합니다. 물론 년과 월의 丁癸 沖은 균형

을 맞추고 유지하는 속성을 법조계에 활용할 수도 있지만 丑未沖까지 발생하니 어렵습니다. 이처럼 丁未와 癸丑이 沖 하면 어떤 방향으로 나가야할지 모호합니다. 문제를 해결하려면 먼저 丑月의 지장간에 담겨진 의도를 살펴야 합니다. 癸辛己가 있으니 辛金 씨종자를 癸水로 폭발시킨 후 寅月에 甲이 나오도록 유도하기에 金水木 흐름으로 金을 水氣에 풀어서 木으로 바꾸는 겁니다. 만약 丑月이 의도하는 목적을 이룰 수 있다면 순탄하게 발전합니다. 이 사주팔자는 金氣가 유일하게 丑土 속 辛金뿐이니 丁未로 辛金을 자극해서 壬水에 풀어지는 丁辛壬 三字를 효율적으로 활용할 수 있습니다. 또 辛金을 甲으로 내놓을 수만 있다면 丑土를 효율적으로 활용하는 것입니다. 하지만 丙子일을 선택하면서 무엇을 추구하려는 것인지 방향이 모호해졌습니다

다만, 丙火를 얻으면 癸丑에서 빅뱅처럼 폭발하는 움직임을 밝게 활용할 수는 있습니다. 또 子水로 일정부분 丁辛壬 三字를 활용할 수 있습니다. 이제 時柱에 따라 연월일을 어떻게 활용할 것인지 결정될 것입니다. 壬辰시에 태어나 사주전체 구조가 매우 어둡고 丙火도 壬癸, 子丑의 어둠이 가득한 水氣에 빛을 상실합니다. 그렇다면 이 사주는 도대체 무엇을 원하는 것일까요? 자세히 살펴보면 몇 가지 의도를 읽어낼 수 있습니다. 첫째, 丁未로 丑중 辛金을 자극해서 壬子에 풀어내는 丁辛壬 三字를 활용합니다. 둘째는 이 章에서 살펴보려고 하는 酉丑辰 三字의 에너지를 활용할 수 있습니다. 문제는 酉金이 없기에 丑土 속의 辛金이 많은 水氣와 辰土에서 너덜거릴 정도로 부풀려 형체도 없이 사라지고 말 것입니다. 다행하게도 문제를 해결 방안이 있습니다. 바로 丁未를 활용해서 丑土에 열기를 가하면 무기력한 辛金을 조금은 딱딱하게 만들 수 있습니다. 물론 폭발하는 힘이

강하기에 辛金의 형체를 찾기 어려울 정도이지만 丁未가 있기에 辛金의 체성을 어느 정도 유지하는 겁니다. 또 다른 활용방안은 丙火와 辰土 속 乙木에 庚金을 보충해서 乙丙庚 三字의 혜택을 누릴 수 있습니다. 결국 丁辛壬, 酉丑辰, 乙丙庚 三字를 활용하려면 반드시 필요한 것은 庚申과 辛酉가 분명합니다. 이제 유일한 희망은 대운뿐입니다. 사주원국에서는 辛金을 충분히 폭발시켜서 활용하는 구조이지만 金氣가 턱없이 부족하기에 반드시 보충해야 하는데 대운흐름이 아름답습니다. 辛亥대운에는 丁未를 활용해서 丁辛壬으로 매우 총명합니다. 庚戌대운에도 丁未를 활용해서 열매를 수확하며 乙丙에 庚金을 보충해서 乙丙庚을 활용합니다. 또한 丑辰으로 金氣를 부풀리기 쉽습니다. 己酉대운에 이르면 정확하게 酉丑辰 三字로 핵폭탄이 터지듯 酉金이 엄청나게 부풀립니다. 또, 丁火가 酉金을 자극하고 水氣에 뻥튀기하는 丁辛壬도 활용하기에 동시다발적으로 핵폭탄을 터트리듯 2천억 돈벼락을 맞았습니다.

참고로 酉金은 열매를 완성하는 巳酉丑 三合의 중간단계로 巳에서 꽃 피고 酉에서 열매를 완성하고 丑에서 물형을 크게 부풀립니다. 이런 이유로 巳酉丑 三合은 재물과 인연이 강합니다. 이와 유사한 酉丑辰, 酉丑, 酉辰, 丑辰 조합도 모두 한순간에 수백억, 수천억을 축적할 능력을 가지고 태어납니다. 조심할 점은 丑土의 도둑, 강도, 불법, 비리 문제가 없어야 합니다. 한순간에 모두 **빼앗기고** 교도소에 수감되거나 사망할 수 있기 때문입니다.

▶**실제 상황**◀2006년 丙戌년 40세 즈음에 부동산을 주력사업으로 하지만 교육업과 다양한 사업을 동시에 진행해서 2천 억대 돈벼락을 맞았습니다.

乾命				陰/閏 1963년 4월 20일 08:30								
時	日	月	年	82	72	62	52	42	32	22	12	2
庚	乙	戊	癸	己	庚	辛	壬	癸	甲	乙	丙	丁
辰	酉	午	卯	酉	戌	亥	子	丑	寅	卯	辰	巳

癸卯년에 태어날 아이를 선택한다는 생각으로 이 구조를 살펴보 겠습니다. 癸卯년은 따사로운 봄날에 癸水가 卯木을 키우려는 의지이기에 성장을 목적으로 합니다만 지구는 계속 회전하기에 그 다음 단계도 고려해야 합니다. 바로 꽃 피고 열매 맺어야 癸 卯의 노력이 수포로 돌아가지 않을 것입니다. 丁巳월을 배합하 면 꽃을 활짝 피우기에 화려합니다. 예로 성형, 미용처럼 성장 하는 癸卯의 외무를 화려하게 꾸미는 행위이기에 성형외과, 미 용에 어울립니다. 한 달이 더 지난 戊午월에 태어나면 방향이 크게 달라집니다. 巳火는 꽃처럼 화려하게 확장하려는 성향이지 만 午火는 수렴작용으로 열매를 중시합니다. 예로 巳火는 사업 의 규모를 확장하는데 흥미를 느낀다면 午火는 사업규모 보다는 수익을 중시합니다. 癸卯년 戊午월로 조합하였으니 그 다음에는 무슨 행위를 해야 할까요? 당연히 열매를 완성해야 합니다. 그 런데 乙酉일을 택함에 따라 방향이 복잡해졌습니다.

먼저 酉金의 地藏干에 있는 庚金을 활용해서 乙卯와 乙庚 합하 고 午중 丙丁으로 열매를 확장하는 乙丙庚 三字를 활용하기에 사업으로 재물을 축적하려는 것입니다. 일간 乙木의 역할은 분 명한데 午月에 계속 새싹을 공급해서 午酉로 열매를 만들어내도 록 돕습니다. 또 다른 조합은 午火에 자극받은 酉金이 癸水에 풀어지는 丁辛癸 三字를 활용할 수도 있습니다. 庚辰시에 태어 나면서 더욱 많은 선택지가 생겨납니다. 乙庚 합으로 열매를 완

- 195 -

성하고 戊午를 활용해서 열매를 확장한 후 그 존재를 戊土 위에 드러냅니다. 또 辰土 속의 癸水와 년의 癸水를 활용해서 午酉로 자극받은 酉金을 丁辛壬, 丁辛癸로 부풀립니다. 또 酉辰이 있으니 운에서 丑土를 보충하면 酉丑辰 三字로 하늘에서 돈벼락을 맞습니다. 이 사주구조가 운에 따라 활용할 수 있는 방법이 많은 이유는 다양한 三字조합이 가능하기 때문입니다. 乙癸戊, 乙丙庚, 酉丑辰, 丁辛壬(癸) 등이며 더욱 좋은 점은 년에서 시까지의 흐름이 매끄럽습니다.

▶**실제 상황**◀천억 대 부동산을 소유했습니다. 위에서 언급했던 이유 외에도 卯年을 기준으로 亥卯未 三合을 벗어난 庚金과 酉金은 저승사자와 같아서 일반인들은 상상하지도 못하는 두뇌를 활용해서 빠른 속도로 부를 축적합니다. 乙庚 合하는 과정에 庚金이 저승사자일 때의 작용과 의미에 대해서는 마지막 章에서 다루었으니 참조하기 바랍니다.

坤命				陰/平 1961년 1월 14일 06:30								
時	日	月	年	82	72	62	52	42	32	22	12	2
癸	壬	庚	辛	己	戊	丁	丙	乙	甲	癸	壬	辛
卯	辰	寅	丑	亥	戌	酉	申	未	午	巳	辰	卯

辛丑년에 태어났으니 辛金이 巳酉丑 三合운동을 통하여 새로운 씨종자를 만들고 丑土에 저장하였습니다. 그 다음에 해야 할 일은 생명체를 만들거나 丑土에 金氣를 보충해서 계속 씨종자를 만들어내는 겁니다. 전자는 종묘사직을 이어받아 발전하려는 행위이고 후자는 계속 물질을 추구하는 성향입니다. 이처럼 조상의 얼을 품어서 미래를 설계하면 보수적이고 과거지향 적이지만

전생이나 과거에 이룩한 업적을 활용해서 새로운 세대로 이어지면 고고학 물상과 유사합니다. 현재나 미래의 것이 아니라 과거에 이룩했던 업적이나 체계를 이어받아 발전시키는 것입니다. 庚寅월에 태어났으니 辛丑을 활용해서 庚과 寅으로 새로워지려고 합니다. 이런 판단을 하려면 반드시 시간방향을 고려해야 합니다. 봄에서 가을로의 흐름은 庚寅에서 辛丑으로, 겨울에서 봄으로는 辛丑에서 庚寅으로 갑니다. 즉, 木에서 金으로 가면 봄에서 가을로, 金에서 木으로 가면 가을에서 봄으로 새로워지는 겁니다. 결국, 어떤 방향이든 辛丑과 庚寅은 조상의 음덕을 이어받으려는 겁니다. 이제 어떤 날을 선택하느냐에 따라 방향이 결정됩니다. 예로 丙火를 고르면 丑寅丙으로 나무가 성장하지만 단점이라면 寅月에 水氣가 부족하기에 학업에 전념하지 못하고 어린 나이에 사회활동 하지만 발전에 한계가 있습니다. 대운도 강력한 火氣로 흘러가면 물질 지향적으로 변합니다. 여성의 경우는 대운이 水氣로 흐르기에 먼저 뿌리내리고 중년에 金氣를 만나 나무를 벌목해서 부를 축적합니다.

정리하면, 丙日을 택하면 매우 좋을듯해도 불편한 점이 많습니다. 이 구조는 壬辰일을 선택했습니다. 이제 연월일의 배합을 어떻게 활용해야 효율적인지 생각해야 합니다. 壬水의 역할이 좋은 이유는 寅月에 생명수를 공급해서 성장을 촉진하고 년과 월에 있는 딱딱한 庚辛이 水氣에 풀어지도록 돕기 때문입니다. 마치 壬水가 庚寅月 부모에게 생명수로 효도했더니 조상의 음덕과 같은 庚辛을 壬水에게 되돌려주는 이치와 같습니다만 그 외에도 좋은 점이 많습니다.

1. 辛丑과 壬辰 = 酉丑辰 三字조합
년의 辛丑은 辛金이 丑土에서 부드럽게 풀어지기 시작하였습니다. 壬辰이 품어서 辛(酉)丑辰 三字로 딱딱한 콩을 엄청난 크기의 콩나물로 변화시켰습니다. 특별하게 좋아 보이지 않지만 辛丑과 壬辰이 조합해서 극히 작은 자본으로 엄청난 이익을 내는 사업물상을 만들어냅니다.

2. 丁辛壬 삼자조합

대운을 감안하면 20대부터 계속 巳午未로 흐르기에 강력한 화기로 庚辛을 자극하면 壬水를 향해 총알처럼 튀어오기에 壬水는 자연스럽게 부와 명예(庚辛)를 크고 빠르게 취합니다.

▶**실제 상황**◀乙未대운에 구입하는 부동산마다 가격이 폭등해서 천억이라는 돈벼락을 맞았습니다. 庚金이 乙未와 합해서 열매를 확장했기 때문이지만 엄청난 부를 축적할 수 있었던 이유는 酉丑辰과 丁辛壬을 활용하면서도 乙丙庚 三字조합의 도움을 받아서 동시다발적으로 재산을 늘렸기 때문입니다. 특히 38-45세 사이에 크게 발전했던 이유는 丑土와 辰土가 조합하는 시기였기 때문입니다. 유사한 구조를 살펴보겠습니다.

坤命				陰/平 1921년 3월 3일 04:30								
時	日	月	年	89	79	69	59	49	39	29	19	9
甲	癸	壬	辛	辛	庚	己	戊	丁	丙	乙	甲	癸
寅	卯	辰	酉	丑	子	亥	戌	酉	申	未	午	巳

위 사주는 辛丑, 壬辰인데 이 사주는 辛酉, 壬辰으로 조합했습니다. 辛丑과 辛酉 씨종자를 壬辰에 풀어내기에 다를 것이 없어 보이지만 辛丑과 辛酉의 물형은 전혀 다릅니다. 辛酉는 酉月의 씨종자이기에 매우 딱딱해서 부드러워지려면 반드시 亥子丑月을

지나야하기에 시간이 필요합니다. 辛丑은 辛이 丑土에서 이미 부드러워져 언제라도 콩나물로 바뀔 수 있습니다. 결국 두 干支의 차이는 시간과 부피로 辛丑이 훨씬 빠르고 크게 돈벼락을 맞습니다. 따라서 년에 辛을 달고 나오면 가능한 壬辰을 배합해야 辛金을 활용하는 효율이 높아집니다. 辛巳, 辛酉, 辛丑과 辛亥, 辛卯, 辛未년에 태어나면 壬辰을 배합해서 씨종자가 자연스럽게 풀어지도록 하는 겁니다. 특히 辛丑은 壬辰과 酉丑辰 三合조합을 형성하기에 비교하지 못할 정도로 빠르고 크게 부를 축적합니다. 말년에는 辛丑과 壬辰이 만들어낸 물형을 癸卯로 드러내니 壬辰과 癸卯의 조합도 나쁘지 않습니다. 辛丑과 辛酉가 癸卯를 만났을 때의 차이도 있는데 辛酉는 癸卯와 卯酉 沖으로 卯木이 성장하지 못하는 단점이 있습니다.

▶실제 상황◀부모덕은 있었지만 남편과 자식 복은 없었으며 100억 부를 축적했습니다. 1920년대에 태어나 100억 돈벼락을 맞았음에도 富를 상징하는 財星(재성, 돈이라고 인식하는 十神)도 없이 재산을 축적한 이유를 모른다는 사주사례입니다. 이 사주도 년과 월에 酉辰이 있고 또 초년부터 강력한 火氣 대운을 만나 辛酉를 자극해서 丁辛壬 三字를 활용했습니다.

乾命				陰/平 1957년 11월 2일 12:30								
時	日	月	年	85	75	65	55	45	35	25	15	5
모름	戊辰	壬子	丁酉	癸卯	甲辰	乙巳	丙午	丁未	戊申	己酉	庚戌	辛亥

丁酉년에 태어났으니 효율적으로 활용할 수 있는 달은 辛亥와 壬子월로 丁辛壬 三字의 폭발적인 힘으로 부와 명예를 빠르고

- 199 -

크게 축적합니다. 더욱 좋은 배합은 바로 년과 일의 酉辰 合입니다. 丑土는 없지만 辛酉 씨종자를 壬子가 부드럽게 만들고 土酉金과 壬子가 일지 辰토에 자연스럽게 들어오면 일간이 취합니다. 그 흐름이 매우 매끄러운 이유는 丁酉로 열기를 가하고 壬子에 풀어지면 辰土가 丁酉와 壬子의 움직임을 모두 품어서 취하며 계속 辰土 내부에서 엄청난 부피로 확장하기 때문입니다.

▶실제 상황◀파벨 안토프, 러시아 농업회사 Nibulon의 오너요 창업자로 자산이 1억 4000만 달러 약 1780억 원이라고 합니다. 육가공 공장을 설립해서 소시지 제조로 막대한 부를 쌓았으며 모스크바 블라디미르 시의 유명 정치인이었습니다. 러시아의 정치인과 선출직 공직자 중에서 가장 많은 부를 축적했다고 합니다. 2022년 12월 24일 인도호텔에서 추락사했습니다. 정리하면, 이 구조는 酉丑辰과 丁辛壬 三字를 적절하게 활용해서 엄청난 돈벼락을 맞았습니다.

乾命					陰/平 1956년 2월 15일 22:30								
時	日	月	年		83	73	63	53	43	33	23	13	3
辛亥	壬辰	辛卯	丙申		庚子	己亥	戊戌	丁酉	丙申	乙未	甲午	癸巳	壬辰

丙申년에 태어났으니 어떻게 활용해야 효율이 높아질까요? 丙申과 丁酉는 시간방향이 크게 다릅니다. 丙申은 여름의 시공간에서 계속 열매를 확장하므로 반드시 丙火가 필요하지만 丁酉는 열매를 완성했기에 丙午 火氣를 배합하면 열매 내부에 열기만 가득하여 殺氣가 강해진다고 하였습니다. 이런 이유로 위 사주

처럼 丁酉년에 태어나면 辛亥, 壬子月을 배합해야 효율적이고 丙申년에 태어나면 乙丙庚 三字를 활용해야 丙申의 가치가 높아집니다. 卯木이나 辰未의 지장간에 있는 乙木을 공급하지 않으면 열매를 확장해도 한계가 있습니다. 辛卯월에 태어나 丙申과 卯木이 乙丙庚으로 조합하여 물질을 지향합니다만 단점은 丙辛 合으로 열매를 확장하려는 丙火를 辛이 合해서 무기력하게 만들어버립니다. 이런 이유로 년과 월에서 丙辛 合하는 구조는 총명하기에 교육, 공직, 종교, 명리, 철학에 어울리지만 물질을 추구하기 어렵습니다. 또 卯月에 태어나 새싹의 성장을 원하므로 물질에 흥미가 약합니다. 이런 흐름이 대략 30세까지 이어지지만 년과 월에 짜여진 <u>乙丙庚</u> 三字를 포기한 것은 아닙니다.

사주팔자에 숙명처럼 타고 났으니 운을 만나면 반드시 활용합니다. 특히 丙申은 전생 업보와 같아서 물질인연이 강한 에너지를 가지고 세상에 온 것입니다. 년과 월을 지나 30세가 넘어가면 日柱 壬辰이 전생의 업보 丙申을 이어받아 활용하기 시작합니다.(자세한 내용은 宮位論 책을 참조하기 바랍니다.) 즉, 자신도 몰랐던 물질본능이 30세가 넘어가면 서서히 드러납니다. 壬辰일이 년과 월에서 받은 丙申과 辛卯를 어떻게 활용할지 가늠할 수 있습니다. 방법은 대략 3가지로 <u>酉丑辰</u>과 <u>丁辛壬</u>, <u>乙丙庚</u>입니다. 辛金은 壬과 亥에 풀어져 辰土에서 부피를 폭발적으로 부풀립니다. 또 년과 월에서 乙丙庚을 활용하고 강력한 火氣로 흐르는 대운은 丁辛壬 三字도 적극적으로 활용합니다. 이처럼 사주팔자에 三字조합이 많을수록 글자들의 가치를 효율적으로 활용해서 돈벼락을 맞을 확률이 크게 높아집니다.

▶실제 상황◀젊어서는 경찰직에 종사하다 30대에 섬유사업을 시작해 丙대운에 땅값 폭등으로 돈벼락을 맞았습니다. 甲申, 乙

酉년에 정신적, 경제적으로 심각한 고통을 겪었지만 丙戌, 丁亥년에 안정을 찾았습니다. 54세 2009년 己丑년 즈음에 500억대 부자였습니다. 丙申대운에 사주원국에 정해진 구조대로 乙丙庚 삼자를 활용했고 丁酉대운에는 丁辛壬과 酉丑辰을 동시에 활용할 수 있습니다.

乾命				陰/平 1837년 3월 13일 03:00								
時	日	月	年	83	73	63	53	43	33	23	13	3
丁	庚	甲	丁	乙	丙	丁	戊	己	庚	辛	壬	癸
丑	寅	辰	酉	未	申	酉	戌	亥	子	丑	寅	卯

丁酉년은 辛亥월과 壬子월을 배합해야 물질을 추구하기에 적절한데 이 사주는 甲辰월을 택하였습니다. 丁酉를 활용하는 방법은 辛亥, 壬子처럼 콩의 내부에 담겨진 수분을 폭발시키는 원리인데 반드시 水氣가 필요한 것은 아니고 辛丑이나 壬辰처럼 壬癸를 활용하거나 甲辰처럼 辰土 속의 癸水를 활용해서 丁酉, 癸 조합으로도 부풀릴 수 있습니다. 그렇다면, 壬子나 癸亥처럼 水氣만 활용하는 경우와 丑辰처럼 土의 내부에서 활용하는 차이는 무엇일까요? 비유하면 흐르는 물과 물을 저장한 물탱크의 차이입니다. 물탱크는 물을 담아서 활용하지만 흐르는 물은 흘러가면 그만이기에 壬子, 癸亥를 저장할 장치가 필요로 합니다.

이 구조는 丁酉를 辰土에 풀어냈으니 어떤 일주를 선택하느냐에 따라 상황이 크게 달라집니다. 辰月을 효율적으로 활용하는 방법은 두 가지인데 첫째는 水氣를 보충해서 성장을 촉진하는 교육, 공직으로 발전하거나 辰土 속의 乙木을 활용해서 庚申으로 물질을 추구할 수 있습니다. 다만 庚申의 단점은 辰月에 반드시 필요한 水氣를 보충하지 않으면 어린 나이에 사회에 나와 돈을 벌어야만 합니다. 물론 辰土가 필요한 水氣와 辰土 속의 乙木을 활용할 巳火, 庚金, 申金을 동시에 보충하면 좋지만 어렵습니다. 庚寅일을 선택함으로써 庚金을 활용해서 辰土 속의 乙木과 슴하여 열매를 완성하려는 욕망을 가지고 태어납니다. 연월일의 흐름은 酉辰, 庚으로 酉金 씨종자가 辰土에 부풀려진 후 乙庚 슴으로 열매 맺으니 물질을 활용하는 능력이 뛰어납니다. 묘한 점은 丁丑시를 택함으로써 庚寅과 丁丑의 배합이 좋아 보이지는 않습니다. 乙庚 슴했으니 丙火로 열매를 확장해야 좋은데 丁丑으로는 제한적입니다. 만약 丙子시에 태어났다면 辰月에 필요한 子水를 보충하고 乙丙庚 三字를 사업에 활용할 수 있었을 것입니다. 하지만 丁丑의 묘미는 丑土에 있습니다. 년과 월에는 酉辰뿐이니 丑土를 보충해서 강력한 폭발력으로 하늘에서 돈벼락을 맞는 <u>酉丑辰</u> 三字를 활용하였습니다.

▶**실제 상황**◀JP 모건이라는 인물로 미국 남북전쟁 당시에 이스트먼과 수표를 들고 북군에게 카빈소총 1정에 3.5달러에 사들여 22달러에 되팔아 돈벼락을 맞았고 북군이 우세하면 금 가격이 떨어지고 남군이 우세하면 금 가격이 폭등하는 상황을 활용해서 현재 가치로 2천억 원을 축적했습니다. 당시 북군의 지휘관 듀폰과 친밀한 관계를 이용하여 전황을 파악한 덕분입니다. 生死가 달린 전쟁터에서 불과 이십대에 엄청난 부를 축적한 이유도 모두 천우신조로 만난 辛丑대운에 酉丑辰 三字를 활용해서 엄청난 부피로 확장했기 때문입니다. 다만, 영민한 꾀를 냈던 이유는 따로 있는데 酉年을 기준으로 巳酉丑 三슴을 벗어난 寅卯辰과 甲乙은 劫煞(겁살), 災煞(재살), 天煞(천살)로 영혼의 세계에 머무는 저승사자처럼 일반인들은 상상도 못하는 기발한 아이디어를 활용해서 한순간 엄청난 부를 폭발적으로 축적하기 때문

입니다. 따라서 월주 甲辰의 시기를 지나는 16세에서 30세까지
는 <u>저승사자가 나를 찾아와 내 영혼을 지배</u>하는데 마침 辛丑대
운을 만나면서 엄청난 시너지효과로 하늘에서 돈벼락을 맞았습
니다. 아래의 자연순환도(自然循環圖) 중에서 빗금 친 부분이
三合을 벗어난 시공간으로 평범한 사람들은 전혀 생각 못하는
엉뚱한 아이디어로 엄청난 부를 축적합니다. 자세한 내용은 다
른 章에서 살펴보겠습니다.

自然循環圖(시공간 순환도)

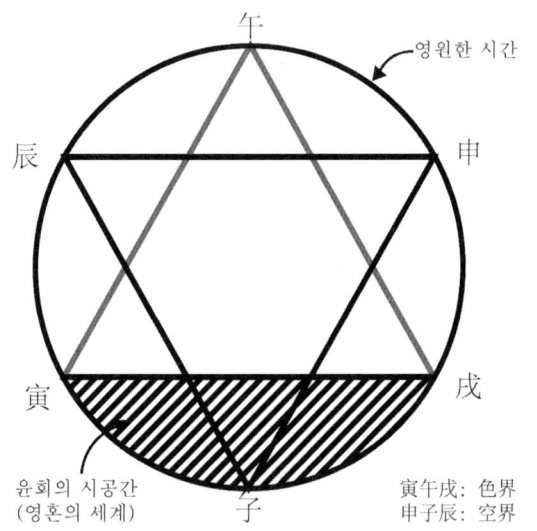

乾命				陰/平 1916년 12월 25일 20:30								
時	日	月	年	86	76	66	56	46	36	26	16	6
丙	庚	辛	丙	庚	己	戊	丁	丙	乙	甲	癸	壬
戌	申	丑	辰	戌	酉	申	未	午	巳	辰	卯	寅

丙辰년에 태어났으니 그 속성이 밝지만 태어난 달은 辛丑월로 丙火 태양이 어둠 속으로 사라집니다. 丙辰을 활용할 수 있는 月柱를 받아야 하는데 辛丑월을 받았으니 활용하기 어렵습니다. 丙辰은 庚金과 乙丙庚으로 조합해서 열매를 확장하는 것을 즐기는데 辛丑은 오히려 열매를 시들고 상하게 합니다. 庚寅월에 태어났다면 辰의 지장간에 있는 乙木과 庚金이 조합하여 乙丙庚 三字로 재물을 추구하였을 겁니다. 다행하게도 辛丑월을 지나 庚申일을 택했습니다. 따라서 庚申은 丙火가 있어야 바른 지도자를 만나 庚申의 가치를 크게 활용하는데 마침 丙辰년을 적절하게 활용하기에 조상의 음덕이 매우 좋습니다. 다만 중간에서 辛丑이 그 작용을 방해하기에 그에 해당하는 16세부터 30세 사이에는 발전하지 못하고 힘든 과정을 거치지만 丙辰의 조상의 음덕을 이어받을 수 있는 31세부터는 庚申 열매가 크게 확장하면서 발전하기 시작합니다.

더욱 좋은 점은, 운이 좋아지면서 흉하게 작용했던 辛丑이 辰土와 함께 酉丑辰 三字를 효율적으로 활용하기 시작해서 하늘에서 돈벼락을 맞습니다. 즉, 丙辰과 庚申을 乙丙庚으로 활용하고 丙辰과 辛丑을 酉丑辰으로 활용할 수 있는 31세 이후에 태양과 같은 지도자 丙火로 열매를 크게 확장하기에 하늘에서 돈벼락을 맞았습니다. 丙火가 년간에 있으니 그 성정도 공명정대합니다. 기억할 점은, 庚申은 사주팔자 어디에 있더라도 丙火를 배합해야 가치를 크게 활용합니다.

▶실제 상황◀대만 플라스틱 회장을 지낸 王永慶의 사주팔자로 8조원이라는 엄청난 부를 축적했습니다. 참고로 년과 월에서 丙辛 습하면 대부분 초년에 부모 복이 없지만 매우 총명합니다.

乾命				陰/平 1937년 4월 20일 04:30								
時	日	月	年	88	78	68	58	48	38	28	18	8
庚	丙	乙	丁	丙	丁	戊	己	庚	辛	壬	癸	甲
寅	辰	巳	丑	申	酉	戌	亥	子	丑	寅	卯	辰

丁丑년에 태어났으니 丁火가 丑土에 담겨진 辛金에 열을 가하고 癸水로 폭발시켰으니 그 다음 동작을 이어받아야 발전할 수 있습니다. 예로 甲辰월처럼 丑土에서 甲을 생산하고 辰土로 모내기하면 순차적인 흐름으로 좋은데 乙巳월에 태어났으니 시공간이 조금 더 넓고 乙木이 나와서 巳火로 꽃을 활짝 피웠으니 명백하게 원하는 시간방향은 열매를 완성하려는 의지입니다. 이 구조에서 乙木은 무슨 역할일까요? 巳火에 계속 새싹을 공급함으로써 巳火의 지장간에 있는 丙과 庚을 활용해서 <u>乙丙庚</u> 三字로 열매를 완성하는 겁니다. 乙木은 매우 중요한 역할로 사업을 시작할 때의 자본금과 같아서 사업과정에 부도가 나도 재기할 수 있는 에너지와 같습니다.

따라서 丙庚이 조합할 때는 반드시 乙木을 보충해야 일장춘몽처럼 사업체가 갑자기 사라지지 않고 오래도록 발전합니다. 다만, 丁丑과 乙巳까지는 아직 열매가 드러나지 않았으니 결과물은 아직 없습니다. 丙辰일에 태어났으니 丁丑과 乙巳의 꿈을 더욱 확대하려는 의지입니다. 또 辰土와 巳火의 지장간에서 乙庚 合으로 열매를 완성하고 丙火로 부피를 확장합니다만 문제는 여전히 드러난 열매가 없습니다. 그렇다면 어떤 시를 선택해야 연월일의 꿈을 완성할 수 있을지 고민해야 합니다. 선택할 수 있는 시간은 아래와 같습니다.

◉戊子, 己丑, <u>庚寅</u>,
◉辛卯, 壬辰, 癸巳,
◉甲午, 乙未, <u>丙申</u>,
◉<u>丁酉</u>, 戊戌, 己亥

庚寅 혹은 丙申, 丁酉시에 태어나야 연월일의 노력이 수포로 돌아가지 않고 열매를 완성합니다. 만약 壬辰시에 태어나면 연월일에서는 열심히 <u>乙丙庚</u> 三字를 활용해서 열매를 확장하려고 노력했는데 壬水가 빛을 빼앗아버리니 수포로 돌아갑니다. 이 의미를 宮位와 육친에 활용하면 자식 낳고 이상하게 운이 풀리지 않습니다. 특히 46세 이후에는 발전하지 못하고 어두워지는 겁니다. 이처럼 택일은 사주당사자의 운명을 결정하지만 모든 宮位에 존재하는 조상과 조부모, 부모, 배우자 그리고 자식과 자식 배우자의 운명까지도 영향력을 행사하기에 내 사주팔자이기에 일간만을 살피는 택일방법은 어리석은 선택입니다. 팔자에 있는 한 글자가 모든 식구들의 운명을 바꿔버릴 수 있기에 함부로 결정할 수 없습니다. 특히 년과 월은 일간의 의지와 상관없이 조부모와 부모의 상황은 결정되어 있기에 택일을 통해서 내가 태어나 좋은 조부모와 부모를 선택해야 합니다.

만약 좋은 조부모와 부모를 택할 수만 있다면 내가 태어나기 전에는 매우 힘든 인생을 살았던 조부모와 부모도 내가 태어난 후부터 갑자기 발전하기 시작하기 때문입니다. 표현을 달리하면, 내 사주팔자를 신중하게 선택하면 조부모, 부모, 나의 배우자, 자식까지 三代 혹은 四代에 걸쳐 영향력을 행사할 수 있음을 잊지 말아야 합니다. 이 사주는 庚寅시에 태어나고 연월일에 있는 글자들과 다양하게 소통합니다. 첫째, 乙木과 乙庚 합하여 열매를 완성하면 바로 옆에 있는 丙火, 巳火가 庚金의 부피를 확장합니다. 따라서 모든 결과가 46세 이후에 완성되기에 그 시기에 폭발적으로 발전할 것임을 암시합니다. 또 추구하는 인생의 방향이 매우 뚜렷하고 단조롭기에 젊어서부터 사업에 뛰어듭니다. 둘째, 庚金은 辰土의 지장간에 있는 乙木과도 乙庚 合하고 辰巳로 乙庚 合하니 다양한 인맥을 형성하고 사업을 계속 확장합니다. 사방팔방 뚫린 도로망처럼 다양한 사업을 동시에 추진할 에너지를 가졌습니다. 결국 이 구조의 맥은 바로 庚金으로 연월일에 있는 글자들의 가치를 극대화시켜줍니다. 또 三字가 모두 있는 것은 아니지만 丑辰의 뻥튀기 효과도 함께 누립니다. 마침 대운도 37세부터 시작하는 辛丑대운에 부족했던 辛金(酉金)을 보충해서 酉丑辰 三字로 하늘에서 돈벼락을 맞았습니다.

▶실제 상황◀대기업을 운영하는 사업가요 부자입니다. 좋은 날을 고르는 택일의 핵심은 사주팔자가 나아갈 방향을 명확하게 설정하는 겁니다. 좋은 날을 고를 책임이 있는 상담자가 가장 먼저 고민해야할 부분입니다. 부모가 어떤 자식을 원하는지 충분히 고려하는 것도 중요합니다. 나는 잘 모르니 알아서 "좋은 자식 낳게 해 주세요" 라는 요구는 택일에 도움이 되지 않습니다. 사업, 정치, 교육, 의료, 연예, 가수, 스포츠 등으로 일정한 방향을 결정한 후에 택일에 임해야 합니다. 五行이 모두 있으면 좋다는 식의 택일은 아무 것도 이루지 못하는 인생이 될 수도 있습니다. 이 사주처럼 뼈 속까지 사업가 사주로 태어나면 인생 방향이 뚜렷하기에 흔들리지 않는 강한 의지를 가지고 살아갑니다. 五行이 골고루 있는 사주팔자가 좋은 것이 아니라 사주원국에 인생목표가 뚜렷한 사주가 좋은 겁니다. 돈을 벌 것인가? 권력을 취할 것인가? 공부를 할 것인가? 인생목표가 뚜렷하면 꿈을 이루고자 성실히 노력하지만 五行이 구족해도 방향이나 목표

가 산만하면 평범한 인생입니다.

乾命				陰/平 1969년 12월 2일 08:30								
時	日	月	年	81	71	61	51	41	31	21	11	1
戊	己	丁	己	戊	己	庚	辛	壬	癸	甲	乙	丙
辰	丑	丑	酉	辰	巳	午	未	申	酉	戌	亥	子

己酉년에 태어났으니 己土 내부에 씨종자 酉金을 품었으니 酉金을 꺼내 적절하게 활용해야 발전합니다. 예로 亥子丑월에 水氣에 풀어서 甲木으로 새롭게 활용할 수 있습니다. 丁丑월을 선택하였으니 丁火로 己酉에 열을 가해서 丑土 속의 癸水에 뻥튀기하는 丁辛壬, 丁辛癸 삼자를 활용하는 흐름입니다. 좋은 점은 丁己酉(丁己辛) 세 글자는 모두 가을에 활용하는 에너지이기에 집중력이 굉장히 뛰어나고 모든 기운을 수확하는데 집중합니다.

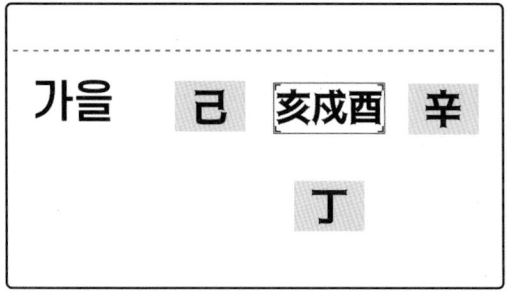

이처럼 인생의 목표가 뚜렷하면 남들이 해내지 못하는 어려운 목표도 반드시 해내는 집념을 갖습니다. 이제 태어난 날을 잘 골라서 年과 月에서 했던 행위들이 적절한 결과를 얻도록 도와야 합니다. 예로 壬辰일을 택하면 丁과 己酉와 함께 丁辛壬 三

- 209 -

字를 활용할 수 있으며 또 酉丑과 辰土가 酉丑辰 三字로 조합해서 하늘에서 돈벼락을 맞습니다. 따라서 壬辰을 활용하면 天干과 地支에 있는 모든 글자들의 효율이 높아집니다. 아쉽게도 며칠 빠른 己丑 일에 태어났으니 무슨 의도일까요? 비록 己酉, 丁丑, 己丑으로 집념과 고집으로 똘똘 뭉쳐서 丁辛癸 三字를 활용하지만 밖으로 나오는 것에는 익숙하지 못합니다. 물론 은둔형이지만 내부에서 계속 酉金을 폭발시키는 것은 분명합니다. 남은 것은 時柱뿐이니 적절한 선택해야 합니다. 戊辰 시에 태어나자 얼어붙은 己丑의 땅을 辰丑 破(파)로 개량하기 시작합니다. 존재가치를 밖으로 드러내지 못하고 내부에 감추고 있다가 戊辰의 시기에 땅을 개량해서 밖으로 존재를 알리기 시작합니다. 더욱 좋은 점은 연월일에서 움직였던 결과물이 戊辰의 땅에서 완성됩니다.

그 이유는 酉金이 丁丑에 들어갔지만 己丑에서 계속 냉장고에 보관하듯 씨종자를 감추고 있다가 戊辰에서 丑辰 破로 얼어붙은 땅을 개량하고 酉丑辰 三字로 하늘에서 돈벼락을 맞습니다. 따라서 이 사주도 丁辛壬과 酉丑辰 삼자조합을 동시에 활용하는 구조입니다. 대운도 31세에 癸酉, 41세에 壬申으로 46세에 가까워지는 壬申대운부터 丁辛壬 三字로 존재감을 드러냈습니다. 다만, 戊辰에서 발전하지만 己丑과 戊辰이 협력하고 경쟁해야 하므로 운에 따라서는 관재구설이 발생하는 단점이 있습니다.

▶실제 상황◀서태지와 아이들로 활동하다가 戊寅년 YG 엔터테인먼트 사업체를 설립하고 천억 이상의 부를 축적한 양 현석 사주라고 합니다. 흥미롭게도 壬申년에 가수로 데뷔하였으니 丁辛壬 三字 에너지를 폭발적으로 활용한 해였음이 분명합니다.

乾命				陰/平 1971년 1월 5일 08:30								
時	日	月	年	81	71	61	51	41	31	21	11	1
壬	丙	己	庚	戊	丁	丙	乙	甲	癸	壬	辛	庚
辰	辰	丑	戌	戌	酉	申	未	午	巳	辰	卯	寅

庚戌년에 태어났으니 가을에 열매를 戌土에 저장하려는 의지입니다. 따라서 인생목표는 열매를 저장하고 지키는 것입니다만 문제는 여름에 활용하는 庚金이 늦가을 창고 戌土에 있으니 시공간이 적절하지 않습니다. 따라서 庚戌을 어떻게 활용할지는 다음 카드에 달려있습니다. 己丑月에 태어나면서 己丑 냉동고에 庚金과 戌土 地藏干에 있는 辛金을 넣어서 저장하지만 己丑의 저장하려는 성향 때문에 그 존재를 밖으로 드러내지는 못합니다. 丙辰일 카드를 받자 년과 월의 환경이 크게 변합니다. 위에서 살폈던 양 현석 사주구조를 비교하면 이해가 쉽습니다. 己丑에 숨겨진 씨종자를 丙火로 밝히고 丑辰 破로 얼어붙은 땅을 개량합니다. 또 丙辰으로 년의 庚戌에 빛을 비춰서 庚金이 방탕하지 않도록 하며 辰土 속의 乙木으로 乙丙庚 三字를 활용합니다. 따라서 이 구조도 天干에서 乙丙庚, 地支에서 酉丑辰 三字를 모두 활용하였습니다.

▶실제 상황◀중국인으로 공직자를 그만두고 탄광, 건설, 의료기기로 수천억 돈벼락을 맞았습니다. 초년에는 지키는 행위에 집중하다가 丙辰의 시기에 이르자 丑辰으로 땅을 개량하여 사업으로 전환한 후 돈벼락을 맞았던 겁니다. 연월일이 戌丑辰으로 순차적으로 흐르지만 단점은 壬辰 時에 태어났기에 辰辰으로 발전이 더디고 심하면 관재구설에 시달리고 酉丑辰 三字물상대로 모든 재산을 빼앗기고 교도소에 갈 수도 있으니 불법이나 비

- 211 -

리를 조심해야 합니다. 특히 46세부터 壬水가 丙火의 빛을 빼앗으면 어둠 속으로 사라질 수도 있기에 壬辰시를 선택하면 불편한 것은 사실입니다. 癸巳, 甲午, 乙未 丙申, 丁酉, 戊戌, 己亥로 흐르니 乙未 시에 태어나면 년과 시에서 乙庚 합한 후 丙火로 확장하고 地支도 戌丑辰未로 순차적 흐름이기에 훨씬 순탄합니다. 혹은 丙申시에 태어나도 乙丙庚과 酉丑辰을 동시에 활용할 수 있습니다. 정리하면, 壬辰시는 공직활동에는 무리가 없지만 사업에는 불편하기에 46세 이후에는 사업 활동이 답답해지고 지체되거나 관재에 시달릴 수도 있습니다.

乾命				陰/平 1941년 8월 18일 00:00								
時	日	月	年	90	80	70	60	50	40	30	20	10
甲	己	丁	辛	戊	己	庚	辛	壬	癸	甲	乙	丙
子	丑	酉	巳	子	丑	寅	卯	辰	巳	午	未	申

辛巳년에 태어났으니 낡고 오래된 씨종자 辛金이 巳火 꽃으로 활짝 피어나 갱생의 시간을 갖습니다. 낡고 늙어서 볼품이 없었는데 갑자기 아름다운 꽃으로 변하니 누에가 나비로 날아오르는 이치입니다. 그 다음 단계는 열매를 수확해야 하는데 辛巳의 단점은 巳火의 地藏干에 丙庚이 있지만 반드시 보충해야할 乙木이 없는 것입니다. 따라서 월에서 문제를 해결해야 하는데 丁酉월에 태어났으니 열매를 완성하려는 욕망은 매우 강하지만 巳火를 활용하지 못하기에 효율은 떨어집니다. 또 丁火가 辛酉에 열을 가하면 壬癸를 활용해서 丁辛壬, 丁辛癸로 뻥튀기해야 하는데 년과 월에 水氣가 전혀 없으니 꼬들꼬들 마르고 날카롭습니다. 이 문제를 해결해줄 일주를 배정해야 하는데 己丑일을 받으면서 년과 월에 있는 글자들을 활용할 수 있게 됩니다. 먼저 丁辛己로 집중력이 뛰어나고 년과 월에서 완성한 열매를 己丑에

- 212 -

저장하고 丑중 癸水를 활용해서 丁辛癸 三字로 빠르고 크게 재물을 축적해서 일간이 취합니다. 또 년과 월에서 火氣에 날카로워진 金氣를 丑土에 풀어낸 후 時干에 甲木을 드러냈으니 연월일의 꿈을 자식들이 이어받아 발전시키며 子水도 丁酉를 풀어내고 甲己 合, 子丑 合으로 모든 움직임들이 일간 己丑을 중심으로 돌아갑니다. 지금까지의 설명은 사주팔자에 정해진 숙명을 읽었으니 대운을 살펴보겠습니다.

戊	己	庚	辛	壬	癸	甲	乙	丙
子	丑	寅	卯	辰	巳	午	未	申
89	79	69	59	49	39	29	19	9

위의 내용을 이해했다면 이 사주당사자가 언제 발전하는지 살피는 것은 어렵지 않습니다. 년과 월에서 반드시 필요한 水氣가 대운에서 언제 들어오는지 살피면 됩니다. 비교적 늦은 39세에 癸巳대운을 만나면 丁辛癸로 팝콘이 튀겨지기 시작합니다. 더욱 좋은 대운은 이어지는 壬辰으로 天干과 地支를 모두 활용할 수 있기 때문입니다. 즉, 癸巳대운에는 丁辛癸로 癸水를 활용해서 팝콘을 튀겼지만 壬辰대운에는 천간에서 丁辛壬 三字를 활용하고 地支에서 酉丑辰 三字로 하늘에서 돈벼락을 맞습니다. 이처럼 사주팔자에 三字조합이 다양할수록 시너지 효과를 발휘해서 더욱 큰 부를 축적합니다.

▶실제 상황◀40세까지 고생하다가 癸巳대운부터 폭발적으로 재산을 모으기 시작해서 壬辰대운에 이르러 거부가 되었다고 합니다.

- 213 -

乾命				중국고서 사례								
時	日	月	年									
甲辰	丁丑	己酉	壬戌	戊午	丁巳	丙辰	乙卯	甲寅	癸丑	壬子	辛亥	庚戌

壬戌년에 태어났으니 무엇을 원하는지를 고민해야 합니다. 壬水가 寅午戌 三合과정을 끝냈습니다. 壬水 생명수를 寅午戌로 분산하여 화려한 色界의 생명수 역할을 하다가 戌土에서 그 행위를 마감하고 戌亥子丑寅으로 윤회과정을 거치기에 壬戌을 戌亥(壬)천문이라고 부릅니다. 따라서 壬戌은 기본적으로 종교, 명리, 철학과 인연이 깊으며 壬戌년에 태어나면 고향을 지키지 못하고 타향, 해외로 떠나야하는 운명입니다. 지장간으로 살피면 壬이 戌土의 지장간에 있는 丁辛과 丁辛壬 三字로 씨종자를 크게 부풀리려는 욕망이 강하기에 금융업이나 사업에 인연이 많습니다. 정리하면, 壬戌은 戌亥천문으로 종교, 명리, 철학에 활용하거나 丁辛壬 三字로 팝콘 튀기듯 부를 축적합니다만 어느 방향을 향하던 기본적으로 총명합니다. 己酉월 카드를 받아서 己土가 품은 酉金을 壬水에 풀어내기에 酉金은 년에 있는 壬水를 향해갑니다. 宮位는 사주구조를 분석하는데 매우 유용한 정보를 제공합니다. 사회활동을 상징하는 月柱가 국가, 해외를 상징하는 年柱를 향하기에 해외나 국가에서 그 존재를 드러낼 수 있습니다. 년과 월의 배합을 정리하면, 壬年으로 태어나는 경우는 壬寅, 壬午, 壬戌, 壬申, 壬子, 壬辰인데 己酉월과 배합하면 己土가 품은 씨종자를 국가에서 활용할 수 있고 公的개념인 壬寅, 壬午, 壬戌과 배합하면 더욱 좋습니다. 특히 壬午와 己酉는 午火가 酉金에 열기를 가하고 酉金이 壬水에서 폭발하는 丁辛壬 三字를 효율적으로 활용하기에 더욱 좋습니다. 그리고 丁丑일에

태어나 매우 좋은 카드로 배팅이 가능합니다. 그 이유는 첫째, 壬戌과 己酉의 결과를 丑土에 담을 수 있습니다. 酉金은 초년에 壬水에 풀어지다가 31세에서 45세 사이에는 일지 丑土를 향하여 들어옵니다. 일간 丁火는 월지 酉金에 열기를 가해서 더욱 빠른 속도로 壬水에 팝콘처럼 부풀립니다. 이때 월지 酉金이 년간 壬水에 풀어지면 일간으로부터 점점 멀어지면서 소유할 수 없습니다. 따라서 酉金을 취할 수 있는 日柱를 받아야 년과 월에서 노력한 결과물을 취할 수 있습니다. 만약 밖으로 나가서 돌아오지 않으면 취할 수 없고 남 좋은 일만 하는 인생으로 바뀝니다.

예로 공무원으로 국가를 위해 봉사하지만 가난하게 살아갑니다. 壬戌을 일간이 끌어올 수 있는 빙밥은 나양한데 이 사주는 丁丑이라는 카드로 丁壬 合해서 壬水에 풀어진 酉金 씨종자를 취합니다. 이 의미가 매우 중요한 이유는 丁辛壬 팝콘의 결과물이 모두 壬水에 있는데 丁火가 合으로 끌어와 취하기에 마치 카지노에서 마지막 카드로 올인 한 돈들을 내가 취하는 상황입니다. 더욱 좋은 점은 丁火로 酉金을 강하게 자극하고 丑土에 담아서 폭발적으로 부풀려 그 결과도 일간이 취합니다. 이제 연월일의 꿈을 마무리해줄 時柱를 고민해야 합니다. 丑土가 만들고자 하는 미래는 甲木이 분명합니다. 또 甲木은 丁火가 가장 의지하는 에너지이기에 甲이 드러난 시간을 택하면 좋습니다. 선택할 수 있는 시간은 아래와 같습니다.

| ◉庚子, 辛丑, 壬寅 |
| ◉癸卯, 甲辰, 乙巳 |
| ◉丙午, 丁未, 戊申 |
| ◉己酉, 庚戌, 辛亥 |

- 215 -

최상의 선택은 갑을 활용하는 것이고 차선은 최소한 甲을 괴롭히는 글자들은 제외해야 합니다. 최악은 丁丑의 꿈을 깨는 것입니다 예로, 庚子, 辛丑, 戊申, 己酉, 庚戌, 辛亥 조합은 불편합니다. 또 丁火에게 부담스러운 壬寅과 癸卯도 쓰임이 좋지는 않습니다. 남은 것은 甲辰, 乙巳, 丙午, 丁未인데 연월일과 배합이 적절한 干支는 甲辰이 분명합니다. 그 이유는 첫째, 天干에서 甲己 슴이 가능하므로 甲己 사이에 끼어있는 丁火는 자연스럽게 甲과 己의 가치를 모두 취합니다. 마치 중간에서 돈이 들어오는 것을 원하지 않아도 쉬지 않고 돈벼락을 맞는 상황입니다. 더 이상 벌고 싶지 않은데 계속 돈이 찾아와 취해달라고 사정하는 꼴입니다. 아무리 노력해도 돈이 모이지 않는 운명도 있지만 더 이상 돈이 필요 없다고 해도 계속 하늘에서 돈벼락을 내려주는 운명도 있습니다.

이것이 天干과 地支에서 슴하는데 그 가치가 좋은 구조의 상황입니다. 그리고 중간에 끼어있는 丁火를 夾字(협자)라고 부르는데 끼어서 좋은, 끼어서 나쁜 구조도 있기에 무조건 좋고, 나쁜 것이 아닙니다. 자세한 내용은 기 출판한 夾字論(협자론)을 참조하시기 바랍니다. 이 사주는 丁壬 슴과 甲己 슴으로 국가, 사회, 나와, 후대가 모두 자연스럽게 연결되어 함께 발전합니다. 둘째 辰土를 추가함으로써 酉丑辰 三字를 완성해서 하늘에서 돈벼락을 맞기에 구조와 배합이 참으로 좋은 사주가 되었습니다.

▶실제 상황◀중국 고서에 나오는 사주예문으로 중국의 절강 성 서쪽에서 으뜸가는 갑부가 되었다고 합니다.

乾命				陰/平 1944년 7월 2일 18:30								
時	日	月	年	86	76	66	56	46	36	26	16	6
丁	丙	壬	甲	辛	庚	己	戊	丁	丙	乙	甲	癸
酉	辰	申	申	巳	辰	卯	寅	丑	子	亥	戌	酉

甲申년에 태어났으니 甲은 성장하려는 욕망인데 申金은 生氣를 제거해서 열매를 만들기에 天干과 地支의 욕망이 전혀 다릅니다. 申을 활용해서 甲을 수확하려는 의지가 강하기에 사업을 추구하거나 甲庚(申) 沖으로 충돌해서 틀린 부분을 고치려는 성정이 강하기에 검찰, 경찰에도 적합합니다. 다만 적극적으로 물질을 추구하려면 乙木과 丙火를 보충해서 乙丙庚(申) 三字를 활용해야 쓰임이 훨씬 좋아집니다. 물론 甲申을 어떻게 활용할지는 어떤 월주를 받느냐에 따라 달라지는데 壬申카드를 받자 甲申이 원하는 방향과 壬申이 원하는 방향에 엇박자가 생겼습니다.

甲申은 열매를 수확하기를 원하는데 壬水는 甲木을 키우려고 하면서도 수확의 계절 申月에 태어났으니 참으로 애매한 관계가 되었습니다. 壬申과 丙申월의 차이를 보겠습니다. 丙申월에 자연에서는 열매를 확장하기에 丙申은 물질을 추구하는 욕망을 만족시킬 수 있는 가장 적절한 干支이기에 사업에 어울립니다. 만약 년에서 乙卯, 辰未로 새싹을 공급할 수 있다면 乙과 丙申이 조합해서 하늘에서 돈벼락을 맞을 수 있습니다. 하지만 壬申월에 태어났으니 열매를 확장하려는 의도는 사라지고 갑자기 申金을 壬水에 풀어내려고 합니다. 이런 흐름이라면 년에 무엇이 있어야 효율적일까요? 甲을 향할 수만 있다면 申金이 壬水에 풀어지고 결국 년에 甲木을 내놓는 흐름입니다. 이 행위는 결국 죽음에서 갱생의 길로 가기에 의사, 의료행위에 적합한 조합입

- 217 -

니다. 정리하면, 甲申년에 壬申월을 배합하면 하늘에서 내리는 벼락부자의 방향에서 의료에 적합한 흐름으로 바뀝니다. 丙辰일에 태어나자 또 다시 인생방향에 혼란이 옵니다. 그 의도가 모호하기 때문입니다. 壬申은 丙申처럼 사업을 추구하는 속성이 아니라 주로 기술, 예술처럼 자유로운 영혼을 활용하는데 갑자기 丙辰이 튀어나와 반기를 들고 申月 열매를 확장하고 말겠다고 고집을 부립니다. 이처럼 방향이 산만해지는 카드가 섞이면 인생의 향방도 모호해집니다. 어느 방향으로 가야할지 애매해지는 壬申과 丙辰의 시기에는 인생의 굴곡이 발생할 수 있습니다. 예로 의사로 일하다 갑자기 사업가로 변신하는 경우입니다.

丙辰을 활용해서 申金과 지장간에서 乙庚 합하고 丙火로 확장하려는 욕망이 강해지는 31세 이후에는 반드시 재물을 추구합니다. 이처럼 天干과 地支를 조합하는 과정에 서로 다른 방향을 섞으면 좌충우돌 하면서 굴곡을 만들어냅니다. 丁酉時를 선택하였습니다. 丁火 열기로 酉金을 자극해서 壬水에 팝콘을 튀기려고 합니다. 따라서 이 사주구조에서 부를 축적하는 과정에 활용하는 三字조합은 申과 丙辰을 활용하는 乙丙庚, 丁酉와 辰 그리고 丁酉와 壬을 활용하는 丁辛壬, 丁辛癸입니다. 비록 상하좌우가 비틀려있지만 운에 따라 三字를 적극적으로 혹은 소극적으로 활용하는 겁니다.

▶실제 상황◀46세에 시작하는 丁丑대운에 600억 돈벼락을 맞았습니다. 사주원국에 있는 두 종류의 三字조합 외에 日時에 辰酉 합만 있다가 丁丑대운에 酉丑辰 三字를 활용하자 갑자기 600억이라는 돈벼락을 맞았습니다. 거의 대부분 10억을 벌고자 인생을 소비하는데 하늘에서 돈벼락을 맞는 부자들은 수백억, 수천억을 극히 짧은 순간에 수확합니다. 결국, 월주 壬申카드는

인생을 산만하게 만들었던 것이 분명합니다. 월을 제외하고 연일시의 간지들은 모두 부를 축적하려는 욕망이 강렬한데 壬申이 끼어들면서 40세까지 방향을 산만하게 비틀었습니다. 대운도 45세까지는 乙亥, 丙子로 열매를 수확할 수 없었습니다.

乾命				陰/平 1961년 3월 17일 02:30								
時	日	月	年	89	79	69	59	49	39	29	19	9
乙	甲	壬	辛	癸	甲	乙	丙	丁	戊	己	庚	辛
丑	午	辰	丑	未	申	酉	戌	亥	子	丑	寅	卯

辛丑년에 태어났으니 辛金이 丑土 속에 있는 癸水의 도움으로 폭발하기에 그 다음 움직임을 月柱에서 노와술 수만 있다면 순탄하게 발전합니다. 壬辰월에 태어나 辛金을 壬水에 풀어내고 辰土와 함께 酉丑辰 三字를 30세 이전 젊은 나이에 활용할 수 있게 되었습니다. 甲午일에 태어나면 년에서 월로 이어진 조상의 음덕을 甲木이 모두 취하게 됩니다. 辛金이 壬水에 풀어지고 甲木과 辰土가 기운을 이어받아 바르게 성장하기에 조상, 부모의 음덕이 지대하고 전생에 이루었던 것을 이어서 활용하기에 매우 총명합니다.

▶**실제 상황**◀재수하여 의과대학에 진학하였고 己丑대운에 장인의 도움으로 종합병원을 개업한 원장이 되었습니다. 년과 월에 辛丑과 辰으로 酉丑辰 三字를 활용한 것이 틀림없습니다. 또 대운도 己丑이기에 더욱 명확합니다. 병원을 운영하는 이유는 월의 壬辰때문으로 생명수와 같은 壬水를 마른 辰土의 땅에 공급하니 의료계통과 인연이 많습니다. 辛丑이 좋은 점은 甲이 가장 필요로 하는 안정적인 터전 丑土의 땅을 제공하기 때문입니다.

조상신 辛金가 자신의 업적(씨종자)을 壬水를 통해 甲에게 전달하기에 매우 좋은 조상음덕을 점지 받고 태어난 것입니다. 일지午火도 辰月에 성장한 싹들을 열매로 바꾸고 어둡고 습한 문제를 해소하니 배우자의 쓰임이 좋습니다.

乾命				陰/平 1957년 3월 24일 04:30								
時	日	月	年	86	76	66	56	46	36	26	16	6
戊	乙	甲	丁	乙	丙	丁	戊	己	庚	辛	壬	癸
寅	丑	辰	酉	未	申	酉	戌	亥	子	丑	寅	卯

丁酉년에 태어났으니 辛亥월을 만나서 팝콘을 튀기면 좋은데 이사주는 甲辰월에 태어났기에 단점이 생겼습니다. 비록 辰土의 지장간에 癸水가 있지만 水氣가 너무도 부족하기에 甲辰의 성장상태가 좋지 않습니다. 특히 丁火에 자극받은 酉金이 水氣가 부족하기에 적절하게 풀어지지 못하고 날카로운 상태에서 辰酉합해서 지장간에 있는 乙木 새싹들을 자르니 월지 宮位의 육친에 해당하는 모친과 이모들이 질병에 시달리거나 정신병에 걸리거나 단명할 수 있습니다.

이 문제를 해결하려면 충분한 생명수를 공급해야만 합니다. 그나마 다행하게 乙丑일을 선택해서 丑月 겨울과 같은 땅을 辰土에게 공급해서 미네랄 辛金을 머금은 水氣를 공급해줍니다. 또 酉辰丑 三字로 돈벼락을 맞을 수 있는 조합을 형성하였지만 흐름은 매끄럽지 않습니다. 만약 丑月, 辰日이었다면 더욱 순탄하게 발전했을 겁니다. 戊寅시에 태어나면서 乙木이 가장 필요로 하는 안정적인 터전을 얻었습니다. 이 구조의 흥미로운 조합은 甲辰월 乙丑일로 甲은 뿌리를 깊이 내리려면 丑土가 필요하

- 220 -

고 乙은 성장을 위해서 반드시 辰土가 필요하기에 자신이 소유한 것에는 흥미가 없거나 만족하지 못하고 타인이 소유한 것에 욕심을 부리기에 운에 따라서는 시기, 질투, 경쟁문제로 문제가 발생할 수 있습니다. 이때 甲과 乙중에서 丑辰을 누가 취하느냐는 이 구조의 중요한 관건인데 대운이 水氣로 흐르면 甲이 취하고 火氣로 흐르면 乙이 취하게 됩니다. 그 이유는 四季圖에 명확하게 드러나는데 겨울에 있는 甲은 성장하려면 壬水가 필요하고 봄의 乙木은 화려하게 꽃을 피우고자 丙火를 향하기 때문입니다.

《四季圖》

다만 겨울의 甲이 먼저요 봄의 乙이 나중이니 甲이 乙을 도우면 자연스럽지만 乙이 甲보다 먼저 좋은 상황을 만나면 甲을 무시하는 하극상 문제가 발생합니다. 정리하면, 甲이 튼실한 뿌리를 내리기 위해서도 또 丁酉를 丁辛壬 三字로 활용하기 위해서도 반드시 壬水가 필요합니다. 또 酉丑辰 三字를 활용해서 돈벼락을 맞기 위해서도 반드시 水氣를 필요로 합니다. 마침 대운이 초년부터 癸壬, 丑子亥로 충분한 水氣를 공급해주었습니다.

▶실제 상황◀ 2006년 丙戌년 50세 당시에 부동산으로 엄청난

부를 축적했으며 계속 재개발에 박차를 가하고 있었습니다. 부친도 부자라고 합니다. 이 구조에는 三字조합이 하나 더 있는데 월지 辰土와 乙癸戊 三字로 봄에 戊土에서 乙木을 장식하니 교육, 공직, 건설 물상을 활용할 수 있습니다.

▌부동산 재개발로 부를 축적하는 사주팔자

이 사주가 재개발에 열을 올리는 이유는 바로 丑辰 破 작용을 활용하기 때문입니다. 그 이유를 이해하려면 먼저 丑과 辰이 가진 땅의 속성을 살펴야 합니다. 丑土는 음력 12월 얼어붙은 땅으로 生氣가 없고 발전하기 어려운데 3월 봄에 있는 辰土와 만나면 상황이 급변합니다. 음력 3월에 새싹들이 성장하려면 반드시 水氣가 절실한 辰土는 丑土를 만나서 얼어붙은 땅을 뒤엎어서 丑土내부에 감추어진 水氣를 활용합니다. 丑土 地藏干에는 미네랄과 같은 辛金이 癸水에 풀어지면서 辰土에 있는 乙木의 성장을 효과적으로 돕습니다. 丑土는 얼어서 활용하기 어려운 땅인데 辰土가 충돌해서 풀어지게 해주고 水氣가 반드시 필요한 辰土는 丑土가 품은 辛金과 癸水를 모두 취합니다. 마치 말라가는 나무에 영양제를 공급하는 이치와 같습니다. 이처럼 丑辰이 조합하면 서로 단점을 보완하고 땅을 개량해서 크게 발전하는데 그 물상이 바로 재개발, 재건축입니다. 만약 사주팔자에 두 글자가 있거나 운에서 조합하면 재개발, 재건축 부동산을 노려볼만 합니다. 특히 위에서 살폈던 사례처럼 酉丑辰 三字를 활용해서 2억으로 30억 배상을 받았던 경우도 동일합니다.

乾命				陰/平 1964년 12월 4일 08:30								
時	日	月	年	90	80	70	60	50	40	30	20	10
庚	庚	丁	甲	丙	乙	甲	癸	壬	辛	庚	己	戊
辰	申	丑	辰	戌	酉	申	未	午	巳	辰	卯	寅

丑辰 破를 활용하는 사례를 더 보겠습니다. 甲辰년에 태어났으니 甲이 뿌리 깊은 나무로 성장하려면 반드시 壬水가 필요합니다. 만약 壬水가 충분하지 않으면 성장하다 중단됩니다. 이 의미는 중요한데 사람도 나무처럼 잘 자라다 갑자기 성장을 멈추고 발전하지 못하는 경우가 많습니다. 甲辰처럼 우두머리로 태어났음에도 辰土에서 水氣가 부족하기에 중간에 성장하다 멈추는 것처럼 갑자기 무능해집니다. 壬水를 배합하는 것이 가장 적절하며 癸水는 폭발하는 속성으로 열기를 높이기에 그 쓰임이 제한적입니다. 壬水가 없다면 차라리 미네랄을 품은 丑土를 활용하는 것이 癸水보다 더 효율적입니다.

또 酉丑辰 三字를 활용해서 하늘에서 돈벼락을 맞을 수도 있습니다. 따라서 甲辰년은 壬申월이나 丁丑월을 만나야 甲辰의 가치를 가장 효과적으로 활용합니다. 甲辰과 丁丑이 조합하는 경우의 물상은 부모가 교육, 공직에 종사하는데 주로 검찰, 법조계에서 활동합니다. 丁火가 가장 좋아하는 甲木을 년에서 배합하였기에 학식이 높습니다. 이런 이치와 물상은 宮位를 이동해도 크게 달라지지 않는데 예로 甲辰월 丁丑일에 태어나도 학문의 성취도가 높습니다. 이 사주는 庚申일에 태어났으니 년과 월에서 성장한 甲辰을 활용해서 열매를 확장한 후 수확하려는 의지가 강합니다. 따라서 반드시 丙火가 필요한데 丁丑월의 丁火뿐이니 제한적입니다. 다행하게 중년부터 대운에서 巳午未로 열매를 확장하고 익히니 발전합니다. 申辰의 地藏干에서 乙庚 合하고 丙火로 확장하는 乙丙庚 三字를 활용해서 사업으로 부를 축적할 수 있습니다.

▶실제 상황◀중국인으로 백억 부자입니다. 그 이유는 두 가지로 乙丙庚三字와 丑辰조합으로 열매를 확장하고 한순간 엄청난

속도로 뻥튀기해서 재산을 부풀렸습니다.

乾命				陰/平 1937년 3월 16일 00:00								
時	日	月	年	87	77	67	57	47	37	27	17	7
壬	癸	甲	丁	乙	丙	丁	戊	己	庚	辛	壬	癸
子	未	辰	丑	未	申	酉	戌	亥	子	丑	寅	卯

위 사주와 년과 월의 干支는 동일한데 宮位만 바뀌었습니다. 차이가 없어 보이지만 엄청난 이유는 바로 月支 계절 때문입니다. 위는 丑月이고 이 사주는 辰月이기에 공간 환경이 크게 다릅니다. 계절 상황을 상상하면 이해가 쉬운데 丑月에서 할 일은 지장간에 있는 辛金을 활용해서 寅月에 甲木을 내놓고 丙火의 도움으로 성장해야 합니다. 그런 이유로 위 사주는 木火 대운으로 흐르면서 백억을 축적했습니다. 하지만 이 사주는 甲辰월이니 충분하게 성장하려면 반드시 먼저 水氣를 공급해야 합니다. 다행히 대운이 초년부터 계속 강력한 水氣로 흘렀습니다. 따라서 위와 아래 사주는 대운이 火와 水로 정반대로 흘렀지만 月支에서 원하는 조건을 맞추었기에 모두 발전하는 겁니다. 두 干支의 관계를 보면, 甲辰월은 丁丑년의 땅을 활용해서 수기를 공급받으니 조상의 음덕이 있습니다만 甲辰년 丁丑월은 오히려 丁丑이 甲辰에게 효도하는 흐름입니다. 두 사주는 모두 丑辰을 활용해서 돈벼락을 맞을 수 있지만 아쉽게도 辛酉가 없으니 폭발하는데 한계가 있습니다. 대운을 감안하면 辛丑대운에 辛, 丑辰 三字를 활용해서 돈벼락을 맞습니다. 또 庚子대운에 이르면 辰土와 未土의 地藏干에 있는 乙木을 활용해서 乙庚 합하고 확장해서 수확할 수도 있습니다.

▶실제 상황◀부산에서 굴지의 기업체를 경영하는 회장으로 부

인과 사이도 좋고 재산도 많은데 아쉽게도 子息들이 발전하지 못했습니다. 두 사주에서 기억할 점은 년과 월의 조합을 바꿔도 대운을 맞추고 丑辰을 활용해서 상당한 부를 축적했다는 것입니다. 자식들이 발전하지 못한 이유는 癸未와 壬子가 만나 열기를 품은 未土가 子水를 탁하게 만들기 때문입니다. 이런 관계를 子未원진이라고 부르는데 가능한 서로 떨어져 있는 것이 좋습니다. 이 사주는 하늘에서 돈벼락을 맞을 수 있는 조합이 하나 더 있는데 바로 甲辰을 未土에 담을 수 있기 때문입니다. 이런 작용을 墓庫라고 부르는데 다른 章에서 자세히 살필 예정입니다.

乾命				陰/平 1928년 12월 24일 04:30									
時	日	月	年	80	70	60	50	40	30	20	10	0	
丙	己	乙	戊	甲	癸	壬	辛	庚	己	戊	丁	丙	
寅	卯	丑	辰	戌	酉	申	未	午	巳	辰	卯	寅	

戊辰년에 태어났으니 戊土와 申子辰으로 조합하여 땅 속에서 생명수가 흐르고 辰土에 이르러 새싹이 성장하고 있으니 월주에서 어떤 干支를 얻어야 효율적으로 활용할 수 있을지 고민해야 합니다. 그 방향은 두 가지로 계속 새싹의 성장을 도울지 아니면 열매를 키워서 수확할지를 결정해야 합니다. 만약 庚午 월에 태어나면 戊辰의 지장간에 있는 乙木을 庚金과 합해서 午火로 乙丙庚 三字를 활용하기에 일찍 사업에 뛰어듭니다. 하지만 이 사주처럼 乙丑 월에 태어나면 수확의 계절이 아니며 乙木이 戊土 터전에서 성장하려고 노력하지만 엄동설한 丑月이기에 성장에 한계가 있습니다. 다행하게 辰土와 丑辰 破로 냉장고에서 꽁꽁 얼었던 고기를 꺼내 해동하듯 乙木을 활용할 수는 있습니다. 육친과 宮位를 고려하면, 부친 乙木이 조부모 戊辰의 도움으로

- 225 -

안정적인 터전에서 발전하기에 부친은 유산을 받거나 사회활동에 도움을 받습니다. 또 丑辰 破와 酉丑辰을 활용해서 언제라도 돈벼락을 맞을 수 있고 재개발, 재건축 물상을 활용할 수도 있습니다. 특히 己卯일에 태어나 새싹 卯木으로 己土 터전을 가꾸는 건설, 건축, 임대에 어울립니다. 결국 연월일에서 보여주는 공통적인 특징은 乙卯로 戊己의 땅을 꾸미려는 의지가 분명합니다.

▶실제 상황◀공장을 운영했습니다. 부친이 물려준 토지로 돈벼락을 맞았고 서울근교에 땅이 많으며 수 백 억을 축적하였습니다. 년과 월에 있는 <u>丑辰</u>의 폭발력과 년과 월의 <u>乙癸戊</u> 三字로 부친의 도움을 받아서 일확천금을 얻었습니다. 또 庚午대운에는 乙庚 合하고 丙火가 열매를 확장하기에 크게 발전하였습니다. 이 사주도 <u>酉丑辰, 乙丙庚</u> 그리고 <u>乙癸戊</u> 三字조합을 활용해서 수백억 부자가 되었습니다.

乾命				陰/閏 1933년 5월 29일 02:30								
時	日	月	年	84	74	64	54	44	34	24	14	4
癸	戊	己	癸	庚	辛	壬	癸	甲	乙	丙	丁	戊
丑	子	未	酉	戌	亥	子	丑	寅	卯	辰	巳	午

癸酉년에 태어났으니 癸水가 巳酉丑 씨종자를 풀어내기에 종교, 명리, 철학, 교육과의 인연이 매우 강합니다. 이처럼 年柱에 辛이나 酉가 있으면 종교, 명리에 인연이 강하기에 공부를 하는 것이 좋습니다. 다만 씨종자를 풀어내는 과정에 문제가 생기면 정신질환, 접신, 빙의와 같은 묘한 현상들이 발생하기에 주의해서 활용해야 합니다. 특히 日과 時의 癸酉는 씨종자를 풀어내는

작용을 본인과 배우자 그리고 자식들이 활용하기에 干支배합에 주의해야 합니다. 동일한 간지도 宮位에 따라 작용이 크게 달라지는데 癸酉처럼 씨종자를 풀어내는 행위를 년과 월에서 한다면 마치 국가에서 종묘사직을 이어가듯 교육이나 국가를 위한 공무에 활용하지만 일과 시에서 사적으로 사용하면 내가 가진 전생의 업보처럼 흉하게 작용합니다.

또 癸酉를 地支로 바꾸면 酉子 破로 酉金 콩이 子水 지장간에 있는 癸水의 빅뱅과 같은 폭발력에 의해서 딱딱한 체성이 갑작스럽게 변질되기에 정신과 육체에 문제가 발생하면서 접신, 빙의, 지체장애, 정신이상의 문제가 발생할 수도 있으니 매우 까다로운 干支입니다. 이런 문제를 가진 癸酉를 적절하게 활용하려면 丙丁을 배합해야 합니다. 그 이유는 酉金이 癸水의 폭발력에 형태를 유지하기 힘들기에 丙丁으로 빛과 열을 가해서 딱딱함을 유지하도록 해주기 때문입니다. 辛酉는 가을의 씨종자로 매우 작고 딱딱한데 그런 물상을 갖는 이유는 빛과 열을 가해서 철저하게 수분을 제거했기 때문입니다. 여기에 壬癸, 亥子丑 水氣를 공급하면 딱딱함을 풀어헤치고 부피가 크게 부풀려지기에 이런 움직임을 적절하게 활용하면 하늘에서 돈벼락을 맞지만 흉하게 활용하면 씨종자와 영혼의 부조화로 정신적, 육체적으로 다양한 문제가 발생합니다. 결국 이 문제를 해결할 방법은 다시 丙丁을 활용해 辛金의 체성을 원래대로 딱딱하게 만들어야 합니다. 이것이 酉子 破 두 글자로 조합하는 경우와 午酉子(丁辛壬) 三字로 조합하는 경우에 물상과 가치가 크게 달라지는 이유입니다. 따라서 癸酉에 열을 가해줄 수 있는 월주를 찾아보면 丁巳, 戊午, 己未월 정도입니다. 선택하는 과정에 반드시 고려할 사항은 시간방향으로 丁巳, 戊午, 己未가 酉金을 자극하면 결국 癸水를 향하기에 일간으로부터 멀어지면서 취하기 힘들어집니다.

- 227 -

이 문제를 해결하려면 天干 合沖과 刑沖破害合 작용을 활용해서 癸水를 일간으로 끌어와야 합니다. 그렇지 못하면 년과 월에서 이루어지는 모든 움직임은 그림의 떡처럼 남의 소유가 될 수 있습니다. 예로 癸酉년 戊午월에 태어나 午火가 酉金을 자극하고 癸水에 풀어지면 결국 戊癸 합으로 癸水가 소유한 모든 것을 월간 戊土가 취합니다. 이때 己未일, 己亥일 혹은 己卯일을 선택했을 때의 상황은 크게 다릅니다. 예로 己未일이라면 戊土가 차지해버린 년과 월의 결과물을 취하기 어렵습니다.

마치 부모의 유산을 모두 戊土 형님이 가로채서 己土에게는 한 푼도 주지 않는 상황입니다. 다행하게도 未土가 午未로 합하기에 戊土와의 끈이 연결되어 있습니다. 육친으로 살피면 未土 배우자가 형수와 午未로 합해서 관계를 유지합니다. 특히 시간방향으로는 午火가 未土를 향하기에 戊土가 차지한 유산의 일부분을 己未가 취할 수도 있습니다. 만약 己亥를 택하면 午亥(丁壬 합)로 합하면서 끈이 연결되었습니다만 午未의 시간방향과는 정반대로 일지 亥水가 월지 午火에게 필요한 水氣를 공급해야 午火로부터 약간의 대가를 받아올 수 있습니다. 만약 己卯일을 택하면 戊午가 卯木을 破로 이용해서 년지 酉金 열매를 완성한 후 卯木을 沖해버리니 결국 己卯는 戊午에게 철저하게 이용당하고 버려지는 구조가 분명합니다. 이것이 天干의 合沖과 地支의 刑沖破害合을 극히 주의해서 활용해야만 하는 이치입니다. 이 구조는 己未월을 선택했지만 편해보이지는 않습니다. 癸酉와 己未는 무엇을 원하는 것일까요? 己未는 己土의 땅에서 亥卯未로 성장을 끝낸 未土가 지장간에 있는 丁火와 乙木을 활용해서 열매 맺어야만 하는데 마침 酉金이 있으니 시간방향을 따라 未에서 酉로 향하고 열매를 완성한 후 癸水에 풀어집니다. 하지만 문제는 癸水와 己土는 합할 수 도 없고 己土가 癸水를 탁하게

- 228 -

만들어버리는 문제도 있습니다. 따라서 未와 癸酉의 배합이 비효율적임을 암시합니다. 이런 문제들을 이해했으니 적절한 일주를 선택해서 년과 월의 노력이 허사로 끝나지 않도록 해야 합니다. 戊子일을 선택해서 좋은 점은 癸酉와 戊子가 관계를 형성하는 겁니다. 즉, 戊癸로 합하고 酉金은 癸水와 子水를 향합니다.

따라서 조상의 음덕을 己未의 도움으로 취할 환경이 마련되었습니다. 나쁜 점이라면 己未가 중간에서 癸酉와 戊子의 관계를 방해합니다. 결국 己未가 무조건 나쁘거나 좋은 것이 아닙니다. 좋은 작용도 나쁜 작용도 함께 하므로 운에 따라 좋은 역할을 하다가도 갑자기 흉한 작용으로 바뀝니다. 예로, 己未(주위 사람들)가 나를 도와주어서 戊子로 돈을 벌었는데 어느 날 갑자기 己未가 내 돈을 갈취해가서 소송이 발생합니다. 결국 이런 배합은 운에 따라 길흉이 급변하는 구조입니다. 물론 己未가 酉金을 자극해서 癸水에 풀어지면 戊癸로 합해서 조상과 국가의 음덕을 누리게 해줍니다. 결국 己未는 중개행위를 통해서 癸酉와 戊子에게 기쁨을 선사합니다. 癸丑 시에 태어나면서 합沖과 刑沖 破害를 형성합니다. 년의 酉金과 일지 子水가 만나서 破작용으로 엄청난 부피로 확장하고 酉丑으로 합합니다. 따라서 辰土만 배합해주면 酉丑辰 삼자로 하늘에서 돈벼락을 맞습니다. 丑土에 담겨진 돈을 누가 취하는지 알려면 丑土 위에 있는 癸水의 동태를 살피면 됩니다. 자연스럽게 戊癸 합하니 그 소유주는 戊土가 분명한데 己土가 기웃거리면서 호시탐탐 戊土가 소유한 재산을 빼앗으려고 미끼를 던집니다. 未土를 이용해서 癸酉를 만들고 戊土에게 戊癸 합해서 이득을 취하게 만든 후 따로 중간에서 이윤을 챙깁니다. 다만 戊土는 癸酉 외에도 子와 癸丑까지도 합으로 소유하니 己未와 비교할 수 없을 정도의 큰 재물을 소유합니다.

- 229 -

▶**실제 상황**◀2014년 甲午년 당시에 80세가 넘었지만 건강하고 땅이 개발되는 과정에 보상금을 받아 빌딩을 지어서 천 억대 돈벼락을 맞았습니다. 가장 큰 요인은 酉子丑으로 酉金 씨종자를 子丑에 폭발적으로 부풀린 후 그 위에 있는 癸水와 합하기 때문입니다.

乾命				陰/平 1969년 3월 5일 12:30								
時	日	月	年	85	75	65	55	45	35	25	15	5
甲	丙	戊	己	己	庚	辛	壬	癸	甲	乙	丙	丁
午	寅	辰	酉	未	申	酉	戌	亥	子	丑	寅	卯

己酉년에 태어났으니 두 가지 방향을 고려할 수 있습니다. 첫째, 水氣에 酉金을 풀어냅니다. 예로 壬寅과 조합하면 酉金을 壬水에 풀어내 寅木을 생산합니다. 다만, 己酉년에는 壬寅월이 없으니 불가능합니다. 壬申월이 있지만 좋은 배합이 아님을 어렵지 않게 이해합니다. 己酉를 壬水에 풀어내는 이유는 씨종자 酉金을 활용해서 甲寅을 생산하려는 것인데 甲寅을 방해하는 申月이니 효율이 낮습니다. 또 申月을 기준으로 살펴도 丙火가 필요한 계절에 壬申으로 열매를 확장할 수 없습니다. 己酉로 丙火 빛까지 막으니 환경도 좋지 않습니다. 이처럼 酉金이 있을 때 무조건 水氣가 온다면 모두 좋은 것이 아닌 이유는 각 글자의 요구조건이 다르기 때문입니다. 己土는 金을 품거나 木을 기르는 역할이므로 己酉로 씨종자를 품었으니 木을 내놓고 길러야 발전합니다. 또 酉金이 火氣를 품으면 水氣에 풀어져야 하므로 壬水를 만나면 효율이 높지만 申월에 壬水는 열매가 상하기에 좋은 배합이 아닙니다. 申月은 음력 7월로 강렬한 태양 빛으로 열매를 단단하게 만들어야만 합니다. 이런 이유로 丙申으로 干

支를 배합하면 아름다운데 丙火를 沖해서 빛을 제거하는 壬申월은 申월에게 불리합니다. 열매의 가치를 상실하며 申酉로 동일한 오행이 혼잡하고 시간도 역류하므로 좋은 배합이 아닙니다. 이 사주는 戊辰월 카드를 받았습니다. 己酉와 戊辰은 무엇을 원할까요? 水氣가 필요한 己酉가 戊辰을 만났으니 酉金을 풀어내지 못합니다. 또 戊辰은 열이 오르니 필요한 水氣를 더욱 고갈시킵니다. 그렇다고 戊辰이 원하는 乙癸戊 三字로 성장하는 것도 어려운 이유는 辰酉로 合해서 辰土 속 乙木이 성장하지 못하기 때문입니다. 육친관계로 살피면 부친 戊土와 동일한 오행이 戊辰과 己土 3개로 많으니 부친이 외도하거나 단명해서 나와의 인연이 길지 못합니다.

동일 五行이 많으면 해당하는 육친이 계속 바뀔 것임을 암시합니다. 즉, 부친을 계속 바꿔야 하므로 부모가 이혼하거나 사망합니다. 결국 己酉와 戊辰의 배합은 적절하지 않습니다만, 좋은 점이라면 酉辰으로 酉丑辰 三字 중에서 두 개를 갖추었으니 운에서 丑土나 亥子를 만나서 酉金을 폭발시켜서 하늘에서 돈벼락을 맞습니다. 이제 어떤 날을 골라야 좋은지 방향이 정해졌습니다. 반드시 水氣를 품은 날을 선택해야 년과 월에서 필요한 에너지를 보충합니다. 하지만 丙寅 일을 선택하면서 조상과 부모가 원하는 조건을 맞출 수 없는 자식이 태어납니다. 기우제를 지낼 만큼 간절하게 水氣를 달라고 빌었는데 丙火 태양이 떠오릅니다. 이런 조합을 이해하면 부모와 나 사이의 관계를 쉽고 빠르게 살필 수 있습니다. 辰은 水氣를 간절히 원했건만 자식은 정반대 행위를 했으니 부모와 나는 서로 의지할 수 없기에 계속 다투거나 혹은 모르는 타인처럼 살아갑니다. 丙火가 戊辰의 땅을 비추니 환해서 좋을 것이라는 판단은 글자의 쓰임을 이해하지 못해서 그렇습니다. 丙火가 원하는 것은 결코 寅卯辰 木氣의 성장이 아니라 庚金 열매를 확장하는 겁니다. 또 辰月의 지장간에 乙木이 있으니 庚金을 배합해야 乙丙庚 三字를 효율적으로 활용합니다. 하지만 유일한 희망인 時柱도 甲午를 택하면서 효율적으로 활용하지 못하게 되었습니다. 결국 하늘에서 점지한 숙명은 인생을 살아가는 과정에 적절한 행위를 할 수 없다는 것입니다. 이제 기댈 곳은 대운뿐입니다.

▶**실제 상황**◀부친이 일찍 사망해서 13세 1981년 辛酉년부터 사회에 나가 쓴맛을 보기 시작했습니다. 필요한 水氣가 전혀 없고 부친을 상징하는 戊土가 중복, 혼잡해서 단명했고 학업에 집중할 수 없습니다. 대운도 丙寅으로 水氣를 보충하지 못하니 공부에 흥미가 없어서 일찍 사회생활을 시작했습니다. 다만 酉辰이 있기에 한순간에 큰돈을 벌 수 있는 에너지에 영향을 받아서 각종 도박기술을 습득하여 도박전문가가 되었고 乙丑대운 1997년 丁丑년에만 수억을 벌었습니다. 酉辰과 丑土가 酉丑辰 三字로 조합한 시기에 하늘에서 돈벼락을 맞았습니다. 불법도박으로 큰돈을 벌었던 이유는 丑土의 어둡고 음습한 노림수 때문으로 불법과 비리를 저질러서라도 한방을 노리는 성향 때문입니다. 중국인 사주로 1997년 丁丑년 당시 수억은 엄청나게 큰돈이었습니다. 甲子대운에도 도박업으로 일했는데 수입이 년 2억 정도였다고 합니다. 酉辰의 마른 땅에 계속 水氣를 채우면서 酉丑辰을 활용해서 돈벼락을 맞았기 때문입니다. 다만 사주원국에서 정해진 숙명으로 쓸모 있는 인생을 살았던 것은 아닙니다.

乾命				陰/平 1916년 4월 11일 10:30								
時	日	月	年	88	78	68	58	48	38	28	18	8
己	己	癸	丙	壬	辛	庚	己	戊	丁	丙	乙	甲
巳	酉	巳	辰	寅	丑	子	亥	戌	酉	申	未	午

丙辰년에 태어났으니 丙火가 申子辰 水氣를 타고 흐르면 정보, 통신 물상으로 활용합니다. 또 辰土에서 성장하는 乙木들이 丙火 분산에너지를 확장하면 乙木의 적극적인 움직임을 활용하기에 기술, 스포츠에 어울립니다. 또 새싹과 같은 乙木들이 적극적으로 성장하기에 월일시에서 꽃 피고 열매 맺으면 丙辰의 꿈을 이루게 됩니다. 癸巳 월에 태어나 화려한 꽃을 피웠습니다만 단점은 丙辰과 癸巳의 시공간이 협소합니다. 예로 丙申월에 태어나면 丙辰 봄에서 丙申 여름으로 시공간을 넓게 쓰면서 乙丙庚 三字를 활용해서 하늘에서 돈벼락을 맞을 수 있습니다. 丙辰과 癸巳는 소도시에서 활동한다면 丙辰과 丙申은 전국이나 해외를 넘나듭니다. 좋은 점이라면 辰土 속의 乙木과 巳火 속의 丙庚이 만나서 乙丙庚 三字를 활용할 수 있다는 것입니다. 결국 년과 월에서 요구하는 목적을 달성하려면 金氣를 보충해야 한다는 것은 어렵지 않게 이해합니다. 己酉일을 선택하였습니다. 만약 하루 전인 戊申 일에 태어났다면 辰巳申의 지장간에 있는 乙丙庚을 활용해서 열매를 확장하지만 己酉는 확장을 끝내고 수확하려는 욕망입니다. 그래도 酉金을 얻음으로써 년과 월의 노력이 수포로 돌아가지는 않았습니다. 또 사주원국에 酉辰 두 글자가 있으니 丑土를 더해서 하늘에서 돈벼락을 맞을 수도 있습니다. 따라서 丁丑시를 택하면 酉金의 날카로움도 해소하고 酉金의 부피를 폭발적으로 부풀려서 빠르고 크게 부를 축적할 수 있습니다만 이 사주는 己巳 시를 선택했으니 시간이 역류하는 아쉬움이 있습니다.

▶**실제 상황**◀午대운 己巳年 14세에 결혼하고 未대운 庚辰年 25세에 재혼했고 대구에서 토건업으로 부자가 되었으나 戌대운 庚戌年 55세에 위암으로 사망하였습니다. 중년에 申酉戌 대운으로 흐르는 과정에 乙丙庚, 丁辛壬 三字는 물론이고 辰酉 合을

활용해서 부자가 되었습니다만 시주에서 酉金의 날카로움을 풀어내지 못했기에 위암으로 단명하였습니다. 중년 丁酉대운에는 丁辛壬과 酉辰를 동시에 활용해서 크게 발전하였습니다. 단명한 이유를 설명하면, 巳月에는 꽃을 활짝 펴려면 월간 癸水의 배합이 중요한데 戊戌대운에 이르면 戊癸 합으로 癸水가 증발하면서 사주전체가 건조해지고 酉金이 날카로워져 살기가 강해졌기 때문에 단명했습니다.

乾命				陰/平 1971년 8월 18일 02:30								
時	日	月	年	89	79	69	59	49	39	29	19	9
乙	甲	丁	辛	戊	己	庚	辛	壬	癸	甲	乙	丙
丑	子	酉	亥	子	丑	寅	卯	辰	巳	午	未	申

중국인으로 丁辛壬 三字에서 살펴본 사례입니다. 금융공학을 전공하고 영업능력을 인정받아 CEO가 되었습니다. 이 구조에도 두 가지 특징이 있습니다. 첫째, 丁酉亥子로 丁辛壬을 활용하고 酉丑이 있기에 辰土를 보충하면 酉丑辰 三字로 하늘에서 돈벼락을 맞습니다. 단점이라면 재산을 축적하는 공간이 丑土에 있고 그 위에 乙木이 있으니 열심히 노력해서 얻은 재물을 乙木이 취해버리는 구조입니다. 총명하고 재물 복이 두텁기에 많은 재산을 축적하지만 말년으로 갈수록 乙丑 때문에 재산을 탕진할 수 있으니 친구, 동료, 형제들의 유혹에 조심해야 합니다.

乾命				陰/平 1922년 2월 15일 18:30								
時	日	月	年	88	78	68	58	48	38	28	18	8
乙	庚	癸	壬	壬	辛	庚	己	戊	丁	丙	乙	甲
酉	辰	卯	戌	子	亥	戌	酉	申	未	午	巳	辰

壬戌년에 태어났으니 고향과 인연이 길지 못해 타향이나 해외로 가야 발전한다고 했습니다. 癸卯월에 태어나니 그 의지가 명확하게 드러납니다. 壬戌에서 戌亥 天門으로 인생을 마감하고 癸卯월에 윤회를 거친 새로운 卯木을 癸水로 기르기 시작합니다. 결국 壬戌과 癸卯가 원했던 것은 세대교체를 통하여 성장하려는 것입니다. 이런 특징을 직업물상에 적용하면 만물의 양육을 기뻐하는 교육, 공직에 어울립니다. 하지만 庚辰일을 택함으로써 년과 월의 의지와 다른 성향을 드러냅니다. 庚金을 활용해서 卯木과 乙庚 합하고 丙火를 보충해서 乙丙庚 三字를 추구하기에 갑자기 물질을 추구하기 시작합니다. 이런 변화를 육친에 응용하면 조상과 부모는 매우 엄격한 가정교육으로 공직자를 원했지만 이 아들은 성장해서 연예인을 하거나 사업한다고 바쁘게 돌아다닙니다.

그 이유는 두 가지로 첫째, 성장을 수확으로 돌리려는 복방이 강하기에 재물을 추구하고 둘째, 庚金은 반드시 丙火가 있어야 바른 지도자를 만나 군인이나 경찰처럼 통제력이 강해지는데 이 구조는 오히려 년과 월에 壬癸만 있으니 통제나 구속을 받지 않으려는 자유로운 영혼입니다. 다만 대운이 초년부터 계속 강력한 火氣로 흐르기에 방탕과 절제 사이에서 줄다리기를 하거나 乙丙庚으로 물질을 추구하고 丙庚壬 三字로 기술사업도 가능하며 火氣를 보충했기에 방탕, 불법, 비리를 저지르지는 않습니다. 또 庚辰의 辰土는 년과 월에 있는 壬癸 水氣를 담아서 취하기에 조상과 부모의 뜻을 이어받아 정리합니다. 이제 열매를 확장해야 하는데 선택 가능한 시주는 辛巳, 乙酉, 丙戌, 丁亥 정도입니다. 辛巳는 巳火를 보충해서 乙庚 合으로 열매를 확장하고, 乙酉를 택하면 년에서 시까지 戌卯辰酉로 흐름이 좋지만 단점이라면 丙火를 보충하지 못했습니다. 丙戌은 地支에서 심하게

沖하므로 불편하고 丁亥는 亥水를 辰土에 담아서 墓庫로 돈벼락을 맞지만 전체적으로 습합니다. 이 사주는 乙酉 시를 선택하였습니다. 비록 丙火를 보충하지 못했지만 좋은 점은 丑土만 보충하면 하늘에서 돈벼락을 맞을 수도 있습니다.

▶실제 상황◀ 유흥업으로 큰 부를 축적했습니다. 이 구조의 좋은 점은 년에서 시까지 戌卯辰酉로 순탄하게 흘러갑니다. 흐름이 순탄하면 인생도 막힘이 없고 굴곡도 없습니다. 乙庚 습하고 계속 乙丙庚 三字로 열매를 확장합니다. 특히 48세 이후에는 성장이 끝난 木氣들을 벌목하고 수확합니다. 다만 酉丑辰 三字가 일시에서 이루어지기에 국가, 사회를 활용한 재물이 아니고 개인적으로 축적한 재물입니다. 대운이 火氣로 흘렀음에도 사주원국에서 자유를 원하기에 공직이나 조직에서 활동하지 못하고 유흥업으로 발전하였습니다. 만약 이 구조에 대운마저도 水氣로 흘렀다면 어땠을까요? 丙火가 庚金을 통제하지 못하니 훨씬 심하게 방탕하고 불법도 서슴없이 저질렀을 겁니다. 조폭으로 활동하거나 마약거래를 하거나 어둠 속에서 범죄를 저지릅니다. 특히 戌年을 기준으로 亥子丑과 壬癸는 三合을 벗어난 저승사자와 같아서 그 흉함이 더욱 가중됩니다.

乾命				陰/平 1932년 8월 29일 18:30								
時	日	月	年	83	73	63	53	43	33	23	13	3
辛 酉	癸 巳	己 酉	壬 申	戊 午	丁 巳	丙 辰	乙 卯	甲 寅	癸 丑	壬 子	辛 亥	庚 戌

壬申년에 태어났으니 甲을 배합해야 申壬甲으로 金에서 木으로 이어지는데 없습니다. 혹은 申金에 열을 가해서 壬水에 풀어지는 丙庚壬 三字를 활용하면 기술, 예술 사업에 어울립니다. 己

- 236 -

酉월을 선택하면서 酉金 씨종자를 壬水에 풀어내려는 의지를 드러냅니다. 결국 酉金의 가치를 올리려면 丙丁, 巳午가 있어야 방탕하지 않고 申酉의 가치를 水氣에 풀어내 돈벼락을 맞을 수 있습니다. 壬水가 酉金을 품어서 좋고 또 酉金의 가치를 확장해 줄 壬水가 있기에 좋습니다. 이처럼 己酉와 壬이 조합하면 나름의 가치를 발휘합니다.

년과 월의 구조를 이해했으니 火氣를 품은 일을 골라서 酉金의 가치를 높이면 壬水 생명수의 가치도 자연스럽게 상승하는데 癸巳일을 선택했습니다. 만약 하루 늦은 甲午 일을 택했다면 어땠을까요? 년과 월에서 己酉와 壬申이 씨종자를 壬水에 풀어낸 결과물 甲木이 튀어나왔습니다. 그리고 壬水가 생명수를 공급해주고 己土가 甲木의 티진을 제공해서 뿌리 깊은 나무로 자라게 해줍니다. 또 午火는 酉金을 자극하고 壬水에 풀어지는 丁辛壬 三字를 활용해서 하늘에서 돈벼락을 맞을 수도 있습니다. 다만 甲午일은 적절한 시간을 고르기 힘들다는 단점이 있습니다. 이 사주는 癸巳일에 태어났는데 의도하는 바가 뚜렷하지 않습니다. 巳火로 申酉에 빛을 가해서 壬癸에 풀어지기에 한순간 폭발적으로 부를 축적하려는 욕망이 강합니다. 甲午는 기르려는 욕망이 강하지만 癸巳는 수확하려는 욕망뿐입니다. 이 관점은 매우 중요한데 寅卯辰은 겨울과 봄으로 만물의 성장을 기뻐하지만 申酉戌은 여름과 가을로 수확하는데 집중하기에 서로를 이해하지 못합니다. 따라서 택일 할 때 반드시 신경써야할 부분은 木金의 배합입니다. 보통 五行을 고루 갖추면 좋은 사주라고 하지만 木金이 다투는 구조는 인생의 방향이 혼란스러워집니다. 木은 기르려고 하기에 주로 희생, 봉사, 교육, 공직 속성이지만 金은 수확 욕망이기에 은행, 사채처럼 이익을 추구하는데 집중하기에 타협이 불가능합니다.

이 사주처럼 甲午대신 癸巳를 선택했을 때 좋은 점은 사주구조에 木氣가 전혀 없으니 木金의 다툼이 없기에 갈등 없이 물질을 추구하는 인생을 살아갑니다. 이제 적절한 시주를 선택해서 연월일에서 추구하는 방향이 흐트러지지 않도록 해야 합니다. 마침 辛酉시를 택하면서 사주전체가 金水로 단일해집니다. 다만 이 사주에서 활용할 수 있는 三字조합은 <u>酉丑辰</u>과 <u>丁辛壬</u>인데 마땅하지 않습니다. 辛酉로 金氣는 많지만 丑辰이 없고 巳火는 있지만 丁火나 午火가 없습니다.

▶실제 상황◀33세부터 시작하는 癸丑대운에 거부가 되었다고 합니다. 그 시기는 巳酉丑 三合 중에서 巳酉만 있다가 丑土를 만나 뻥튀기 에너지가 생겼기 때문입니다. 다만, 辰土가 없으니 부풀리는데 한계가 있습니다. 기억할 점은 <u>酉丑辰</u> 三字 중에서 酉丑, 丑辰, 酉辰, 혹은 酉子丑이나 酉子辰도 폭발적으로 재물을 부풀리는 에너지를 가졌습니다. 특히 이 사주는 巳火가 있기에 申酉 金氣들이 방탕하지 않고 壬癸에 적절하게 그 가치를 풀어냅니다. 따라서 연월일에서 가장 좋은 쓰임을 가진 巳火의 시기 38세부터 발전할 것임을 암시하는데 마침 癸丑대운과 만나서 巳酉丑과 酉丑壬癸로 한순간 거부가 되었습니다. 사주구조에서 보여주는 인생의 목적은 오로지 열매를 수확하려는 욕망뿐이기에 집중력을 발휘해서 꿈을 완성합니다. 문제는 사주원국에 木氣가 전혀 없다가 43세 이후에 甲寅과 乙卯대운을 만나면 金氣와 木氣가 다투면서 生氣가 상하기에 질병에 시달리거나 배신과 구설시비가 발생하고 심하면 관재가 동합니다. 비교사주를 보겠습니다.

乾命				陰/平 1697년 7월 28일 02:30								
時	日	月	年	83	73	63	53	43	33	23	13	3
己丑	丙午	己酉	丁丑	庚子	辛丑	壬寅	癸卯	甲辰	乙巳	丙午	丁未	戊申

丁丑년에 태어났으니 辛酉를 배합하면 丁辛癸(丑土 속의 癸水)를 활용해서 하늘에서 돈벼락을 맞을 수 있습니다. 마침 己酉월에 태어나 丁火가 酉金을 자극하고 丑土에 풀어집니다. 하지만 丙午일에 태어나면서 상황이 복잡해집니다. 丙午의 빛과 열을 방사해서 己酉를 자극하면 그 결과물이 丑土에 들어가고 위에 있는 丁火가 그 땅을 소유하기 때문에 丙午는 남 좋은 일만 합니다 따라서 丑土에 담겨진 결과물을 丙午가 취할 수 있는 방법을 찾아야 하는데 己丑 시에 태어나면서 경쟁이 더욱 격화됩니다. 년과 월에서는 丁丑이 己酉를 품었는데 30세 이후에는 丙午가 己酉의 가치를 높이고 그 결과를 丑土에 담으니 己酉가 향하는 방향이 丁丑과 己丑 두 갈래로 나뉩니다. 그렇다면 누가 그것을 차지할까요? 그 이치를 이해하려면 時節의 상황을 이해해야 합니다. 먼저 四季圖로 기준을 잡아보겠습니다.

《四季圖》

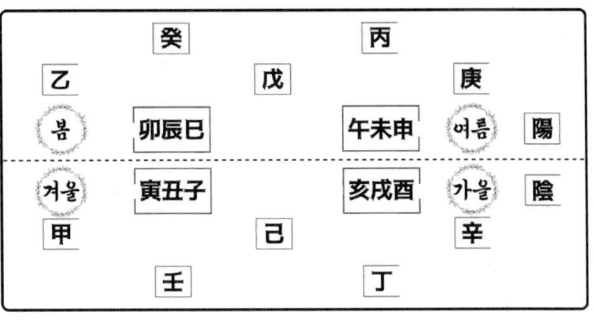

丙火의 주위에 있는 글자들은 乙癸戊庚, 卯辰巳, 午未申으로 봄과 여름에 활용하는 에너지들입니다. 丁火의 주위에 있는 글자들은 辛己壬甲, 酉戌亥, 子丑寅으로 가을과 겨울에 활용하는 에너지들입니다. 따라서 각 글자의 주위에 자신에게 적합한 글자들이 많을수록 왕성한 활동이 가능해집니다. 이런 이치를 <u>時節을 만났다</u>고 표현합니다. 이 사주구조에서 년과 월은 丁丑과 己酉로 丁火의 기세가 강하지만 丙午에 이르면 역전되기 시작합니다. 하지만 45세가 넘어가면 다시 丁火의 활용도가 높아집니다. 다만, 위에서 살핀 에너지들의 시간방향을 고려하면 30세 이전에는 己酉가 丁丑을 향하다가 30세가 넘어가면 己酉가 己丑을 향하기에 상황이 반전합니다. 이제 남은 것은 대운으로 그 흐름은 초년부터 여름에서 봄으로 흐르니 丙火가 丁火에 비해 압도적으로 우세합니다. 이런 구조가 원래보다 2배, 4배의 재물을 취하는 이유는 년에 있는 丁丑을 시간방향을 따라서 자연스럽게 丙午가 물려받기 때문입니다. 마치 丁丑과 丙午가 재산을 걸고 내기를 해서 결국 丙午가 모두 취하는 상황과 같습니다.

▶**실제 상황**◀중국 갑부 당자배(唐子培) 사주팔자로 평생 대부호의 영화를 누렸다고 합니다. 이 구조에도 酉丑만 있다가 40대 이후에 乙巳와 甲辰대운에 巳酉丑과 酉丑辰 三字로 조합해서 하늘에서 돈벼락을 맞았습니다.

坤命				陰/平 1960년 3월 20일 18:30								
時	日	月	年	84	74	64	54	44	34	24	14	4
辛	癸	庚	庚	辛	壬	癸	甲	乙	丙	丁	戊	己
酉	酉	辰	子	未	申	酉	戌	亥	子	丑	寅	卯

庚子와 庚辰이 있으니 庚金 열매와 申子辰이 조합해서 개인장사, 사업 속성이 강합니다. 丙火라도 있으면 庚金을 딱딱한 열매로 바꿔주기에 조직, 단체, 직장생활을 선호하지만 이 구조처럼 丙火의 통제력이 없으면 구속이나 간섭을 굉장히 싫어하고 자유롭게 장사나 사업하는 것을 원합니다. 癸酉일을 택하면서 酉子辰(酉丑辰과 유사한 조합)으로 뻥튀기 속성이 훨씬 강해졌고 辛酉 시를 선택했으니 물질을 지향하는 의지가 강렬합니다.

▶실제 상황◀강남 복부인으로 음식점과 부동산으로 돈벼락을 맞았습니다. 이 구조의 특징은 十神명칭으로 재물이라고 간주하는 財星이 전혀 없습니다. 대운조차도 무기력한 財星을 만나니 가난한 팔자라고 판단하지만 사주팔자에서 財星이 부를 상징하는 것이 아니라 <u>사주구조와 글지의 쓰임</u>이 부를 결정합니다. 丁丑대운에 酉丑辰 三字로 돈벼락을 맞는 운이었고 丙子, 乙亥대운에는 水氣를 활용해서 수많은 씨종자들을 마구 부풀렸습니다. 따라서 모든 결과물이 辰土에 축적되는데 그 땅을 소유한 庚金이 자연스럽게 일간 癸水를 향하고 일지 酉金과 辰酉로 合하기에 뻥튀기한 모든 재산을 일간 癸水가 취했습니다. 이처럼 사주팔자에 있는 모든 움직임의 결과물이 어디에 있고 누가 소유하였으며 일간과 어떤 관계를 형성하고 있는지를 분석하는 것은 매우 중요합니다. 아무리 노력해도 결과물을 타인이 취하는 구조의 경우에는 남 좋은 일만 시키는 인생이 되기 때문입니다. 예로, 월주가 甲辰이었다면 癸水가 甲木을 향하기에 일간이 辰土를 지키기 어렵습니다.

乾命				陰/平 1951년 12월 20일 06:30

時	日	月	年		83	73	63	53	43	33	23	13	3
辛	辛	辛	辛		壬	癸	甲	乙	丙	丁	戊	己	庚
卯	酉	丑	卯		辰	巳	午	未	申	酉	戌	亥	子

이 사주는 어떤 각도에서 살펴도 썩 좋아 보이지 않습니다. 辛卯년에 태어났으니 辛金이 亥卯未 三合과 조합해서 씨종자를 공급한 후 성장하도록 돕거나 성장한 亥卯未를 辛金을 활용해서 수확하지만 과연 어떤 방향을 원하는지 나머지 구조들을 살펴야 합니다. 辛丑월에 태어났으니 그 방향이 모호해졌습니다. 卯木을 키우자마자 짧은 기간에 辛金으로 수확해서 丑土에 저장합니다. 또 辛酉일에 태어나 酉丑으로 돈벼락 맞을 수 있는 조합을 형성했지만 辰土는 없습니다. 따라서 壬辰시를 택하면 酉丑辰 三字조합으로 하늘에서 돈벼락을 맞을 수 있습니다. 대운도 丁酉, 丙申으로 辛金이 방탕하지 않도록 바른 지도자를 만났고 丑土에 金氣를 저장한 후 壬辰으로 폭발합니다. 다만 단점이라면 卯木의 지장간에 있는 乙木은 열매의 원천이기에 마르지 않는 샘물처럼 계속 열매를 수확하지만 金氣에 상하면 육체가 상하거나 질병, 인간의 배신, 관재구설에 시달릴 수 있습니다. 만약 자신이 건강하면 주위 친인척이 상하거나 배우자가 사망할 수도 있습니다. 이 사주는 辛卯시로 기록되어 있지만 壬辰시 가능성이 높습니다.

▶**실제 상황**◀2009년 己丑년 59세 당시 상황으로 호텔을 운영하며 제주도에서 5위 이내의 부자라고 합니다. 요식, 프랜차이즈 사업도 진행할 예정인데 당뇨로 고생한다고 합니다. 하늘에서 돈벼락을 맞았지만 卯木이 金氣에 상하는 대가를 당뇨로 지

불하는 겁니다. 사주원국에 酉丑이 있으니 부자가 될 가능성이 있는데 마침 卯年을 기준으로 亥卯未 三合을 벗어난 申酉戌, 庚辛은 저승사자처럼 그 사고방식이 너무도 독특하고 일반사람들은 절대로 실행할 수 없는 일들도 과감하게 추진하는 과단성이 있습니다. 특히 20대부터 대운이 戌酉申으로 三合을 벗어난 저승과 같은 세상에서 대중의 돈을 갈취하는 뛰어난 재능을 드러냅니다. 이 이치에 대해서는 다음 章에서 자세히 다룰 예정입니다.

乾命				陰/平 1952년 7월 16일 18:30								
時	日	月	年	81	71	61	51	41	31	21	11	1
癸	甲	戊	壬	丁	丙	乙	甲	癸	壬	辛	庚	己
酉	寅	申	辰	巳	辰	卯	寅	丑	子	亥	戌	酉

壬辰년 戊申 월에 태어났으니 열매를 확장할 수 있는 상황이 아닙니다. 또 壬水와 申辰으로 개인장사, 사업의 성향이 강합니다. 결국 강력한 火氣를 보충해야 년과 월의 쓰임이 좋아지는데 甲寅 일을 선택하였습니다. 만약 丁巳일을 택했다면 丁巳가 戊申에 빛과 열을 가하고 辰土 속의 乙木까지 활용해서 乙丙庚 三字로 돈벼락을 맞을 수 있습니다. 또 丁巳가 확장해준 申金이 년주 壬辰을 향하지만 丁火가 壬水와의 合으로 다시 안방으로 끌어오기에 모든 결과물을 일간 丁巳가 취할 수 있습니다. 하지만 甲寅 일에 태어났으니 申金을 확장하는데 애를 먹습니다. 다만, 甲寅이 가장 필요로 하는 생명수 壬水가 년에 있으니 보이지 않는 조상의 음덕이 좋습니다. 壬水가 공급한 생명수를 戊土와 辰土가 품고 축축한 환경을 조성한 후 甲寅에게 제공하기에 조상의 음덕으로 적절하게 성장할 수 있습니다.

- 243 -

다만 대운이 초년부터 申金 열매를 확장할 수 없는 水氣로만 흐르니 경제적 발전은 기대하기 힘듭니다. 癸酉시에서도 필요한 火氣를 보충하지 못했으니 乙丙庚 三字를 활용할 수 없습니다. 묘한 점은 년과 시에서 辰土와 酉金이 合으로 연결됩니다. 사주 팔자에서 발생하는 天干의 合沖과 地支의 刑沖破害 合의 작용을 허투루 살피지 말아야 합니다. 원래의 작용을 뒤집고 반전상황이 발생하기 때문입니다. 특히 酉丑辰 三字 중에서 丑土는 없지만 운에서 보충해주기만 한다면 언제라도 하늘에서 돈벼락을 맞을 수 있기 때문입니다.

▶**실제 상황**◀젊어서는 식당업으로 고생하다가 40대에 들어와 50억 재산을 축적했습니다. 서울 근교 위성도시에 7층 건물을 소유하였습니다. 1983년에 부친이 사망하면서 유산으로 토지를 남겼는데 1992년에 개발과정에 50억을 보상받았습니다. 辰土와 酉金이 있지만 멀리 떨어져 있기에 그 작용이 충분하지 않다가 마침 40대에 癸丑대운을 만나자 酉丑辰 三字로 조합하면서 하늘에서 돈벼락을 맞았습니다. 酉丑辰 三字가 모이면 일정 금액을 꾸준하게 모으는 것이 아니고 갑자기 큰 재산을 한순간 축적하는 특징을 보이기에 하늘에서 돈벼락을 맞은 것과 같습니다. 酉丑辰 三字 외에도 40대 이후에 경제적으로 발전했던 이유는 년에 있는 조상의 음덕과 같은 壬水 덕분입니다. 유사한 구조를 보겠습니다.

乾命				陰/平 1961년 7월 29일 02:00								
時	日	月	年	85	75	65	55	45	35	25	15	5
乙	甲	丙	辛	丁	戊	己	庚	辛	壬	癸	甲	乙
丑	辰	申	丑	亥	子	丑	寅	卯	辰	巳	午	未

辛丑년에 태어났으니 씨종자를 활용해서 甲木을 만들어야 하는데 갑자기 丙申 월을 선택하자 흐름이 모호해졌습니다. 辛丑에서는 甲木을 키우기를 원하는데 갑자기 丙申으로 수확하겠다고 우기는 겁니다. 결국 년과 월의 의지가 너무도 상이하기에 조화를 이루기 어렵게 되었습니다. 丙申입장에서 살피면, 반드시 乙卯를 보충해서 열매를 확장해야 하는데 辛丑은 또 乙卯의 접근을 방해합니다. 더욱 좋지 않은 것은 丙辛 습으로 丙火 빛을 빼앗아버리니 30대까지는 일이 잘 풀리지 않습니다.

甲辰 일을 선택하자 반전이 발생하는데 辛丑이 원했던 甲木을 내놓았고 辰土와 丑土가 만나서 땅을 개량하기 시작합니다. 또 丙申이 원했던 辰土 속의 乙木을 丙申辰(乙丙庚)三字로 활용하기 시작해서 열매를 확장합니다. 가장 활발하게 움직이는 시기는 38세 이후 日支 辰土로 특히 좋은 이유는 辛丑과 辰土가 함께 酉丑辰 三字를 활용해서 하늘에서 돈벼락을 맞을 수 있기 때문입니다.

▶**실제 상황**◀2015년 49세 당시에 모텔과 상가 몇 개를 가지고 있었습니다. 부모에게 받은 유산은 없었고 자수성가 하였습니다. 대운을 감안하면 마침 35세부터 <u>壬辰</u>대운을 만나 사주원국과 함께 酉丑辰으로 하늘에서 돈벼락을 맞았습니다. 乙丑시에 태어났으니 丙申 월이 필요한 乙木을 제공할 수는 있지만 단점은 친구, 형제, 동업 등으로 甲木이 소유한 재산 일부를 탕진할 수도 있기에 주의해야 합니다. 이처럼 乙木이 소유한 丑土를 甲木과 다투는 구조들은 싫던 좋던 자꾸만 주위사람들과 엮이면서 배신, 배반의 문제를 만들어내기에 甲日에 乙丑시를 배합하는 것은 추천할만한 조합은 아닙니다.

乾命				陰/平 1983년 12월 6일 08:30								
時	日	月	年	81	71	61	51	41	31	21	11	1
壬	辛	乙	癸	丙	丁	戊	己	庚	辛	壬	癸	甲
辰	丑	丑	亥	辰	巳	午	未	申	酉	戌	亥	子

년주 癸亥는 60甲子의 마지막으로 암시하는 의미는 근본터전을 상징하는 년주를 벗어나야만 발전한다는 것입니다. 따라서 고향, 부모와 인연이 박하고 타향, 해외에서 발전하는 것이 바람직합니다. 癸亥를 가치 높게 활용하려면 반드시 辛酉 씨종자를 풀어내야 하므로 월주에서 반드시 보충해서 계해의 가치를 높여야 안정되고 발전합니다. 하지만 乙丑월을 선택했으니 그 방향이 모호합니다. 癸亥도 60갑자의 마지막이요 그 다음은 甲子와 乙丑이니 년과 월에서는 과거를 모두 버리고 새롭게 출발하라고 내모는 겁니다. 조상, 부모와 인연이 없으니 멀리 떠나라고 합니다. 하지만 丑土의 속성대로 식구들에 대한 집착이 강해서 효자노릇을 합니다. 떠나야만 하면서도 식구들에 대한 애정과 집착을 버리지 못하는 묘한 속성입니다. 이제 癸亥와 乙丑을 어떻게 활용해야 가치가 높아지는지 고민해야 합니다. 년과 월에 癸乙이 있으니 戊土를 배합하면 乙癸戊 三字로 교육, 공직 물상으로 활용하기에 안정적으로 살아가지만 하늘에서 돈벼락을 맞는 조합은 아닙니다. 亥水를 활용하는 적절한 방법은 일지에 辰土를 배합해서 해수를 담아올 수만 있다면 돈벼락을 맞을 수 있습니다. 바로 墓庫를 활용하는 것으로 아래에서 자세히 다룰 예정입니다. 丑土는 酉와 辰을 보충해서 酉丑辰 三字를 활용할 수만 있다면 이 또한 하늘에서 돈벼락이 가능해집니다. 亥와 丑이 원하는 공통분모를 찾으면 辰土가 분명하기에 일과 시에서 보충해주면 년과 월에 있는 글자들을 효율적으로 활용할 수 있습니다.

- 246 -

이 사주는 辛丑 일을 택함으로써 여전히 삶의 방향은 모호하지만 좋은 점도 많습니다.

첫째, 癸亥에 미네랄과 같은 辛金을 보충해서 생명수의 가치를 높여줍니다. 癸亥자체로는 흘러 다니는 물에 불과했는데 辛金을 보충하면 아이를 잉태한 엄마처럼 그 성정이 차분해지고 가치가 높아집니다. 둘째, 丑土의 지장간 내부에서 계속 酉子(辛癸) 破로 부드러워진 辛金은 점점 乙木으로 물형을 바꾸는데 이때 乙木이 계속 나오기 위해서는 반드시 金氣를 보충해야 하는데 그 행위를 일간 辛金이 해주는 겁니다. 부연설명하면 癸亥년 乙丑월의 구조에서 축토의 지장간에 있는 辛金은 癸亥와 丑土에 의해서 콩의 딱딱함이 거의 풀어지고 이제 콩나물로 나와야만 하므로 원래의 형태를 유지할 수 없는 지경에 이르렀기에 만약 辛金을 보충하지 않으면 한번 콩나물로 변한 후에는 다시는 재활용할 수 없게 됩니다. 예로, 사업하려면 자본이 든든해야 걱정 없이 사업을 이어가는데 자본이 부족하면 적극적으로 사업을 추진하기도 어렵고 한번 망하면 다시는 재기하지 못하는 이치입니다. 결국 丑土는 金氣를 水氣에 풀어서 甲木을 내놓으려는 것인데 甲木은 없고 乙木만 있지만 그 이치는 다를 바 없습니다.

특히 亥年을 기준으로 亥卯未 三合을 벗어난 申酉戌과 庚辛은 저승사자처럼 매우 독특한 사고방식, 행동방식을 활용해서 대중의 돈을 취하는 재주가 뛰어나며 년과 월에서 필요한 辛金을 공급해주기에 국가. 사회에서 필요한 것을 제공하고 조부모, 부모 대에서 원하는 것들을 충족하는 재주가 뛰어납니다. 마침 대운도 20대부터 壬戌, 辛酉, 庚申으로 저승사자의 강력한 에너지를 활용할 수 있습니다. 이제 어떤 시주를 선택해야 좋은지 고민해야 합니다. 가능한 시간은 아래와 같습니다.

| ●戊子, 己丑, 庚寅 |
| ●辛卯, <u>壬辰</u>, 癸巳 |
| ●<u>甲午</u>, 乙未, 丙申 |
| ●<u>丁酉</u>, 戊戌, 己亥 |

만약 壬辰時를 선택하면 좋은 점은 첫째, 亥水를 辰土에 담아오는 과정에 丑土 속에 있는 辛金의 가치도 모두 품을 수 있습니다. 辰土에 담기는 물은 辛酉의 가치에 따라 결정되기에 맹물과 같은 癸亥를 담는 것보다 丑土 속의 辛金을 함께 담는 것은 가치에 큰 차이가 납니다. 둘째, 辛丑과 辰土를 <u>酉丑辰</u> 三字로 활용해서 하늘에서 돈벼락을 맞을 수 있습니다. 단점은 辛金이 壬水를 향하는 시간방향 때문에 壬辰을 취하고 지키는데 어려움을 겪습니다. 예로, 자식이 재산을 일부 탕진해버리거나 잘못되니 투자로 돈을 날리는 경우입니다. 甲午를 택하면 癸亥, 丑土. 辛金이 만들고자 했던 甲木을 밖으로 드러냈으며 午火를 활용해서 辛金을 자극하고 癸亥에 풀어지는 丁辛壬 三字를 활용할 수는 있지만 그 성향이 딱딱해지면서 대범하게 사업을 추진하기는 어렵고 또 모든 결과물이 癸亥를 향해 나가버리기에 자신이 취하기 어렵습니다. 동일한 논리로 丁酉도 丁辛과 癸亥로 丁辛壬 三字를 활용하지만 모든 결과물이 癸亥 년을 향해 가버리기에 내가 취하기 어렵다는 단점이 있습니다. 이 사주는 壬辰시를 선택하면서 酉丑辰 三字로 하늘에서 돈벼락을 맞을 수 있습니다.

▶**실제 상황**◀ 가난한 집에서 태어나 20대에 일본으로 건너가서 테마파크 관련업에 종사하다가 일본에서 부인을 만나 결혼했는데 장인의 자산이 수백억이기에 편하게 살아갑니다. 결국 이 사주도 辛丑과 辰土가 <u>酉丑辰</u> 三字를 조합해서 하늘에서 돈벼락을 맞은 것처럼 부자 집 딸과 결혼하였습니다. 아래에서 복권으

로 돈벼락을 맞은 사례를 보겠습니다.

乾命				陰/平 1961년 1월 14일 08:30								
時	日	月	年	88	78	68	58	48	38	28	18	8
甲	壬	庚	辛	辛	壬	癸	甲	乙	丙	丁	戊	己
辰	辰	寅	丑	巳	午	未	申	<u>酉</u>	戌	亥	子	丑

辛丑년에 태어났으니 甲木을 내놓아야 순차적인 흐름이 됩니다.
마침 庚寅 월에 태어났으니 신축을 부드럽게 바꿔서 새로운 뿌
리를 내놓았습니다. 壬辰일에 태어나자 년과 월에 있는 수많은
金氣들이 壬水에 풀어지자 미네랄을 품은 壬水가 자신의 생명
수를 활용해서 寅辰 새싹들을 기르기 시작합니다. 더욱 좋은 점
은 辛丑과 壬辰이 조합해서 酉(辛)丑辰 三字로 돈벼락을 맞을
수 있습니다. 그리고 甲辰시에 태어나 천간의 흐름은 庚辛이 壬
水를 통하여 甲木으로 세대를 이어가는 흐름입니다. 결국 壬水
는 이 사주에서 반드시 필요한 핵심역할이 분명합니다.

▶**실제 상황**◀2010년 50세 乙酉대운 庚寅년 5월 5일에 2억 6
천 6백 달러(한화 3,190억 상당)복권에 당첨되어 표현 그대로
하늘에서 돈벼락을 맞았습니다. 신비롭게도 사주원국에 丑辰으
로만 있다가 乙酉대운에 이르자 酉金과 함께 <u>酉丑辰</u> 三字로 조
합한 시기였습니다. 과연 우연일까요? 복권당첨 사례들은 책 2
권에서 자세히 다룰 예정입니다. 지금부터는 酉丑辰 三字를 흉
하게 활용하는 사례를 살펴보겠습니다. 특별하게 언급하는 이유
는 酉丑辰을 잘못 활용하면 축적한 재산을 빼앗기고 교도소에
수감되는 사례가 많기 때문입니다.

- 249 -

乾命				陰/平 1952년 6월 23일 18:30								
時	日	月	年	88	78	68	58	48	38	28	18	8
丁	辛	戊	壬	丁	丙	乙	甲	癸	壬	辛	庚	己
酉	卯	申	辰	巳	辰	卯	寅	丑	子	亥	戌	酉

前 진로그룹 장 회장 사주팔자입니다. 亥子대운에 소주 업계의 7-80%를 점유하는 회사로 우뚝 섰지만 49세부터 시작하는 癸丑대운에 무리한 사세확장으로 흑자 사업체를 양도하는 불운을 겪었습니다. 이 구조에는 다양한 조합이 있습니다. 卯申으로 乙庚 합하고 천간에서 丁辛壬 三字로 조합하고 辰酉로 酉丑辰 三字 중에서 丑土가 빠졌습니다. 辛亥, 壬子대운을 지나는 과정에는 丁辛壬 三字를 활용하여 폭발적으로 발전했지만 癸丑대운에 이르면 酉丑辰 三字의 속성대로 크게 한탕을 노리는 심리가 강해지면서 지나친 욕심으로 한 순간 모든 것을 잃었습니다. 酉丑辰 三字의 극명한 양면성입니다. 酉丑辰을 활용해서 돈벼락을 맞는 구조들이 재산을 유지하는 비결은 바로 더 이상 탐욕을 부리지 말고 불법행위를 저지르지 말아야 하는 것입니다. 酉丑辰 三字조합의 물상들을 살펴보겠습니다.

坤命				陰/平 1962년 9월 11일 02:00								
時	日	月	年	81	71	61	51	41	31	21	11	1
丁	庚	己	壬	庚	辛	壬	癸	甲	乙	丙	丁	戊
丑	辰	酉	寅	子	丑	寅	卯	辰	巳	午	未	申

酉丑辰 물상 중 하나인 교통사고 사례입니다. 丙午대운에 경찰 공무원과 결혼했지만 乙巳대운 37세 戊寅年에 남편이 교통사고

로 사망했습니다. 재물복은 두터워 빌딩을 소유하였고 여유로운 생활을 합니다. 월일시에서 酉丑辰 三字가 뚜렷합니다. 또 년과 월에서 寅酉로 조합하니 살기가 강해서 경찰공무원과 인연이 되었습니다. 첫 남편은 년지 寅의 地藏干에 있으니 일간과 가장 멀리 떨어져 있기에 이혼, 사별하기 쉽습니다. 하필 일지에 辰土가 있고 酉辰과 酉丑으로 酉丑辰 三字가 모두 모이니 酉金 자동차가 丑土와 辰土에 들어가 원래의 물형을 유지하지 못하고 너덜거리니 남편이 교통사고로 사망했습니다.

하지만 酉丑辰 三字의 특징대로 돈벼락을 맞으니 빌딩을 소유하고 여유로운 생활을 합니다. 이처럼 인생의 과정에 반드시 길흉이 공존합니다. 酉丑辰만 있으면 무조건 돈벼락 맞아서 행복한 인생을 사는 것이 아닙니다. 돈을 받은 내가로 교통사고로 남편을 잃거나 불법을 저지르고 교도소에 수감되어서 평생 밖으로 나오지 못할 수도 있습니다.

乾命					陰/平 1972년 9월 10일 08:30								
時	日	月	年		87	77	67	57	47	37	27	17	7
庚	庚	庚	壬		己	戊	丁	丙	乙	甲	癸	壬	辛
辰	辰	戌	子		未	午	巳	辰	卯	寅	丑	子	亥

酉丑辰 三字 중에서 辰土만 있는데 27세부터 癸丑대운을 만나자 상황이 달라집니다. 壬子대운에 취직도 못해서 힘들었는데 癸丑대운 甲申年에 회사에서 승진합니다. 하지만 34세 乙酉年 酉丑辰 三字로 조합하는 해에 그 동안 벌었던 월급을 부모에게 투자했지만 사기 당하고 말았습니다. 동일한 酉丑辰이지만 월지의 공간 환경에 따라 반응이 다릅니다. 월지 戌土는 화로와 같아서 불이 꺼지면 흉한데 壬子년 辰일 중간에 戌土가 끼어있으

니 화로가 불안정하고 또 대운도 水氣로 흐르기에 발전이 힘듭니다. 癸丑대운에 이르자 丑辰으로 돈벼락 운을 맞아서 일시적으로 발전하지만 34세 乙酉년에 酉丑辰 三字가 모두 모이자 한탕을 노리는 욕망이 강해지고 결국 피땀으로 모은 월급을 모두 날렸습니다. 결국 이런 결과를 만들고자 庚金과 癸丑, 乙酉가 반응해서 부모에게 투자하고 사기 당했습니다. 酉丑辰으로 조합하는 운에는 과연 불법, 비리, 사기의 문제가 없는지를 꼼꼼하게 살펴야 합니다.

乾命					陰/平 1960년 1월 2일 06:30								
時	日	月	年		88	78	68	58	48	38	28	18	8
辛	丙	丁	己		戊	己	庚	辛	壬	癸	甲	乙	丙
卯	辰	丑	亥		辰	巳	午	未	申	酉	戌	亥	子

己亥년 丁丑 月에 태어났으니 어둡고 답답하며 丙火 빛을 활용할 수 없기에 30세 전까지는 조상과 부모의 음덕을 바랄 수 없고 병화의 빛을 년과 월에 공급해야만 하기에 희생하는 인생입니다. 가난한 가정에서 태어나 많은 고생하다가 甲戌대운 己巳년에 갑자기 좋은 기회를 잡기 시작합니다. 30세에 동업으로 탄광사업을 시작하고 많은 돈을 벌었습니다. 하지만 36세에 이르자 다단계 판매를 시작해 실패하고 근 2억을 탕진했습니다. 癸酉대운에 이르자 쫄딱 망하고 재기도 못하고 甲申년 45세 당시에는 도박까지 손을 대서 빚이 많았습니다. 이 사례는 酉丑辰 三字를 흉하게 활용하는 경우입니다. 사주구조가 어둡고 탁할 때 酉丑辰을 어떻게 사용하는지 살펴야 합니다. 丑辰이 있으니 일지의 시기에 한순간 돈벼락을 맞습니다. 丁丑과 丙辰으로 동업구조가 분명하고 丑辰으로 丑土 탄광을 辰土로 破시켜서 개

- 252 -

발해서 돈을 벌었습니다. 甲戌대운에 丑土의 도둑, 강도와 같은 속성을 戌土로 刑하여 큰돈을 벌었습니다만 대운이 바뀌고 癸酉대운에 이르면 상황이 반전합니다. 丑辰의 어두운 속성과 癸酉가 조합해서 酉丑辰으로 한탕을 노리기 시작합니다. 이런 에너지에 휘둘리면 인간은 도박, 투기처럼 한탕을 노리고 정신적으로 불안정해지면 마약에도 손을 댑니다. 주로 활용하는 직업물상은 사채, 마약거래, 도박, 투기, 다단계, 부동산 떴다방과 같습니다. 월급은 안중에도 없으며 오로지 한탕을 위해 몸을 불사릅니다. 다행한 점은 다단계에 뛰어들고 도박에 손을 대서 빚만 늘었지만 丙火 빚이 있으니 교도소에 들어가지는 않았습니다. 정리하면, 酉丑辰 三字를 부정적인 물상으로 활용할 경우에는 도박, 투기, 마약, 교통사고, 치아문제가 발생합니다. 時柱도 辛卯로 시간이 역류하기에 46세 이후의 흐름도 나쁩니다. 유사한 예문을 보겠습니다.

乾命					陰/平 1913년 4월 14일 08:30								
時	日	月	年		83	73	63	53	43	33	23	13	3
庚	乙	丙	癸		丁	戊	己	庚	辛	壬	癸	甲	乙
辰	丑	辰	丑		未	申	酉	戌	亥	子	丑	寅	卯

무역과 금융으로 많은 돈을 벌었지만 59세 辛亥, 壬子, 癸丑년에 계속 실패하고 도망자가 되었습니다. 천간에서 乙丙庚 三字가 모두 있으니 사업으로 부를 축적하고 地支도 丑辰으로 하늘에서 돈벼락을 내리는 조합이기에 빠르고 크게 벼락부자가 됩니다. 하지만 불법, 비리, 한탕, 투기를 노리면 한순간 부도나고 도망자가 되거나 교도소에 잡혀 들어갑니다.

- 253 -

乾命				陰/平 1958년 12월 2일 14:40								
時	日	月	年	88	78	68	58	48	38	28	18	8
庚	壬	乙	戊	甲	癸	壬	辛	庚	己	戊	丁	丙
子	辰	丑	戌	戌	酉	申	未	午	巳	辰	卯	寅

좋은 가문에서 태어나 수자원공사에 취직하여 다니다가 30대 중반부터 사업을 시작했지만 번번이 실패하고 사망 전에는 택시 기사를 하면서 도박에 빠져 빚 독촉을 못 이기고 己巳대운 46세 甲申년 丁卯월에 자살했습니다. 년과 월에서 乙癸戊 三字로 교육, 공직에 어울리기에 좋은 가문에서 태어나 국영기업에 다녔지만 30세가 넘어가면 丑辰의 한탕을 노리기 시작합니다. 도박, 투기, 마약과 같은 丑辰의 유혹을 견디지 못하고 한여름 밤의 꿈을 탐합니다. 위 구조는 丙火가 있기에 60세까지 문제가 없었지만 이 사주는 壬水 어둠만 있으니 젊은 나이에 丑辰의 속성에 빠져 어둠 속에서 살다가 자살했습니다.

乾命				陰/平 1938년 8월 8일 02:30								
時	日	月	年	83	73	63	53	43	33	23	13	3
己	丙	辛	戊	庚	己	戊	丁	丙	乙	甲	癸	壬
丑	寅	酉	寅	午	巳	辰	卯	寅	丑	子	亥	戌

농협 조합장으로 재직하다 丁卯대운에 지방 시장으로 출마하여 당선되었지만 63세 戊辰대운으로 바뀌자 돈 문제로 2001년 辛巳년에 구속되었습니다. 戊辰대운에 이르면 사주원국에 있는 酉金과 丑土가 酉丑辰 三字로 조합하면서 자신도 모르게 큰돈을 탐하는 욕망에 휘둘리고 문제가 발생하고 구속되었습니다. 교통

사고, 임플란트, 교도소에 수감되는 물상은 겉으로 보기에는 달라 보이지만 酉丑辰 三字가 만들어낸 물상입니다.

乾命				陰/平 1942년 10월 24일 08:30								
時	日	月	年	82	72	62	52	42	32	22	12	2
戊	己	辛	壬	庚	己	戊	丁	丙	乙	甲	癸	壬
辰	丑	亥	午	申	未	午	巳	辰	卯	寅	丑	子

중년에 장사한다고 교만했지만 42세에 부도내고 도망 다니면서 고생하다가 辰대운에 구속되었습니다. 甲寅, 乙卯대운에 사업으로 좋았던 환상을 잊지 못하는 겁니다. 젊은 시절에는 午火와 辛亥로 丁辛壬 三字를 활용해서 甲寅, 乙卯대운을 지날 때 돈벼락을 맞고 기고만장해졌습니다. 辰대운에 이르면 酉丑辰 三字로 무리하게 한탕을 노리다 부도내고 교도소에 수감되었습니다.

乾命				陰/平 1936년 3월 18일 10:30								
時	日	月	年	89	79	69	59	49	39	29	19	9
癸	辛	壬	丙	辛	庚	己	戊	丁	丙	乙	甲	癸
巳	酉	辰	子	丑	子	亥	戌	酉	申	未	午	巳

미국인으로 도박꾼입니다. 보험회사 영업사원으로 8년 일했고 1969년 己酉년에는 도박으로 모든 것을 잃고 파산하였습니다. 1971년 36세 辛亥년에 도박으로 큰돈을 벌어서 벤츠를 구입하였습니다. 이처럼 酉丑辰 三字는 속전속결로 크게 벌지만 한순간 몰락합니다. 지금까지 다양한 각도에서 酉丑辰 三字 물상을 살폈습니다. 적절하게 활용하면 하늘에서 돈벼락을 맞지만 무리

하게 한탕을 노리거나 도박, 투기에 빠지면 심각한 문제가 발생하는 극히 이중적인 조합이니 주의해야 합니다.

창고에 돈벼락을 담다. - 墓庫(묘고)

하늘에서 내리는 벼락부자 사주구조 중에서 독특한 특징을 가진 조합이 墓庫(묘고, 묘지와 창고)에 돈을 축적하는 것입니다. 문제는 고대에서 현대에 이르기까지 墓庫에 대한 논리가 불분명하여 적절하게 활용하지 못하고 있습니다. 먼저 용어를 정리해보겠습니다.

墓庫의 의미

4종류의 三合운동인 申子辰, 亥卯未, 寅午戌, 巳酉丑을 마감하는 辰未戌丑을 墓庫라 표현합니다. 그 물상은 영안실, 관, 墓, 감옥, 서점, 옷장, 냉장고, 토굴, 포도주 저장고, 물탱크, 주차장, 곡물창고, 술독, 은행, 발전소, 탄약고, 고물상, 군대 등으로 사람이나 물건을 담는 장소, 공간을 뜻합니다. 墓庫의 명칭은 五行의 특징에 따라 달라집니다.

```
◉申子辰 三合은 水氣의 운동이기에 水庫
◉亥卯未 三合은 木氣의 운동이기에 木庫
◉寅午戌 三合은 火氣의 운동이기에 火庫
◉巳酉丑 三合은 金氣의 운동이기에 金庫
```

五行에 따라 물상도 다른데 예로 火庫는 火氣를 담은 공간이기에 화약고, 유류창고, 탄약고, 변압기 등의 물상이고 또 水庫는 水氣를 담았기에 물탱크, 정수기 등을 상징합니다. 이해를 돕고자 먼저 사주사례를 살펴보겠습니다.

- 257 -

乾命				陰/平 1947년 9월 9일 16:30								
時	日	月	年	84	74	64	54	44	34	24	14	4
壬	甲	庚	丁	辛	壬	癸	甲	乙	丙	丁	戊	己
申	戌	戌	亥	丑	寅	卯	辰	巳	午	未	申	酉

辰未戌丑 중 하나인 戌土가 월과 일에 있으니 火庫라 부르며 火氣를 담는 창고입니다. 여기에서 火氣란 天干 丙丁과 地支의 巳午를 뜻합니다. 또 寅과 未의 地藏干에도 火氣를 품었기에 寅巳午未가 품은 火氣를 戌土에 담을 수 있습니다. 또 卯木이 戌土와 合하면 화석연료처럼 장기간에 걸쳐 내부에 열기를 축적합니다. 火氣를 찾아보면 年干에 丁火가 있으니 시간흐름에 따라 월지와 일지에 있는 戌土에 담깁니다. 이때 만약 년과 월에 있는 火氣를 일지에 담으면 조상, 국가의 음덕을 받을 수 있지만 時干에 있는 火氣를 日支에 담으면 본인이 노력한 결과물을 담거나 자식이 효도해서 덕을 보는 것입니다. 이 구조는 년에 있는 것을 담으니 조상의 음덕이 있으며 대운을 감안하면 丁未, 丙午, 乙巳로 강력한 火氣가 24세부터 53세까지 30년이 이어집니다.

▶실제 상황◀ 20대 丁未대운에 사업을 시작했는데 윗사람들의 도움을 받아서 丙午대운에 큰 부자가 되었고 乙巳대운에는 하늘에서 돈벼락을 맞았다고 합니다. 산만해 보이는 구조이지만 일지에 있는 戌土가 丙午와 乙巳대운의 강력한 火氣를 담았고 특히 을사대운에는 乙丙庚 삼자의 효과도 함께 누렸기에 돈벼락을 맞았던 것입니다.

乾命				陰/平 1902년 1월 1일 18:30								
時	日	月	年	89	79	69	59	49	39	29	19	9
己	壬	壬	壬	辛	庚	己	戊	丁	丙	乙	甲	癸
酉	戌	寅	寅	亥	戌	酉	申	未	午	巳	辰	卯

日支 戌土는 寅午戌 三合운동을 마감한 공간이며 寅午戌 火氣를 저장하였습니다. 다만 사주구조에 따라 戌土에 담은 火氣의 크기가 달라지기에 취하는 부의 크기가 달라집니다. 이 구조는 寅午戌 三合의 화려한 색채를 가진 물질세계에 壬水 생명수를 공급하기에 평생토록 재무관련 업무에 종사했으며 중앙은행 총재, 재정부장을 지냈습니다. 특히 戌土는 재물창고와 같아서 국가 재정의 흐름을 관리하였습니다. 이 구조의 흥미로운 점은 寅午戌 三合 중에서 午火가 빠졌기에 실질적인 火氣를 담을 수는 없지만 대운에서 강력한 火氣 乙巳, 丙午, 丁未를 가득 담았기에 고위공직에 올랐습니다. 만약 대운이 강력한 火氣로 흐르는데 戌土가 없거나, 戌土가 있어도 대운이 水氣로 흘렀다면 火氣를 담을 수 없기에 텅 빈 창고와 같아서 墓庫를 적절하게 활용하지 못합니다. 이 사주는 그 문제를 대운에서 강력한 화기로 보충했기에 높은 관직에 올랐던 것입니다.

乾命				陰/平 1962년 1월 22일 08:30								
時	日	月	年	83	73	63	53	43	33	23	13	3
庚	乙	壬	壬	辛	庚	己	戊	丁	丙	乙	甲	癸
辰	未	寅	寅	亥	戌	酉	申	未	午	巳	辰	卯

안 랩을 창업하고 현재는 정치인으로 활동하는 안철수 사주팔자

라고 합니다. 위 사주와 년과 월의 干支는 동일하지만 이 사주는 乙未일에 태어났습니다. 두 사주팔자 사이에 어떤 차이가 있는지 살펴보겠습니다. 특히 戌土와 未土의 작용에 집중해서 비교해보겠습니다.

●戌土: 寅午戌 三合의 墓庫로 丙丁, 巳午 火氣를 담는다.
●未土: 亥卯未 三合의 墓庫로 甲乙, 寅卯 木氣를 담는다.

이처럼 두 사주는 년과 월이 동일해도 墓庫를 활용하는 방식이 다릅니다. 戌土는 火氣를 담아야 쓰임이 좋고 未土는 木氣를 담아야 쓰임이 좋습니다. 이처럼 辰未戌丑에 어떤 五行을 어느 크기로 담느냐에 따라 부의 정도가 결정됩니다. 참고로 十神을 감안하면, 위 사주는 戌土에 丙丁, 巳午 財星을 담았기에 재정부장을 지냈다고 판단하며 未土는 甲乙, 寅卯 木氣 比劫을 담기에 돈이 아니라고 판단하지만 이 사주도 실제로는 2천억 부를 축적했으니 十神으로 墓庫작용을 살피는 것은 제한적이거나 맞지 않는 사례가 많다는 것을 암시하기에 주의해야 합니다.

己壬壬壬
酉戌寅寅 임인년생 남자   1번

庚乙壬壬
辰未寅寅······임인년 사주 2번

墓庫의 의미에 대해 조금 더 분석해보겠습니다. 1번은 사주원국에 딱 하나의 戌土를 가졌지만 2번은 未土와 辰土 두 개를 가졌고 각 토마다 담을 수 있는 에너지가 다릅니다. 따라서 1번은 火氣를 담는데 집중하지만 2번은 추구하는 방향이 두 개입니다.

未土는 木氣를 담고 辰土는 申子辰 三合운동을 마감한 공간이기에 壬癸, 亥子와 같은 水氣를 담습니다. 다만 사주구조에 따라 담고자 해도 담을 五行이 없거나 담을 수 있는 목화금수 五行은 많지만 辰戌丑未가 없는 구조도 있습니다. 2번은 38세에서 45세 사이에 두 개의 寅(木氣)을 未土 墓地에 담고 54세 이후에는 辰土 墓地에 壬壬 水氣를 담으려고 합니다. 이에 따라서 45세까지 추구했던 것과 이후에 추구하는 것은 다름을 이해해야 합니다. 未土에서는 돈을 담았고 辰土에서는 정치계에서 입지를 다지려고 합니다. 이때 담는 것이 좋은지 나쁜지는 사주팔자 구조에 따라서 달라지지만 여기에서 설명하기에는 너무 복잡하기에 따로 다루도록 하겠습니다. 이처럼 辰未戌丑이 두 개 혹은 세 개가 있을 때의 단점은 인생방향이 산만하고 크게 달라지면서 굴곡이 생길 수도 있습니다. 辰戌丑未는 있는데 <u>담을 五行이 없는 사례</u>를 보겠습니다.

乾命				陰/平 1948년 1월 13일 04:30								
時	日	月	年	84	74	64	54	44	34	24	14	4
壬	丁	甲	戊	癸	壬	辛	庚	己	戊	丁	丙	乙
寅	丑	寅	子	亥	戌	酉	申	未	午	巳	辰	卯

일지 丑土는 巳酉丑 三合운동을 마감했기에 <u>庚辛, 申酉</u>를 담습니다. 하지만 연월일 어디에도 보이지 않기에 丑土가 墓庫의 작용을 적절하게 할 수는 없습니다. 또 일간 丁火는 辛酉에 열기를 가해서 열매를 완성해야 하는데 없으니 마치 할 일이 없는 것처럼 쓰임이 적절하지 못합니다. 이처럼 사주팔자에 있는 글자가 쓰임이나 할 일이 없으면 존재가치가 약하거나 본래의 에너지 특징을 포기하고 원하지도 않는 다른 용도로 활용되면서

- 261 -

만족하지 못한 인생이 됩니다. 丑土는 庚辛, 申酉를 품어서 甲寅을 길러야 하는데 없으니 甲寅의 터전임에도 씨 없는 종자처럼 가치가 높지는 않습니다. 또 丁火도 丁壬 合으로 木氣를 만들려고 노력하지만 필요한 씨종자 辛酉가 없으니 새로운 미래(甲寅)를 창조하지 못하며 丁辛壬 三字도 효율적으로 활용할 수 없습니다.

▶**실제 상황**◀결혼하고 60세가 넘도록 부부가 함께 살며 사이도 좋으며 외도도 하지 않았습니다. 未대운에 일지와 丑未 沖했음에도 재물이 들어온 것도 아니고 특별하게 문제가 발생한 것도 아닙니다. 그 이유는 丑土에 金氣가 담기지 않아서 텅 빈 창고와 같으니 刑하던 沖하던 특별한 반응이 없는 겁니다.

乾命				陰/平 1938년 5월 17일 12:30								
時	日	月	年	88	78	68	58	48	38	28	18	8
丙午	丁丑	戊午	戊寅	丁卯	丙寅	乙丑	甲子	癸亥	壬戌	辛酉	庚申	己未

일지 丑土에 庚辛, 申酉를 담아야 하는데 사주원국에 金氣가 전혀 없으니 墓地 역할을 할 수 없습니다. 巳酉丑 三合운동을 마감해서 상응하는 물질을 저장하고 싶지만 불가능합니다. 비유하면 곡식창고는 있지만 텅 빈 것처럼 쓸모가 없는 겁니다. 이에 따라 墓地의 작용들이 드러나지 않았습니다.

▶**실제 상황**◀부친이 단명하지도 않았고 중년에 부인과 이혼하거나 사별한 것도 아니며 함께 70을 넘겼습니다. 戌대운에 丑戌 刑으로 丑土를 열지만 재물 복이 좋아진 것도 아니고 공직에서

활동한 것도 아닙니다. 이처럼 丑土에 담길 庚辛, 申酉가 없으면 墓庫라고 부르기도 민망합니다.

지금까지 살펴본 바로는 墓庫에 대해 다음과 같은 결론을 내릴 수 있습니다. 사주원국에서 墓庫에 담길 五行이 없다면 텅 빈 창고처럼 쓰임이 없고 沖刑으로 충격을 가해도 문제가 발생하지 않습니다. 따라서 墓庫를 활용해서 부를 축적하려면 반드시 사주원국이나 대운에서 墓庫에 담길 五行이 있어야 합니다. 다만, 구분해야 할 점은 墓地와 庫地로 그 작용에 따라 부와 권력을 취하는 정도가 크게 달라집니다. 매우 복잡하고 잡다한 墓庫의 차이를 간단하게 정리하면 아래와 같습니다.

> ●墓地- 甲丙戊庚工, 寅巳申亥서림 陽氣를 담는다.
> ●庫地- 乙丁己辛癸, 子卯午酉처럼 陰氣를 담는다.

내용은 복잡하지만 사실 그 이치는 매우 간단합니다. 예로 申子辰 三合운동 과정에 辰土가 담는 水氣는 陽氣 壬水와 亥水 그리고 陰氣 癸水와 子水인데 그 중에서 壬亥를 담으면 墓地(묘지)라고 부르고 하늘에서 돈벼락을 맞을 가능성이 높지만 癸子를 담는 辰土는 庫地라 부르고 재물크기가 墓地에 비해 크게 줄어듭니다. 위에서 살폈던 사례처럼 일지 戊土가 년과 월에 있는 丙巳를 담거나 대운에서 乙巳, 丙午, 丁未로 강한 火氣를 담으면 빠르고 쉽고 크게 부를 축적합니다. 정리하면, 墓地는 陽氣五行을 담고 陽氣의 가치를 더 이상 활용할 수 없기에 墓地라 부릅니다. 庫地는 陰氣를 일시적으로 담지만 필요할 때마다 자유롭게 꺼내서 활용합니다. 비유하면, 은행에 금괴를 맡겨두었지만 활용할 일이 없는 상태를 墓地라 부르고 하지만 현금 1억을 은행에 저축하고 수시로 꺼내 활용한다면 庫地라 부릅니

- 263 -

다. 亥卯未, 寅午戌, 巳酉丑, 申子辰 三合운동이 끝나는 辰戌丑
未에서 하늘이 내리는 돈벼락을 맞을 수 있는 이유를 시간흐름
으로 설명하면 이렇습니다. 예로 亥卯未 三合은 亥月에서 시작
해서 卯月을 거쳐 未月까지 시간이 이어집니다.

```
◉亥(卯)未 = 亥未
◉寅(午)戌 = 寅戌
◉巳(酉)丑 = 巳丑
◉申(子)辰 = 申辰
```

이 구조는 三合 중간 글자가 빠지고 처음과 끝만으로 조합한 상
황입니다만 시작과 끝만 있으니 마치 일이 시작하자마자 끝나버
리기에 특별하게 축적할 재물이 없습니다.

```
◉(亥)卯未 = 卯未
◉(寅)午戌 = 午戌
◉(巳)酉丑 = 酉丑
◉(申)子辰 = 子辰
```

이 구조는 三合운동의 중간과 마지막 과정이 조합한 것으로 子
卯午酉 陰氣가 辰戌丑未에 저장되었기에 庫地의 작용입니다.
따라서 반드시 꺼내서 사용해야 하므로 일시적으로 소유할 수는
있지만 계속 지키지는 못합니다. 그렇다면 어떤 구조일 때 하늘
에서 돈벼락을 맞을까요? 반드시 일정시간이 흐르고 三合운동이
추구하는 목적물을 완성해야 가능합니다. 정리하면 아래와 같습
니다.

```
◉亥(子丑寅)卯未 삼합은 寅未로 조합할 경우.(甲未)
◉寅(卯辰巳)午戌 삼합은 巳戌로 조합할 경우.(丙戌)
```

⦿巳(午未申)酉丑 삼합은 <u>申丑</u>으로 조합할 경우.(庚丑)
⦿申(酉戌亥)子辰 삼합은 <u>亥辰</u>으로 조합할 경우.(壬辰)

예로, 寅未의 寅木을 천간으로 바꾸면 甲이기에 사주팔자 년과
월에 甲寅이 있는데 일에 未土가 있다면 돈벼락을 맞을 가능성
이 높아집니다. 위에서 살폈던 안철수 사주가 그렇습니다. <u>丙巳
와 戌土, 壬亥와 辰土, 庚申과 丑土</u> 조합도 동일한 이치입니다.
특히 日支에 辰未戌丑이 있고 년과 월에 있는 陽氣를 담으면
돈벼락을 맞는 이유는 宮位의 특징 때문으로 일지에 조상과 부
모가 축적한 부나 권력을 담아서 내가 취하기 때문입니다. 壬戌
일에 태어났는데 년과 월에 있는 丙巳를 담거나 庚辰일이 년과
월의 壬亥를 담으면 벼락부자가 됩니다. 또 일지에 丑土가 있고
년과 월이 庚申을 담거니 일지에 未土가 있고 甲과 寅을 담으
면 벼락부자가 됩니다.(자세한 내용은 三合과 刑沖破害, 三合과
墓庫論을 참조 바랍니다.) 사주예문으로 살펴보겠습니다.

▌戌土, 寅午戌 三合의 墓庫

乾命					陰/平 1967년 9월 24일 08:30								
時	日	月	年		86	76	66	56	46	36	26	16	6
戊	甲	庚	丁		辛	壬	癸	甲	乙	丙	丁	戊	己
辰	子	戌	未		丑	寅	卯	辰	巳	午	未	申	酉

丁未년에 태어났으니 중력에너지와 같은 午(丁)未로 집중력이
뛰어나고 未土의 地藏干에 있는 乙木을 丁火로 다듬어서 열매
를 완성해갑니다. 월주에 어떤 干支를 배합하느냐에 따라 丁未
의 용도가 달라지는데 방향은 크게 두 가지로 재물을 추구하거

- 265 -

나 기술을 가미한 공직 예로 검경이나 특수기술직에 적합합니다. 庚戌월 카드를 받았습니다. 丁未는 결국 庚戌에게 열기를 가하고 열매를 완성한 후 戌土에 저장하려는 의지입니다. 특히 庚戌은 반드시 丙丁 火氣가 있어야 바른 지도자를 만난 것처럼 열매의 가치를 높입니다. 이 배합이 더욱 좋은 점은 未土의 地藏干에 있는 乙木과 庚金이 乙庚 合하고 火氣로 庚金을 적절하게 익혀서 가치 높은 열매를 저장하기 때문입니다. 다만 乙丙庚처럼 열매를 확장하는데 집중하는 것은 아니고 乙丁庚으로 열매를 숙성하는데 집중합니다. 그리고 庚金을 담은 戌土가 어느 宮位에 있느냐에 따라 활용하는 물상이 달라지는데 이 사주처럼 국가를 상징하는 丁未와 사회 환경을 상징하는 庚戌이 월에 있으면 검찰, 경찰, 정치, 군인처럼 딱딱한 틀을 지키는 직업에 종사합니다. 동일한 간지를 丁未월 庚戌일에 사용한다면 未月에 과일이 익어가기에 사업으로 부를 축적합니다. 만약 丁未일 庚戌시로 배합하면 丁未의 틀린 부위를 고치려는 특징과 戌未 刑물상을 의료계통에 활용합니다. 이처럼 동일한 干支도 宮位에 따라서 의미가 달라짐을 기억해야 합니다. 이제 일주가 무슨 카드를 받느냐에 따라 방향이 결정됩니다.

예로, 丙日에 태어나면 庚金을 확장하는데, 戌日에 태어나면 庚金 열매의 가치를 드러내는데, 壬日에 태어나면 丁未 열기에 자극받은 庚金 씨종자를 壬水에 풀어내는 丁辛壬 三字조합으로 부를 축적하는데 활용합니다. 이 사주는 甲子일에 선택하였습니다. 바로 60甲子의 출발점이니 재물추구에는 적절하지 않은 성향이고 주로 교육, 공직에 어울립니다. 이 구조는 년과 월에서 검찰, 경찰, 군인, 정치인에 어울리는데 甲子의 교육, 공직의 특징을 더했습니다. 결국 연월일에서 어떤 카드를 받느냐에 따라 인생의 향방이 달라지는데 추구하는 方向이 동일하거나 유사하면 혼란스럽지 않지만 서로 다른 방향이면 기복이 심한 인생이 됩니다. 예로, 壬子년 庚戌월로 배합하면 丁未, 庚戌의 속성과는 전혀 다른 이유는 庚戌의 딱딱한 속성이 壬子에 풀어지기 때문입니다. 콩을 물에 넣었더니 콩나물로 부드러워지는 상황을 상상하면 이해가 쉽습니다. 그런 상황에 처한 庚戌은 어떤 성향을 드러낼까요? 戊土의 地藏干에 있는 丁辛을 활용해서 壬子에 풀어내기에 기술, 예술에 적합하지만 심하면 법과 질서를 지키지 않고 방탕하기에 경찰, 군인처럼 일정한 틀이나 조직에서 활동하는 것을 매우 싫어합니다. 월에서 받은 庚戌 카드는 동일하지만 주위에 어떤 干支를 배합하느냐에 따라 전혀 다른 인생으로 바뀌는 겁니다. 이런 이치를 이해하면 원하는 인생카드를 선택하는 것이 좀 수월해집니다. 만약 년에서 활용하는 壬子를 日에 배합하면 어떻게 될까요? 庚戌의 딱딱한 속성을 풀어내는 행위는 동일하지만 년과 월의 丁未와 庚戌이 시간방향대로 日에 있는 壬子를 향하기에 부와 권력은 물론이고 조상, 부모의 음덕을 壬子가 취합니다.

분명히 동일한 干支를 활용해서 壬子년 庚戌월로 배합했을 때는 방탕, 방랑, 기술, 예술 성향이었는데 宮位를 바꿔서 庚戌월 壬子일로 배합하니 갑자기 그 쓰임이 좋게 변하는 이유는 丁未年이 庚戌월에 방탕하지 않도록 열기를 가하고 壬子에 풀어내는 丁辛壬 三字의 가치를 활용해서 결과를 취하기 때문입니다. 이것이 사주구조에 따라 운명이 크게 달라지는 이유입니다. 결국, 庚金이 가장 필요한 에너지가 무엇인지 이해할 필요가 있는데 그 기준이 바로 四季圖입니다. 아래에서 보는 것처럼 庚金은 丙火와 戊土 그리고 午未申과 함께 여름공간에서 활용하는 에너지요, 辛金은 丁火와 己土 그리고 酉戌亥와 함께 가을에 활용하는 에너지입니다. 여름에는 열매를 확장하기에 丙火가, 가을

- 267 -

에는 열매를 완성하기에 丁火가 필요합니다. 이처럼 四季의 시공간에 따라 에너지특징이 무엇인지를 이해하면 택일이 매우 쉽고 명료해집니다. 정리하면, 각 글자들이 각각의 쓰임과 가치를 얻는 배합과 구조를 찾아낼 수만 한다면 벼락부자는 물론이고 사회에서 존재가치를 크게 얻을 수 있습니다.

《四季圖》

		癸		丙		
乙			戊		庚	
봄	卯辰巳			午未申	여름	陽
겨울	寅丑子			亥戌酉	가을	陰
甲			己		辛	
		壬		丁		

위 사주의 인생방향이 단일한 이유는 丁未와 庚戌의 의지를 甲子가 이어받을 수 있기 때문입니다. 만약 甲子 대신 丙辰일에 태어나면 상황이 급변합니다. 년과 월에서는 여름과 가을로 검경, 군인, 정치카드를 받았는데 丙辰은 시공간이 봄처럼 변하면서 열심히 키우는데 집중합니다. 辰土 속의 乙木 새싹을 庚金과 합하고 丙火로 확장하기에 乙丙庚 三字의 특징대로 물질을 추구하기에 30세가 넘어가면 丙辰과 庚戌이 충돌하면서 혼란이 생기고 辰戌 沖이 반응하는 해에 공무원 생활을 정리하고 사업에 뛰어듭니다. 이것이 바로 인생의 기복으로 干支의 시간방향이 단일하지 않기에 발생하는 현상입니다.

▶실제상황◀ 戊申대운 甲子년에 대학에 입학하고 졸업 후 22세 戊辰년에 법원에 발령받아 근무하였습니다. 丙午대운 2004년

- 268 -

甲申년에 법원장이 되었습니다. 墓庫 관점에서 살피면 이 구조
에는 土가 많습니다. 未年, 戌月, 辰時로 운에 따라서 활용할
방법이 많습니다. 대운이 계속 강렬한 火氣로 흐르니 月支 戌土
에 火氣를 담아서 활용하였습니다. 년과 월의 특징과 丙午대운
을 만나 강력한 丙火로 庚金과 甲木의 沖으로 틀린 부분을 바
로 잡으려고 하므로 법조계에 종사합니다. 특히 戌土가 월지에
있으니 국가, 사회를 위해서 활용하는 공직에 적합합니다. 이때
간과하지 말아야할 부분은 일지 子水로 년월과 대운의 강력한
火氣들에 庚金 열매가 상하기 쉬운데 약간의 水氣를 배합해서
사우나의 스팀효과처럼 火氣를 증폭하고 습도를 조절하는 매우
중요한 역할입니다.

乾命				陰/平 1967년 5월 20일 14:40								
時	日	月	年	87	77	67	57	47	37	27	17	7
庚	壬	丙	丁	丁	戊	己	庚	辛	壬	癸	甲	乙
子	戌	午	未	酉	戌	亥	子	丑	寅	卯	辰	巳

丁未년 구조를 하나 더 분석해보겠습니다. 위 사주에서 丁未에
대해 살펴보았는데 이 사주는 丙午월에 태어났기에 방향이 모호
합니다. 강력한 화기 丁未와 丙午를 적절하게 활용하려면 반드
시 庚辛이나 申酉가 있어야하는데 년과 월에는 없습니다. 만약
庚戌 일을 선택한다면 庚金이 丁未, 丙午의 강력한 火氣에 시
달릴 수 있습니다. 壬戌일 카드를 활용했는데 단점이라면 필요
한 金氣가 유일하게 戌土의 地藏干에 있는 辛金 뿐이기에 丁未
와 丙午를 적극적으로 열매를 확장하고 익히는데 활용할 수는
없습니다. 장점은 丁未, 丙午가 辛金에 열기를 가하면 辛金이
壬水를 향하여 총알처럼 튀어가는 <u>丁辛壬</u> 三字를 활용해서 빠

- 269 -

르고 크게 부를 축적할 수 있습니다. 둘째, 丁未, 丙午 火氣를 일지 戌土에 담아서 하늘에서 돈벼락을 맞을 수 있습니다. 즉, 庚金에 직접 열기를 가하는 방식인 乙丙庚, 丁辛壬과 같은 조합이 아니라 辰戌丑未 墓庫를 활용하는 것으로 戌土에 년과 월에 가득한 火氣를 담았습니다. 비유하면 안방에 있는 화로불의 火氣가 넉넉해야 따뜻하게 겨울을 지낼 수 있습니다. 또 壬戌간지의 특징대로 戌土 속의 丁辛과 壬水가 丁辛壬 三字로 폭발해서 더욱 좋습니다. 마침 庚子시에 태어나자 丁未, 丙午가 庚金을 만나서 갑자기 할 일이 생기자 에너지를 효율적으로 활용하고중간에 壬水가 있기에 庚金도 강력한 火氣와 직접적으로 접촉하지 않으면서도 바른 지도자가 있으니 방탕하지 않습니다. 또 火氣에 자극받은 庚金은 내부에 열기를 축적한 후 자연스럽게 壬과 子에 풀어지니 모든 결과물을 壬子일간이 취하는 구조가 분명합니다.

▶**실제상황**◀200억이 넘는 돈벼락을 맞았다고 합니다.

乾命					陰/平 1952년 5월 13일 20:30								
時	日	月	年		80	70	60	50	40	30	20	10	0
庚	壬	乙	壬		甲	癸	壬	辛	庚	己	戊	丁	丙
戌	午	巳	辰		寅	丑	子	亥	戌	酉	申	未	午

壬辰년에 태어났으니 干支 의미가 무엇이고 추구하는 방향이 무엇인지를 생각해야 합니다. 년에 있는 干支가 중요한 이유는 전생의 업보나 미련을 현생으로 끌어왔기 때문입니다. 전생에 남은 미련을 현생에서 이어 받아서 해결해야만 하는 숙제와 같으며 적절하게 풀어낼지, 더욱 어려운 숙제를 남길지는 나머지 구

조와 배합 그리고 대운에 달려있습니다. 壬辰은 辰土의 마른 땅에 생명수를 공급하기에 의료, 약국, 심리치료, 상담, 교육행위에 어울립니다. 따라서 작명을 할 때도 干支 의미에 맞는 이름이 좋은데 예로 大發(대발)처럼 물질로 발전하는 이름을 짓는다면 壬辰 간지의 뜻과는 어울리지 않습니다. 이처럼 年柱는 전생의 업보이자 현생을 살아가는 지침서로 기억해야 합니다. 이제 어떤 월을 받느냐에 따라 壬辰을 활용하는 방식이 결정되는데 乙巳월에 태어났습니다. 계절을 감안해서 乙巳간지의 뜻을 살펴보면 乙木 새싹이 巳月에 꽃을 활짝 피었습니다. 따라서 壬辰과 乙巳의 흐름은 壬水 생명수를 辰土에 담아서 生氣를 제공하고 乙巳를 활용해서 사방팔방에 꽃향기를 퍼트리기에 의료, 법조, 교육에 적합합니다. 이제 어떤 날을 배정받느냐에 따라 년과 월의 방향이 결정될 겁니다. 工午일 가드를 받았으니 乙巳의 새싹과 꽃을 午火 열매로 바꾸려는 의지가 분명합니다. 다만 아쉬운 점은 辰巳午로 시공간이 좁습니다. 예로, 辰午酉처럼 각 계절을 뛰어넘는 배합이라면 활용하는 시공간이 넓어지면서 더욱 역동적인 인생을 펼칠 수 있습니다. 마치 해외를 넘나드는 것과 한 도시에서만 살아가는 차이와 같습니다.

좋은 점은 辰巳의 지장간에서 乙庚 합하고 午火에서 丙丁으로 열매를 확장하고 익힙니다. 결국 년과 월에서 열심히 키우고 꽃을 활짝 피웠으니 열매를 맺으려는 욕망이 분명합니다. 그리고 庚戌 時에 태어나 연월일에서 원했던 모든 꿈들이 46세 이후 庚戌에 이르러 완성됩니다. 그 이유는 연월일의 간지들과 庚戌 시가 연결되어 좋은 효과를 발휘하기 때문입니다. 년주 壬辰과 庚戌은 辰土 속의 乙木과 庚金이 합하여 열매 맺습니다. 월주 乙巳와 庚戌은 더욱 좋은 것이 乙庚 합하고 巳火로 열매를 확장한 후 戌土 墓地에 들어갑니다. 壬午와 庚戌이 (寅)午戌로 합

- 271 -

하고 午戌 火氣로 庚金을 익히면 열에 자극받은 庚金은 壬水를 향하니 연월일시에서 만들어낸 모든 결과물을 壬水가 자연스럽게 취합니다. 墓庫작용을 부연설명하면, 月柱 乙巳와 日支 午火는 자연스럽게 戌土를 향해 가버리니 내가 소유한 火氣들이 밖으로 나가버리는 겁니다. 따라서 다양한 방법을 통하여 戌土를 일주로 끌어와야 내가 취할 수 있습니다. 戌土를 소유한 당사자는 戌土 위의 庚金으로 巳午戌 火氣를 내부에 축적하면 말라가면서 점점 辛金처럼 변한 후 정해진 時間方向대로 庚(여름)에서 辛(가을)으로 辛에서 壬(겨울)으로 흘러가기에 결국 모든 결과물을 壬水가 취할 수 있게 되었습니다. 이처럼 아름답게 배합할수만 있다면 하늘에서 돈벼락을 맞는 겁니다.

▶실제상황◀2000년대에 10여 년 동안 부동산으로 2천억 돈벼락을 맞았다고 합니다. 90년대에는 유명한 학원 강사로 돈을 벌어 부동산투자로 성공해서 명동에 빌딩이 3채, 강남에 3개 학원을 소유했습니다.

乾命				陰/平 1980년 4월 24일 06:30								
時	日	月	年	90	80	70	60	50	40	30	20	10
己	庚	壬	庚	辛	庚	己	戊	丁	丙	乙	甲	癸
卯	戌	午	申	卯	寅	丑	子	亥	戌	酉	申	未

2010년 당시, 재벌 3세로 회장이라고 합니다. 위 사주를 참조해서 이 사주를 분석해보겠습니다. 庚申년에 태어났으니 큰 열매를 품었지만 다른 조건이 충족되지 않으면 오히려 불편합니다. 庚申은 반드시 丙火를 배합해야 바른 지도자를 만나서 좋은 열매로 확장됩니다만 또 너무 강렬한 태양빛에 열매가 상할 수 있으니 水氣를 적절하게 배합해야 구조가 좋아집니다. 다행하게

壬午 월에 태어나 午火의 地藏干에 있는 丙丁을 활용해서 庚申을 확장하고 익히는 과정에 壬水로 생명수를 배합해서 당도 높은 과일을 생산합니다. 하지만 여전히 부족한 점은 바로 乙卯로 계속 새싹을 공급해야 끊임없이 庚申(재물)을 수확할 수 있습니다. 庚戌일에 태어납니다. 묘한 점은 위 사주의 日時 조합인 壬午, 庚戌과 동일하지만 宮位만 달라서 결과물을 취하는 주인이 바뀌었습니다. 위 사주는 壬水가 모든 결과물을 취하는데 이 사주는 월간 壬水 부친이 열매를 수확해서 취합니다. 己卯 時를 받음으로써 연월일에서 반드시 필요했던 卯木을 보충하여 乙丙庚 三字를 완성하고 午戌로 庚金에 열을 가해서 壬水에 풀어지는 丁辛壬 三字도 활용하기에 재벌 3세로 돈벼락을 맞았습니다. 이런 배합을 활용할 수만 있다면 내가 재벌이 되거나 재벌 2세를 낳을 수도 있습니다. 庚申년에 대어나면 庚申을 적절하게 활용할 방법을 찾아서 월과 일의 카드를 배정하면 재벌 3세가 되는 겁니다. 壬午, 庚戌, 己卯干支가 사주에 함께 있으면 매우 효율적이라는 것을 기억해야 합니다. 예로 庚午년, 己卯월 壬午일 혹은 壬午일 庚戌시, 또 이 사주처럼 壬午월 庚戌일도 좋은 배합입니다. 墓庫관점에서 살피면 壬午로 잘 익힌 열매들이 일지 戌土에 담기고 卯木이 卯戌로 合하여 열기를 유지하도록 돕습니다. 물론 이런 구조들의 단점은 자신이 모든 결과를 취하려고 하므로 매우 이기적입니다만 하늘에서 돈벼락을 맞는데 매우 효율적입니다.

乾命				陰/平 1930년 6월 2일 06:30								
時	日	月	年	84	74	64	54	44	34	24	14	4
乙	戊	壬	庚	辛	庚	己	戊	丁	丙	乙	甲	癸
卯	申	午	午	卯	寅	丑	子	亥	戌	酉	申	未

庚午년에 태어났으니 여름에 庚金 열매를 익히는 과정입니다. 예로, 庚寅년, 庚午년, 庚戌년에 태어나면 庚金과 寅午戌 三合이 조합한 干支이기에 寅午戌로 庚金을 확장하려는 욕망을 가졌습니다. 寅午戌은 화려한 물질문명으로 庚金에게 영향력을 행사합니다. 따라서 庚金은 寅午戌의 욕망을 따르기에 물질을 확장하려는 본능을 가졌습니다. 만약 庚金이 申子辰 三合과 배합하면 庚金은 동일해도 三合의 속성에 따라 크게 달라집니다. 申子辰은 블랙홀처럼 응축운동이므로 열매를 확장하려는 의지는 전혀 없고 오히려 최대로 응축해버리려고 합니다. 따라서 庚申, 庚子, 庚辰은 庚金 열매의 부피를 확장하지 못하고 응축되거나 庚金의 체성이 水氣에 의해서 변질시킵니다. 콩이 콩나물로 바뀌는 과정처럼 庚金이 새로운 물형으로 변형됩니다.

⦿庚+ 寅午戌 = 庚 내부에 寅午戌 火氣 축적, 물질 지향적.
⦿庚+ 申子辰 = 庚이 申子辰 水氣에 풀어져 희생, 봉사하여
　　　　　　　씨종자를 후대에 전달한다.

이 원리를 이해하면 6개의 해에는 어떤 목적이나 업보를 가지고 태어나는지 쉽게 이해합니다. 즉, 庚寅, 庚午, 庚戌은 물질 지향적이고 이기적이며 庚申, 庚子, 庚辰은 자신의 재주를 국가, 사회에 활용하기에 이타적입니다. 부를 원하면 庚寅, 庚午, 庚戌을 택하고 정신을 추구하는 자식은 庚申, 庚子, 庚辰을 택해야 합니다. 물론 寅午戌의 公的성향으로 조직, 단체를 선호하고 申子辰은 개인 성향으로 장사, 사업을 선호하지만 庚金이 天干에 드러난 이상 열매를 확장하거나 혹은 열매를 희생하는 방향은 정해져 버립니다. 이 기준을 먼저 정해야 하는 이유를 보겠습니다. 예로 庚子년에 태어나면 씨종자를 子水에 풀어서 후대에 전달하려는 의지가 분명하기에 정신 지향적입니다. 물론 月日時에서 물질지향적인 乙丙庚 三字를 배정하면 전생의 업보와 현실

의 방향이 달라서 혼란스럽습니다. 예로, 아래와 같은 배합이면 庚子는 정신 지향적, 나머지는 물질 지향적이기에 내면의 영혼과 실제 삶의 과정이 혼란스러워집니다.

庚	壬	戊	庚
戌	午	寅	子

이것이 年柱를 신중하게 골라야 하는 이유입니다. 사주팔자의 기둥과 같으며 전생의 업보를 살피고 현생을 준비하는 기준입니다. 年柱 宮位가 중요한 이유를 정리해보겠습니다.

> ⦿365일을 담당하기에 사주에서 가장 장기적입니다.
> ⦿전생의 업보와 현생을 살아갈 실마리를 제공합니다.
> ⦿30세 이후 내 인생에 지대한 영향을 미칩니다.

따라서 年柱는 인생의 방향을 결정하는 기준이자 사주팔자의 기둥입니다. 이렇게 중요한 의미를 갖는 年柱를 분석하는 방법이 무엇이 있을까요? 기존에 활용하던 格局, 用神, 旺衰, 通根, 強弱, 調喉를 학습한 독자라면 분석할 방법이 없음을 인정합니다. 모든 이론이 일간을 기준으로 하므로 반드시 사주팔자가 모두 있어야만 분석이 가능합니다. 年柱로는 일간이라는 기준점이 없기에 어떠한 판단도 불가능합니다. 만약 일간이 사주팔자의 기준점이라는 생각에서 벗어나기만 한다면 우리는 다양한 방법으로 각 궁위의 간지를 살피는 안목을 기를 수 있습니다. 그 중에서 가장 합리적이고 편리한 방법이 바로 년에 있는 干支를 三合운동으로 살펴서 인생의 方向을 이해하는 것입니다. 十干은 陽과 陰이 배합하는 三合이 다른데 甲丙戊庚壬은 申子辰과 寅午戌 三合과 배합하고, 乙丁己辛癸는 亥卯未, 巳酉丑 三合과 배합하여 干支를 이룹니다. 따라서 庚金이 寅午戌, 申子辰으로 干支를 배합하는 것은 절대불변이기에 이 방식을 기준으로 60

- 275 -

干支의 뜻을 빠르고 쉽게 학습할 수 있습니다. 내가 태어난 해는 전생의 업보를 담았고 현생의 인생방향을 결정하는 기준이기에 반드시 무엇을 원하는지 살피고 이해해야 합니다. 예로, 정신을 추구하는 해에 아이를 낳았는데 월일시에 물질을 추구하는 干支를 배합하면 삶의 방향이 비틀립니다. 또 월과 시는 물질을 추구하는데 년과 일은 정신을 추구한다면 갈팡질팡 혼란스럽습니다. 태어난 해를 신중하게 골라야만 하는 이유입니다. 이제 위 사주를 분석해보겠습니다.

시	일	월	년
乙	戊	壬	庚
卯	申	午	午

庚午년에 태어난 상황을 이해했으니 어떤 월을 택할지 고민해야 합니다. 戊寅, 己卯, 庚辰, 辛巳, 壬午, 癸未, 甲申, 乙酉, 丙戌, 丁亥, 戊子, 己丑 월을 고를 수 있습니다. 계절로 분류하면 이렇습니다.

●겨울 -	戊寅, 戊子, 己丑
●봄　 -	己卯, 庚辰, 辛巳
●여름 -	壬午, 癸未, 甲申
●가을 -	乙酉, 丙戌, 丁亥

庚午년에 물질지향적인 운명으로 태어났으니 월에서 그 뜻을 이어받아야 합니다. 따라서 겨울을 상징하는 戊寅, 戊子, 己丑은 제외하고 봄의 己卯, 庚辰, 辛巳도 제외하지만 己卯와 庚辰월은 나름의 쓰임이 있습니다. 庚午와 己卯가 乙丙庚 三字로 조합하여 재물을 추구할 수 있습니다. 庚辰도 辰土 속의 乙木을 乙丙庚으로 활용하지만 조금은 탁합니다. 여름의 壬午, 癸未. 甲申은 모두 취할 수 있지만 무엇이 좋은지 고려해야 합니다. 壬午

- 276 -

가 좋은 이유는 두 개의 午火에 자극받은 庚金이 壬水를 향하기 때문입니다. 癸未는 강력한 午未에 癸水가 혼이 나가듯 증발하기에 좋은 선택은 아닙니다. 甲申의 경우는 庚午와 甲申이 조합하기에 수확하려는 의지가 분명합니다. 乙酉월도 乙庚 합으로 수확의지가 뚜렷하니 좋습니다. 정리하면, 己卯, 庚辰, 壬午, 甲申, 乙酉월을 택하면 년과 월의 배합이 적절해집니다. 이 사주는 壬午월을 택했는데 단점이라면 午午로 동일한 글자이기에 활동이 답답합니다. 물론 午午가 庚金에 열을 가하고 壬水에 풀어지기에 흐름은 좋습니다. 그리고 戊申일을 선택했습니다. 庚午와 戊申은 결국 戊土 터전에 열매의 존재를 드러내고 그 아래에 申金을 보관합니다. 이런 배합들은 주로 부동산을 암시합니다. 정리하면, 연월일이 추구하는 방향이 단일하고 물질지향적인 인물입니다.

이제 어떤 時를 택하느냐에 따라 인생이 완성됩니다. 乙卯시로 최상의 선택을 하였습니다. 년과 월에서 반드시 필요한 乙卯를 보충해서 乙丙庚 三字로 마르지 않는 샘물처럼 끊임없이 돈벼락을 맞습니다. 乙卯가 없다면 한순간 폭발적으로 발전하다 몰락해버리는데 乙卯의 뒷심이 없기 때문입니다. "부자 망해도 삼대 간다."는 속담에 어울립니다. 더욱 좋은 점은 年과 時에서 乙庚 합하는 것으로 평생토록 부를 유지합니다. 이처럼 天干에서 합하고 그 쓰임이 좋다면 오래도록 발전하기에 택일과정에 반드시 고려해야할 항목이며 돈벼락을 두 배로 맞을 수 있는 옵션이 분명합니다. 다만 天干 합의 방향도 동일해야 합니다. 이구조는 乙庚 합으로 물질을 추구하는데 월일의 배합이 엉뚱하게 겨울에 태어나고 열매를 망치는 조합이라면 乙庚 합을 한다고 해도 효과가 없습니다. 이 사주팔자의 천간과 지지는 다양한 乙丙庚 三字를 활용해서 하늘에서 돈벼락을 맞습니다.

▶**실제상황**◀미국의 로스 페롯 사업가로 텍사스의 억만장자이며 컴퓨터, 우주항공, 바이오테크 분야의 사업가였습니다. 부친은 면화중개인이었고 그의 조상은 1740년대 프랑스에서 루이지애나로 이주했다고 합니다. 8세에 신문배급을 도우며 첫 일을 시작했고 25세 때 부친이 사망했습니다. 1949년 해군사관학교에 입학하여 1953년부터 1957년까지 항공모함에 근무하였습니다. 1957년 IBM의 세일즈맨이 되었고 1962년 IBM을 떠나 텍사스 주 댈러스에서 전자 데이터 시스템(EDS)을 설립하고 데이터 처리 서비스를 시작해서 1960년대에 미국 정부로부터 의료보험 기록을 전산화하면서 수익성 좋은 계약을 받았으며 1968년에 상장되자 며칠 만에 주당 16달러에서 160달러로 상승했습니다. 1984년에 제너럴 모터스는 EDS 지배지분을 24억 달러에 매입하였습니다. 1988년에 Perot Systems을 설립했고 아들이 CEO로 취임했으며 2009년 9월, 39억 달러에 Dell에 인수되었습니다. 5명의 자녀와 19명의 손주가 있었고 2019년 추정 순자산약 41억 달러로 미국에서 167번째 부자로 선정되었습니다. 이 사주를 <u>墓庫</u> 관점에서 살피면, 丙戌대운이 33세부터 시작되는데 그 시기에 폭발적으로 발전한 것을 확인할 수 있습니다. 천간에서는 乙丙庚 三字가 열매를 크게 확장했고 戌土가 많은 火氣들을 가득 담아서 폭발적으로 발전한 것입니다. 유사한 사례를 하나 더 보겠습니다.

乾命				陰/平 1932년 5월 10일 04:30								
時	日	月	年	88	78	68	58	48	38	28	18	8
戊	乙	丙	壬	乙	甲	癸	壬	辛	庚	己	戊	丁
寅	巳	午	申	卯	寅	丑	子	亥	戌	酉	申	未

壬申년에 태어났으니 어딘가에 丙火가 있어야 申金 열매를 잘 익혀서 당도 높은 과일을 수확할 수 있습니다. 또 乙木을 보충해서 乙丙庚 三字로 활용하면 가치가 훨씬 높아집니다. 丙午월을 배합하자 년과 월의 구조가 매우 적절해졌습니다. 壬년과 丙午월의 조합이 좋은 이유는 午月에 처음으로 열매가 열린 상황에서 水氣가 너무 없거나 너무 강하면 열매가 상하는데 壬水를 壬午, 壬申처럼 무기력하게 보이는 정도로 배합해주면 적당한 태양빛과 생명수를 배합하여 당도 높은 과일이 되기 때문입니다. 다만 위에서 설명한 것처럼, 壬과 申子辰, 壬과 寅午戌로 干支를 배합할 경우 申子辰의 기본속성은 장사, 사업에 어울리고 寅午戌은 공직, 직장생활에 어울리기에 원하는 인생방향에 따라서 월일시를 선택해야 합니다.

예로, 장사를 원하면 申子辰과 亥卯未를 배합하고 공직, 직장을 원하면 寅午戌과 巳酉丑을 배합하는 겁니다. 따라서 이 사주는 丙午월에 태어났기에 壬申과의 배합에서 갈등요소가 있습니다. 壬申의 장사, 사업 성향이 丙午의 공직을 선호하는 성향으로 바뀌었습니다. 따라서 일과 시에 어떤 카드를 받느냐에 따라서 인생의 방향이 드러날 것입니다. 乙巳일에 태어났으니 새싹 乙木이 巳火에서 꽃을 활짝 피우기에 교육, 공직에 어울립니다. 자신(乙)을 희생하여 巳火 꽃으로 만개한 후 년에 있는 申金 열매를 익히기에 국가 宮位와 인연이 있음이 분명합니다. 이 관계를 巳申 合이라고 부르는데 이처럼 사주팔자에 있는 글자들은 독립적으로 존재하면서도 복잡한 방식으로 연결되어서 에너지를 교환합니다. 天干에서는 合과 沖으로, 地支에서는 刑沖破害合으로 관계를 형성하기에 어떤 구조로 구성되어있는지 자세히 살펴야 합니다. 이 사주는 일지 巳火가 申金을 향하기에 능력이나 재능 혹은 돈을 활용해서 국가를 위해 봉사하는 성향이 강합니다. 하늘에서 돈벼락 맞는 墓庫관점에서 살피면, 辰未戌丑이 하나도 없으니 내부에 무언가를 저장해서 소유하려는 욕망은 약합니다. 하지만 33세부터 시작되는 庚戌대운을 만나면 상황이 달라집니다. 庚金은 천간에서 乙丙과 함께 <u>乙丙庚</u> 三字로 열매를 크게 확장합니다. 또 戌土에는 丙午와 巳火를 가득 담습니다. 이때 문제는 과연 일간이 庚戌을 취하느냐 혹은 타인이 취하느냐에 따라 운명이 크게 달라집니다. 취하면 돈벼락을 맞지만 취하지 못하면 타인에게 모든 재산을 빼앗길 수 있습니다. 어떻게 판단해야 할까요? 바로 合沖과 刑沖破害로 연결고리를 살피는 겁니다. 乙庚 合으로 일간과 연결되었고 戌土는 寅午戌 三合과 巳戌로 일지 주위의 寅午와 연결되어 일주 乙巳가 취할 수 있음이 분명합니다.

▶실제상황◀1960년 庚子년에 공직자가 되었고 辛丑년에 세무관리가 되었으며 壬寅년에 군수가 되었고 39세 庚戌년에 엄청난 일을 담대하게 추진하여 큰 재물을 모았습니다. 여기에서 학습할 내용은 辰未戌丑을 잘 활용하면 하늘에서 돈벼락을 맞을 수 있다는 것입니다. 庚戌대운에 사주원국에 있는 강력한 火氣들을 戌土에 담아서 일간이 취하였기에 가능한 일이었습니다. 이때 년에 있는 壬水가 매우 중요한 역할을 담당하는데 강력한 火氣에 庚金 열매가 상하지 않도록 보호해주었습니다. 丑辰의 운을 만나면 부동산 재개발로 승부를 걸 듯, 辰未戌丑으로 상응하는 五行을 가득 담을 수 있는 운을 만나면 승부를 걸어야 하는 시기입니다.

坤命				陰/平 1977년 7월 19일 12:30								
時	日	月	年	82	72	62	52	42	32	22	12	2
丙	壬	戊	丁	丁	丙	乙	甲	癸	壬	辛	庚	己
午	戌	申	巳	巳	辰	卯	寅	丑	子	亥	戌	酉

여성의 사주 日支에 辰未戌丑 墓庫가 있을 경우에 어떤 작용을 하는지 살펴보겠습니다. 丁巳년에 태어났으니 火氣가 강력합니다. 따라서 그 에너지를 활용할 수 있는 달을 배정받는 것이 좋습니다. 壬寅, 癸卯, 甲辰, 乙巳, 丙午, 丁未, 戊申, 己酉, 庚戌, 辛亥, 壬子중에서 선택해야 하는데 계절별로 나눠보겠습니다.

●壬寅, 壬子 - 겨울
●癸卯, 甲辰, 乙巳 - 봄
●丙午, 丁未, 戊申 - 여름
●己酉, 庚戌, 辛亥 - 가을

丁巳년을 받았기에 강력한 火氣를 놀게 할 수는 없습니다. 丁巳로 여름과 가을의 열매를 익히는데 활용할 수만 있다면 효율이 높아질 것입니다. 여름은 丙午, 丁未, 戊申인데 丁巳와 丙午, 丁巳와 丁未는 열기만 가득할 뿐 할 일이 없으니 현명한 선택이 아닙니다. 戊申을 선택하면 丁巳로 申金 열매를 확장하기에 효율이 높아집니다. 단점은 巳申(丙庚)으로 열매를 익히는데 乙卯 새싹이 없으니 마르지 않는 샘물처럼 부를 축적하는 구조는 아닙니다. 가을의 己酉, 庚戌, 辛亥의 경우는 각 배합마다 장단점이 있습니다. 丁巳와 己酉는 酉金이 강력한 火氣에 날카로운데 水氣를 만나지 못하면 초년에 풀리지 않으며 일주도 적절하지 못하면 평생 고생할 수 있는 조합입니다. 庚戌은 丁巳와 庚戌로 굉장히 딱딱하기에 검찰, 경찰, 군인과 같은 성향이 강하

- 281 -

지만 어떤 일주를 배합하느냐에 따라 크게 달라집니다. 예로 壬日을 배합하면 丁巳, 庚戌, 壬으로 흐름이 아름답지만 丙日을 선택하면 庚金이 강력한 火氣에 심하게 상할 수 있습니다. 따라서 월주 庚戌을 합리적으로 활용하려면 丁亥년 庚戌일처럼 적절한 水氣를 배합해주는 것이 좋습니다. 丁巳년 辛亥월은 <u>丁辛壬</u> 三字조합으로 젊은 나이에 하늘에서 돈벼락을 맞지만 巳亥가 沖하기에 30세까지는 불안정하다는 단점이 있습니다. 이 사주는 戊申월 카드를 받았기에 인생의 방향이 뚜렷한데 바로 열매를 확장하려는 욕망입니다. 그리고 壬戌일을 배정받았습니다. 좋은 선택이 분명한 이유는, 첫째 丁巳와 戊申이 익힌 열매들이 자연스럽게 壬水를 향하여 들어옵니다. 위에서 壬午, 庚戌 조합이 좋음을 학습하였는데 午戌이 庚金을 자극하여 壬水를 향하기 때문이었습니다. 이 사주도 강력한 火氣들이 申金(庚金)을 자극해서 자연스럽게 壬水를 향하니 돈과 명예를 취하는 겁니다. 또 일지 戌土는 巳申으로 열매를 완성해서 戌土에 축적합니다. 결국 壬戌일은 굉장히 뛰어난 선택이 분명합니다.

▶실제상황◀ 2022년 壬寅년 46세 상황으로 결혼 후 동남아시아에서 활동하며 특산품을 수출하고 그쪽의 특산물을 수입하는 무역거래로 많은 돈을 벌고 있습니다. 또 32세부터 42세 사이 壬子대운에는 부동산을 많이 구입해서 부를 축적했다고 합니다. 바로 일주 壬戌의 시기를 지나기에 년과 월의 丁巳와 戊申의 음덕을 일주가 취했던 것입니다. 이런 구조가 墓庫 작용으로 하늘에서 돈벼락 맞는 사례입니다. 이때 壬水의 작용은 참으로 중요합니다. 당도 높은 과일을 만들려면 반드시 필요한 생명수와 같으며 강력한 火氣에 열매가 상하지 않도록 하는 중요한 역할입니다. 이처럼 사주팔자에서 어떤 글자가 중요한 역할을 한다면 가치가 높은 것입니다. 그 의미는 다양한데, 연예인처럼 주

위에 사람들이 몰려들거나, 높은 지위에 오르거나 다양한 방식
으로 자연스럽게 부자가 됩니다. 이것이 글자속성을 효율적으로
활용하는 방식입니다.

坤命				陰/平 1953년 3월 28일 04:30								
時	日	月	年	89	79	69	59	49	39	29	19	9
壬	壬	丁	癸	丙	乙	甲	癸	壬	辛	庚	己	戊
寅	戌	巳	巳	寅	丑	子	亥	戌	酉	申	未	午

유사한 사례를 보겠습니다. 癸巳년에 태어났으니 甲寅, 乙卯,
丙辰, 丁巳, 戊午, 己未, 庚申, 辛酉, 壬戌, 癸亥, 甲子로 어떤
달을 선택하는 것이 좋을까요? 만약 庚申, 辛酉를 택하면 열매
를 익히는 욕망이 강하지만 壬戌, 癸亥, 甲子월을 선택하면 그
방향이 산만해집니다. 또 甲寅, 乙卯, 丙辰은 시간이 역류하고
戊午, 己未를 선택하면 癸水의 쓰임이 적절하지 않습니다. 이
사주는 丁巳를 선택했는데 장점도 단점도 있습니다. 장점은 巳
巳로 강력한 火氣를 활용할 수 있지만 단점은 巳巳로 동일한
글자가 이어지니 쓰임이 나쁩니다. 예로 위 사주는 丁巳를 활용
해서 申金 열매를 익혔는데 이 사주는 丁巳 월이니 꽃은 화려
하지만 아직 열매가 없습니다. 결국 癸巳의 巳火를 비효율적으
로 활용하는 구조가 분명합니다. 마치 바둑에서 쓸모없는 수를
두는 것과 다를 바 없습니다. 택일하는 과정도 어떤 干支가 주
어졌을 때 다음 단계에서 어떻게 활용해야 높은 효율을 얻을지
고민하는 것입니다. 이 사주도 壬戌일을 받았습니다만 위 사주
는 戊申월에 丁巳의 도움으로 잘 익힌 과일을 戊土창고에 담아
서 수확하지만 이 사주는 열매를 익히지 못했습니다. 다만 좋은
점이라면 巳巳 강렬한 火氣를 戊土 墓地에 담아서 내가 취할

- 283 -

수 있으니 日支의 역할이 매우 중요합니다. 사주팔자에서 글자의 쓰임이 좋으면 해당하는 宮位의 육친도 매우 좋다고 판단해야 합니다. 日支 戌土 남편은 미국에서 공무원을 하면서 탄탄대로를 달렸습니다만 巳巳로 화려함을 담으니 신사답고 멋스럽지만 바람둥이라고 합니다. 대운을 감안하면 28세부터 庚申, 辛酉로 흐르니 강력한 火氣를 적절하게 활용했기에 쓰임이 좋아지면서 발전했습니다. 동일한 듯 다른 구조를 보겠습니다.

坤命					陰/平 1968년 5월 26일 12:30								
時	日	月	年		85	75	65	55	45	35	25	15	5
丙午	壬戌	戊午	戊申		己酉	庚戌	辛亥	壬子	癸丑	甲寅	乙卯	丙辰	丁巳

동일하게 壬戌日에 태어난 여성인데 사주구조에 따라 인생이 어떻게 달라지는지 살펴보겠습니다. 戊申년에 태어났으니 戊土 내부에 열매를 품었습니다. 丙申과 戊申은 차이가 큽니다. 丙申은 丙火를 활용해서 申金 열매를 확장할 수 있지만 戊申은 열매를 품었을 뿐 확장할 수 없습니다. 따라서 乙卯와 丙火를 배합해주어야 戊申을 乙丙庚으로 적절하게 활용할 수 있습니다. 戊申년에 태어났으니 월에는 戊申을 활용할 수 있는 干支를 배합해주는 것이 좋습니다. 甲寅, 乙卯, 丙辰, 丁巳, 戊午, 己未, 庚申, 辛酉, 壬戌, 癸亥월 중에서 선택해야 하는데 乙卯와 丙辰은 乙丙庚 삼자로 물질을 활용하고 丁巳월은 戊申열매를 확장하지만 월에서 년을 향하는 시간방향 때문에 일간에서 멀어진다는 단점이 있습니다. 이 여인도 戊午월에 태어났기에 午火가 申金을 익히고자 년을 향하여 갑니다. 만약 戊申과 戊午가 바뀌었다면 어떨까요? 午火가 申金을 익히고 일지 戌土에 담으니 훨씬 효율

적입니다. 또 다른 단점은 두 개의 戊土가 壬水에게 생명수를 달라고 달려듭니다. 그럴 수밖에 없는 이유는 戊午월에 사막처럼 습한 상태에서 申金을 익히니 선인장처럼 변해서 반드시 壬水 생명수로 살려야하기 때문입니다. 결국, 위 두 사주와의 차이는 명확합니다. 두 사주는 壬戌일이 년과 월의 결과물을 취할 수 있는데 이 사주는 년과 월에 희생당합니다. 또 비록 午戌로 합해도 巳戌 墓地와 午戌 庫地의 차이로 계속 꺼내서 활용하는 창고의 작용에 불과하기에 소유하기 어렵습니다. 이처럼 壬戌과 丁巳, 壬戌과 丙午, 壬戌과 戊午는 구조에 따라 엄청난 차이를 보입니다. 壬戌과 丁巳는 壬戌이 墓地의 작용을 활용해서 丁巳를 안정적으로 취하지만 壬戌과 丙午는 庫地의 작용이기에 취하지만 꺼내서 활용해야 하므로 지키기 어렵습니다. 壬戌과 戊午는 戊土가 午火를 취할수록 壬水가 감낭하기 힘들어지고 생명수가 고갈되어 힘들어집니다. 비슷해 보이지만 전혀 다른 인생을 살아가는 이유입니다.

▶실제상황◀乙卯, 甲寅대운에 수십 명의 남자와 생사별을 하였다고 합니다. 戊土庫地에 돈벼락을 담은 것이 아니라 남자를 담았기 때문입니다.

坤命				陰/平 1925년 8월 26일 10:30								
時	日	月	年	89	79	69	59	49	39	29	19	9
辛	庚	丙	乙	乙	甲	癸	壬	辛	庚	己	戊	丁
巳	午	戌	丑	未	午	巳	辰	卯	寅	丑	子	亥

乙丑년에 태어났으니 60甲子의 시작점 甲子, 乙丑으로 두 번째 간지입니다. 숫자로 살피면 1에서 60까지 중에서 2를 배정받았

으니 새로운 출발을 암시합니다. 예로, 조상과 부모의 상황이 나빠져 모두 포기하고 새로운 인생을 살거나 기존의 체계를 포기하고 멀리 떠나야 합니다. 혹은 스스로가 지도자가 되어서 주위에서 새 출발하도록 도울 수도 있습니다. 분명한 점은 甲子와 乙丑은 물질을 추구하기 어려운 干支라는 겁니다. 물론 태어난 해의 두 글자로는 전체 운명을 결정할 수 없지만 전생의 업보에 그런 암시가 담겨져 있음은 분명합니다. 丙戌월을 받았습니다. 壬辰은 말라가진 辰土에 생명수를 공급하기에 주로 의료, 약국, 한의, 종교, 철학에 적합합니다. 壬辰의 대칭간지가 丙戌로 戌土에 丙火 빛을 공급해서 어둠을 밝히는 길 안내자가 되거나 구조에 따라 물질을 담을 수도 있습니다. 墓庫관점에서 살피면 戌土는 년의 乙木과 월의 丙火를 담아서 난로를 따뜻하게 유지합니다. 즉, 사회활동 과정에 년과 월에서 활용하는 결과물을 모두 戌土에 담아서 취합니다. 다만, 이런 작용이 좋은지 나쁜지는 일주가 무엇이냐에 따라 달렸기에 적절한 선택을 해야 합니다. 이 사주는 庚午일을 선택했습니다.

따라서 천간에서 자연스럽게 乙丙庚 三字로 열매를 확장합니다. 또 地支에서 午火가 戌土와 合하여 계속 난로에 火氣를 공급합니다. 이 구조처럼 日柱가 소유한 무언가를 月에게 제공하는 흐름은 사회를 위해서 희생, 봉사하려는 태도가 강합니다. 반대로 년과 월에 있는 것들이 日支를 향해 들어온다면 이기심이 많습니다. 만약 이 사주가 丙午월 庚戌 일이었다면 사회에서 일지 戌土 墓地로 들어오기에 희생, 봉사하는 태도가 아니라 조상, 부모로부터 받으려는 욕망이 강합니다. 정리하면, 日에서 년과 월을 향하면 교육, 공직에 적합하고 년과 월에서 일지를 향하면 개인 사업에 적합합니다. 사주팔자에 정해진 시간방향이 利他(이타)와 利己(이기)를 결정하는 겁니다. 이 사주의 핵심은 丙午

가 庚金의 틀을 단단히 잡아주는 겁니다. 丙火와 午火가 庚金을 담금질하면 庚金은 뜨거움을 견디지 못하고 도망가는데 다행하게 타고난 성정이 부를 축적하는 것보다는 사회를 위해서 봉사하는 성정이 강하기에 인내심을 가지고 막중한 책임을 감내합니다. 辛巳 時에 태어났으니 인생방향이 명확합니다. 巳午를 丙戌에 제공하여 庚金을 잘 익혀서 결실을 이루려는 것입니다.

▶**실제상황◀** 철의 여인 마가렛 대처 사주입니다. 철의 여인이라 불렸던 강인함은 庚金 철을 丙, 巳午戌로 담금질 하는 과정을 상상하면 이해가 쉽습니다. 강렬한 火氣를 丙戌로 담아서 그 가치를 사회에 활용하였기에 뛰어난 공직자로 후대에 이름을 남겼습니다. 년에 있는 丑土의 지장간에 유일한 癸水 水氣가 월지 戌土를 刑하는데 그 효과는 굉장히 독특합니다. 예로, 목욕탕 한증막에서 약간의 물을 뿌리면 열기가 확 오르는데 戌土가 원하는 열기와 습도를 맞추는 중요한 작용입니다. 반대로 水氣가 너무 많으면 오히려 戌土 화로가 꺼지는 문제가 발생합니다.

坤命				陰/平 1941년 12월 5일 08:30								
時	日	月	年	85	75	65	55	45	35	25	15	5
戊	甲	辛	辛	庚	己	戊	丁	丙	乙	甲	癸	壬
辰	戌	丑	巳	戌	酉	申	未	午	巳	辰	卯	寅

辛巳년에 태어났으니 극도로 응축한 씨종자 辛이 巳火에서 부피를 최대로 펼쳐냈기에 辛과 巳의 움직임은 정반대입니다. 辛金은 최대로 응축하고, 巳火는 최대로 펼치는데 년에서 干支로 짝을 이루었으니 전생, 국가, 해외를 상징합니다. 따라서 辛巳는 전혀 다른 국적, 혈통, 특징을 가진 두 존재가 함께 하면서 점

점 하나로 섞이는 과정입니다. 한국 남자가 미국에 가서 미국 부인과 결혼해서 동화되거나 미국 남자가 한국에 와서 한국 부인을 얻어서 한국인처럼 살아갑니다. 또 오래된 것과 새로운 것이 만나 문명을 발전시키는 행위입니다. 辛金 씨종자는 오래된 것이고 巳火 속의 庚金은 새로운 문명을 상징하며 辛巳가 어느 宮位에 있더라도 이런 물상을 활용합니다. 결국 辛巳의 목적은 과거와 현재의 문명이 만나 새로운 문명을 창조하는 것이기에 결국 辛이 巳酉丑 三合을 끝내면 甲木으로 새로워집니다. 辛丑월을 받았습니다. 따라서 辛金을 丑土에 품어서 부드럽게 바꾸는 과정을 거칩니다. 그 다음에 무슨 일을 해야 하는지는 어렵지 않게 알 수 있습니다. 바로 발전된 문명, 진화된 생명체를 내놔야 합니다. 甲戌일에 태어났으니 천간의 의지가 명확합니다. 바로 조상의 얼을 오늘에 되살리려는 것입니다. 地支에서는 丑土를 戌土로 刑해서 丑土의 도둑, 강도와 같은 음습한 성향을 교정하는데 이 또한 씨종자를 좀 더 발전시키려는 행위입니다. 이 구조의 좋은 점은 바로 墓庫의 작용을 활용할 수 있다는 겁니다. 즉, 年支 巳火를 일지 戌土에 담기에 조상이 전해준 음덕을 나와 배우자가 취합니다.

▶**실제상황**◀결혼하고 남편과 미국 유학길에 올라 석사, 박사를 마치고 돌아와 남편은 서울대 교수로 재직하다 공직자로 청와대에서 근무하였고 후에는 정계, 재계에서 명성을 떨쳤다고 합니다. 말년으로 갈수록 남편의 지위와 명예가 올랐으며 상류층 인생을 살았습니다. 2009년의 상황입니다. 결론적으로 조상의 음덕인 辛金을 甲으로 이어받아 종묘사직을 지켰으며 巳火를 일지 戌土에 담아서 하늘에서 돈벼락을 맞았기에 좋은 남편을 만나서 상류층 인생을 살았습니다.

乾命				陰/平 1921년 10월 4일 10:30								
時	日	月	年	88	78	68	58	48	38	28	18	8
辛	庚	戊	辛	己	庚	辛	壬	癸	甲	乙	丙	丁
巳	午	戌	酉	丑	寅	卯	辰	巳	午	未	申	酉

巳火가 戌土 墓地에 담기는 다른 사례를 보겠습니다. 이 구조는 巳火가 戌土를 향하는 방향이 반대입니다. 庚午와 辛巳가 모두 戌土를 향하니 자신의 재능을 국가, 사회에서 활용합니다. 위 사주는 국가에서 내려준 음덕을 일주가 취하였지만 이 사주는 내 재주를 국가, 사회를 위해 활용합니다. 물론 무엇이 더 좋은 지는 추구하는 인생관에 따라 달라집니다만 이기와 이타의 차이는 분명합니다. 또 이 사주팔자에 있는 보는 글자들의 목적은 뚜렷합니다. 巳午로 庚辛 열매를 수확해서 戌土에 담으려는 의지입니다. 단점이라면, 乙丙庚 三字로 열매를 수확해야 하는데 乙卯 새싹이 없습니다. 다만, 戌月에는 새싹이 필요한 것이 아니라 수확한 열매들이 필요하기에 큰 무리는 없으며 대운에서 목기들을 적절하게 배합했습니다.

▶**실제상황**◀롯데그룹 신격호 회장명조라고 합니다. 모든 열매들이 戌土에 모이고 庚金이 戌土에 그 존재를 드러냈습니다. 대운도 金火木으로 흐르니 戌土에 강렬한 火氣를 담는 방식으로 하늘에서 내리는 돈벼락을 맞았습니다. 특히 辛巳로 辛金이 소유한 巳火를 戌戌에 담고 庚午가 관리하니 경쟁자들이 소유한 재산을 내가 취하는 것처럼 쉽게 빠르게 재벌이 되었습니다.

坤命					陰/平 1977년 11월 9일 08:30								
時	日	月	年		86	76	66	56	46	36	26	16	6
庚辰	庚戌	壬子	丁巳		辛酉	庚申	己未	戊午	丁巳	丙辰	乙卯	甲寅	癸丑

丁巳년에 태어나 庚戌일을 받았으니 丁巳가 일지 戌土 墓地를 향합니다. 그 의미는 다양한데 첫째, 국가, 조상의 음덕이 나를 찾아옵니다. 둘째, 자신이나 배우자가 丁巳를 취하니 하늘에서 돈벼락을 맞습니다.

▶**실제상황**◀27세 2004년 甲申年에 36억 로또에 당첨된 은행원으로 남편은 고시 준비생이었습니다. 27세는 乙卯대운을 지나는 과정이기에 일주 庚戌과 乙庚 合하고 卯戌 合하며 丁巳가 乙丙庚 三字로 열매를 확장하는 해였습니다. 다만, 로또라는 음덕은 乙丙庚 三字뿐만 아니라 丁巳와 庚戌이 조합하여 일지 戌土에 巳火를 담아서 취했기 때문입니다. 즉, 사주원국에 하늘에서 돈벼락을 맞을 수 있는 구조로 태어난 것입니다. 이처럼 丁巳간지를 적절하게 활용하려면 일주에 壬戌, 庚戌과 같은 간지를 배합하는 것이 좋습니다.

乾命					陰/平 1957년 2월 10일 04:30								
時	日	月	年		82	72	62	52	42	32	22	12	2
壬寅	壬午	癸卯	丁酉		甲午	乙未	丙申	丁酉	戊戌	乙亥	庚子	辛丑	壬寅

丁酉년에 태어났으니 壬癸를 보충한다면 丁辛壬 三字를 활용할

- 290 -

수 있습니다. 따라서 壬寅이나 癸卯월을 택하면 그 흐름이 매우 좋습니다. 丁火가 酉金에 열기를 가하고 壬癸에 풀어진 후 寅卯 새로운 뿌리와 싹을 내놓기에 전생의 업적을 활용해서 새로운 세대를 이어갑니다. 이제 어떤 일주를 선택해야 년과 월에서 했던 행위들의 가치를 높일 수 있을지 고민해야 합니다. 壬午일을 선택함으로써 장점과 단점이 공존합니다. 장점은 酉卯午로 그 흐름이 매우 바르며 卯木 새싹을 午火 열매로 바꾸었으니 계속 발전하는 모습입니다. 다만, 천간에서는 壬癸가 丁火를 차지하고자 쟁탈전이 벌어집니다. 그럴 수밖에 없는 이유는 년과 일에서 丁壬 슴하는데 하필 중간에 끼어있는 癸水가 丁火와 沖합니다. 이런 구조들은 경쟁심이 매우 강합니다. 壬水는 반드시 丁火와 슴해서 취하려고 하지만 癸水가 중간에서 방해하기에 그 문제를 해결하고자 노력합니다. 따라서 적절한 시주를 택해서 이런 문제를 해결해야 하는데 壬寅 시에 태어나니 그 의도가 불분명할 뿐만 아니라 丁火 하나를 두고 壬壬癸가 서로 경쟁합니다. 과연 누가 취할 것인가는 대운에 따라 달라집니다.

▶**실제 상황**◀2001년(45세) 辛巳년에 중견기업의 간부에서 100억대(부채포함) 돈벼락을 맞았습니다. 계속 직장생활을 하고 있으며 뛰어난 로비스트체질로 매우 활동적입니다. 돈벼락을 맞은 시기는 戊戌대운으로 寅午戌 三合, 卯戌 슴, 戊癸 슴으로 강렬한 火氣들을 戊土 墓地에 담았기 때문입니다. 특히 火氣를 만들어 좋은 이유는 癸卯와 <u>乙癸戊</u> 三字로 발전하고 壬癸가 경쟁적으로 丁火를 탐하다가 戊癸 슴하여 癸水의 방해를 해결하는 운이었기 때문입니다. 이처럼 壬水가 적군과 같은 癸水를 戊土로 제압하는 운에는 마치 전쟁에서 이겨서 전리품을 얻는 것처럼 크고 빠르게 부를 축적합니다. 뛰어난 로비스트 체질처럼 보이는 이유도 사실은 癸卯를 이겨야만 丁酉가 壬水를 향하도록 할

수 있기 때문입니다. 시간흐름으로 살피면 丁酉에서 癸卯로 흐르는 과정은 대략 30세까지로 항상 경쟁에서 밀릴 수밖에 없지만 30세가 넘어서 壬午의 시기에 이르면 丁酉를 壬水에 풀어내기에 경쟁에서 우위를 점하는데 그렇다고 癸卯가 사라진 것이 아니기에 항상 긴장감을 유지하고 살아갑니다. 戊戌대운에 이르면 戊戌과 癸卯가 합해서 癸水 경쟁자를 제거해버리고 모든 전리품에 해당하는 丁酉와 강력한 火氣를 취했기 때문에 100억 돈벼락을 맞았습니다.

乾命				陰/平 1976년 9월 12일 18:30								
時	日	月	年	81	71	61	51	41	31	21	11	1
癸	己	戊	丙	丁	丙	乙	甲	癸	壬	辛	庚	己
酉	未	戌	辰	未	午	巳	辰	卯	寅	丑	子	亥

丙辰 년에 태어났으니 庚金을 보충하면 <u>乙丙庚</u>을 활용할 수 있습니다. 특히 庚午월을 택하면 丙辰과 庚午가 열매를 확장하기에 壬戌일을 선택하면 다양한 혜택을 누릴 수 있습니다. 년과 월의 乙丙庚으로 돈벼락을 맞고 火氣에 자극받은 庚金이 빠른 속도로 壬水에 풀어지기에 일간이 부와 명예를 모두 취하는 흐름입니다. 또 戊土는 년과 월의 丙午 火氣를 담으니 모든 결과물을 내가 소유합니다. 이 사주는 戊戌월을 택했습니다. 따라서 戊土를 활용해서 년의 丙火를 담으니 戊土 부친이 부자임을 암시합니다. 결국, 庚金을 키우는 과정을 생략하고 戊戌로 丙火를 담는 것을 택했습니다. 그리고 己未일을 택해서 戊土 화로에 열기를 공급하는 墓庫작용을 활용합니다. 보통은 시간흐름을 활용해서 木을 金으로, 金을 木으로 바꿔서 하늘에서 돈벼락을 맞지만 이 구조처럼 강한 五行을 辰未戌丑 墓地에 담는 방식으로

- 292 -

하늘에서 돈벼락을 맞을 수도 있습니다. 癸酉시를 택하였습니다만 이리저리 보아도 좋은 구조로 보이지는 않습니다. 하지만 자세히 보면 묘한 배합들이 보이는데 천간에서는 戊癸 합으로 火氣를 만들어내기에 戊土에 좋습니다. 육친으로 살피면 부친 戊土가 癸水와 합하는 과정에 己未가 끼어있으니 부친과 己未의 자식(손자) 사이가 좋아서 부모와의 인연이 깊습니다. 또 년과 시에서 辰酉로 합하니 조상의 음덕이 자식자리까지 이어집니다. 아울러 己未가 酉金을 자극해서 癸水에 풀어지는 丁辛癸 三字도 활용할 수 있습니다.

▶실제상황◀ 장남으로 태어나 부모로부터 2천억이라는 유산을 받았다고 합니다. 하늘에서 돈벼락을 맞은 이유 중에서 가장 중요한 이유는 丙火가 월지 戊土에 담기니 조상의 음덕이 부친의 창고에 저장되고 癸水를 활용해서 戊癸로 합하고 辰酉로 합해서 己未가 취하기 때문입니다. 이것이 墓庫를 활용해서 하늘에서 돈벼락을 맞는 방법입니다. 아래에서는 辰戌丑未를 적절하게 활용하지 못한 사례를 보겠습니다. 墓庫를 활용하면 무조건 부자가 될 수 있는 것이 아님을 살피려는 것입니다.

乾命				陰/平 1946년 6월 20일 20:30								
時	日	月	年	87	77	67	57	47	37	27	17	7
壬	癸	乙	丙	甲	癸	壬	辛	庚	己	戊	丁	丙
戌	巳	未	戌	辰	卯	寅	丑	子	亥	戌	酉	申

40이 넘었는데 결혼도 못하고 떠돌이 생활하며 몸이 아파 직장을 다닐 수도 없습니다. 자연의 순환원리를 이해하면 상황을 이해합니다. 癸水가 未月을 만나니 乙木의 성장을 도울 수 없기에

- 293 -

癸水의 쓰임이 없는 공간입니다. 또 丙火가 癸水를 더욱 분산시켜버리고 戊戌대운을 만나면 戊癸 合으로 증발해서 火氣를 만들어버리니 癸水는 존재가치를 상실합니다. 정신이 혼미하고 무기력증에 시달립니다. 결국 戊土는 돈벼락을 맞는 墓庫가 아니라 癸水의 존재를 무기력하게 만드는 작용입니다. 떠돌이 생활하는 이유는 戊年을 기준으로 寅午戌 三合을 벗어난 壬癸는 저승사자와 같아서 일상에 적응하지 못하고 대운도 亥子丑으로 흘러가니 주위에서 인정을 얻기 어렵고 평범한 생활이 어렵습니다. 다른 章에서 따로 다루겠지만 三合운동을 벗어난 글자들은 특별한 작용을 하므로 주의해서 살펴야 합니다.

▌辰土, 申子辰 三合의 墓庫

위에서 巳戌로 墓地를 활용해서 돈벼락 맞는 사례를 살폈고 여기에서는 亥辰으로 墓地를 활용하는 사례를 보겠습니다. 두 조합의 차이점은 巳戌은 丙戌로 丙火, 巳火의 빛을 墓地에 담아서 취하고 亥辰은 壬辰으로 壬水, 亥水 생명수를 墓地에 담기에 활용 물상이 다릅니다.

丙火는 빛과 같아서 물질 지향적이라면 壬水는 영혼과 같아서 정신을 추구합니다. 물상에 비유하면 亥水 바닷물을 辰土에 담아서 바다에서 살던 어류들을 辰土 어망으로 걷어 올려서 辰土 속에 癸水를 활용해서 훈증과정을 거치면 말랑말랑한 반 건조 오징어와 같은 해산물을 취급해서 부자가 되는 경우도 많습니다. 다만, 물상은 너무도 다양하기에 근본원리를 이해하고 사주구조에 따라 유추해야 합니다. 기억할 점은 亥辰으로 조합하고 사주구조가 좋으면 하늘에서 돈벼락을 맞는다는 것입니다.

乾命				陰/平 1939년 10월 17일 04:30								
時	日	月	年	86	76	66	56	46	36	26	16	6
甲	戊	乙	己	丙	丁	戊	己	庚	辛	壬	癸	甲
寅	辰	亥	卯	寅	卯	辰	巳	午	未	申	酉	戌

己卯년에 태어났으니 어떤 의도를 가졌고 어떤 인생방향을 원하는지 고민해야 합니다. 己卯(土木)로 조합하면 토목공사라고 인식하면 쉽습니다. 己土터전을 卯木으로 다스리기 때문입니다. 이에 상응하는 물상은 건설, 건축, 임대, 교육 등입니다. 교육에 적합한 이유는 卯木 새싹이 己土를 의지해서 계속 성장하기 때문입니다. 己卯의 물상을 이해했다면 무슨 달을 선택해서 己卯를 활용할지 고민해야 합니다. 卯木이 성장해서 열매를 맺을 수 있다면 가장 효율적인 방향입니다. 따라서 戊辰, 己巳, 庚午, 辛未, 壬申, 癸酉, 甲戌, 乙亥월 중에서 庚午가 己卯를 활용하기에 가장 적절해보입니다. 卯木과 庚金이 合하고 午火의 地藏干에 있는 丙丁을 활용해서 열매를 확장할 수 있기 때문입니다.

이 사주는 乙亥월에 태어나 모호합니다. 亥月은 만물이 성장을 멈추고 내부에 들어가 모습을 감춘 공간이기 때문입니다. 다행한 점은 亥卯가 亥卯未 三合 중에서 두 글자를 만났고 또 乙木과 함께 끊임없이 성장하려는 노력을 멈추지 않습니다. 마치 헬스장에서 하루도 거르지 않고 운동하는 모습을 상상하면 이해가 쉽습니다. 사업하는 경우라면 한시도 쉬지 않고 발전을 위해 달리는 불도저를 상상하면 됩니다. 다만, 아무리 노력해도 하늘에서 내리는 돈벼락에 맞을 확률은 희박한 이유는 己卯와 乙亥로 노력한 결과물이 없기 때문입니다. 亥卯未 三合은 성장을 위해 노력하는 단계일 뿐 寅午戌처럼 확장할 수도 巳酉丑처럼 수확

- 295 -

할 수도 없습니다. 결국 일과 시에서 어떤 조합을 받느냐에 따라서 년과 월에서 노력한 결과가 달라질 것입니다. 戊辰일에 태어났으니 년과 월의 움직임을 어떻게 활용할 수 있는지 살펴야 합니다. 위에서 학습했던 亥辰이 조합했으니 하늘에서 돈벼락을 맞을 가능성을 가진 구조로 바뀌었습니다. 짚고 넘어갈 문제는 亥월에 태어나 무엇을 하고 싶은 걸까요? 그 문제의 답을 얻으려면 亥水의 地藏干에 있는 글자들을 살펴야 합니다. 戊甲壬이 있으니 壬水가 생명수를 활용해서 甲을 기르려는 의지가 분명입니다. 따라서 사구구조가 그런 방향을 가졌다면 인생의 방향이 명확해집니다. 다행하게 시주에 甲寅을 얻었으니 결국 甲의 성장을 추구하는 인생입니다. 다만, 이 사주에는 큰 약점이 있는데 성장의욕은 매우 강하지만 성장의 결과물인 金氣가 전혀 없습니다. 亥月에 壬水가 甲을 품었으나 金氣가 전혀 없으니 속빈강정과 같습니다. 비록 時에 甲寅을 생산해도 씨 없는 종자, 부모 없는 자식과 같습니다. 바른 순서는 辛酉가 壬癸, 亥子丑에서 풀어져 甲寅으로 나와야 하는데 연월일시 어디에도 辛酉가 보이지 않습니다. 辛酉가 있고 없을 때의 차이는 무엇일까요?

<u>乙丙庚</u> 三字에서 乙卯가 없으면 庚金 열매를 완성할 수 없듯, 辛酉가 없으면 甲寅은 성장해도 가치가 별로 없습니다. 도박에서 밑천이 많으면 과감하게 베팅하지만 없으면 불가능합니다. 비록 한순간 돈을 벌 수 있지만 한번 돈이 떨어지면 다시는 재기하지 못합니다. 하지만 辛酉가 있으면 부도가 나도 오뚝이처럼 재기합니다. 따라서 己卯年 乙亥월 카드는 기본적으로 金氣가 부족하다는 것을 이해해야 합니다. 년이나 월 어딘가에 辛酉를 배합해야 하는데 없는 겁니다. 예로 辛亥월이라면 辛金 씨종자가 亥水에 풀어지고 辰土에 담기니 부모의 음덕을 내가 취할 수 있습니다. 끊이지 않는 재물원천을 가졌기에 어떤 어려움에

서도 벗어날 수 있습니다. 태어난 시가 甲寅이기에 亥月에 원했던 꿈을 이루었습니다만 문제는 성장하려는 기세만 강할 뿐 결실이 불가능합니다. 더 큰 문제는 甲寅이 년의 己土와 甲己 합하는 과정에 중간에 끼어있는 戊土를 공격합니다.

《四季圖》

	癸	戊	丙	
乙				庚
봄	卯辰巳	午未申	여름	陽
겨울	寅丑子	亥戌酉	가을	陰
甲				辛
	壬	己	丁	

四季圖의 원리대로 甲木은 己土와 짝을 이루고 乙木은 戊土와 짝을 이루기에 甲戊가 만나면 여러모로 불편합니다. 특히 壬水를 배합하지 않으면 사막처럼 마른 땅에서 식물이 자라지 못하고 황폐해집니다. 이런 환경에 처하면 甲寅은 戊辰의 땅을 망가뜨리고 己土와 합하러 떠납니다. 이 사주구조의 문제는 모두 시주 甲寅에 있음이 분명합니다. 만약 甲寅 時가 아니면 己土와 합할 이유도 없고 戊辰의 땅을 그토록 괴롭히고 己土에게 떠나야할 이유도 없습니다. 이것이 사주구조를 이해해야만 하는 이유입니다. 잘못 선택한 時柱 때문에 사주팔자 전체의 노력이 허물어질 수 있습니다. 정리하면, 亥月에 원했던 것은 결국 甲寅을 생산하려는 것이기에 말년까지 꿈을 이룰 수 있음을 암시합니다. 단점이라면, 亥月에 필요한 씨종자 辛酉가 없으니 한번 무너지면 재기할 수 없고 또 戊辰의 땅이 마르면 甲寅은 戊辰이 소유한 水氣를 흡수하고 戊土가 사막처럼 황량해지면 년에 있는 己土에게 떠나버립니다. 우리는 이 사주구조에 두 가지 문

제가 있음을 이해하였습니다. 첫째, 辛酉가 없습니다. 둘째, 甲寅이 좋지만 戊辰에게 매우 부담스런 존재입니다. 육친으로 살피면 甲寅은 자식 宮位요, 대략 46세 이후입니다. 성정으로 따지면 자존심이 강해서 망가질 수 있으며 또 甲寅이 己土를 향하기에 인간에게 배신당하는 구조가 분명합니다. 이 문제를 해결하려면 어떤 시주를 선택했어야 할까요? 甲寅 時 보다는 12시간 늦은 庚申이라면 어땠을까요? 첫째 甲寅이 戊土를 망가뜨릴 이유가 없고, 둘째 연월일에 있는 수많은 木氣들을 庚申으로 수확할 수 있으며, 셋째 亥月에 필요한 씨종자 辛酉는 아니지만 유사한 庚申을 보충해서 배합이 좋아졌습니다. 사주원국을 이해했다면 대운을 살펴보겠습니다.

丙	丁	戊	己	庚	辛	壬	癸	甲
寅	卯	辰	巳	午	未	申	酉	戌
86	76	66	56	46	36	26	16	6

16세부터 酉申, 辛庚으로 계속 씨종자를 공급받아서 亥水에 풀어지고 甲寅을 생산하는 흐름이 50세까지 이어집니다. 즉, 사주팔자 원국에 없는 에너지를 대운에서 활용할 수 있는 겁니다. 하지만 50세가 넘어가면 午火가 亥水를 말리기 시작하고 甲寅이 마르면 난동을 부리기 시작합니다.

▶실제상황◀20대 초반부터 엄청난 부를 축적하고 40대 후반까지 승승장구하여 준 재벌까지 갔으나 50대부터 사업이 완전히 기울고 망해버렸으며 친척들 도움으로 살았습니다. 준 재벌에 이른 이유를 정리하면 첫째, 亥辰으로 墓地 작용으로 하늘에서 돈벼락을 맞았고 둘째, 대운에서 金氣를 보충해서 辰土에 담기는 亥水의 가치가 높아졌습니다. 즉, 亥辰은 바닷물과 같은 亥水를 담는 것은 동일하지만 사주구조에 따라서 亥水의 가치가

달라지기에 그릇 크기도 상이합니다. 수돗물과 석유를 담는 탱크의 가치가 다른 이유입니다. 이 사주는 卯年에 태어나 亥卯未 三合운동을 하므로 대운에서 만난 庚辛, 申酉는 三合을 벗어난 저승사자처럼 일반인들이 경험하지 못하는 신세계를 경험할 수 있습니다. 이것이 바로 준 재벌반열에 오른 또 다른 이유인데 다른 章에서 자세히 다룰 것입니다.

乾命				陰/平 1932년 10월 30일 04:30								
時	日	月	年	83	73	63	53	43	33	23	13	3
壬	壬	辛	壬	庚	己	戊	丁	丙	乙	甲	癸	壬
寅	辰	亥	申	申	未	午	巳	辰	卯	寅	丑	子

이 구조는 물이 너무 많아서 결코 좋아 보이지 않습니다. 壬申년에 태어났으니 기본적으로 기술, 예술과 인연이 깊은데 그 이유는 申金을 壬水에 풀어내는 창조본능을 가졌기 때문입니다. 물론 壬申은 배합이 적절한 干支가 아닌 이유는 열매 申金은 丙火로 확장하고 익히는 것을 기뻐하는데 정반대 속성인 壬水가 과일에 냉해를 입히기 때문입니다.

이 문제를 해결하려면, 첫째, 丙火를 보충해서 壬水를 줄이고 申金을 익히거나 둘째, 甲을 배합해서 壬水의 쓰임을 바르게 하거나 셋째 壬申에 부족한 미네랄 辛을 공급해서 생명수와 같은 壬水의 가치를 높이는 것입니다. 壬癸와 亥子丑은 기본적으로 金氣를 품어서 木氣를 내놓는 것을 사명으로 합니다. 즉, 딱딱한 씨종자 辛金을 생명수에 풀어야만 甲을 내놓을 수 있습니다. 따라서 壬水가 辛金을 만나면 아이를 품은 모친처럼 자애롭고 甲을 만나면 생명수를 공급해서 기르려고 노력합니다. 壬水 곁

- 299 -

에 辛과 甲이 없다면 壬水는 떠돌면서 흘러 다니는 방랑자, 부랑자와 같은 속성으로 변합니다. 이 사주는 辛亥월에 태어났으니 壬申과 辛亥로 블랙홀과 같은 壬,亥 흑색으로 침울해 보이지만 좋은 점이라면 壬과 亥에 미네랄 辛金을 공급하기에 해일처럼 위험한 물이 아니라 모친의 자애로움을 가진 생명수로 바뀌었습니다. 다만, 어두운 속성이 밝아진 것은 아니기에 년과 월에서 이루어지는 일을 日과 時에서 어떻게 이어받을지 고민해야 합니다. 위에서 巳戌과 亥辰조합은 陽氣를 담는 墓地로 돈벼락을 맞을 수 있음을 확인하였습니다. 壬辰일 카드를 받으면서 자연스럽게 년의 壬水, 월의 亥水를 일지 辰土에 담아옵니다.

이 의미는 매우 중요합니다. 년과 월의 배합이 매우 어둡고 쓰임이 나빠 보였는데 갑자기 가치를 최대로 활용할 수 있기 때문입니다. 예로, 년과 월의 깊은 어둠을 해결하고자 丙午日을 택하면 어떨까요? 丙辛 合하고, 丙壬 沖하니 빛을 적절하게 활용할 수도 없고 丙火 빛이 오히려 어둠 속으로 사라져서 매우 흉합니다. 만약 甲辰 일을 택하면 수많은 水氣를 辰土에 담아서 甲木을 기르고 時에 丙火를 배합해서 壬甲丙 三字로 활용해야 합니다. 느낌으로는 丙火가 좋아야 함에도 그렇지 않은 것처럼 壬辰일은 어둠만 더욱 깊어져서 매우 흉할 것처럼 느껴지지만 실제로는 년과 월의 움직임을 辰土에 수렴해서 취하기에 매우 효율적입니다. 그 다음에 어떤 동작을 취해야할까요? 辛金을 많은 水氣에 풀어서 木으로 바꾸기에 木氣가 드러나면 연월일에서 추진했던 꿈을 이룰 것입니다. 예로 壬寅, 癸卯, 甲辰, 乙巳를 선택할 수 있는데 癸卯는 壬癸가 섞여서 탁하고 다툼, 분쟁이 발생하는 구조입니다. 甲辰은 壬甲으로 壬水가 쓰임을 얻기에 매우 좋은데 문제는 壬辰, 甲辰으로 어둠을 해결하지 못했고 辰辰으로 성장에 문제가 발생합니다. 예로, 자식의 성장발육이 원활하지 않거나 정신장애가 발생할 수도 있습니다. 乙巳는 흐름이 좋지만 운에서 辛亥와 乙巳가 沖해서 불편을 야기합니다. 이 사주는 壬寅을 택해서 비록 내부에서 寅木을 기르지만 위에서 언급한 문제들은 발생하지 않습니다. 또 대운에서 계속 木火로 흐르면서 木氣의 성장을 촉진하고 화려한 꽃을 피워 발전하였습니다.

▶**실제상황**◀하늘에서 수백억 돈벼락을 맞았습니다. 1930년대 시대상을 감안하면 하늘에서 내리는 부자는 분명합니다. 十神을 학습한 분들이라면 財星이 전혀 없는데 수백억 부자인 이유를 이해하기 어렵습니다. 설명한 것처럼 월간 辛金이 얼마나 중요한 가치를 지녔는지 이해할 때 비로소 깨우치는 구조입니다.

坤命				陰/平 1961년 10월 24일 12:30								
時	日	月	年	82	72	62	52	42	32	22	12	2
모름	戊辰	己亥	辛丑	戊申	丁未	丙午	乙巳	甲辰	癸卯	壬寅	辛丑	庚子

辛丑년에 태어났으니 씨종자를 巳酉丑으로 확장하고 수확한 후 부드럽게 만들어 甲木을 생산하는 사명을 가지고 태어났습니다. 辛金에 水氣를 배합하면 총명하고 丙丁을 배합하면 존재를 환하게 드러냅니다. 火水를 함께 배합하면 <u>丁辛壬</u> 三字로 쓰임을 극대화 시킵니다. 예로, 辛丑년 甲日의 경우 辛金 씨종자가 축적한 모든 것을 甲에게 전달했기에 총명한 후대를 얻습니다. 하지만 己亥월 카드를 받았기에 어둡고 습해서 좋아 보이지 않습니다. 辛金이 己와 丑에서 탁해졌고 亥水에서 점점 풀어지고 있으니 음습하고 답답해 보이지만 자연은 겨울에 춥고 어둡고 음

습해야 씨종자를 활용해서 甲木을 배출합니다. 따라서 辛金이 亥水에서 甲으로 변하고 己丑의 터전에서 성장하다가 戊辰일 카드를 받았기에 좋아 보이지는 않지만 그렇지 않습니다. 첫째, 위 사주처럼 辛壬辰, 辛亥辰, 酉亥辰으로 씨종자 辛金을 壬亥에 풀어서 辰土에 담았으니 조상의 음덕, 유산을 물려받는 것과 다를 바 없습니다. 사회활동 측면에서는 국영기업, 대기업과 인연이 됩니다. 둘째 丑土, 己亥를 戊辰이 모두 흡수합니다. 마치 경쟁자들이 스스로 戊辰을 도와주는 꼴입니다. 년과 월의 宮位는 국가, 사회를 상징하는데 그 궁위에 있는 己와 丑 경쟁자들이 자연스럽게 辰土에게 모든 것을 넘겨주는 겁니다. 셋째, 辛丑, 辰으로 위에서 살폈던 <u>酉丑辰</u> 三字로 하늘에서 돈벼락을 맞을 수 있습니다. 대운흐름을 살피면 亥月에서 생산한 木氣가 계속 성장하고 발전합니다.

▶**실제상황**◀1999년 오라클에서 경영진이 되었고 2001년 이사회 멤버가 되었으며 2014년 오라클 CEO로 취임하였습니다. 2015년 당시 연봉이 585억 원이었습니다. 평생 모으기 힘든 돈을 1년마다 벌어들이니 하늘에서 돈벼락 맞은 것이 분명합니다.

乾命					陰/平 1965년 10월 18일 04:30								
時	日	月	年		81	71	61	51	41	31	21	11	1
丙 寅	戊 辰	丁 亥	乙 巳		戊 寅	己 卯	庚 辰	辛 巳	壬 午	癸 未	甲 申	乙 酉	丙 戌

조상, 부모의 음덕이 무엇인지 좀 더 확인해보겠습니다. 丁亥月에 할 일은 辛金을 풀어내서 甲木을 만들어야 합니다. 하지만 년과 월에 丁火는 있지만 辛이 없으니 <u>丁辛壬</u> 三字조합을 활용

하지 못합니다. 辛金은 조상음덕을 상징하는데 사주원국에 없으니 초년에 발전은 기대하기 어렵습니다. 그렇다면 乙巳와 丁亥를 어떻게 활용해야 효율적일까요? 戊辰일을 택해서 亥辰 墓地 조합을 활용할 수 있게 되었습니다. 바닷물과 같은 亥水를 辰土 댐으로 막아서 속에서 살아가던 고기들은 물론이고 소금 등 가치 있는 것들을 꺼내서 활용합니다. 그리고 丙寅시에 태어나니 亥月에 반드시 생산해야할 寅木이 드러났습니다. 대운을 살펴보면, 30대부터 사주원국에 없는 酉申과 辛庚을 亥水에 풀어내자 갑자기 해수가 안정되면서 생명수로서의 가치가 높아지고 辰土에 담기니 흙탕물을 담았던 물탱크가 갑자기 석유탱크처럼 가치가 엄청나게 높아졌습니다.

▶**실제상황**◀맨주먹으로 중국 신발업체 10위의 회사를 일구어 부자가 되었습니다. 성격이 화통하고 부인에게 매우 잘한다고 합니다. 일지 辰土는 부인을 상징하고 부자를 만들어준 것임을 알기 때문입니다. 31세부터 癸酉대운에 들어가자 丁酉亥辰으로 丁辛壬(亥) 三字를 활용해서 亥水의 가치를 높인 후 일지 辰土에 담으니 하늘에서 돈벼락을 맞습니다. 년과 월에는 전혀 기대하기 어려웠던 조상, 부모 음덕을 대운에서 잘 활용하였습니다.

乾命				陰/平 1959년 2월 29일 08:30								
時	日	月	年	80	70	60	50	40	30	20	10	0
丙	戊	戊	己	己	庚	辛	壬	癸	甲	乙	丙	丁
辰	午	辰	亥	未	申	酉	戌	亥	子	丑	寅	卯

위 사주는 丁亥월 戊辰일이었고 이 사주는 己亥년 戊辰월이니 두 사주는 <u>宮位</u>의 가치가 상이합니다. 위는 일지 辰土가 亥辰으로 부를 축적하지만 이 사주는 戊辰 부모자리에서 부를 축적합

- 303 -

니다. 내 사주팔자에서 조부모, 부모, 나와 배우자 그리고 자식 중에서 누가 부자가 되는지 이해하려면 宮位를 살펴야 합니다. 굵게 나누면, 년은 조부모, 월은 부모, 일은 나와 배우자, 시는 자식과 배우자입니다. 따라서 위 사주는 나와 배우자가 부를 축적하고 이 사주는 부모가 부를 축적합니다. 부모가 부자이기에 재벌 2세로 태어날지, 내가 재벌이 될지를 결정할 때는 반드시 宮位를 활용해야 합니다. 이 구조의 묘한 점은 己亥가 戊辰, 戊午, 丙辰과 모두 관계를 형성하고 있다는 것입니다. 戊辰과는 亥辰 墓地로, 戊午와는 地藏干에서 午亥(丁壬)合으로 丙辰과도 亥辰으로 연결되어 계속 亥水를 공급합니다. 마치 조모의 음덕이 4대에 걸쳐 이어지는 느낌입니다. 더욱 좋은 점은 20대부터 乙丑대운을 만나서 丑辰으로 한바탕 돈벼락을 맞는 운이며 계속 水氣를 月支 辰土에 담아서 부를 축적하였습니다.

▶실제상황◀수백억 재산가입니다. 부자가 된 이유를 정리해보면, 亥辰午로 흐름이 바르니 굴곡이 없습니다. 亥水가 辰土에 담긴 재물이 午火로 자연스럽게 넘어가기에 안정적으로 발전합니다. 또 亥水가 辰土에 담기는데 그 위에 戊土가 있으니 부친이 부를 축적하고 戊午는 戊辰을 활용해서 재물을 취하니 부모음덕이 좋고 사회에서 윗사람들의 도움을 받습니다. 또 년의 己亥는 己土가 亥水를 소유하고 있다가 자연스럽게 戊土로 넘겨주기에 국가, 조상이 소유했던 재물을 이어받는 것과 같습니다.

乾命				陰/平 1959년 3월 5일 02:30								
時	日	月	年	82	72	62	52	42	32	22	12	2
乙丑	甲子	戊辰	己亥	己未	庚申	辛酉	壬戌	癸亥	甲子	乙丑	丙寅	丁卯

己亥년, 戊辰월로 위 사주와 년과 월이 동일합니다. 계속 관찰한 것처럼 己亥와 戊辰이 조합하면 己亥가 소유한 것들을 戊辰이 자연스럽게 취합니다. 그 다음 단계가 중요한 이유는 己亥와 戊辰만으로 평생 좋을 수는 없기 때문에 어떤 날을 선택할지 신중하게 고민해야 합니다. 甲子일을 선택하였으니 재물을 축적하기 보다는 교육, 공직에 적합한 구조로 바뀌었습니다. 그 이유는 干支의 뜻이 60甲子의 출발점이기에 30대 이후에는 과거를 버리고 새 출발해야 합니다. 또 다른 문제는 년에 있는 己土와 甲己로 습하는 과정에 반드시 중간에 끼어있는(夾字, 협자. 중간에 끼어서 비틀리는 글자로 기 출판한 夾字論을 참조하기 바랍니다.) 戊辰의 터전을 상하게 만들기에 戊土 부친이 질병으로 시달리거나 사업이 힘들어지거나 본인이 부모의 터전을 망가뜨리면서 상황이 힘들이질 수 있습니다.

하필 32세부터 甲子대운을 만나니 그 의미가 더욱 뚜렷합니다. 甲子의 단점을 인지했다면 좋은 時를 배합해서 문제를 해결해야 하는데 乙丑시에 태어납니다. 하지만 甲子와 乙丑은 60갑자의 첫째와 둘째로 모두 원하던 원하지 않던 새 출발을 상징하기에 정착하지 못하고 좌충우돌하면서 출발을 반복해야 합니다. 乙丑보다 약간 늦은 丙寅시에 태어났다면 비록 중년에 기복은 있지만 壬甲丙 三字로 교육, 공직에 종사하면서 훨씬 안정적인 인생이었을 겁니다. 혹은 甲子일 대신 庚午일에 태어났다면 戊辰월에 성장하는 새싹들을 활용하는 乙丙庚 三字로 돈벼락을 맞을 수도 있었을 겁니다.

▶**실제상황**◀좋은 부모 만나 공부도 많이 하고 지역 신문사 사장이 되어 정계(政界)에 진출할 꿈도 키웠으나 癸亥대운에 신문사가 파산하였습니다. 여인의 도움으로 중국에서 대체의학을 공

- 305 -

부하고 필리핀에서 산업연수생 연수원을 개업하는 등 떠돌이 생활하는 인물 좋은 호남입니다. 왜 초년의 영화를 이어가지 못했을까요? 그것은 바로 년과 월의 좋은 흐름을 甲子가 깼기 때문입니다. 또 甲子에서 어긋나도 시주를 잘 택해서 재기를 노려야 하는데 태어난 시간도 60甲子의 출발점인 甲子와 乙丑으로 현재의 상황을 유지하지 못할 뿐만 아니라 모두 버리고 새 출발해야만 하는 에너지를 받았기 때문입니다. 예로 위 사주처럼 戊午일이나 庚午일을 택했다면 전혀 다른 인생을 살았을 겁니다. 택일에 신중해야만 하는 이유입니다.

乾命				陰/平 1943년 11월 23일 08:30								
時	日	月	年	84	74	64	54	44	34	24	14	4
甲	壬	甲	癸	乙	丙	丁	戊	己	庚	辛	壬	癸
辰	子	子	未	卯	辰	巳	午	未	申	酉	戌	亥

癸未년에 태어나도록 한 하늘의 의지가 있지만 우리는 잘 모릅니다. 다만, 癸水는 亥卯未 성장운동을 하는데 癸卯에서 적극적으로 卯木의 성장을 돕다가 未土에 이르면 더 이상 성장이 불가능한 공간을 만나면서 벗어날 수밖에 없는 상황이 이릅니다. 암시하는 의미는 조상의 음덕을 바라기 힘들고 조상들이 살던 고향을 지키지 못하고 타향으로 떠나야하는 불편함을 겪어야 합니다. 다시 甲子월을 받자, 60甲子의 출발점이기에 새로운 출발을 위해서 과거에 소유했던 것들을 버릴 수밖에 없습니다. 결국 癸未와 甲子조합에서는 안정을 취하기 어렵습니다. 子月에는 辛金 씨종자를 子水에 풀어내고 甲木을 생산한 후 丙火로 빛을 비추면 좋은 흐름이지만 이 사주구조에는 金氣도 없을 뿐만 아니라 未土가 子水를 탁하게 만들기에 甲木이 밖으로 나온다고 해도 육체장애나 정신문제를 가지고 태어날 수도 있습니다. 만

약 癸未대신 癸酉년 甲子월로 조합했다면 어땠을까요? 酉金을 子水에 풀어낼 수 있으니 未土가 子水의 흐름을 막고 탁하게 만들어버리는 작용보다 훨씬 좋습니다. 또 택일원칙을 이해했다면 癸未와 甲子조합을 선택하지 않았을 겁니다. 물론 실망만 하고 있을 수는 없으니 년과 월의 조합을 가장 효율적으로 활용할 방법을 고민해야 합니다. 壬子일을 받았습니다. 년과 월에 부족한 辛酉일을 택해서 보충하거나 丙辰일을 활용해서 辰土에 水氣를 갈무리한 후 甲木이 丙火를 향하도록 유도하면 좋은데 壬子를 택해서 애매해졌습니다. 좋은 점이라면 壬水가 甲의 성장을 돕는 것이고, 나쁜 점은 연월일 흐름에서는 발전을 기대하기 어렵다는 것입니다.

남은 카드는 時뿐이니 잘 활용해야 합니다. 庚子, 辛丑, 壬寅은 너무 답답하고 어둡습니다. 癸卯, 甲辰, 乙巳는 탁한 생명수를 활용해서 木氣를 키울 수는 있습니다. 丙午, 丁未, 戊申을 택하기 어려운 이유는 水火가 서로 다툴 뿐 특별한 쓰임이 없기 때문입니다. 己酉, 庚戌, 辛亥는 년과 월에서 필요로 하는 金氣를 보충해서 탁해진 子水가 안정을 취하도록 하지만 전체 구조를 고려하면 좋은 조합은 아닙니다. 이 사주는 甲辰 時를 받았습니다. 壬子를 辰土에 담아서 甲木을 기르려는 의도가 분명합니다. 지금까지 살펴보았던 亥辰 조합을 활용하였습니다만 단점이라면 辰土에 담긴 생명수의 가치가 높지는 않다는 겁니다. 그 이유를 정리하면 첫째, 未土가 子水를 탁하게 만들었습니다. 둘째, 미네랄, 씨종자 辛酉가 연월일에 없습니다. 셋째, 癸, 子, 壬子로 산만합니다. 이처럼 辰土에 담기는 물의 종류는 동일하지 않습니다. 生水의 가치가 모두 다르듯 辰土에 담기는 물의 종류에 따라서 인생이 달라집니다.

▶**실제상황**◀초등학교도 마치지 못하고 머슴살이 하다가 己未대운에 건축업을 하였는데 甲辰의 시기에 辰土를 활용해서 발전했습니다. 결국 연월일에서 쓸모나 가치가 없던 움직임들이 甲辰을 만나서 壬子의 꿈인 甲을 밖으로 내놓고 辰土의 땅에 넉넉한 水氣 壬子를 채워서 새 건물을 올리니 건축업으로 발전했지만 연월일에 씨종자가 전혀 없으니 辰土에 담긴 壬子의 가치가 높지는 않습니다. 비교사주를 보겠습니다.

坤命				陰/平 1960년 11월 13일 22:30								
時	日	月	年	88	78	68	58	48	38	28	18	8
辛	壬	戊	庚	己	庚	辛	壬	癸	甲	乙	丙	丁
亥	辰	子	子	卯	辰	巳	午	未	申	酉	戌	亥

자영업 하는데 甲대운에 가세가 기울고 申대운부터 풀리기 시작해서 48세부터 시작하는 癸未대운에 가장 좋았습니다. 이 구조도 子子壬으로 辰土에 水氣를 담아도 庫地의 작용이기에 돈이 들어왔다가 나가기 바쁘고 미네랄을 풀어내지 못하기에 가치가 높지 않지만 시주 辛亥에 이르면 물의 종류가 크게 달라집니다. 辛金 씨종자가 亥水에 풀어지고 일지에 있는 辰土에 담기니 亥辰 墓地조합으로 인생에게 가장 좋은 대운을 만났던 것입니다. 씨종자가 년에 있는 사주구조를 살펴보겠습니다.

乾命				陰/平 1921년 10월 26일 22:30								
時	日	月	年	86	76	66	56	46	36	26	16	6
辛	壬	己	辛	庚	辛	壬	癸	甲	乙	丙	丁	戊
亥	辰	亥	酉	寅	卯	辰	巳	午	未	申	酉	戌

위 두 사주는 년과 월에 씨종자 辛酉가 없었는데 이 사주는 辛酉년에 태어났으니 그 존재가 뚜렷합니다. 다만 丁火가 辛酉에 열을 가해서 가치를 높이고 壬이나 亥에 풀어지면 丁辛壬 三字로 돈벼락을 맞을 수 있었을 겁니다. 丁火를 만나지 못했지만 水氣를 배합해서 날카로운 辛酉를 적절하게 풀어내야 좋은데 마침 己亥월을 선택하였습니다. 辛酉를 품은 亥水는 어머니가 아이를 품은 것처럼 방탕하지 않고 가치 높은 생명수를 만들어내기에 매우 총명하고 씨종자를 폭발적으로 부풀릴 가능성을 가졌습니다. 또 辛酉와 己亥가 원하는 방향은 분명하게도 辛酉 씨종자를 亥水에 풀어서 甲木을 생산하려는 것입니다.

따라서 甲子, 甲寅, 甲辰, 甲午, 甲申, 甲戌일에 태어나면 亥水가 원하는 甲木을 내놓고 甲己 合으로 안성적으로 성장할 수 있지만 단점이라면 위에서 살핀 것처럼 甲木의 본성은 생명체를 길러야 하는 사명감 때문에 재물과의 인연이 강하지는 않습니다. 만약 甲辰일을 택하면 酉亥辰 三字로 辛酉와 己亥를 辰土에 담아서 취할 수는 있지만 단점은 辰의 지장간에서 성장하는 乙木이 酉亥의 냉해로 상하면 육체적, 정신적으로 문제가 발생할 수도 있습니다. 결국 여기에서 결정해야할 사항은 일주가 교육, 공직의 길을 원하면 甲日을 택하지만 하늘에서 돈벼락을 맞는 부자 자식을 원한다면 다른 일주를 찾는 것이 좋습니다. 이 사주는 壬辰을 택해서 辛酉를 壬과 亥에 부풀린 후 모든 글자들의 움직임을 辰土에 담는 亥辰 墓地로 하늘에서 돈벼락을 맞았습니다. 이처럼 壬과 亥에 무엇을 담느냐에 따라 생명수의 가치가 달라지는데 이 구조는 년에서부터 辛酉를 풀어내 가치 높은 생명수로 바꾼 후 辰土에 담아서 취했습니다. 또 酉辰으로 酉丑辰 三字 중에서 두 글자를 가졌기에 이 또한 하늘에서 돈벼락 맞는 구조가 분명합니다. 그리고 辛亥시를 선택하였습니다. 甲辰시에 태어나면 가치 높은 생명수로 甲木을 키우려고 하기에 利己에서 利他로 바뀌고 46세 이후에 타인을 위해 희생, 봉사하려는 태도를 보이지만 辛亥시에 태어나면 극도로 이기적인 태도를 견지합니다. 다만, 辛金을 亥水에 풀어서 辰土에 담기니 壬水가 취하는 辰土의 가치는 굉장히 높은 것은 분명합니다. 이런 구조들은 한순간에 하늘에서 돈벼락 맞기에 상상할 수도 없는 부를 크고 빠르고 쉽게 취합니다.

▶실제상황◀중국 현대 도박의 아버지로 불리는 마카오 카지노 재벌 스탠리 호의 사주팔자로 60년대부터 40년간 마카오 카지노 시장을 독점한 인물입니다. 부친은 상인으로 매우 부유했고 13세 때 증권 폭락으로 부친이 파산하자 두 형들은 자살했고 부친은 그와 두 자매와 모친을 버려두고 베트남으로 도주하여 고학으로 홍콩대학에 입학, 일본이 침략하자 마카오로 피신해서 무역공사에서 일하다가 성실성과 일본어 실력을 바탕으로 두각을 나타내고 남아도는 소형선박이나 발전기를 중국에 팔아서 양곡과 교환합니다. 전쟁으로 고물가격은 하늘 높은 줄 모르고 치솟았고 큰돈을 벌어 도박업 진출의 기회를 잡았습니다. 1962년 1월에 포르투갈 정부는 마카오를 관광특구로 지정하고 도박을 합법화하였는데 그는 당시에 300만 홍콩 달러를 투자해 도박 독점권을 따내고 계속 도박장을 늘려갔습니다. 특히 홍콩의 손님을 끌어들이고자 홍콩-마카오 페리, 헬리콥터 등을 개발하여 홍콩 손님을 유치하였습니다. 홍콩과 마카오의 여정을 단축시킨 것은 도박업이 성공한 최대 요인이었고 전성기를 구가하던 스탠리 호도 1999년 마카오 중국반환 이후 2002년 위기를 맞았는데 바로 도박 산업의 독점권을 잃은 것입니다. 그가 도박사업의 독점권을 장악한 때가 1962년이니 꼭 40년 만에 독점권을 잃었습니다. 하지만 그는 호주의 재벌 케리 팩커와 손을 잡고

더욱 공격적으로 카지노 사업을 확장하였습니다. 미국의 경제잡지 '포브스'가 집계한 스탠리 호의 재산은 약 17억 달러로 한화 2조1000억 원에 달합니다. 결국 하늘에서 상상도 못할 돈벼락을 맞은 이유는 <u>酉亥辰</u> 흐름이 매우 좋았기 때문이며 辰土에 수많은 水氣를 담는 墓地로 활용해서 모든 부를 자신이 취했습니다. 이것이 바로 辰未戌丑 墓地의 무서운 효과입니다. 물론 동일한 사주라도 모두 그런 것은 아닌 이유는 사회 환경에 따라서 운명이 크게 달라지기 때문입니다. 그의 증조부는 네덜란드 혈통의 유태인이었고 조부 허 푸는 청나라 말기 홍콩 중국계 상인중 5대 거상이었다고 합니다. 만약 동일한 사주라도 시골에서 살던 증조부와 조부였다면 과연 저런 돈벼락을 맞았을까요? 이처럼 아무리 씨종자가 좋아도 사회 환경을 뛰어넘을 수는 없는 것입니다.

乾命				陰/平 1947년 11월 8일 08:30								
時	日	月	年	84	74	64	54	44	34	24	14	4
甲	壬	壬	丁	癸	甲	乙	丙	丁	戊	己	庚	辛
辰	申	子	亥	卯	辰	巳	午	未	申	酉	戌	亥

丁亥년에 태어났으니 辛酉를 배합해 丁辛壬 三字로 가치를 높여야 하는데 없습니다. 따라서 丁火, 亥水의 가치가 높지 않으니 월에서 적절한 조치를 취해야 하는데 壬子월에 태어납니다. 부모 宮位에 있는 壬子가 亥水와 함께 丁火를 탐하기에 부모의 상황이 편해 보이지 않습니다. 이 배합은 이 사람이 태어나고 부모의 경제사정이 어려워졌음을 암시합니다. 丁火도 살리고 丁亥, 壬子의 단점을 해결할 일주가 무엇일까 고민해야 합니다. 많은 水氣를 수렴할 수만 있다면 쓸모가 없는 壬子와 亥水의

- 311 -

가치를 높일 수 있음을 亥辰 墓地 조합에서 학습하였습니다. 따라서 일과 시 어딘가에 辰土가 있다면 亥, 壬子를 담아서 하늘에서 돈벼락을 맞을 수도 있습니다. 부수적인 효과는 水氣의 압력을 받던 丁火도 辰土의 도움으로 점점 편해지기 시작합니다. 물론 丁火의 쓰임이 더욱 좋아지려면 辛酉를 배합해서 <u>丁辛壬</u> 三字를 활용해야 亥水와 壬子가 丁火를 괴롭히지 않습니다. 壬子, 亥의 가치를 높여주는 원천이기에 괴롭힐 이유가 없는 겁니다. 만약 辛酉가 없으면 丁火 열기가 반드시 필요한 壬水는 丁火를 슴하려고 달려드는데 壬子와 亥로 水氣가 많으니 丁火가 극도로 피곤해집니다. 결국 辛酉를 일이나 시에서 보충해야 사주구조가 좋아지는 것이 분명합니다.

추가적으로 丁火가 가장 좋아하는 甲木을 보충할 수만 있다면 다양한 효과가 발생합니다. 할 일이 없어서 빈둥거리며 丁火를 괴롭히던 壬水가 甲木을 키우기 시작하면서 甲木이 丁火를 보호하는 효과가 생깁니다. 조폭처럼 난폭했던 壬子, 亥가 할 일이 생기면서 갑자기 딴 사람처럼 변하는 겁니다. 壬申일을 선택하면서 좋기도, 나쁘기도 합니다. 좋은 점은 비록 辛酉처럼 바로 활용할 수는 없지만 쓸모없던 水氣들에 申金을 보충함으로써 미네랄을 품은 생명수로 바꿔주는 것입니다. 다만 申金의 입장은 다릅니다. 이곳저곳에서 壬壬, 子亥가 申에게 金氣를 달라고 보채기에 처음에서 쓸 만한 열매였지만 점점 상태가 나빠집니다. 다행한 점은 壬子에게 비틀거리던 丁火가 申에게 열기를 전달하려는 시도라도 할 수 있게 되었습니다. 이런 작용이 바로 사주팔자에 있지만 쓰임이나 가치가 없다가 약간의 쓰임을 얻으면서 운세가 달라지는 겁니다. 예로 집에서 빈둥거리던 아들이 어느 날 갑자기 작은 식당을 운영하더니 몇 년 만에 부자가 되는 상황과 같습니다. 宮位로 살피면, 丁火는 연월일을 지나는 과정에서는 할 일 없이 빈둥거리다가 일지 38세에 이르자 그마나 할 일이 생기자 바쁘게 움직입니다. 또 亥, 壬子, 壬도 申을 품자 생명수로서의 가치가 높아지기 시작합니다. 육친에 활용하면 일지 배우자의 쓰임이 좋으니 좋은 부인을 얻습니다. 이것이 사주팔자로 좋은 배우자를 얻는 요령입니다. 물론 남녀의 입장이 다르기에 쌍방이 모두 좋을 수도, 쌍방이 모두 나쁠 수도 있지만 이 구조는 배우자 역할이 중요합니다. 하지만 申金이 강력한 水氣에 체성을 유지할 수 없을 정도로 위태롭기에 좋은 時柱를 골라 申金을 어려움에서 구해내야 합니다. 그 조건은 첫째, 丁火를 보호할 장치가 필요하고 둘째, 申金이 너덜거리지 않도록 해야 합니다. 셋째, 많은 水氣들을 적절하게 활용해야 합니다. 壬申일이 택할 수 있는 시간은 아래와 같습니다.

> ● 庚子, 辛丑, 壬寅
> ● 癸卯, 甲辰, 乙巳
> ● 丙午, 丁未, 戊申
> ● 己酉, 庚戌, 辛亥

庚子, 辛丑, 壬寅은 편해 보이지 않습니다. 癸卯, 甲辰, 乙巳 중에서 甲辰이 가장 눈에 띕니다. 丙午, 丁未는 일지를 딱딱하게 만들지만 많은 水氣를 갈무리할 수 없기에 사주팔자에 존재하는 가장 심각한 문제를 해결하지 못합니다. 己酉, 庚戌, 辛亥 중에서 庚戌과 辛亥는 씨종자를 공급해서 생명수의 가치를 높여주지만 水氣를 갈무리하는 역할은 아닙니다. 이 사주는 甲辰시를 선택하였습니다. 좋은 점은 丁火의 보호막이 생겼고 수많은 水氣를 辰土에 담아서 하늘에서 내리는 돈벼락을 맞을 수 있습니다. 아쉬운 점은 甲辰으로는 배우자 申金을 딱딱하게 만들 수는 없습니다. 사주원국에서 숙명은 정해졌으니 남은 희망은 오로지 대운뿐입니다. 동일한 사주도 남자 혹은 여자로 태어나면 대운

- 313 -

이 달라지는데 이 사주는 남자로 태어났으니 辛亥 庚戌 己酉 戊申 丁未 丙午 乙巳, 甲辰으로 흐르는 대운을 받았습니다. 따라서 초년부터 계속 金氣를 보충하자 丁火가 庚辛과 申酉를 만나서 매우 활발하게 움직입니다. 자연스럽게 丁辛壬 三字를 활용하자 쓸모가 없었던 壬子와 亥水의 가치도 크게 높아졌습니다. 중년에는 丁未, 丙午, 乙巳로 흐르면서 사주원국에서 너덜거리던 申金이 강력한 火氣에 자극받아서 튼실한 열매로 바뀝니다. 충분히 딱딱해지면 水氣에 풀어지기에 생명수의 가치가 더욱 높아집니다. 甲辰으로는 충분하지 않았던 火氣를 보충해주었습니다.

▶실제상황◀乙巳대운 壬辰년에 부인이 비행기를 타고 가다가 심장마비로 사망하여 癸巳년에 이혼도 하지 않은 여자와 동거를 시작했고 부인이 숨겨둔 백억을 찾아내서 돈벼락을 맞았다고 합니다. 많은 이유 중에서 가장 큰 원인은 甲辰이 수많은 水氣를 갈무리했기 때문입니다. 이 사주도 財星을 돈이라고 학습한 분들은 군겁쟁재(동일한 오행이 財星을 빼앗고자 서로 다투는 사주구조) 사주가 한순간에 백억을 취하는 이유를 이해하지 못합니다. 동일한 구조처럼 보이는데 전혀 다른 결과를 가져오는 辰亥조합을 보겠습니다.

坤命				陰/平 1971년 10월 30일 08:30								
時	日	月	年	87	77	67	57	47	37	27	17	7
壬	丙	庚	辛	己	戊	丁	丙	乙	甲	癸	壬	辛
辰	子	子	亥	酉	申	未	午	巳	辰	卯	寅	丑

辛亥년에 태어나면 그 의도가 비교적 명확합니다. 辛金 씨종자를 亥水에 풀어서 地藏干에 있는 甲을 밖으로 내놓으려는 의지

- 314 -

입니다. 종묘사직을 지키고 과거와 미래를 연결하는 겁니다. 다만 辛金은 부처님처럼 속세를 등지고 존재가치를 찾고자 떠나기에 쓸쓸하고 고독하며 사회로부터 죽음을 당하는 것과 다를 바 없습니다. 따라서 년에 辛이나 酉를 가진 해에 태어나면 자연스럽게 종교, 명리, 철학과 인연이 깊습니다. 전생에 못다 끝낸 공부를 하러온 것입니다. 다만, 사주구조에 따라서 色界에서 활동하면서 취미로 종교, 명리, 철학을 공부하거나 어려서부터 종교에 귀의할 수도 있습니다. 만약 월에서 물질을 추구하는 干支를 얻으면 직업을 가지고 취미로 공부합니다.

亥水를 보면 우리는 두 가지를 동시에 살펴야 합니다. 첫째, 辛酉가 亥水에 풀어져서 미네랄워터를 만드는가? 둘째, 亥水를 갈무리할 辰土가 있는가? 혹은 亥水 속에서 성장한 甲寅이 드러났는가에 따라서 사주팔자의 크기가 달라집니다. 다만, 이 책은 벼락부자로 태어나는 방법을 연구하는 책이기에 주제에 집중하면 辰土를 배합해야 돈벼락 맞을 가능성이 높아집니다. 또 辛亥 干支의 가치를 높이려면 丁火를 보충해야 하는데 사주원국에 없습니다. 庚子 月을 받았습니다. 庚金이 申子辰과 배합하기에 庚金을 水氣에 풀어서 후대에 전달하려는 의지가 강한 干支로 교육, 공직에 적합합니다. 물론 구조에 따라서는 장사, 사업을 할 수도 있습니다. 다만, 辛亥와 庚子는 다양한 약점을 가졌습니다. 첫째 辛金을 활용하려면 丁火가 필요하고 庚金을 적절하게 활용하려면 丙火가 필요합니다. 특히 庚金은 여름 열매와 같아서 반드시 丙火가 필요한데 子月에 드러났으니 丙火의 도움이 시급합니다. 이런 조합을 丙庚子, 丙庚壬 三字라 부르며 교육, 검찰, 경찰, 성악, 가수에 적합한 조합입니다. 구조에 따라서는 조폭, 기술사업도 가능합니다. 조폭의 경우는 丙火가 庚金을 심하게 괴롭히면 壬水나 子水에 반항심을 드러내고 방탕하기 때문이

- 315 -

고 기술 사업은 庚壬조합의 기술, 예술특징에 丙火 바른 지도자를 만나서 열매를 추구하기 때문입니다. 丙子일을 택했기에 庚子 월에 빛을 비추지만 여름에 丙火가 庚金 열매를 키우는 것이 아니고 겨울에 庚金 씨종자가 子水에 풀어지도록 유도하는 역할입니다. 따라서 일간 丙火는 국가와 사회에 빛을 비추는 역할이지만 스스로는 결코 즐겁지 않습니다. 많은 사람들이 찾아와 빛을 달라고 하지만 스스로는 매우 피곤하기 때문입니다. 남은 것은 時柱뿐이니 잘 선택해야 하는데 壬辰 時를 골랐습니다. 무엇이 좋고, 나쁜지 보겠습니다. 기쁜 점은 년과 월에 있는 辛亥와 庚子 그리고 일지 子水가 자연스럽게 辰土에 갈무리되기에 하늘에서 돈벼락을 맞는 亥辰 墓地조합입니다. 특히 辛亥년이기에 辛亥辰, 酉亥辰으로 미네랄이 풍부한 생명수가 분명합니다. 문제는 壬辰시로 壬水가 강력한 水氣와 함께 丙火의 빛을 빼앗으려고 합니다. 위 사주는 壬申과 甲辰으로 사주원국에 있는 문제를 해결하였는데 이 사주는 丙火가 년과 월의 문제를 해결하는 과정에 壬水가 다시 상황을 악화시킵니다. 만약 甲辰시나 甲午시를 택했다면 크게 달라졌을 겁니다.

▶실제상황◀수많은 水氣들이 丙火에게 찾아와 어둠을 밝힐 빛을 달라고 달려들기에 교사로 재직하면서 결혼 후에도 남자가 많다고 합니다. 즉, 돈벼락을 맞은 것이 아니라 남자벼락을 맞은 것으로 결국 辰土를 남자의 墓地로 활용한 사례입니다.

乾命				陰/平 1811년 10월 11일 22:00								
時	日	月	年	87	77	67	57	47	37	27	17	7
己	丙	己	辛	庚	辛	壬	癸	甲	乙	丙	丁	戊
亥	辰	亥	未	寅	卯	辰	巳	午	未	申	酉	戌

辛未년에 태어나면 대부분 총명합니다. 마치 다른 나라에서 살다가 온 영혼처럼 사고방식이 독특하고 남다릅니다. 그 이유는 辛金이 亥卯未와 조합하니 수렴, 응축하는 辛金과 성장하려고 노력하는 亥卯未의 움직임이 상반되기 때문입니다. 다만 辛未년의 총명함을 戊戌월과 배합하면 석, 박사급이 많습니다. 이 사주는 한 달 늦은 己亥월에 태어납니다. 두 조합의 좋은 점은 辛金이 未土 火氣에 열을 품어서 답답한데 亥水를 만나자 날카로움을 풀어냅니다. 未(丁)辛壬 三字의 변형으로 매우 총명하고 운에 따라서는 빠르게 돈벼락을 맞을 수 있습니다. 이제 己亥에 담긴 甲木을 생산하거나 辰으로 己亥를 담으면 좋습니다. 이 사주는 丙辰을 택하면서 辛亥辰으로 국가와 조상의 얼을 일지 辰土에서 이어받았습니다. 특히 년의 辛金과 일간이 丙辛으로 합하니 그 의지가 더욱 뚜렷합니다. 다시 己亥 時에 태어나니 두 개의 亥水를 모두 일지 辰土에 담습니다. 위에서 살펴보았던 카지노 대부도 辛酉년, 己亥월, 壬辰일, 辛亥시로 두 개의 亥水를 담았지만 열매를 상징하는 辛酉가 많기에 카지노로 부를 축적하였습니다. 이 사주는 丙辰으로 어둠을 밝히려는 욕망이 강하기에 정치에 몸담았습니다.

▶실제상황◀ 중국 청대 말의 명신 증국번(曾國藩)사주라고 합니다. 호남성 사람으로 농업에 종사하는 가정에 태어났으며 학문으로 이름을 남긴 사람은 없었지만 조부가 부농으로 장남을 공부시켜 관리로 만들고자 하였습니다. 증국번은 스물 셋에 과거에 합격했는데 부친도 1년 전에 합격했습니다. 3년에 한번 치러지는 향시에서 36위로 급제하여 거인(擧人)이 되었으나 2차 시험에 두 번 낙방하고 세 번째에 38위로 급제하였고 천자가 직접 주재하는 전시에 합격해서 등용시험을 치러 한림원 서길사로 임명되어 수도에서만 13년을 근무했고 병부시랑(兵部侍郎),

이부시랑(吏部侍郞) 등을 역임했습니다. 1848년 서른일곱에 내각학사 겸 예부시랑의 지위에 올랐고 1853년 초 태평천국을 진압하기 시작해 1864년 진압을 끝냈는데 6년간 약 2000만 명이 희생되는 비극적인 사건이었습니다. 그의 생애에서 최고절정기였고 후에는 주로 행정관을 지냈습니다. 이 구조도 辰土가 두 개의 亥水를 블랙홀처럼 빨아들였기에 고위직에서 영화를 누렸습니다.

乾命					陰/平 1472년 9월 29일 22:00								
時	日	月	年		90	80	70	60	50	40	30	20	10
癸	癸	辛	壬		庚	己	戊	丁	丙	乙	甲	癸	壬
亥	亥	亥	辰		申	未	午	巳	辰	卯	寅	丑	子

이 구조에도 亥辰이 있는데 宮位가 바뀌면 어떤 물상으로 발현되는지 살펴보겠습니다. 壬辰년에 태어났으니 壬水 생명수를 辰土에 전달해서 地藏干에 있는 乙木 새싹들의 성장을 돕기에 의료, 약국, 한의, 종교, 명리, 철학, 심리치료에 적합합니다. 辛亥월에 태어났으니 자연스럽게 時間方向이 월에서 년을 향합니다. 즉, 辛金이 亥水에 풀어지고 辰土에 담기는 辛(酉)亥辰 三字이기에 사회활동을 상징하는 월의 宮位에서 年의 국가 宮位로 이동합니다. 癸亥日, 癸亥 時를 받았으니 해일처럼 파도가 출렁입니다. 이 조합에서 辛金의 가치는 참으로 막중합니다. 마치 모친이 사랑스러운 아이를 품은 것처럼 물의 가치를 높여주고 해일처럼 난동을 부리는 파도의 성정을 부드럽게 바꿔줍니다. 극히 무기력해 보이는 辛金이 없다면 요란스런 파도 소리를 내며 만물을 휩쓸어버리는 해적, 도적, 조폭, 깡패처럼 어둠 속을 어슬렁거립니다. 辛金의 존재에 따라 하늘과 땅만큼의 차이를 만

들어낸다는 것을 기억해야 합니다.

▶실제상황◀중국 명대의 유명한 철학자 왕수인 사주입니다. 강력한 水氣들을 깊은 사상으로 활용했는데 그 생각의 가치를 결정한 것이 바로 월간 辛金입니다. 비유하면 辛金은 컴퓨터에서 가장 핵심인 반도체칩인데 없다면 컴퓨터가 고철덩어리로 바뀌어버립니다.

乾命				陰/平 1899년 8월 29일 22:00								
時	日	月	年	89	79	69	59	49	39	29	19	9
乙	甲	癸	己	甲	乙	丙	丁	戊	己	庚	辛	壬
亥	辰	酉	亥	子	丑	寅	卯	辰	巳	午	未	申

己亥년 戊辰월 조합이 좋음을 살폈는데 이 사주는 己亥년 甲辰일입니다. 흥미로운 점은 월에 癸酉가 끼어서 酉亥辰으로 가치 높은 생명수를 辰土에 담고 그 도움으로 甲木이 성장하면서도 甲己 합으로 년의 己亥에 뿌리 내리기에 국가, 해외와의 인연이 좋습니다. 또 乙亥시에 태어나 亥水를 辰土에 담으니 더욱 좋습니다만 일간이 甲己 합으로 교육, 공직에 적합하기에 물질지향적인 인생은 아니고 乙木이 甲己 합을 방해하는 맛이 있으니 운에 따라서 구설이 발생하는 구조입니다.

▶실제상황◀대만의 국가 요직을 두루 거친 공직자입니다. 일간의 특징을 간략하게 정리하면, 甲과 己일은 주로 공직, 교육을 지향하고 戊庚壬은 재물을 추구합니다.

- 319 -

坤命				陰/平 1983년 3월 21일 14:30								
時	日	月	年	81	71	61	51	41	31	21	11	1
乙	辛	丙	癸	乙	甲	癸	壬	辛	庚	己	戊	丁
未	卯	辰	亥	丑	子	亥	戌	酉	申	未	午	巳

癸亥년에 태어났으니 무엇을 보충해야 좋을까요? 첫째 생명수의 가치를 높이려면 辛酉가 있어야 합니다. 둘째 亥水에서 甲木을 길러서 밖으로 내놔야 합니다. 하지만 이 사주는 甲寅월도 辛酉월도 아닌 丙辰월을 택했습니다만 좋은 점은 亥辰 墓地조합을 활용하는 겁니다. 문제는 辰土가 月支에 있으니 자신이 취하는 것은 아니기에 방법을 찾아서 내편으로 끌고 와야 합니다. 예로 天干에서 合하거나 地支에서 合으로 끌어올 수도 있습니다. 이 사주는 辛卯일을 선택하였는데 년, 월과 어떤 관계를 형성하는 지 살펴보겠습니다.

첫째 癸亥가 간절히 원했던 辛金은 씨종자이기에 조상, 국가, 해외에서 반드시 필요합니다. 의미를 확장하면 조부모는 이 손녀를 깊이 사랑하며 국가에서도 이 여인의 재능을 기뻐합니다. 표현을 바꾸면 국가, 사회에서 환영받는 사람입니다. 마침 丙辛합으로 바른 지도자 丙火와 합하기에 그 아래에 있는 辰土도 반드시 辛金과 연결됩니다. 卯木은 卯辰과 특별한 관계를 형성하지는 못했습니다만 년에 있는 亥卯로 연결되고 亥水는 卯木을 향하기에 그 과정에 반드시 먼저 辰土를 향해 들어옵니다. 생극을 살피면 이런 움직임이 별 차이가 없다고 인식하지만 사주팔자 움직임과 효율을 이해하면 전혀 그렇지 않다는 것을 이해합니다. 亥卯 三合으로 연결하는 과정에 辰土가 중간에 끼어서 필연적으로 해수를 먼저 취합니다. 비유하면, 부자가 될 생각이 전혀 없는데 이상하게 돈이 알아서 들어와 어쩔 수 없이 부자가 되는 상황입니다. 만약 亥卯로 합하려는 끌림이 없다면 亥辰으로 부를 축적하는 속도와 크기는 전혀 다릅니다. 亥辰卯 는 노력하지 않아도 부자가 되는데 亥辰은 노력해야만 부자가 되는 차이입니다. 결국 辛卯를 배합함으로써 辰土에 담긴 모든 것을 辛卯가 차지할 수 있게 됩니다. 이것이 天干 合沖과 地支 刑沖破害合(형충파해합)의 묘미입니다. 乙未 時를 받았으니 말년에 亥卯未 三合을 완성하면서 계속 亥水를 辰土에 담아서 돈벼락을 맞습니다. 더욱 흥미로운 점은 사주원국에 다양한 木氣들이 널려있는데 그것을 열매로 바꿀 수 있는 글자는 유일하게 辛金뿐입니다. 비유하면, 어장에 고기들이 계속 활발하게 성장하는데 그것을 낚을 수 있는 것은 경쟁자가 전혀 없는 辛金 뿐이기에 부를 쉽고 빠르고 크게 축적하는 섯입니다.

▶**실제상황**◀ 30세 이전 상황으로 어려서부터 재물에 밝아서 돈을 잘 벌어 아파트를 소유하였고 결혼 준비를 끝냈는데 남자를 구하지 못하고 있었습니다. 이 여명이 젊은 나이에 재물에 밝은 이유는 모두 亥水를 辰土에 담기 때문입니다. 30세 이전에 그럴 수 있었던 이유는 모두 宮位의 연령이 달라지기 때문입니다. 辰土가 월지에 있으니 24세에서 30세 사이에 돈벼락을 맞을 수 있는 겁니다.

坤命				陰/平 1977년 11월 9일 08:30								
時	日	月	年	86	76	66	56	46	36	26	16	6
庚辰	庚戌	壬子	丁巳	辛酉	庚申	己未	戊午	丁巳	丙辰	乙卯	甲寅	癸丑

丁巳년에 태어났으니 辛壬을 보충해서 丁辛壬을 활용하거나 乙庚을 보충해서 乙丙庚을 활용하거나 戌土를 보충해서 巳戌을 활용해서 돈벼락을 맞을 수 있습니다. 하지만 이상하게 壬子월을 선택하면서 구조가 복잡해졌습니다. 이제 丁壬은 있으니 辛金을 보충해야 하는데 庚戌을 택하면서 戌土 속의 辛金과 丁巳의 열기를 품은 庚金을 壬子에 풀어낼 수 있기에 壬子 생명수의 가치가 높아졌습니다. 더욱 좋은 점은 丁巳를 戌土에 담아서 巳戌 墓地를 활용해 돈벼락을 맞을 수 있습니다. 또 庚辰 시에 태어나면서 壬子를 辰土에 갈무리할 수 있습니다. 단점이라면 46세 이후에 庚戌과 庚辰의 뜻이 다르니 좌충우돌 불안정해집니다.

▶실제상황◀ 27세 2004년 甲申年 36억 로또에 당첨된 은행원입니다. 남편은 고시 준비생이었습니다. 巳戌과 壬子를 辰土에 담는 墓地의 작용을 활용해서 하늘에서 돈벼락을 맞았습니다.

乾命				陰/平 1981년 11월 9일 15:40								
時	日	月	年	89	79	69	59	49	39	29	19	9
戊	丙	己	辛	庚	辛	壬	癸	甲	乙	丙	丁	戊
子	辰	亥	酉	寅	卯	辰	巳	午	未	申	酉	戌

위에서 살폈던 마카오 도박 왕과 년과 월이 같지만 日柱가 丙辰으로 壬辰과는 다릅니다. 그 차이 때문에 일간이 처한 월지의 환경이 달라지면서 주도적으로 행동할지 아니면 피동적으로 반응할지를 결정합니다. 丙火는 여름에 활용하는데 亥月에 태어나면 더 이상 빛으로 열매를 확장할 수 없기에 활발하게 활동할 환경이 아닙니다. 하지만 壬水는 亥月에 적극적으로 에너지를

활용할 환경에서 살아갑니다. 따라서 동일한 <u>酉亥辰</u> 三字도 일간이 무엇이냐에 따라 가치가 크게 달라지는 것입니다.

▶**실제상황**◀ 2014년 甲午年 하반기에 부인이 인터넷으로 해산물 판매를 시작하여 갑자기 6억 매출을 올렸습니다. 일지 辰土가 亥水를 담아오기에 부인의 능력이 뛰어나고 亥水 바다 물을 辰土에 담아서 활용하니 반 건조 건어물을 판매하면서 발전하였습니다.

乾命				陰/平 1948년 7월 7일 00:00								
時	日	月	年	89	79	69	59	49	39	29	19	9
壬	戊	庚	戊	己	戊	丁	丙	乙	甲	癸	壬	辛
子	辰	申	子	巳	辰	卯	寅	丑	子	亥	戌	酉

이 구조에 亥水는 없지만 壬水와 申子가 모두 일지 辰土에 들어오고 대운도 초년부터 강력한 水氣로 흘러서 재벌이 되었습니다. 또 戊庚으로 부동산 투자에 좋은 조합이 분명합니다. 기본적으로 庚申은 丙火를 만나야 열매를 확장하는데 이 구조는 乙丙庚 三字를 집중적으로 활용한 것이 아니고 辰土 墓地에 많은 水氣를 담는 방법으로 하늘에서 돈벼락을 맞았습니다.

▶**실제상황**◀58세 당시에 재벌이라고 합니다.

▌未土, 亥卯未 三合의 墓庫

지금까지 巳戌과 亥辰으로 하늘에서 돈벼락 맞는 사례를 살펴보았습니다. 나머지 두 개의 墓地조합은 寅未와 申丑입니다. 다만 두 조합은 巳戌과 亥辰에 비해 부를 축적하기에 더 까다로운 이유는 木金 물질이기에 다루기 까다롭고 쉽게 상하기 때문입니다. 따라서 寅未나 申丑이 있다고 무조건 부자가 되는 것은 아니며 별도의 조건들을 충족해야 합니다.

특히 寅未는 生氣를 상징하는 寅木이 未土 墓地에 들어가면 生氣를 상실하기에 반드시 壬水를 배합해야 질병에 시달리는 문제를 해결합니다. 申丑의 문제는 체계, 골격을 상징하는 申金이 丑土에 들어가면 딱딱함을 유지하지 못하기에 마치 척추가 중심을 잃고, 법체계가 무너지는 것처럼 불법, 비리, 마약, 도박과 같은 이성을 상실한 행위를 저지를 수 있기에 반드시 강력한 丙火로 申金이 비틀거리지 않도록 잡아주어야 합니다. 이런 상황을 이해하고 寅未와 申丑 墓地의 사례를 보겠습니다.

乾命				陰/平 1962년 1월 22일 08:30								
時	日	月	年	83	73	63	53	43	33	23	13	3
庚	乙	壬	壬	辛	庚	己	戊	丁	丙	乙	甲	癸
辰	未	寅	寅	亥	戌	酉	申	未	午	巳	辰	卯

위에서 살펴보았던 사례입니다. 젊어서 안랩을 개발하여 부자가 되었고 현재는 정치인 사주입니다. 壬寅년에 태어났기에 생명수로 寅木 생명체를 기르는 의지가 분명하고 丙火를 배합하여 <u>壬甲丙</u> 三字를 활용하면 의료, 검경, 교수에 적합합니다. 壬寅으로 生氣를 기르는데 왜 의료와 검경에 어울릴까요? 탄생을 상징하는 寅木은 그 과정에 반드시 피를 보기에 인간의 생사와 연관이 있기 때문입니다. 그리고 壬寅월에 태어나니 년과 월의 干支가 동일합니다. 따라서 의료, 검경, 교수에 적합하지만 단점이라면 동일한 간지가 두 개이니 갈등요소가 됩니다. 즉, 양손에

떡을 쥐고 어느 것을 취할지 항상 고민하고 주저합니다. 다행한 점은 壬寅과 癸卯처럼 혼잡으로 산만하지는 않습니다. 壬寅의 단점이라면 내부에서 성장하지만 빛이 없으니 세상 밖으로 존재감을 드러내기 어렵기에 壬寅년 壬寅월은 장기교육을 통하여 천천히 존재를 드러내야 합니다. 남들보다 훨씬 긴 시간을 학습해야 빛을 만나는 겁니다. 이제 壬寅을 어떻게 활용할지 고민해야 합니다. 이 사주의 흥미로운 점은 墓地를 활용해서 두 종류를 동시에 취할 수 있습니다. 壬壬은 辰土, 寅寅은 未土 墓地에 담아서 하늘에서 돈벼락을 맞습니다. 未土를 활용해서 寅寅을 담는데 좋은 점은 寅木이 未土에 들어가도 壬壬이 寅木에게 생명수를 공급하기에 生氣를 유지합니다.

乙未일에 태어났으니 壬寅을 담으려는 욕망이 강합니다. 38세에서 45세 사이에 년과 월에서 노력했던 결과물을 담는데 墓地를 활용하기에 상상하기 어려운 돈벼락을 맞았습니다. 일지에 未土가 있으니 배우자의 역할이 매우 중요하고 좋은 구조입니다. 46세가 지나면 辰土를 활용해서 두 개의 壬水를 담는데 그 위에 있는 庚金은 壬水나 辰土를 원하는 것이 아니라 丙火를 간절히 원하는데 없으니 庚金의 부피를 확장할 수 없습니다. 특히 壬水가 庚金을 방랑하게 만드니 庚金을 활용하기 어려운데 피할 수도 없는 이유는 乙庚 合으로 묶여있기 때문입니다. 결국 庚金 열매를 취하지도 못하면서 合의 引力(인력)에 끌려서 정치를 그만둘 수도 없는 겁니다. 만약 丙辰일을 택했다면 壬乙丙으로 교육, 연구에 집중해서 말년을 훌륭한 결과물을 완성하지만 庚金을 택하면서 인생의 방향이 산만해지고 말았습니다.

- 325 -

乾命				陰/平 1962년 11월 3일 20:30								
時	日	月	年	83	73	63	53	43	33	23	13	3
戊	辛	辛	壬	庚	己	戊	丁	丙	乙	甲	癸	壬
戌	未	亥	寅	申	未	午	巳	辰	卯	寅	丑	子

구조가 다른 사례를 보겠습니다. 壬寅년에 태어났으니 아래와 같은 달을 고를 수 있습니다.

> ◉壬寅 - 겨울
> ◉癸卯, 甲辰, 乙巳 - 봄
> ◉丙午, 丁未, 戊申 - 여름
> ◉己酉, 庚戌, 辛亥 - 가을
> ◉壬子 - 겨울

壬寅과 壬寅은 위에서 살펴보았고 壬寅과 癸卯는 산만하지만 키우려는 의지는 강합니다. 여기에 丙火, 戊土를 배합하면 비교적 안정적으로 교육, 공직이나 정치에 활용하며 지극히 교육 지향적이기에 부를 축적하는 조합은 아닙니다. 壬寅, 甲辰은 부모 대에 壬水로 기르니 교육, 공직에 적합합니다. 또 壬水를 辰土에 담아서 돈벼락은 아니지만 적당한 부를 축적할 수도 있습니다. 壬寅, 乙巳로 조합하면 甲辰과 2시간 차이에 불과하지만 크게 다릅니다. 壬水가 乙巳를 활용하면 폭발적으로 부와 명예를 취할 수 있지만 단점이라면 불법, 비리로 그 영화가 장기적이지 않고 심하면 교도소에 수감됩니다. 壬寅, 丁未는 寅木을 未土에 담지만 丁壬 合하고 寅未로 寅木 生氣가 상할 수 있다는 단점이 있습니다. 壬寅년 己酉월은 寅午戌로 酉金을 자극하고 壬水에 풀어내기에 씨종자의 가치를 국가, 사회, 조상으로부터 받아낼 수 있습니다. 壬寅, 庚戌은 庚金이 壬水를 만나면 丙火 지도

- 326 -

자를 멀리하고 방탕하거나 기술, 예술 쪽으로 빠지는 단점이 있기에 추천할만한 배합은 아닙니다. 다만 午火를 배합할 수만 있다면 寅午戌 火氣로 庚金을 자극하고 뜨거워진 庚金이 壬水에 풀어지기에 매우 좋습니다. 壬寅과 辛亥로 조합하면 辛金이 壬亥에 풀어지기에 물길이 안정되며 미네랄워터처럼 가치가 높고 총명하지만 그 다음 단계를 선택하기 어렵습니다. 만약 壬辰 일을 택하면 년과 월에 있는 壬水와 亥水를 담아서 일간이 취할 수 있으며 乙巳 時를 택하면 연월일 흐름이 좋아지지만 언급한 것처럼 불법, 비리문제가 발생할 수도 있는 조합입니다.

이 사주는 辛未일을 선택했는데 무엇을 원하는지 모호합니다. 壬辰, 甲辰, 丙辰처럼 년과 월을 활용할 수 있는 구조도 아니고 壬寅을 未土에 담으려고 해도 반드시 亥水를 서져야하므로 중간에서 불필요한 일들이 발생하면서 시간을 낭비합니다. 예로 寅년 未月이나 亥년 寅월 未일로 조합했다면 흐름이 훨씬 안정적이고 寅未 墓地를 활용해서 부를 누렸을 겁니다. 이 사주처럼 辛未일을 택하면 무엇을 어떻게 활용하려는지 모호합니다. 예로 寅未 墓地를 활용해서 사업하는 경우에도 과정이 매끄럽지 않고 중간에 불편한 일들이 발생하고 지연됩니다. 이처럼 사주팔자에 존재하는 시간방향을 활용해서 효율성을 따질 수 있습니다.

時柱는 戊戌을 받았으니 이 또한 사주전체의 방향과 맞지 않습니다. 辛未와 戊戌조합은 기본적으로 학문에 열정이 강하여 석사, 박사급이지만 월일에서 辛辛으로 寅亥未를 수확하려는 성향이기에 적절한 배합은 아닙니다. 갑자기 戊戌을 선택하면서 사업가에서 학자로 변신하려는 움직임이 어색한 겁니다. 석사, 박사가 나쁜 것이 아니라 사주팔자의 방향이나 목표가 산만해지는 겁니다. 만약 丁酉시를 선택했다면 어땠을까요? 丁辛壬 三字로

丁火가 辛에게 열기를 가하고 壬水에 풀어지니 壬水의 가치가 높아져 매우 총명하고 하늘에서 돈벼락을 맞을 수 있습니다. 또 년과 시에서 丁壬 合하기에 중간에 끼어있는 일간 辛金이 丁壬 合의 효과를 톡톡히 누릴 수 있습니다. 地支도 寅亥未酉로 酉金 씨종자가 亥水에 풀어지고 寅木으로 새로운 생명체를 창조하기에 일간이 조상과 국가의 음덕을 취할 수 있습니다.

▶실제상황◀20억 정도의 재산을 모았습니다. 구조가 엇박자이기에 큰 발전은 어렵습니다.

乾命					陰/平 1954년 1월 5일 04:30								
時	日	月	年		89	79	69	59	49	39	29	19	9
戊	乙	丙	甲		乙	甲	癸	壬	辛	庚	己	戊	丁
寅	未	寅	午		亥	戌	酉	申	未	午	巳	辰	卯

甲午년에 태어났으니 甲木이 寅午戌 三合의 중심 午火에서 生氣를 상실하고 흙으로 돌아갈 준비합니다. 소위 "흙에서 나와서 흙으로 돌아간다."는 표현은 영혼과 육체가 엄마의 배속과 같은 丑土에서 만삭에 이르고 丑寅으로 탄생하였다가 未土의 地藏干에 있는 己土와 甲己 合으로 生氣를 잃고 흙으로 돌아가기 때문입니다. 따라서 甲午년에서 암시하는 바는 조상, 부모 대에 크게 발전하다 갑자기 고꾸라지는 상황이 발생한다는 겁니다. 물론 甲午년에 태어나면 모두 그렇다는 것은 아니고 나머지 조합에 따라서 상황이 달라집니다. 이 문제를 해결하고 甲午를 효율적으로 활용하려면 어떤 달을 고르는 것이 좋을까요?

- ⊙丙寅, -겨울
- ⊙丁卯, 戊辰, 己巳 -봄
- ⊙庚午, 辛未, 壬申 -여름
- ⊙癸酉, 甲戌, 乙亥 -가을
- ⊙丙子, 丁丑 -겨울

만약 시들시들 말라가는 甲午를 구제하고 싶다면 壬申월, 癸酉월, 乙亥월, 丁丑월을 고려할 수 있습니다만 각 달의 의미는 조금씩 다릅니다. 甲午년 壬申월 배합은 꽤 좋습니다. 壬水로 甲에게 생명수를 공급하고 午火가 申金 열매를 확장하고 열기를 품은 申金은 자연스럽게 壬水에 풀어지기에 가치 높은 생명수로 바뀌고 甲木을 보호합니다. 甲午년 癸酉월도 흐름이 유사합니다만 壬甲과 癸甲은 차이가 있습니다. 壬甲은 장기교육에 어울리기에 검경, 의료와 인연이 강한데 癸甲은 교육, 공무원 인연이 강합니다. 甲午년 乙亥월의 경우는 甲에게는 乙이 가진 亥水가 필요하고 乙은 甲이 가진 午火가 필요하기에 서로 보완관계이며 乙亥 부모가 甲午 조부모의 도움을 받아서 사업할 가능성이 높습니다.

만약, 甲午년 丁卯 월이나 甲午년 丁丑 월을 택하면 부모의 학력이 높고 주로 검찰, 경찰, 기술직 공무원으로 활동합니다. 이 사주는 丙寅월에 태어나 모호합니다. 甲子년 丙寅월이라면 <u>壬甲丙</u> 三字로 장기교육에 적합하지만 甲午년 丙寅월이니 학문과 거리가 멀고 육체를 활용하려는 성향이 강합니다. 예로, 의류소매, 유통에 어울립니다. 이제 甲午와 丙寅을 어떻게 활용할지 고민해야 합니다. 庚을 보충해서 열매로 완성할 수도 있고 壬水로 생명수를 공급해줄 수도 있습니다. 庚金은 년과 월을 활용하는 흐름이고 壬水는 오히려 자신을 년과 월에 희생하는 구조입니다. 이 사주는 乙未일 카드를 받아서 水氣를 보충하지 못해 답답해 보입니다. 甲도, 寅도, 乙도 모두 시들시들 生氣가 없습니다. 하지만 未土의 맛이 묘한데 년과 월의 甲寅을 未土 墓地에 담을 수 있습니다. 그 시기는 38세에서 45세 사이이지만 水氣가 전혀 없으니 寅木의 상황이 좋지 않습니다. 戊寅 시에 태어납니다. 乙木이 戊土에서 안정적인 터전을 얻었고 그 아래 寅木도 未土에 들어옵니다. 위에서 정치인 안 철수 사주에서 乙未일이 년과 월의 寅木을 담아서 돈벼락을 맞는 사례를 경험했습니다만 차이점은 水氣가 충분한 구조였습니다. 하지만 이 사주는 생명수가 없으니 시들시들 합니다. 壬水를 배합해서 계속 성장하는 나무를 담을지, 성장 못하고 시들시들한 나무를 담을지의 차이입니다.

▶실제상황◀미국인으로 1994년 41세, 甲戌년 6월 25일에 2천 5백 6십만 달러(약 256억) 복권에 당첨되었습니다. 이 사주의 특징은 학력을 활용해서 계속 부를 축적하는 과정이 아니라 한 순간 未土에 많은 木氣들을 담아서 하늘에서 돈벼락을 맞는 겁니다. 다만, 水氣가 전혀 없으니 돈을 유지하는 것은 어렵습니다. 예로, 복권에 당첨되었으나 수년 후에 알거지가 되는 경우입니다. 이 사주도 순간적으로 돈벼락을 맞았으니 그 시기의 운세를 분석해보겠습니다.

41세는 庚午대운, 甲戌년입니다. 庚午대운은 인생에서 처음으로 결실의 맛을 느끼는 시기입니다. 연월일 어디에서도 庚辛, 申酉戌 金氣가 없으니 성장해도 결과를 얻지 못하다가 庚金을 만나면 갑자기 상황이 급반전 합니다. 40넘도록 할 일이 없어서 빈둥거리던 午火, 丙火, 未土가 庚金을 만나자 엄청난 파동을 일으키며 생동감이 넘치고 바쁘게 일하기 시작합니다. 비유하면,

태평의 시대가 열리자 오랜 세월 방치해둔 군수물자 공장이 갑자기 발발한 전쟁으로 주문이 몰려들기 시작합니다. 丙午와 未가 바쁘게 움직이며 甲寅과 乙木 새싹을 庚金에게 계속 공급해 줍니다. 위에서 언급했던 사업밑천 개념으로 대운에서 庚이 들어오자 빈둥거리던 모든 글자들이 바쁘게 돌아갑니다. 글자의 효율측면에서 살피면, 乙丙으로 실속 없이 일만 벌리던 조합이 庚金을 조합해서 <u>乙丙庚</u> 三字로 돈벼락을 맞습니다.

이런 사례가 바로 사주팔자에 존재하지만 가치가 없다가 운을 만나 갑자기 존재가치가 수직상승하는 상황입니다. 乙丙庚은 물론이고 庚金 하나를 완성하고자 午火 甲寅 그리고 未土 속에 저장된 甲乙이 모두 힘을 합쳐서 열매를 완성시키는 겁니다. 甲戌년에는 두 작용이 동시에 발생하는네 未土가 수많은 甲寅을 담았고, 戌土가 丙火, 寅午戌 火氣를 담습니다. 결국 이 모든 작용이 시너지효과를 발휘해서 한순간 256억이라는 돈벼락을 맞았던 겁니다.

乾命				陰/平 1955년 2월 24일 22:30								
時	日	月	年	84	74	64	54	44	34	24	14	4
癸	戊	己	乙	庚	辛	壬	癸	甲	乙	丙	丁	戊
亥	寅	卯	未	午	未	申	酉	戌	亥	子	丑	寅

乙未년의 특징은 乙木의 성장운동이 未土공간에서 더 이상 활발하게 움직이지 못하는 상황입니다. 乙木은 한시도 멈추지 않고 좌우로 확산하려고 노력하지만 未土는 그 움직임을 멈추라고 요구합니다. 水氣도 없으니 그런 의미가 더욱 강합니다. 따라서 乙未를 활용하는 방법은 첫째, 계속 성장하도록 돕거나 둘째,

- 331 -

乙未를 庚午, 庚申으로 열매를 확장하고 수확합니다. 위에서 살펴보았던 庚午년 己卯월 조합이나 己卯년 庚午월 조합과 유사합니다. 하지만 효율이 낮은 己卯월을 택했기에 성장노력을 하지만 水氣도 없으니 학업에 집중하지 못하고 수확할 수도 없습니다. 다만 未土에 卯木을 공급해서 육체를 활용하기에 건강하며 노동에 적합합니다. 이제 년과 월의 움직임을 적극적으로 활용할 일주를 찾아야 하는데 戊寅 일에 태어납니다만 여전히 水氣는 부족하고 木氣는 왕성해졌는데 좋은 점이라면 戊己터전이 넓어지면서 木氣들이 안정적으로 성장합니다.

비유하면 사회에서 활발하게 활동하는 사람들이 戊日을 찾아와 거래하거나 휴식을 취하거나 중개합니다. 戊土 입장에서는 많은 사람들이 자신의 땅을 활용하자고 찾아오기에 중개, 무역, 부동산, 건설 등에 어울립니다. 특히 己卯월이니 건축, 건설, 임대업에도 적합합니다. 또 다른 좋은 점은 바로 寅未 조합을 활용할 수 있다는 겁니다. 이 사주에 정해진 時間方向은 寅卯가 년의 未土를 향합니다. 문제는, 未土에 담긴 것을 과연 戊土가 찾아올 수 있느냐는 겁니다. 즉, 자신이 소유한 寅木을 未土 국가에 제공하였는데 국가로부터 보답을 받을 수 있는지 없는지는 未土 위에 있는 글자의 時間方向을 살펴서 판단합니다. 乙木이 있으니 다행스럽게 乙癸戊 三字로 미래를 설계하는 교육, 공직에 어울립니다. 또 卯月에 태어나 세 글자의 쓰임이 적절합니다. 더욱 좋은 점은 乙木이 戊土를 향하는 과정에 반드시 己土를 거치는데 이 효과가 매우 뛰어납니다. 戊己는 동일 오행이기에 형제, 자매와 같은데 사회에서는 경쟁상대와 같습니다. 戊土도, 己土도 모두 터전을 제공하는 역할인데 乙卯는 戊土에서 뛰어노는 것을 좋아하기에 30세가 넘어가면 자연스럽게 戊土가 己土와의 경쟁에서 우위를 차지합니다. 특히 좋은 점은 癸亥時에 태어난 것입니다. 그 이유는 첫째, 마른 水氣에 생명수를 공급해서 성장을 촉진합니다. 이런 구조들은 초년에는 학업에 흥미를 느끼지 못하다가 말년으로 갈수록 책을 읽거나 배우려고 노력합니다. 둘째, 乙癸戊 三字 중에서 乙戊만 있다가 癸水를 배합함으로써 두 글자의 효율을 극대화시켰습니다. 셋째 水氣가 넉넉해지면서 戊土의 땅이 부드럽게 바뀌고 만물이 넉넉하게 성장합니다. 넷째, 寅木에 亥水를 공급해서 生氣가 상하지 않도록 보호합니다. 사주원국에 金氣가 전혀 없으니 木을 수확하려는 의지가 전혀 없고 삼림을 조성하여 부를 축적합니다. 예로 섬을 구입해서 수십 년 동안 고생하면서 나무를 기르고 조경을 통해서 대대손손 부를 축적하는 경우입니다.

▶**실제상황**◀지독하게 가난한 어린 시절을 보냈습니다. 판잣집에서 살던 시절부터 하루 15시간씩 일합니다. 수돗물은 조금씩 받아서 쓸 정도로 절약합니다. 그 결과 천억 돈벼락을 맞았습니다. 亥대운부터 발전해서 甲戌대운, 癸酉대운 모두 발전하였습니다.

乾命				陰/閏 1974년 4월 9일								
時	日	月	年	82	72	62	52	42	32	22	12	2
모름	辛未	己巳	甲寅	戊寅	丁丑	丙子	乙亥	甲戌	癸酉	壬申	辛未	庚午

甲寅년에 태어났으니 성장의 기세가 엄청나고 국가자리에 있으니 국가, 사회의 지도자 기질이 강합니다. 따라서 甲寅을 적절하게 활용할 방안을 찾아야 하는데 예로 壬水를 배합해서 甲寅이 계속 성장하도록 돕는다면 교육, 공직에 적합하지만 이 사주

처럼 辛未로 甲寅을 未土에 담아오면 물질 지향적입니다. 어느 쪽으로 향하던 甲寅이 壬水의 도움을 받지 못하면 生氣를 상실하기에 좋지 않습니다. 이 문제는 비교적 심각한데 국가자리에 있는 甲寅이 壬水를 공급받지 못하면 성장에 한계가 있는 혹은 문제가 있는 국가, 사회 지도자를 상징할 뿐만 아니라 辛未로 甲寅을 수확해도 가치가 낮기 때문입니다. 따라서 월주에서 적절한 干支를 택해야 하는데 예로 壬申월에 태어나면 배합이 좋아집니다만 己巳월에 태어나 문제가 조금 더 심각해집니다. 天干에서 甲己로 合하고 地支에서 寅巳로 刑하기에 生氣를 유지해야할 甲寅이 심하게 상합니다.

다만 각도를 바꿔서 살피면 甲寅을 己巳가 성장을 멈추게 한 후 巳火에서 꽃을 피워서 그 다음 동작을 원하는 것입니다. 그렇다면 무엇을 원할까요? 분명한 것은 甲寅은 성장할 의도가 전혀 없습니다. 땅 속 깊이 뿌리내려야하는 甲寅이 엉뚱한 巳月에 꽃을 활짝 피워야하니 행동이 어색합니다. 이 상황에서 甲寅에게 壬水를 보충한다면 년과 월의 움직임은 가치가 없습니다. 甲寅을 己巳로 성장을 멈추게 만들고 꽃을 피워서 열매를 수확하려고 했는데 갑자기 壬이나 亥를 보충하면 甲寅은 어찌할 바를 모릅니다. 다시 땅속에 뿌리를 내려야할지 꽃을 열매로 바꿔서 가을을 향해야할지 갈피를 잡기 어렵습니다. 이런 혼돈에 빠지지 않으려면 사주팔자에 존재하는 시간방향을 이해해야 합니다. 지구가 회전하는 과정에 주어지는 시간과 공간의 흐름은 지극히 순차적이기에 그 순리를 따르면 편하지만 거스르면 불편해집니다. 巳月에는 꽃을 피우라고 요구하는데 壬, 亥처럼 만물을 블랙홀에 담아버리는 기운과 조합하면 巳月에 태어난 의미가 무색해집니다. 년과 월의 흐름이 일에서 갑자기 뒤집어지면서 기복이 심해집니다. 甲寅을 구하려면 월에서 미리 壬水를 보충해야 좋은데 己巳를 선택해서 甲寅을 더 이상 성장하지 못하게 막고 꽃으로 바꾸겠다는 의지를 드러냈으니 일에서 壬이나 亥를 보충할 수는 없습니다. 이 사주는 辛未일을 택했습니다. 水氣가 전혀 없으니 매우 불편해 보이고 좋지 않은 선택으로 보입니다. 하지만 시간흐름만큼은 매우 적절합니다. 甲寅을 己巳로 꺾어서 무기력하게 만든 다음에 甲寅의 무덤과 같은 未土에 담은 후 辛金으로 정리, 정돈해버리기 때문입니다. 국가, 사회 지도자와 같은 甲寅을 辛未에 담아서 寅未 墓地로 취하려는 이기적인 성향이 강합니다. 결국, 국가와 사회 그리고 조상의 음덕이나 지위가 높은 인물들을 활용해서 하늘에서 돈벼락을 맞는 구조는 분명합니다.

▶실제상황◀마카오 최대 키지노업체 선 시티그룹 앨빈 차우 회장으로 중국 본토 큰 손 8만 명의 원정도박을 알선하고 불법 자금 유출 등으로 2021년 辛丑년에 중국 당국에 체포되었습니다. 매주 금요일 밤 각지에서 전용제트기를 타고 온 사람들이 선시티에 몰려들었고 하룻밤에 블랙잭, 바카라로 수백만 달러가 오갔다고 합니다. 2007년 윈 마카오 호텔 카지노에서 시작한 선시티 그룹을 아시아 전역 VIP용 도박장을 운영하는 기업으로 키운 인물인데 사주구조대로 壬水의 도움을 받지 못하고 己巳에서 타락한 국가, 사회 지도자 甲寅을 未土 묘지에 담아서 내 것을 활용하는 방법으로 하늘에서 돈벼락을 맞았습니다. 결국 법망에 걸린 이유도 甲寅을 도울 생각은 추호도 없고 일방적으로 未土 墓地에 담아서 무기력하게 만들었기 때문입니다.

▌丑土, 巳酉丑 三合의 墓庫

지금까지 <u>巳戌, 亥辰, 寅未</u>로 조합하면 하늘에서 돈벼락을 맞는 이유를 살펴보았습니다. 마지막으로 申丑조합을 살펴보겠습니다. 寅未는 木氣를 未土 墓地에 담아서 부를 축적하고 申丑은 여름 열매를 墓地에 담아서 부를 축적합니다. 따라서 寅未는 성장위주요 申丑은 결실위주라는 차이가 있습니다.

坤命				陰/平 1992년 12월 20일 12:30								
時	日	月	年	82	72	62	52	42	32	22	12	2
戊	癸	癸	壬	甲	乙	丙	丁	戊	己	庚	辛	壬
午	巳	丑	申	辰	巳	午	未	申	酉	戌	亥	子

壬申년에 태어났으니 두 글자를 어떻게 활용할지 고민해야 합니다. 壬寅, 癸卯, 甲辰, 乙巳, 丙午, 丁未, 戊申, 己酉, 庚戌, 辛亥, 壬子, 癸丑 중에서 壬申년 甲辰월은 학식 있고 교육이나 공직에 종사하는 부모를 만나는 조합이고, 壬申년 乙巳월은 乙丙庚三字로 재물을 추구하며, 壬申년 己酉월은 酉金을 壬水에 풀어내기에 총명하고 부를 취할 수 있습니다. 다만 壬寅처럼 寅午戌 三合의 특징대로 공직, 단체의 속성을 활용한 것이 아니라 申子辰 장사, 사업 속성에 壬水를 배합하였기에 재물을 추구하는 조합입니다.

이 사주는 壬申년 癸丑월을 택했기에 좋지 않아 보입니다. 申金은 반드시 丙火를 만나야 열매를 확장하고 癸水는 乙戊와 조합해서 성장을 촉진하는데 癸丑월에 태어나니 한 겨울에 눈발만 날리므로 성장은 기대할 수 없습니다. 유일하게 좋은 점이라면 申金이 丑土 墓地에 들어오는 것입니다. 이때 丑土의 가치를 결정하는 것은 申金 열매의 상태입니다. 예로 당도 높은 과일, 썩은 과일, 껍질이 상한 과일 등 다양한 형태에 따라서 丑土의 가치도 달라집니다. 결국 申金의 가치를 높이려면 반드시 필요한 조건은 丙火가 있어야 합니다. 乙丙庚 三字조합에서 살펴본 것처럼 乙庚 合하면 반드시 丙火로 열매를 확장해야 합니다. 癸丑 부친의 입장에서는 丙火를 품은 자식을 원할 겁니다. 흥미롭게도 癸巳일에 자식을 낳았으니 壬申과 癸丑에 어떤 영향을 미치는지 살펴보겠습니다. 먼저 조부모 壬申과 손녀 癸巳의 관계를 살피면 간절히 필요했던 巳火를 손녀가 가지고 태어났을 뿐만 아니라 巳申 合으로 열매를 확장해주면서 壬水의 가치를 높여줍니다. 이런 이유로 손녀를 사랑할 수밖에 없고 음덕을 전달하는데 그 행위가 바로 壬水가 癸水를 향하는 시간방향입니다. 부모 癸丑과 癸巳 딸의 관계를 보겠습니다. 癸丑은 비록 申金을 丑土 墓地에 담아서 활용했지만 공간이 매우 어둡기에 벗어나려고 하는데 마침 癸巳로 생기발랄한 딸을 낳으니 참으로 기쁩니다. 癸丑으로 겨울처럼 차갑지만 癸巳는 너무도 나프게 밝고 화사합니다.

따라서 자신들에게는 없는 에너지를 공급해주는 딸이 사랑스러울 수밖에 없습니다. 더욱 좋은 점은 壬申 열매를 키워서 巳申 合으로 조부모, 부모, 손녀 3대가 연결됩니다. 壬申과 癸丑은 墓地로 연결되었고, 癸丑과 癸巳는 巳酉丑 三合으로 연결되며 壬申과 癸巳도 巳申 合으로 연결되면서 三代가 하나로 동질감을 느끼며 화목한 관계를 유지합니다. 戊午시를 선택 하였는데 크게 좋아 보이는 구조는 아닙니다. 丑月에 乙木도 없으니 戊癸 合해도 특별한 가치가 없기 때문입니다. 하지만 좋은 작용도 있습니다. 바로 戊癸 合으로 火氣를 만들어냅니다. 년과 월에서 부족한 火氣를 癸巳와 戊午를 활용해서 계속 申金 열매를 확장하고 익혀서 丑土 墓地에 계속 들어오게 하는 겁니다. 이 사주를 활용해서 조부모 보다 한 세대 앞인 증조부모와의 관계도 함께 살펴보겠습니다. 요령은 戊午 時를 壬申年 앞으로 돌리는 것입니다. 그 이유는 지구가 회전하기에 時空間은 절대로 끊어지지 않고 순환하는 것처럼 인간의 업보도 계속 이어지기 때문입니다.

시일월년
戊癸癸壬
午巳丑申 ▮원래의 사주팔자

일월년윤회
癸癸壬戊
巳丑申午 ▮時를 年앞으로 회전시킨 사주팔자

따라서 증조부모는 戊午요, 조부모는 壬申, 부모는 癸丑, 본인은 癸巳입니다. 흐름을 읽어보면 戊午가 申金에게 열기를 가하면 申金이 자연스럽게 壬水에 풀어집니다. 壬申에는 火氣가 없으니 열매를 확장할 수 없었는데 戊午를 만나자 배합이 좋아졌습니다. 특히 좋은 점은 가치가 높아진 申金이 壬水를 거쳐 癸丑 墓地로 들어오는 겁니다. 증조부모의 사랑이 조부모를 거쳐 癸丑 부모에 이르렀습니다. 부정할 수 없는 이유는 癸丑과 戊午가 戊癸 슴하니 癸丑은 증조부모의 음덕을 받는 것입니다. 만약 육친의 도움이 아니라면 국가, 사회의 음덕을 받습니다. 戊午와 癸巳는 어떨까요? 戊癸 슴으로 그 관계가 끈끈해집니다. 또 중간에 끼어있는 壬申과는 巳申 슴하고 癸丑과는 巳丑 합하기에 4대에 걸쳐서 좋은 인연을 유지합니다. 이것이 증조부모와 조부모, 부모, 이 여인의 인연을 살피는 방법입니다.

▶실제상황◀ 2015년 당시 부친은 대기업 이사로 부유한 가정의 자식입니다. 년과 월의 壬申과 癸丑조합으로 丑土 墓地에 申金을 담으니 부친이 부자입니다.

坤命				陰/平 1992년 11월 10일 10:30

時	日	月	年
丁	癸	辛	壬
巳	丑	亥	申

89	79	69	59	49	39	29	19	9
壬	癸	甲	乙	丙	丁	戊	己	庚
寅	卯	辰	巳	午	未	申	酉	戌

유사한 구조를 비교해보겠습니다. 壬申년 辛亥월에 태어났으니
壬亥에 辛金을 풀어내 매우 총명합니다. 壬寅년 辛亥월, 壬辰년
辛亥월도 유사합니다. 癸丑일을 받았습니다. 위 사주는 壬申년
癸丑일이고 이 사주는 辛亥월을 거쳐 癸丑일에 태어나니 宮位
가 다릅니다. 위 사주는 부모가 墓地를 활용하고 이 사주는 본
인이 墓地를 활용합니다. 비유하면 위 사주는 부모가 금고를 소
유했고 이 사주는 이 여인이 금고를 소유합니다. 또 천간에서
丁辛壬 三字로 총명하고 년과 시에서 丁壬 합하니 丁辛壬을 적
극적으로 활용해서 하늘에서 돈벼락을 맞는 조합입니다. 地支도
년과 시에서 巳申 합하니 열매를 확장한 후 丑土에 담습니다.
丁巳를 앞으로 돌리면 丁巳, 壬申, 辛亥, 癸丑으로 丑土에 담는
申金의 가치가 매우 좋다는 것을 알 수 있습니다.

▶실제상황◀2015년 乙未년 당시에 부친이 건물을 매입해주었
다고 합니다. 宮位에 따라 부를 축적하는 대상이 누군지를 잘
설명해주는 사례입니다.

乾命				陰/平 1954년 8월 6일 02:30

時	日	月	年
己	辛	壬	甲
丑	酉	申	午

82	72	62	52	42	32	22	12	2
辛	庚	己	戊	丁	丙	乙	甲	癸
巳	辰	卯	寅	丑	子	亥	戌	酉

甲午년에 태어났습니다. 위에서 甲午년, 丙寅월 乙未일 戊寅시 사례에서 甲午년과 壬申월의 배합이 좋은 이유를 살폈습니다. 甲午가 말라가는데 壬申을 배합하면 두 干支의 가치가 크게 높아집니다. 甲午는 壬水 생명수를 공급받아서 좋고 午火로 申金을 자극해서 壬水에 풀어지니 미네랄을 품은 생명수로 가치가 높아지고 다시 甲木의 성장을 돕습니다. 壬申월에 태어났기에 甲午가 없다면 열매가치도 없지만 甲이 午火에서 열매 맺고 申에서 열매로 완성되어 壬水에 풀어져 다시 甲으로 순환하기에 각 글자를 매우 효율적으로 활용합니다. 辛酉일을 택했지만 특별히 좋아 보이지는 않습니다. 다행한 점은 午火가 辛酉를 자극하면 壬水에 풀어지니 丁辛壬 三字를 활용할 뿐만 아니라 壬水가 甲木을 향하여 갑니다. 宮位를 감안하면 국가와 조상의 음덕을 받고 태어난 것입니다. 이제 어떤 시간을 택하느냐에 따라 운명이 달라집니다. 선택 가능한 시간은 아래와 같습니다.

●戊子, 己丑, 庚寅
●辛卯, 壬辰, 癸巳
●甲午, 乙未, 丙申
●丁酉, 戊戌, 己亥, 庚子

戊子를 택하면 辛酉가 안정적인 터전을 얻고 申酉子로 씨종자를 풀어내니 사채놀이처럼 재산을 폭발적으로 확장할 수 있습니다. 庚寅, 辛卯, 壬辰은 크게 좋은 조합은 아니고 癸巳, 甲午, 乙未도 적절해 보이지 않습니다. 丙申, 丁酉는 비록 丁辛壬을 활용하지만 金氣가 너무 많아서 비효율적입니다. 戊戌을 배합하면 박사급을 배출해서 교육, 공직으로 발전할 수 있습니다만 돈벼락을 맞는 구조는 아닙니다. 이 사주는 己丑 時를 택해서 겉으로는 어둡고 탁해서 좋아 보이지는 않습니다. 또 午火가 申酉를 자극하면 모두 丑土 墓地로 몰려들기에 시간방향에 따라서

辛酉가 소유했던 재산이 丑土로 나가버리니 내 宮位를 벗어나고 타인의 소유물로 바뀝니다. 위 사례들 중에서 월지에 丑土가 있으면 부친이, 일지에 丑土가 있으면 본인이 墓地를 활용해서 부를 축적하는 것을 확인했습니다. 이 사주는 時支에 있으니 내 재산을 자식에게 물려주거나 자식이 내 재산을 탕진할 수도 있습니다만 반드시 丑土 위의 글자가 어떤 작용을 하는지를 살펴서 판단해야 합니다. 丑土는 午申酉丑으로 나가면 돌아오려는 의지가 전혀 없지만 丑土를 소유한 己土는 년에 있는 甲木과 甲己 合합니다.

天干 合의 논리가 현대에 이르러서도 너무도 빈약하기에 중요성을 인식하지 못하지만 사주를 읽어내는데 극히 중요한 역할을 합니다. 년괴 시에서 合하년 그 가치를 오래도록 활용할 수 있습니다. 빌 게이츠는 마이크로 소프트를 활용해서 전 세계에 평생토록 영향력을 행사했습니다. 또 년과 시의 넓은 시공간을 合으로 좁혀서 활용할 수 있습니다. 예로, 미국에 가서 일처리를 하려면 힘들게 비행기를 타고 장기간 여행을 해야 하기에 비효율적이지만 만약 미국에서 일처리해주는 사람이 있다면 마치 한국처럼 활용할 수 있습니다. 이 사주는 년에 甲木이 있으니 국가와 조상의 음덕을 상징하지만 辛日이 무조건 취할 수 있는 것은 아닙니다. 하지만 己丑 時에 태어나 甲己로 合하는 순간 그 음덕을 끌어와 辛金이 억지로 누리게 됩니다. 비유하면, 돈이 너무도 많아서 더 이상 돈 욕심도 없는데 이상하게 귀찮을 정도로 멈추지 않고 들어옵니다. 내 의지와는 상관없이 돈이 나를 찾아오는 것입니다. 이것이 甲己 合할 때와 그렇지 않을 때의 엄청난 차이입니다. 분명히 연월일 金氣들이 時柱에 있는 丑土로 나가버렸는데 그 위에 있는 己土가 丑土를 소유했기에 甲己 合이라는 방식을 통해서 辛金이 丑土를 차지했을 뿐만 아니라

- 341 -

국가와 조상의 음덕 甲木도 함께 취하는 겁니다. 이것이 기존 명리이론에서 전혀 활용하지 못했던 天干 合의 작용입니다.

▶실제상황◀수백억 돈벼락을 맞았다고 합니다. 물론 년과 시에서 天干 合하면 무조건 좋다는 것이 아닙니다. 위에서 살펴본 사례를 다시 보겠습니다.

甲戊乙己
寅辰亥卯 남자 1939년

년과 시에서 甲己 合하는데 50세 전까지는 준 재벌에 이르렀지만 50세가 넘어서자 모든 재산을 탕진하고 말았습니다. 그 이유도 바로 甲己 合 작용 때문입니다. 이처럼 天干 合을 적극적으로 활용해서 단점을 보완해야 하지만 사주구조를 이해하지 못한 상태에서 함부로 활용하면 매우 흉한 결과를 야기할 수 있으니 주의해야 합니다.

乾命				陰/平 1950년 12월 13일 12:30								
時	日	月	年	85	75	65	55	45	35	25	15	5
壬	庚	己	庚	戊	丁	丙	乙	甲	癸	壬	辛	庚
午	申	丑	寅	戌	酉	申	未	午	巳	辰	卯	寅

庚寅년에 태어났기에 庚金을 寅午戌로 확장하려는 의지이지만 월에서 어떤 카드를 받느냐에 따라 달라집니다. 己丑월을 받으면서 방향이 모호해졌습니다. 庚寅을 확장하기는커녕 己丑으로 줄이려는 움직임 때문입니다. 좋은 점은 庚金을 丑土에 담기에 己丑 부모가 庚寅을 취합니다. 특히 寅丑 지장간에서 甲己, 丙辛, 戊癸 合으로 강력한 끌림을 가졌기에 庚寅과 己丑은 끈끈한

- 342 -

관계입니다만 열매를 확장하는 상황은 아니고 墓地를 활용해서 하늘에서 돈벼락을 맞으려는 구조입니다. 庚申日 카드를 받았으니 庚申도 己丑에 담으려는 의지가 분명합니다. 따라서 丑土 墓地에 엄청난 크기의 庚金이 담겨있기에 丑土를 취하는 사람은 돈벼락을 맞을 수 있습니다. 문제는 庚申의 체성으로 열매와 같은 庚申에게 丙火를 보충해주지 않으면 가치를 상실하거나 크지 않습니다. 따라서 택일할 때 庚金을 택해야만 하는 상황이라면 반드시 丙火를 보충해야 구조가 좋아집니다.

물론 巳火와 午火의 地藏干에도 丙火가 있으니 유사한 효과입니다. 만약 없다면 재물의 크기에 영향을 미칠 뿐만 아니라 구조가 나빠지면서 어둠 속에서 돈을 탐하다 교도소에 갈 수도 있습니다. 이 구조는 壬午 時를 픽했는데 丙戌 時도 나쁘지 않습니다. 丑土의 도둑심보를 丑戌 刑으로 고칠 수 있고 丙火로 庚金을 바르게 지도하고 丑月의 어둠을 밝히기 때문입니다. 壬午 時는 午火가 庚申을 자극해서 부피를 확장하고 열기를 품은 후 壬水의 가치를 높여서 순환합니다. 壬午日 庚戌時, 庚戌일 壬午시의 조합이 좋은 이유입니다. 이 사주는 庚申일 壬午시이기에 申子辰과 寅午戌이 추구하는 방향이 반대로 집중력이 덜하지만 좋은 점이라면 년의 寅木과 寅午로 合해서 많은 庚金을 확장하려는 의지가 강합니다. 즉, 사주팔자 년과 시에서 동일한 三合운동을 한다면 목적이 동일하기에 흐름이 산만하지 않습니다. 예로, 년과 시가 寅午, 申辰, 亥卯, 巳丑 등으로 배합하면 월과 일에서 좌충우돌해도 본래의 목적을 잃지는 않습니다.

▶실제상황◀ 己丑 墓地를 활용해서 수백억 부를 축적했습니다.

乾命				陰/平 1916년 12월 25일 20:30								
時	日	月	年	86	76	66	56	46	36	26	16	6
丙	庚	辛	丙	庚	己	戊	丁	丙	乙	甲	癸	壬
戌	申	丑	辰	戌	酉	申	未	午	巳	辰	卯	寅

乙丙庚 三字조합에서 살펴보았던 대만의 대기업 총수 사주입니다. 辰土 속의 乙木으로 乙丙庚 三字를 활용하고 辛丑辰으로 酉丑辰 三字를 활용하며 戊土가 丑土를 刑해서 도둑과 같은 속성을 제거했고 丑土에 많은 금들을 담아서 활용합니다. 더욱 좋은 점은 년과 월에 있는 丙火가 庚金이 방탕하지 않도록 빛을 밝히고 열매를 확장해주었습니다. 이것이 바로 庚金이 丙火를 배합할 때의 효과입니다.

乾命				陰/平 1956년 8월 3일 18:30								
時	日	月	年	80	70	60	50	40	30	20	10	0
己	丁	丙	丙	乙	甲	癸	壬	辛	庚	己	戊	丁
酉	丑	申	申	巳	辰	卯	寅	丑	子	亥	戌	酉

매우 흥미로운 사례를 보겠습니다. 丙申년에 태어났으니 의지가 뚜렷합니다. 丙火로 申金열매를 확장하기에 물질 지향적입니다. 寅卯辰은 성장과정을 중시하고 巳午未는 확장하는데 집중하고 申酉戌은 수확하는데 집중합니다. 이 속성을 명리상담에 응용하면 寅卯辰은 미주알고주알 자세히 설명해주기를 바랍니다. 즉, 결과보다 진행과정에 흥미를 느낍니다. 결과만을 알려고 한다면 申酉戌이 강하기 때문입니다. 만약 사주팔자에 寅卯辰이 많은데 申酉戌 상담사를 만나면 괴롭습니다. 이유는 설명해주지 않고

결과만 설명하기 때문입니다. 반대로 申酉戌이 많은데 寅卯辰
상담사를 만나면 미주알고주알 쓸모없다고 느끼는 과정을 듣느
라 괴롭습니다. 따라서 寅卯辰은 寅卯辰 끼리 申酉戌은 申酉戌
끼리 만나야 코드가 잘 맞습니다. 인간심리에 비유하면 寅卯辰
은 변화에 흥미를 느낍니다. 왜 변하고 바뀌는지 고민합니다.
집착증처럼 보이는 이유는 모든 변화에 민감하게 반응하고 그
과정을 집요하게 분석하기 때문입니다. 申酉戌만 있다면 변화에
흥미가 없고 어떤 결과를 얻을 것인가를 고민합니다.

결론적으로 寅卯辰은 목적지를 향하는 과정을 중시하지만 申酉
戌은 목적지에 도착하는데 집중합니다. 丙申은 열매를 확장하고
수확하려는 욕망이 강하지만 반드시 필요한 것은 乙卯입니다.
만약 없다면 丙申도 돈 그릇이 크게 줄어듭니다. 乙卯의 성장과
정을 기다려줄 여유가 없기에 눈앞의 이익에 급급합니다. 빨리
수확하려는 욕망이 강해서 성격도 급합니다. 따라서 사주팔자에
丙申간지가 있다면 乙卯를 어떻게 배합할지 고민해야 합니다.
乙卯, 辰土, 未土 地藏干에 모두 乙木을 품었는데 활용에는 차
이가 있기에 배합을 감안해야 합니다. 丙申월에 태어나자 년과
월의 干支가 동일하니 장점보다 단점이 많습니다. 동일 간지는
時空間이 동일하기에 활용할 수 있는 시공간이 좁고 답답하기에
적절하지는 않습니다. 물론 丙火의 분산움직임을 활용하면 일정
기간 넓은 시공간을 활용할 수는 있습니다. 그래도 丙申을 얻었
으니 목표의식은 뚜렷한데 乙卯를 배합하지 않으면 탐욕만 강할
뿐 결과를 얻지 못합니다. 丁丑 일에 태어나자 갑자기 삶의 방
향이 크게 달라집니다. 년과 월에서는 丙申에 乙卯를 보충해서
乙丙庚 三字로 열매를 확장하려는 욕망이었지만 丁丑 일을 선
택하자 년과 월에서 丙火의 도움으로 확장된 申金을 丑土에 담
으려고 합니다. 이처럼 년과 월에 있는 글자를 日支에 담으면

- 345 -

대부분 이기적이고 日支에 있는 글자를 년과 월에서 담으면 대부분 이타적입니다. 무엇을 어떻게 담는지 이해하려면 申金 위의 글자와 日柱가 어떤 관계를 형성하고 있는지 살펴야 합니다. 이 사주는 申金 위에 丙火가 있으니 丁火와 동일오행입니다. 즉, 甲乙 木, 丙丁 火, 戊己 土, 庚辛 金, 壬癸 水 중에서 丙丁은 빛과 열을 상징하는 火 五行으로 甲乙丙丁戊己庚辛壬癸甲으로 순환하기에 정해진 시간방향을 따라서 丙에서 丁을 향하여 갑니다. 따라서 丙申은 원하지 않아도 丁丑을 향할 수밖에 없는 것입니다.

이 구조에서 암시하는 의미는 첫째, 丙申이 丁丑을 돕거나 희생합니다. 둘째 丁丑은 丙申의 소유물을 빼앗습니다. 다만, 그 의도가 좋은지 나쁜지는 사주구조로 판단하는데 丙丁으로 동일한 오행이 겹치면 시기, 질투가 강하고 한탕, 투기욕망이 강합니다. 여기에 申年을 기준으로 申子辰 三合을 벗어난 巳午未와 巳午를 천간으로 올린 丙丁은 저승사자와 같은 작용으로 三合내부에 있는 것들을 강탈하려는 성향이 강합니다. 즉, 타인의 소유물을 함부로 빼앗고도 당연한 것으로 인식하는 도둑, 강도의식이 강렬합니다. 물론, 사주구조에 따라 저승사자가 생명을 구하는 의로는 행위도 하므로 일방적으로 나쁘다고 볼 수는 없습니다. 다음 章에서 저승사자들이 돈벼락을 맞는 이유에 대해 자세히 살펴보겠습니다. 이 사주는 丁丑일이 년과 월의 丙申을 안방 丑土로 끌어오려는 욕망이 강렬하기에 丙丁의 저승사자 행위를 좋다고 판단할 수 없습니다. 즉, 타인이 소유한 무언가를 거리낌 없이 길거리를 지나가다 갑자기 퍽치기로 빼앗아오려는 겁니다. 己酉시에 태어났으니 보이지 않는 곳에 저장하려는 욕망이 더욱 강해졌습니다.

▶실제상황◀천하의 난봉꾼이라고 합니다. 유부녀들을 이용해서 육체와 돈을 강탈합니다. 사주팔자에 金氣만 가득하니 인정이라고는 없고 과정은 중시하지 않으며 결과만 집착합니다. 유부녀라고 단정하는 이유는 丙火가 소유한 申申을 안방 丑土로 끌어들이기 때문입니다. 墓地의 작용을 활용하는 것은 동일해도 사주구조가 좋지 않으니 불법이나 비열한 행위를 저지르는 겁니다. 대운도 계속 어두운 공간을 향합니다. 이 구조를 효율적으로 개선하려면 어떻게 해야 할까요? 그 것을 이해하려면 문제점을 찾아내야 하는데 첫째, 丙申이 소유한 것을 강탈하기에 다른 날을 택해야 합니다. 예로, 丁丑일 대신 辛丑일이었다면 丁火의 저승사자 속성이 사라지면서 丙丙丁으로 경쟁, 시기, 질투 혹은 육체를 탐닉하는 성향이 크게 줄어들었을 겁니다. 혹은 己酉 時 대신 甲辰 時를 택했다면 丁丑과 己酉로 자기밖에 모르는 탐욕에서 벗어나 甲辰의 교양을 배합하기에 천하의 난봉꾼 소리는 듣지 않았을 겁니다. 결국 丁丑과 己酉를 선택함으로써 평생 좋은 일을 못하는 인생으로 살았습니다.

乾命				陰/平 1946년 7월 23일 08:30								
時	日	月	年	87	77	67	57	47	37	27	17	7
庚辰	乙丑	丙申	丙戌	乙巳	甲辰	癸卯	壬寅	辛丑	庚子	己亥	戊戌	丁酉

丙戌년에 태어나면 戌土가 寅午戌 三合운동을 하기에 三合을 벗어난 亥子丑과 壬癸는 저승사자처럼 강탈욕망을 가졌습니다만 이 사주는 일지 丑土에만 그런 속성이 있습니다. 위에서 살폈던 丙申년 丙申월 丁丑일 사주와 동일한 丙火가 년과 월에 있어도 年支 戌土를 기준으로는 寅午戌 三合 범위에 있는 겁니다. 따라

- 347 -

서 三合 내부에 있는 보수 성향으로 바뀌면서 타인의 재산을 강
탈하려는 욕망이 크게 줄어듭니다. 분명히 <u>丙火라는 글자는 동
일해도 年支가 추구하는 三合운동의 특징에 따라 쓰임이 크게
달라지는 이유</u>입니다. 이해를 돕고자 부연설명하면, 三合운동
내에 있는 글자들은 정해진 틀에서 활동하는 것을 좋아하고 일
탈을 싫어하지만 三合운동 밖의 글자들은 정해진 틀을 싫어하고
일탈을 즐깁니다. 이런 행위를 <u>저승사자</u>라 부르는 이유는 보수
적인 법체계로는 그들의 사고방식이나 행동을 이해하기 어렵기
때문입니다. 예로 내 사주팔자 日支에 있는 글자는 배우자를 상
징하는데 三合범위에 있다면 보수적이지만 三合범위를 벗어나면
개방, 개혁, 일탈을 감행합니다. 마치 三合내부는 회사요, 三合
외부는 노조와 같은 속성입니다. 위와 이 사주로 정리해보겠습
니다.

```
●己丁丙丙
●酉丑申申 1
==========
●庚乙丙丙
●辰丑申戌 2
```

1번 사주는 申年이기에 申子辰 三合운동을 하므로 三合을 벗어
난 글자는 巳午未와 巳午를 天干으로 올린 丙丁이기에 8개의
글자 중에서 3개가 저승사자와 같은 속성입니다. 2번 사주는 戌
年이기에 寅午戌 三合운동을 하므로 三合을 벗어난 글자는 亥
子丑과 亥子를 천간으로 올린 壬癸입니다. 따라서 아래 사주에
는 유일하게 丑土가 저승사자입니다. 결국 위 사주는 과감하게
일탈을 감행하지만 아래 사주는 보수적으로 행동합니다. 또 丙
申년은 丙火와 申子辰이 丙申, 丙子, 丙辰으로 조합해서 개인장

- 348 -

사, 사업에 적합하기에 일정한 틀을 거부하지만 丙戌년은 丙火와 寅午戌이 丙寅, 丙午, 丙戌로 조합하기에 조직, 단체, 공적행위를 좋아하기에 비록 天干은 동일해도 地支에서 드러내는 인생의 목적이나 방향이 전혀 다릅니다. 申子辰 三合은 水氣의 속성대로 물처럼 흘러 다니기에 자유를 원하고 구속을 싫어해서 장사, 사업에 어울리지만 寅午戌은 火氣로 빛처럼 작용하기에 교육, 공직, 단체, 조직 활동을 선호하는 것입니다. 특히 年柱는 전생의 업보를 암시하기에 인생의 방향을 읽어야 합니다. 丙申년 丙申월과 丙戌년 丙申월은 거의 동일해보여도 엄청난 차이가 발생하는 이유입니다. 사주팔자에서 年과 月은 365일과 30일로 時空間이 10배 차이이기에 年柱를 기준으로 月柱의 의미를 살펴야 합니다. 丙戌年은 교육, 공직 성향으로 丙申 月을 상대하지만 丙申년은 장사, 사업을 기준으로 丙申 月을 상대합니다. 차이가 없어 보였던 년과 월의 조합이 전혀 다른 이유입니다.

乙丑 일에 태어납니다. 위 사주를 분석하면서 丙申년 丙申 월에는 반드시 乙卯, 辰, 未의 동태를 살펴야 한다고 강조하였는데 丙申열매를 풍성하게 수확하려면 반드시 乙卯 새싹을 공급해야 하기 때문입니다. 乙卯가 없다면 과정을 무시하고 날로 먹으려는 성향이 강해지고 결과만 중시하기에 한순간 로또와 같은 돈벼락을 맞아도 밑천이 바닥나듯 탕진해버립니다. 하지만 乙木이 있으면 乙庚 合으로 계속 돈을 찍어낼 수 있기에 망해도 재기에 성공합니다. 이 사주도 丙戌과 丙申으로 간절히 필요한 乙卯가 년과 월에 없으니 일과 시에서 보충해야 합니다. 乙丑일에 태어났으니 干支의 時間方向이 전혀 다릅니다. 乙木은 년과 월에 있는 丙戌과 丙申을 향하여 乙丙庚 三字로 쓰임을 좋게 만듭니다. 위 사주도 丙申, 丙申에 乙木을 택했다면 자신을 희생해서 년과

월의 쓰임을 좋게 만들려는 태도를 보였을 겁니다. 이처럼 시간 방향에 따라 利他와 利己로 엄청난 차이를 보이는 겁니다. 결국 이 사주의 천간은 국가, 사회에 봉사하는 공직에 적절합니다. 하지만 丑土는 乙木이 추구하는 시간방향과 정반대로 월주 丙申을 日支 丑土에 담으려고 합니다. 사주팔자에서 보여주는 時間方向은 인간의 심리를 명확하게 드러내는데 이 사주는 겉과 속이 다릅니다. 겉으로는 국가, 사회를 위해서 봉사하지만 속에서는 그 행위의 대가를 반드시 취하려는 욕망이 강합니다.

특히 丑土는 도둑, 강도와 같은 심보를 가졌기에 그 성향이 뚜렷하지만 다행하게도 丙火 두 개가 丑土의 어둠을 밝히고 戌土가 丑土를 刑하여 도둑심보를 제거했기에 그릇이 커집니다. 위 사주처럼 丑土만 있다면 사리사욕을 취하지만 沖이나 刑으로 丑土의 문제를 해결하면 公的 성향으로 바뀌는 겁니다. 이런 이유로 사주원국에 丑土를 배합해야 한다면 沖刑으로 어둡고 음습한 속성을 제거해야 합리적으로 활용합니다. 위에서 살폈던 대만의 유명한 기업가 사주에도 戌土가 丑土를 刑하고 있습니다.

丙庚辛丙
戌申丑辰 대만 유명기업가

따라서 丙戌년 丙申월 乙丑일은 년과 월의 쓰임을 최대로 끌어올리는 선택이었습니다. 庚辰시를 선택해서 좋은 점은 천간에서 乙丙庚 三字로 열매를 확장하고 지지에서는 돈벼락 맞는 酉丑辰 三字를 활용하지만 丑土와 辰土가 만나자 丙戌의 공직성향이 사적 욕망으로 변질됩니다.

▶실제상황◀전 미국 대통령 빌 클린턴 사주입니다.

乾命				陰/平 1888년 7월 15일 12:30								
時	日	月	年	90	80	70	60	50	40	30	20	10
壬	乙	庚	戊	己	戊	丁	丙	乙	甲	癸	壬	辛
午	丑	申	子	巳	辰	卯	寅	丑	子	亥	戌	酉

丑土를 불법, 비리로 음습하게 활용하는 사례를 보겠습니다. 戊子년에 태어났습니다. 戊土가 申子辰 三合과 조합하는데 子水 어둠속에 있는 戊土이기에 터전의 쓰임이 어둡습니다. 따라서 무엇을 보충해야 戊子를 적절하게 활용할 수 있을지 고민해야 합니다. 먼저 丙火로 어둠을 제거하면 좋겠습니다. 또 子水에 辛酉를 보충해서 생명수의 가치를 높이고 甲乙을 밖으로 드러내면 戊子의 가치를 모두 발휘합니다만 엉뚱하게 庚申월에 태어났으니 간절히 필요한 丙火도 없고 申子辰 三合의 속성 방탕, 방랑의 성향만 강해졌습니다.

좋은 점이라면 庚戊로 庚金 열매가 국가를 상징하는 戊土에 존재를 드러내기에 국가적인 인물이거나 유명인이 될 수 있습니다. 그 의미가 더욱 뚜렷한 이유는 乙일간이 乙庚 合하고 戊土에 열매를 드러내기 때문입니다. 원래는 년과 일에서 戊乙로 거리가 멀었는데 乙庚 合하면서 가까워지고 庚戊로 열매의 가치를 戊土 국가에 드러냅니다. 천간에 있는 合을 활용해서 時空間을 넓게 사용하는 사례입니다. 하지만 丙火는 없으니 어두운 것은 분명합니다. 乙丑일 카드를 받았기에 천간에서 乙庚 合하지만 열매를 확장할 丙火가 없으니 물질을 확장하고 수확하는 것이 아니라 단체, 조직 연락망을 활용합니다. 乙木개인이 庚申단체와 合해서 연락망을 구축하지만 어두운 속성을 가진 단체입니다. 다만 丑土의 작용은 묘한데 庚申을 丑土에 담을 수 있습니다. 더욱 확실한 것은 庚申이 丑土에 담기면 年支 子水와 子丑合으로 庚申을 중간에 끼워서 닫아버립니다. 이런 움직임을 宮位를 감안해서 살피면, 戊子국가와 乙丑개인이 협력해서 사회활동 과정에 庚申이라는 어두운 열매를 취급합니다. 壬午시를 받았기에 壬水는 여전히 어둡습니다만 다행한 점은 午火가 조금이나마 어둠을 해소하고 庚申을 확장해줍니다. 물론 午丑과 子午沖으로 크게 좋은 작용은 아닙니다.

▶실제상황◀ "두월생" 이라는 인물로 중국 上海에서 가장 돈이 많았다는 전설적인 인물입니다. 3세에 모친, 5세에 부친이 사망해서 큰누나 집에서 눈칫밥 먹고 자랐는데 나중에 매형에게 쫓겨나 어릴 때부터 물과 과일을 팔아서 생계를 유지했고 14세 辛丑년에 과일가게에서 일하면서 깡패와 건달들과 인연이 생겼습니다. 20세에 청방(淸幇)에 가입, 마약운반에 손을 대고 37세 甲子년 마약운반 사업을 시작하면서 상하이 3인방으로 두각을 나타내기 시작했습니다. 甲子대운이 최고의 전성기였다고 하며 재물과 명성이 자자했습니다. 1950년 庚寅년에 좋아하는 여인과 30년 만에 결혼하였는데 다섯 째 부인이었습니다. 1951년 64세 辛卯년 8월 16일 병으로 사망했습니다. 35세 즈음부터 시작되는 甲子대운에 비록 검은 돈이었지만 돈벼락을 맞은 이유는 바로 일지 丑土가 庚申 열매를 墓地에 담아서 취했기 때문입니다. 이처럼 墓庫는 하늘에서 돈벼락을 맞지만 구조가 나쁘면 불법, 비리를 저지르고 대부분 비참한 말로를 맞습니다. 비교사주를 보겠습니다.

乾命				陰/平 1880년 7월 23일 10:00								
時	日	月	年	83	73	63	53	43	33	23	13	3
己	己	甲	庚	癸	壬	辛	庚	己	戊	丁	丙	乙
巳	丑	申	辰	巳	辰	卯	寅	丑	子	亥	戌	酉

庚辰년에 태어났으니 庚金이 申子辰과 결합해서 庚金을 水氣에 풀어서 후대에 전달합니다. 이런 움직임을 적절하게 활용하면 종교, 명리, 철학, 교육에 어울리지만 아쉬운 점은 丙火가 없으니 庚辰의 가치가 높지 않습니다. 甲申월을 선택하자 庚申으로 甲木을 수확하려는 의지로 바뀝니다. 즉, 庚辰에서는 씨종자를 申子辰 三合으로 후대에 전송하려고 했는데 甲申월에 태어나자 열매를 수확하려는 욕망으로 바뀝니다. 이때 庚辰도 申金과 함께 세를 이루어서 甲木을 벌목하려고 달려듭니다. 또 辰申의 지장간에서 乙庚 合으로 물질욕망이 강해지기에 庚辰에서 드러냈던 인생방향이 갑자기 변하면서 물질을 추구하기 시작합니다. 그런데 己丑일을 선택하자 또 방향이 엉뚱하게 변합니다.

그 이유는 甲己 合으로 나무를 기르려는 교육, 공직의 속성이 강하기에 庚辰과 申金으로 甲을 수확하려다가 갑자기 己丑으로 甲木을 기르겠다고 달려듭니다. 年月日의 干支가 원하는 인생방향이 다르면 갈등할 수밖에 없는 이유입니다. 좋은 점이라면 庚과 申을 일지 丑土 墓地에 담으니 국가와 사회에서 전달해준 씨종자를 일간이 품을 수 있습니다. 시간방향이 운명을 결정하는 것입니다. 庚과 申은 년과 월에 있으니 국가, 사회를 뜻하고 丑土에 담으니 내가 그 의지를 물려받습니다. 사주구조에서 알수 있는 것은 己丑일과 국가, 사회는 서로 끈이 연결되어 있다는 겁니다. 문제는 丑土의 음습하고 어두운 속성인데 다행하게도 丑辰 破로 개량하려는 의지는 있습니다. 己巳 시에 태어나자 巳火의 地藏干에 있는 丙火로 丑土의 어둠을 밝히고 甲申월의 열매를 확장할 수 있습니다. 결국, 이 사주의 핵심은 일지 丑土가 년과 월의 기운을 이어받고 巳火가 단점을 해소한 것입니다.

▶실제상황◀대만의 국가요직을 두루 거친 인물입니다.

乾命				陰/平 1916년 12월 13일 08:30								
時	日	月	年	90	80	70	60	50	40	30	20	10
丙	戊	辛	丙	庚	己	戊	丁	丙	乙	甲	癸	壬
辰	申	丑	辰	戌	酉	申	未	午	巳	辰	卯	寅

1940년에 태어나 丙辰과 辛丑으로 기업가 특징을 드러냅니다. 위에서 보았던 사업가는 丙辰년 辛丑월 庚申일 丙戌시였고 이 사주는 戊申일 丙辰시입니다. 하늘에서 돈벼락을 맞을 수 있는 三字조합을 찾아보면 첫째, 酉丑辰으로 년과 월에서 辛丑과 丙辰 그리고 시주 丙辰으로 酉丑辰을 두 번 조합합니다. 또 申金이 두 辰土에 있는 乙木과 乙庚 合하고 丙火로 확장하는 乙丙庚 三字조합입니다. 마지막으로 申金이 월지 丑土 墓地에 들어가고 그 위에 있는 辛金과 時干 丙火가 合하기에 결국 戊申이 자신의 재주를 활용해서 국가, 사회에 봉사해서 그 열매를 취합니다. 사주팔자에서 보여주는 흥미로운 구조입니다.

▶실제상황◀대학에서 정치학을 졸업하고 유명한 기업가가 되었다는 대만인입니다.

乾命				陰/平 1941년 2월 22일 02:30								
時	日	月	年	84	74	64	54	44	34	24	14	4
己	丙	辛	辛	壬	癸	甲	乙	丙	丁	戊	己	庚
丑	寅	卯	巳	午	未	申	酉	戌	亥	子	丑	寅

년과 월에 辛金이 있고 時支에 丑土가 있으니 庚金이나 申金처럼 陽干을 담는 墓地가 아니고 辛金, 酉金 음간을 담는 庫地로 작용합니다만 대운에서 申酉戌을 보충해주니 丑土에 담아서 하늘에서 돈벼락을 맞았습니다. 이 구조에서 잘 보이지 않는 점은 年支 巳와 時支 丑 그리고 辛金과 함께 巳酉丑 三合으로 열매를 수확하려는 의지가 강하며 그 과정에 반드시 필요한 乙卯, 辰, 未 중에서 卯木을 계속 공급했습니다.

▶**실제상황**◀戌酉申 대운을 지나는 과정에 2천억 돈벼락을 맞았다고 합니다.

- 355 -

大衆(대중)의 돈을 강탈하다. - 저승사자

이 章은 매우 특별한 방식으로 하늘에서 돈벼락 맞는 사례를 다루려고 합니다. 위에서 간략하게 4개의 三合운동을 학습하였습니다. 寅午戌을 기준으로 巳酉丑, 申子辰, 亥卯未, 그리고 다시 寅午戌로 순환하는 과정은 아래와 같습니다.

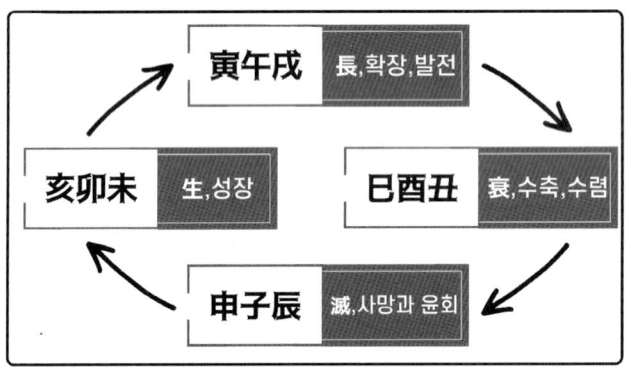

이 표는 일상생활을 벗어난 특별한 이론이 아니고 우리가 매년 몸소 피부로 느끼는 四季의 순환원리를 三合운동이라는 명칭으로 표현한 것입니다. 다만 시공간이 끊어지지 않고 이어지듯 4개의 三合운동도 마구 얽히고설켜 순환하기에 따로 나눌 성질의 것은 아니지만 억지로 구분해보면 아래와 같습니다.

> ●寅午戌 三合 : 여름. 물질적으로 가장 화려한 세계
> ●巳酉丑 三合 : 가을. 寅午戌 火氣로 열매 완성
> ●申子辰 三合 : 겨울. 巳酉丑 씨종자를 응축하는 과정
> ●亥卯未 三合 : 봄. 申子辰 생명수로 성장하는 과정

이 구분이 중요한 이유는 어느 해에 태어났느냐에 따라 인생의

방향이나 목적이 달라지기 때문입니다. 예로 寅午戌년에 태어나면 공직, 교육처럼 사회에서 더불어 살아가는 태도를 보입니다. 申子辰년에 태어나면 물이 끊임없이 흘러가는 것처럼 구속을 싫어하고 자유로운 영혼으로 살려고 합니다. 亥卯未년에 태어나면 성장노력을 중단하지 않으며 성실하게 목표를 향하여 나아갑니다. 巳酉丑년에 태어나면 물질에 흥미가 지대하기에 재물을 추구하고 권력 지향적입니다. 寅午戌과의 차이를 비교하면, 寅午戌은 확장과정을 즐기는데 巳酉丑은 재물을 축적하는 과정을 즐깁니다. 각 三合운동은 9개월 동안 生長衰(생장쇠)의 과정을 거치고 나머지 3개월 동안에는 滅(멸)의 과정을 거치면서 휴식시간을 갖는데 그 특징이 9개월의 三合과정과 전혀 다릅니다. 정리하면 아래와 같습니다.

三合운동	범위 내	범위 밖	차이점
寅午戌	寅卯辰巳午未申酉戌	亥子丑	밝음과 어둠
巳酉丑	巳午未申酉戌亥子丑	寅卯辰	결실과 성장
申子辰	申酉戌亥子丑寅卯辰	巳午未	어둠과 밝음
亥卯未	亥子丑寅卯辰巳午未	申酉戌	성장과 결실

예로, 寅午戌의 경우는 寅月에서 戌月까지의 범위로 나머지 亥子丑 3개월은 三合을 벗어났기에 시공간 특징이 정반대입니다. 이 구간을 저승사자라 표현합니다만 12神煞로는 겁살(劫煞), 재살(災煞), 천살(天煞)이라 부르며 三合이내는 이승, 三合이외는 저승에 비유할 정도로 다르며 육체와 물질이 존재할 수 없는 영혼의 세계입니다. 따라서 三合내부와 외부가 만나면 반드시 충돌하는데 그 이치를 표현한 것이 바로 自然循環道(자연순환도)입니다.

自然循環圖(시공간 순환도)

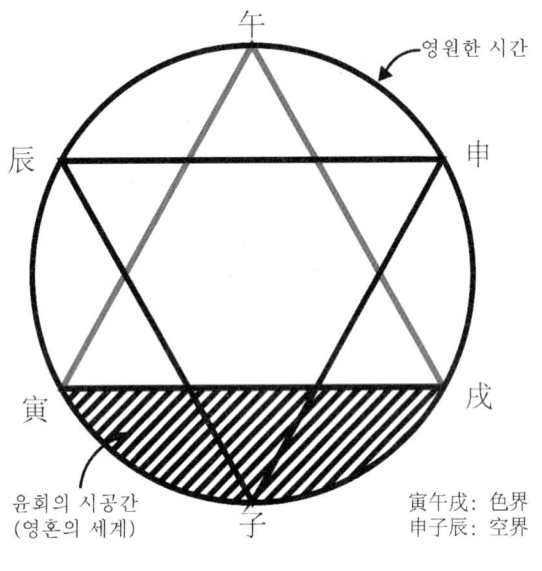

寅午戌: 色界
申子辰: 空界

그림의 의미는 이렇습니다. 원은 영원히 순환하는 시간을 상징하고 두 개의 삼각형은 寅午戌 色界와 申子辰 空界를 상징하며 지구처럼 회전하면서 영원히 순환합니다. 이 과정에 寅午戌이 만들어낸 결실물 巳酉丑과 申子辰이 길러낸 亥卯未 생명체가 성장과 결실을 반복합니다. 여름과 겨울, 물질과 영혼이 순환하는 과정에 봄에 생명체가 드러나고 가을에 수확합니다. 4개의 三合 중에서 <u>亥子丑월</u>을 포함하지 않은 것은 유일하게 寅午戌 三合 뿐으로 철저하게 물질세상(色界)을 상징하기 때문입니다. 하지만 반드시 申子辰과 연결되어서 순환하는데 그 방식은 巳酉丑 씨종자를 申子辰에 풀어낸 후 亥卯未로 재탄생합니다. 결국 寅午戌에서 申子辰으로 윤회하려면 반드시 거쳐야만 하는 시공간이 亥子丑으로 영혼, 귀신들만 존재하는 저승세계와 같습니다. 또 인간이 갈 수 없는 亥子丑에서 벗어나 寅午戌 色界로

- 358 -

나오려면 반드시 辛金(씨종자, 업보)을 亥子丑에 풀어야(버려야) 새 육체를 얻습니다. 다만 새로운 영혼과 육체를 원하면 무조건 얻어지는 것이 아니라 마치 인간이 대학입학이나 취업을 위해서 전쟁을 펼치는 것처럼 저승에서도 상상하기도 어려운 귀신들의 전투가 벌어집니다. 지구에 탄생하는 과정이 결코 호락호락한 문제가 아니라는 겁니다. 酉子丑 三字조합을 "퍽치기"라고 표현하는데 기존의 육체를 빼앗아서 새 영혼을 담을 집(육체)를 확보하려는 행위와 같습니다. 그 과정이 戌亥子丑寅으로 이어지는데 정리하면 이렇습니다. 寅에서 탄생해서 酉金(辛金)에서 죽어서 戌土 墓地에 들어가 亥水에서 戌土의 地藏干에 담겨진 丁(열기)과 辛(씨종자)을 빼앗깁니다. 우리가 사망하면 육체와 혼이 분리되는 과정이며 子水에서 새로운 영혼을 배정받아서 丑土에서 육체와 영혼이 결합한 후 寅木에시 재탄생합니다.

따라서 戌土에서 寅木까지의 과정은 인간의 눈으로는 확인할 수 없지만 내부에서는 귀신들의 영혼을 차지하려는 쟁탈전이 펼쳐집니다. 즉, 戌亥과정에는 육체와 물질을 강탈하고 子水에서는 새로운 영혼을 강탈하고 丑寅에서는 새로운 육체를 강탈해서 세상 밖으로 나와 울음을 터트립니다. 결국 戌亥子丑寅에서는 살려는 자와 죽이려는 자의 生死를 건 혈투가 펼쳐지는 겁니다. 결국 生氣를 빼앗으면 물질과 육체를 취하지만 반대라면 목숨도 잃고 모든 것을 빼앗깁니다. 이 싸움의 특징은 굉장히 독특한데 三合을 벗어나면 육체와 물질이 없기에 오로지 두뇌를 활용해서 극히 짧은 시간에 빠른 속도로 상대가 소유한 물질과 육체를 강탈하는 게임입니다. 이런 이유로 三合을 벗어난 세 글자를 저승사자라고 부를 수밖에 없습니다. 다만 일반인들이 상상하기 어려운 강탈속성이 강하지만 단점은 12개월 중에서 3개월에 불과하기 장기전에 약합니다. 사례를 보겠습니다.

乾命				陰/平 1949년 1월 21일 18:30								
時	日	月	年	85	75	65	55	45	35	25	15	5
癸	己	丙	己	丁	戊	己	庚	辛	壬	癸	甲	乙
酉	卯	寅	丑	巳	午	未	申	酉	戌	亥	子	丑

"게리 리언 릿지웨이"라는 인물로 74세 2022년 壬寅년 현재 교도소에서 생존 중이며 1982년부터 살인을 시작했는데 주로 1982년과 1984년 사이에 많은 여자들을 살해하였습니다. 2001년 11월 30일에 체포되었는데 32년 동안 트럭을 만드는 공장의 도장부에서 도장공으로 일했습니다. 직장에서는 일 잘하는 동료로 성격이 꼼꼼했는데 연쇄살인범으로 밝혀지자 크게 놀랐다고 합니다. 항상 공손하고 예의가 바르면서 사냥에 대해 토론하기를 즐겼습니다. 피해자들은 주로 창녀, 가출소녀, 웨이트리스 등이라고 합니다.

미국 역사상 최악의 연쇄살인범으로 지금까지 미국의 최다 연쇄살인범은 70년대에 33명의 남자와 소년을 죽인 "존 웨인 케이시"와 30건 이상의 살인을 저지른 혐의로 사형당한 "테드 번디"였다고 합니다. 그는 100명을 살해하고 싶었다고 경찰에게 말할 정도로 뻔뻔한 쾌락 살인마로 70여 명을 살해하는 만행을 저질렀습니다. 年支 丑土를 기준으로 巳酉丑 三合을 벗어난 寅卯辰과 寅卯를 천간으로 올린 甲乙은 저승사자처럼 일탈을 감행하는 속성입니다. 또 하필 년과 시에서 酉丑으로 合하는 과정에 중간에 끼인 寅卯를 卯酉 沖과 寅酉로 이승과 저승이 한바탕 生死 쟁탈전을 벌이듯 살인을 즐겼습니다. 겉으로는 단정해 보이지만 내면은 살기 가득한 저승사자였던 것입니다.

지금까지 三合을 벗어난 시공간에서 펼쳐지는 저승사자와 같은 행위를 살펴보았습니다만 만물의 이치는 절대로 극단적일 수 없습니다. 우주본성은 움직임과 변화이기에 수시로 상황이 반전됩니다. 나빴다가 좋아지고, 좋아졌다가 나빠집니다. 이런 길흉변화는 하루에도 끊임없이 반복합니다. 저승사자의 작용도 극히 잔인한 면도 있지만 극히 총명하여 일반인들은 상상도 못할 행위를 과감하게 실행합니다. 그들이 사악할 정도로 총명한 이유는 인간의 눈으로는 볼 수 없고 상상할 수도 없는 저승세상을 관찰하는 눈을 가졌기 때문입니다. 그들의 사고방식은 인간의 그것이 아니라 저승사자의 생각과 행동이라고 이해해야 합니다. 따라서 그들이 부를 축적하는 과정은 일반인과는 전혀 다르며 부의 크기도 상상을 초월합니다. 평생 수십억을 모으는 것도 어려운데 그들은 한순간 수백억, 수천익 심시어는 수조원의 부를 축적합니다. 우리는 절대로 이해 못할 일들이 발생하는데 이것이 저승사자의 극명한 양면성입니다. 나쁘게 활용하면 사람을 죽이는데 쓰지만 좋게 활용하면 세상에 독특한 아이디어를 제공하고 활용해서 꿈에도 불가능할 것 같았던 일을 해냅니다. 이런 이치를 이해하고 합리적으로 택일할 수만 있다면 본인은 물론이고 부모, 자식, 손자까지도 벼락부자를 만들 수 있습니다. 한 세대가 여러 세대의 부를 축적할 에너지가 바로 저승사자입니다. 지금부터 사례를 보겠습니다.

乾命				陰/平 1930년 7월 7일 04:30								
時	日	月	年	83	73	63	53	43	33	23	13	3
壬	壬	甲	庚	癸	壬	辛	庚	己	戊	丁	丙	乙
寅	子	申	午	巳	辰	卯	寅	丑	子	亥	戌	酉

- 361 -

庚午년에 태어났으니 庚金과 寅午戌 三合으로 열매를 확장하려는 의지와 公的인 성향이 섞였습니다. 위에서 庚午년과 己卯월을 배합했을 때 富의 규모가 크다는 것을 살폈습니다만 이 사주는 甲申 월에 태어났으니 庚午와 甲申의 의지가 크게 다르지 않습니다. 甲申은 성장한 열매를 수확하려는 의지이기에 물질 지향적입니다. 물론 甲이 申子辰과 배합하여 甲을 후대에 전달하기에 교육, 공직에도 어울리지만 甲과 庚(申)이 충돌하면 조정과 타협이 필요하기에 검찰이나 경찰에도 적합합니다. 다만, 庚午년을 기준으로 甲申월을 받았기에 열매가 익어가는 계절을 만나서 물질 지향적으로 나갈 가능성이 높습니다. 년과 월에 있는 글자의 작용에 대해 四季圖를 기준으로 분석해보겠습니다.

시	일	월	년
모	모	甲	庚
름	름	申	午

四季圖 중에서 여름을 표현한 것으로 庚午干支는 모두 여름에 활용하는 시공간부호입니다. 庚金은 부드럽던 물형을 점점 딱딱하게 만들기에 꽃이 열매로 바뀌는 과정을 상상하면 이해가 쉽습니다. 물형을 부드럽게 만드는 에너지와 딱딱하게 만드는 에너지는 무엇일까요? 봄에 활용하는 癸水와 여름에 활용하는 丙

火는 부드럽게, 가을에 활용하는 丁火는 물형을 딱딱하게 만듭니다. 다만, 午月의 地藏干에 丙火와 丁火가 모두 있기에 巳月의 꽃이 午月에 열매로 바뀝니다. 즉, 庚金이 가치를 적절하게 활용하려면 반드시 丙火 혹은 巳火, 午火가 필요한데 그 차이는 丙火는 빛처럼 열매를 확장하는데 집중하고 午火는 한편으로 확장하고 한편으로 딱딱하게 만듭니다. 따라서 사주팔자 干支를 선택하려면 반드시 이런 특징을 고려해야 합니다. 庚午년은 모두 여름에 배속되어 그 성향이 단일합니다. 만약 丙火, 午火가 있는데 庚金이 없거나 庚金이 있는데 丙이나 午火가 없다면 다른 宮位에서 보충해야 합니다. 예로, 庚子년에 태어나면 庚金이 겨울 子月에 태어났으니 여름 열매가 엉뚱한 공간에 떨어져 그 가치나 쓰임을 얻으려면 반드시 丙火를 보충해야 庚金이 길을 잃지 않습니다. 소위 丙庚壬, 丙庚子 三字로 교육, 검경, 기술사업, 성악물상에 어울립니다.

이 사주는 庚午로 조합하면서 干支의 시공간이 적절한 상태에서 甲申월을 받았습니다. 午火가 庚金과 申金을 동시에 확장하면서 물형을 딱딱하게 만들어갑니다. 이 구조를 분석하는 과정에 반드시 피해야할 관점은 通根(통근)이론을 시공간 개념도 없이 대입하는 것입니다. 하늘과 땅 사이에는 항상 일정한 파동이 발생합니다. 만약 움직임과 변화가 없다면 물형도, 육체도 변함이 없으니 결국 生死도 없습니다만 지구가 회전하고 四季가 순환하기에 만물은 끊임없이 움직이고 변합니다. 이런 순환원리를 명리에서는 三合운동, 12神煞, 12運星이라고 표현했습니다. 十神도 있지만 生하고 剋하는 작용에만 편중하고 시공간개념을 불어넣지 못했기에 활용도가 매우 떨어집니다. 通根논리도 황당한 이유는 마치 만물을 절대불변으로 인식하기 때문입니다. 통근하면 무조건 좋고 못하면 무조건 나쁘다는 황당한 주장을 하는데

- 363 -

예로, 甲寅, 乙卯, 丙午, 丁巳, 戊午, 己未, 庚申, 辛酉, 壬子, 癸亥의 경우는 명백하게 통근상태이지만 다른 요소를 적절하게 배합하지 않으면 나쁜 점이 훨씬 더 많습니다. 이처럼 계절특징을 고려하지 않은 상태에서 五行이 강한지, 약한지만 살펴서 강하면 무조건 좋고, 약하면 무조건 나쁘다는 단순논리에 빠지지 말아야 합니다. 예로 庚午년 甲申월 조합을 通根(통근)으로 살피면 甲木이 庚申에게 심하게 충당하고 있으니 甲木이 매우 위험합니다. 하지만 月支의 공간 환경을 고려하면 매우 좋은 배합임을 이해합니다. 여름과 가을을 지날 때 자연에서 행하는 의지는 生死를 교환하는 겁니다. 봄에는 기르고 여름에는 키워서 가을에는 수확하기 때문입니다. 만약 干支의 宮位를 바꿔서 甲申년 庚寅월이라면 어떨까요?

월지의 환경이 전혀 다릅니다. 寅月에는 땅 속 깊이 뿌리 내려야 하는데 申金과 庚金이 寅木을 沖해서 괴롭힙니다. 하지만 庚午년 甲申월로 바꾸면 오히려 庚申을 활용해서 빠르게 甲木을 수확해서 열매를 취합니다. 사회활동에 비유하면 남들보다 훨씬 빠르고 크게 돈을 벌어들이는 조합입니다. 이런 이유로 通根 이론을 활용하지 말라는 겁니다. 정리하면, 이 사주에 있는 년과 월의 배합은 매우 적절합니다. 庚申은 午火를 배합했기에 방탕하지 않고 바른 지도자를 만나서 열매를 확장합니다. 그리고 甲木을 매우 빠르고 쉽게 수확해서 부를 축적합니다.

모	壬	甲	庚
름	子	申	午

그리고 壬子일을 받았습니다. 만약 癸丑일이라면 어떨까요? 丑土 墓地를 집중적으로 활용해서 庚申재물을 담으려는 욕망이 강하고 巳酉丑 三合운동을 마감하기에 물질을 추구합니다. 壬子

를 받으면 癸丑과 맛이 다릅니다. 壬子와 癸丑은 이어진 干支이지만 壬子는 陽, 癸丑은 陰이며 壬子가 만들어낸 물질이 癸丑이고 丑土의 地藏干 내부에서 辛癸(酉子) 破로 씨종자를 부풀리는 욕망이 강합니다. 반면에 壬子는 물처럼 흐르기에 자유로운 영혼처럼 구속을 싫어하고 丑土처럼 축적하는데 집착하지 않습니다. 그 외에도 연월일에 있는 다양한 의미들을 살펴보겠습니다. 첫째, 地支는 午申子로 午火가 申에 열기를 가해서 子水에 풀어지기에 丁辛壬 三字처럼 흐름이 매우 좋습니다만 천간은 산만해 보입니다. 庚金이 甲을 수확하는데 壬水는 오히려 甲木을 키우려는 것처럼 보입니다. 하지만 시간방향으로 살피면 먼저 午火에 자극받은 庚申은 빠른 속도로 甲을 沖하면서(수확하면서) 壬水를 향하여 튀어갑니다. 庚金이 甲木을 沖하는 속도가 빠를수록 부를 축적하는 능력이 뛰어나고 또 壬水는 富와 권력을 상징하는 庚申까지 취합니다.

겉으로 보기에는 壬水가 甲을 생하는 것처럼 보이지만 반드시 먼저 庚申이 甲을 수확한 후에 壬子를 향하기에 키울 필요도 없고 키울 수도 없습니다. 十神을 학습한 독자라면 壬日을 기준으로 甲은 食神이기에 偏印倒食으로 단명 사주라고 판단하겠지만 2023년 현재 90세가 넘었어도 여전히 경제활동 중입니다. 이것이 時間方向과 十神 生剋으로 분석할 때의 차이점입니다.

壬壬甲庚
寅子申午

이제 어떤 시간을 선택하느냐에 따라 연월일의 의지를 따를지 혹은 거부할지를 판가름하게 됩니다. 지금까지는 壬子일이 년과 월의 움직임을 독식하는 구조였습니다. 만약 庚子나 辛丑시를 택한다면 결국 庚子와 辛丑이 壬子를 향하기에 日柱가 모든 것을 취하는 구조입니다. 하지만 壬寅시에 태어났으니 壬子가 소유한 것들을 활용해서 寅木을 키우려고 하므로 미래지향적인물입니다. 즉, 甲申에서 수확하고 임자에서 윤회를 거쳐서 壬寅에서 새로운 생명체 寅木을 키우려고 하므로 사회활동에서는 수확하는데 집중하지만 私的 활동에서는 생명체를 키우려고 노력하는 이중적인 성향입니다. 사실 이 구조에서 학습할 내용은 따로 있는데 이 사주구조는 어떤 에너지를 활용해서 하늘에서 돈벼락을 맞는지에 대한 겁니다.

自然循環圖(시공간 순환도)

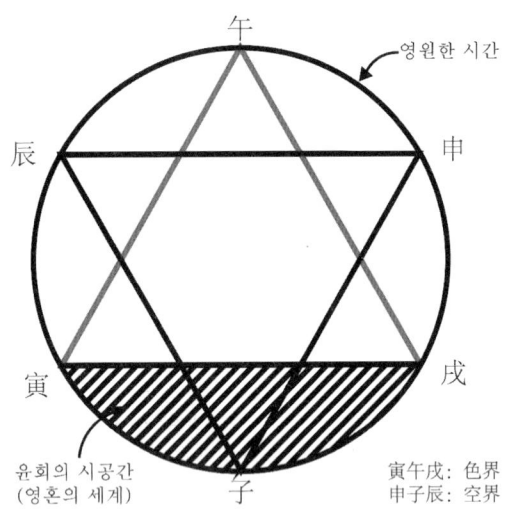

이 사주는 庚午년에 태어났으니 寅午戌 三合운동을 하므로 三合을 벗어난 공간이 亥子丑이고 亥子를 天干으로 올리면 壬癸이니 亥子丑과 壬癸는 직접 경험할 수 없는 저승사자의 속성을 가졌습니다. 이 사주팔자에서 壬子일과 壬時가 저승사자요 정해진 시간방향대로 년의 국가와 월의 사회에서 활동한 결과물을

- 366 -

壬子가 저승사자처럼 빠르고 크게 취합니다.

▶**실제상황◀** 미국의 주식황제 워런 버핏 사주팔자입니다. 壬子 저승사자가 인간은 갈 수 없는 영혼의 세계에서 물질계에 있는 재물을 강탈하고자 두 눈을 부릅뜨고 있습니다. 지금 당장은 저승사자의 특징에 대해서 감이 오지 않지만 아래에서 계속 구조를 관찰하다보면 그 특징을 충분하게 이해합니다.

乾命				陰/平 1894년 11월27일 10:30								
時	日	月	年	84	74	64	54	44	34	24	14	4
丁	癸	乙	甲	甲	癸	壬	辛	庚	己	戊	丁	丙
巳	酉	亥	午	申	未	午	巳	辰	卯	寅	丑	子

위에서 甲午와 乙亥가 조합하면 사업가 자질이 있음을 살폈습니다. 甲木은 午火에서 말라가기에 乙木이 소유한 亥水를 필요로 하고, 乙木은 亥水에서 응결되기에 甲이 소유한 午火를 원합니다. 따라서 甲과 乙은 서로를 의지하며 함께 도모하기에 협력합니다. 특히 甲이 乙을 돕기에 윗사람들이 아랫사람을 예뻐하며 자신들이 가진 문제들을 乙木이 소유한 亥水를 활용해서 풀어내려고 하므로 쌍방이 혜택을 누리지만 乙木이 더 좋습니다. 단점이라면 甲午는 크게 발전하다가 갑자기 꺾여버리고 乙亥는 좌우로 펼치려 해도 亥水에 응결되어 움직임이 답답합니다. 사주 당사자도 유복한 가정에서 태어났으나 5세 무렵에 부친이 사업에 실패하면서 가세가 기울었습니다. 9세에 소학교를 중퇴하고 오사카로 상경해 자전거 가게에서 심부름꾼으로 일했습니다. 이처럼 甲午로 태어나면 조부모 혹은 부모의 기세가 꺾이는 사례가 많습니다. 년과 월의 움직임을 어떻게 운용할 것인지는 일주에

- 367 -

달렸는데 癸酉일을 받았습니다. 참으로 모호한 선택입니다. 甲午와 乙亥를 활용한 후 열매를 완성하거나 수확해야 하는데 癸酉로는 모호한 상황입니다. 좋은 점은 위에서 학습했던 丁辛壬 三字를 활용할 수 있다는 것입니다. 亥午로는 부족한데 酉金이 오면서 午亥酉(丁壬辛) 三字가 서로의 단점을 보완하기에 매우 총명하고 하늘에서 돈벼락을 맞을 수 있습니다. 더욱 좋은 점은 辛酉 씨종자를 亥水에 풀어내니 甲乙의 존재가치가 갑자기 높아집니다. 년과 월에 木氣로 가득하지만 辛酉가 없으니 장사밑천이 없거나 씨 없는 수박처럼 가치가 낮은데 酉金이 亥水에 풀어지는 순간 생명수의 가치가 높아지고 자연스럽게 甲의 가치도 크게 향상됩니다. 결국 時間方向은 日에서 월과 년을 향하기에 가정에서는 효자요 사회에서는 반드시 필요한 인물이며 국가에서 甲木 혁신, 개혁의 기회를 제공하는 인물입니다. 국가, 사회적 인물이 아니라도 年柱를 甲+申子辰이나 甲+寅午戌로 배정받으면 개혁, 혁신, 선도를 원하는 인물입니다. 丁巳시에 태어나자 강력한 火氣를 활용해서 癸酉에 가하고 결국 그 결과물이 국가 宮位의 甲木으로 우뚝 드러났습니다.

▶실제상황◀ "마쓰시타 고노스케"는 마쓰시타 전기 창립자로 경영의 신이라 불립니다. 종신고용과 좋은 물건을 싸게 공급해 사람들을 행복하게 한다는 경영철학, 기업의 사회 환원을 강조하였고 전 국민의 사랑을 받았던 기업가였으며 사장, 종업원, 소비자 모두를 행복하게 하는 것이 장사라고 주장했습니다. 1917년 쌍소켓 개량에 착수해 마쓰시타 전기기구 제작소를 차렸고 쌍소켓, 자전거용 전등을 생산해 대성공을 거두고 1931년 보급형 라디오를 대량 생산하면서 종합 전자제품 기업으로 성장했다. 종신 고용은 세계대전 이후 일본의 경영방식으로 정착했습니다. 마쓰시타는 태평양 전쟁 당시 무선기기, 레이더, 항공기

등 군수품을 생산한 이력 때문에 패전 후 사장 자리에서 물러나지만 1947년 마쓰시타 노조의 항의로 사장직에 복귀했고 흑백 TV, 전기세탁기, 전기냉장고와 같은 가전제품 열풍을 일으키며 성장을 거듭했고 세계적인 브랜드 **파나소닉**으로 발전했습니다. 돈이 없어 공부를 못한 인재들을 찾아내 기숙사에서 생활하게 하면서 매월 20만 엔의 학비를 지급하여 공부에만 전념하게 한 결과 수많은 정치 지도자를 배출했다. 졸업생의 43퍼센트가 정치가가 되었으며, 중의원 31명, 참의원 7명, 지자체장 10명, 지방 의원 24명을 배출하는 등 정계에 막강한 영향력을 자랑하였습니다. 평생 학교도 제대로 다녀 보지 못한 견습생 소년은 결국 국민기업 마쓰시타를 세우고, 재계의 신으로 추앙받으며 이룩한 모든 것을 바쳐 사회발전에 기여했습니다.

時	日	月	年
丁	癸	乙	甲
巳	酉	亥	午

위 내용에서 그의 확고한 의지는 바로 利他(이타)로 자신인 癸酉를 활용해서 亥水의 윤회과정을 통해서 년과 월에 있는 甲乙 生氣를 만들어내기 때문입니다. 또 전기제품을 생산한 이유는 바로 午亥 合(丁壬 合)의 작용으로 그 이유를 時空圖에서 살필 수 있습니다.

時空圖

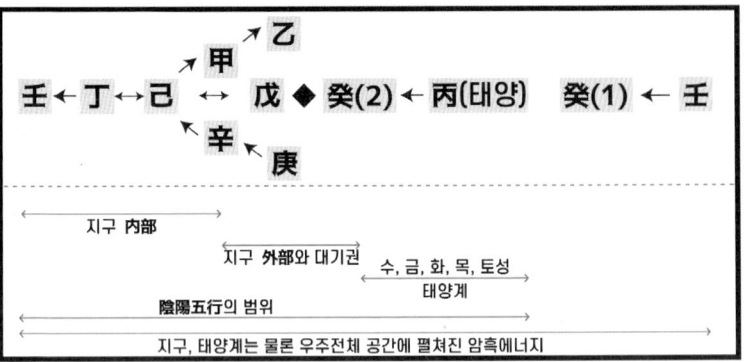

지구 내부에는 내핵이라 부르는 극도로 응축된 에너지가 있는데 十干으로 표현하면 壬丁으로 엄청난 폭발력을 품었으며 물상으로는 전기, 로켓, 우주선 등 압축된 에너지를 폭발하는 움직임입니다. 또 지진이나 해일, 화산폭발도 모두 동일한 작용입니다. 누구도 감당하지 못할 엄청난 에너지를 축적하고 있다가 극히 단시간에 폭발하듯 활용하기에 강력한 추진력을 가졌습니다.

時	日	月	年
丁	癸	乙	甲
巳	酉	亥	午

마지막으로 그가 하늘에서 돈벼락을 맞은 또 다른 이유는 바로 저승사자를 품었기 때문입니다. 午年을 기준으로 寅午戌 三合을 벗어난 亥子丑과 壬癸는 일반인은 상상도 못할 탁월한 판단능력으로 대중의 돈을 빠르고 쉽고 크게 강탈합니다. 그의 독특한 안목과 판단력은 인간들이 절대로 볼 수 없는 영혼의 세상에 존재하는 특징입니다. 아래는 위 사주와 연월일이 동일하지만 시간을 모르는 인물에 대한 사례입니다.

時	日	月	年
모	癸	乙	甲
름	酉	亥	午 1954년 남자

사주당사자는 미국 컴퓨터 기술회사 사업가 Scott McNealy(스
캇, 멕닐리)로 <u>1조원</u> 돈벼락을 맞았습니다. 부친은 American
motors 부사장이었습니다. 컴퓨터를 직업으로 한 것을 감안하
면 庚申 時에 태어나 乙庚 合 물상을 활용한 것으로 보입니다.
이 사주도 돈벼락을 맞은 이유는 위 사례와 다를 바 없으며 특
히 亥子와 壬癸는 평범한 사람들은 절대로 생각해낼 수 없는
독특한 아이디어로 대중의 돈을 빠르고 쉽고 크게 빼앗아가는
능력이 뛰어납니다.

乾命				陰/平 1954년 9월 2일 12:30								
時	日	月	年	84	74	64	54	44	34	24	14	4
모	丁	癸	甲	壬	辛	庚	己	戊	丁	丙	乙	甲
름	亥	酉	午	午	巳	辰	卯	寅	丑	子	亥	戌

위 사주처럼 甲午년에 태어났는데 癸酉 月입니다. 甲午년 乙亥
월과 甲午년 癸酉 월에는 어떤 차이가 있을까요? 甲午년 乙亥
월은 酉金이 보충되기 전에는 亥水에 풀어낼 씨종자가 없기에
甲乙의 가치가 낮습니다. 만약 월에 癸酉가 오고 亥水가 日로
바뀌면 <u>時間方向</u>에 큰 변화가 발생합니다. 위 사주는 반드시 日
支에 있는 酉金에서 亥水를 지나 甲乙로 나오기에 일에서 년을
향해 갑니다. 이 사주는 午火가 酉金을 자극하면 亥水에 풀어지
는 전형적인 <u>丁辛壬</u> 三字로 시간방향은 년에서 일을 향하여 갑
니다. 이처럼 사주구조에 정해진 시간방향은 타인을 이롭게 하

- 371 -

느냐, 자신을 이롭게 하느냐를 결정합니다. 이 배합에는 좋은 점이 많은데 癸酉甲의 흐름은 酉金이 癸水에 풀어지고 甲을 내 놓기에 사회에서 활동한 결과물이 국가에 귀속됩니다. 또 일간 丁火는 국가 甲午의 강력한 지지를 받기에 조상의 음덕이 좋고 국가에서 인지하는 인물입니다. 사주구조에서 효율이 매우 높은 점은 午亥(丁壬)合 사이에 酉金이 끼어있으니 마치 午火가 재물의 원천인 酉金을 활용해서 亥水에서 크게 부풀려진 후 丁亥(丁壬)로 합하여 일간이 취합니다. 또 午年을 기준으로 亥子丑, 壬 癸는 저승사자와 같아서 일반인들은 상상도 못할 돈벼락을 맞는데 과연 일간이 취하는지를 이해하려면 사주구조를 분석해야 합니다. 丁火는 국가 甲午로부터 강력한 지지를 받으며 午酉亥로 대중의 돈을 강탈하여 일지에서 丁亥 본인이 직접 취합니다.

▶**실제상황**◀Paul Tudor Jones(폴 튜더 존스) 미국 헤지펀드 매니저로 재산이 5조원이라고 합니다. 월간 癸水와 일지 亥水가 三合을 벗어난 저승사자와 같아서 일반인은 상상도 할 수 없는 안목으로 대중의 돈을 쉽게 강탈하는 능력을 가졌습니다.

乾命				陰/平 1954년 9월 8일 00:00								
時	日	月	年	82	72	62	52	42	32	22	12	2
壬	癸	癸	甲	壬	辛	庚	己	戊	丁	丙	乙	甲
子	巳	酉	午	午	巳	辰	卯	寅	丑	子	亥	戌

이 사주의 년과 월은 甲午와 癸酉로 동일하지만 태어난 날이 癸巳이기에 시간방향이 모호해졌습니다. 巳午가 酉에게 열기를 자극하면 癸癸와 壬子에 풀어집니다. 하지만 위 사주와 다른 점은 일간 혼자서 결과물을 취할 수 있는 것이 아닙니다. 위 사주

는 일지 亥水에 모든 결과물이 모여들고 일간 丁火가 合으로 취했지만 이 사주는 癸癸, 壬子로 여러 곳으로 풀어지기에 혼자서 취할 수 없습니다. 즉, 丁辛壬 三字의 결과물에 해당하는 水氣가 너무 산만하기에 재물복은 많아도 나누고 쪼개야 합니다.

▶**실제상황**◀56세 당시, 화장품 대리점으로 성공한 사업가입니다. 명동에서 큰돈을 벌어 명동소재 빌딩 두개를 소유하였습니다. 이 사주구조도 丁辛壬 三字를 기반으로 부를 축적한 것이 맞지만 午年을 기준으로 삼합을 벗어난 亥子丑, 壬癸 저승사자와 같은 총명한 두뇌를 활용해서 일반인들은 상상도 못할 방법으로 대중의 돈을 강탈하여 돈벼락을 맞습니다.

乾命				陰/平 1962년 12월 5일 22:30								
時	日	月	年	82	72	62	52	42	32	22	12	2
癸	癸	壬	壬	辛	庚	己	戊	丁	丙	乙	甲	癸
亥	卯	子	寅	酉	申	未	午	巳	辰	卯	寅	丑

水氣가 더욱 많아 보이는 사례를 보겠습니다. 위에서 壬寅년 壬寅월 乙未일의 구조를 살폈는데 寅年을 기준으로 壬水는 저승사자와 같은 작용으로 일반인들은 상상할 수 없는 혜안을 가졌습니다. 이 구조도 壬寅, 壬子로 어둠(흑색)의 그림자가 깊게 깔려 있는데 壬癸가 많을 때 좋은 점은 생각이 남다르고 나쁜 점은 흑색이기에 존재를 드러내기 어렵습니다. 사주구조에 따라서는 조폭, 깡패처럼 밤거리를 어슬렁거리거나 불법, 비리를 저지르며 살아갑니다. 하지만 癸卯 일을 받음으로써 壬子에서 癸卯의 흐름은 탁하지 않습니다. 癸亥시에 태어났습니다. 十神을 학습했다면 거지사주라고 생각하기 쉽습니다. 동일한 오행이 너무

- 373 -

많고 財星이 없기에 가난할 수밖에 없습니다. 財星도 없고 어두우며 동일한 五行이 많기에 육체를 활용하거나 경쟁, 도박, 투기, 시기, 질투, 한탕의 속성이 강합니다. 특히 寅年을 기준으로 亥子와 壬癸가 모두 있으니 저승사자만 가득합니다. 실제상황은 어떨까요?

▶**실제상황**◀ 펀드매니저로 백억 부자라고 합니다. 十神을 학습했다면 100억 부자라는 설명을 들어도 도저히 이해할 수가 없습니다. 비록 寅의 地藏干에 丙火 財星이 암장되어 있지만 수많은 水氣들이 丙火를 빼앗아버리기 때문입니다. 따라서 재물 복이 없어야 하는데도 100억 부자라고 합니다. 펀드매니저로 백억 부를 축적한 이유를 이해하려면 반드시 <u>저승사자</u> 개념을 이해해야 합니다. 亥子丑과 壬癸는 영혼의 세계요 저승사자와 같으며 인간의 눈으로는 볼 수 없는 어둠입니다. 따라서 윤회를 꿈꾸는 영혼들은 인간이 소유한 육체와 물질을 강탈하려는 욕망이 강합니다.

이 사주는 동일 五行이 특별히 많으니 도박, 투기, 한탕의 성향이 강합니다. 壬癸와 亥子 강탈자들이 눈을 부릅뜨고 대중의 돈을 빼앗으려고 달려듭니다. 이런 상황을 이해했다면 어떤 직업을 택해야 하는지 충분히 고려해야 합니다. 결국 이 사주의 핵심은 저렇게 강력한 <u>저승사자</u>를 어떻게 활용하는가에 달렸습니다. 강탈, 투기, 한탕을 도박에 활용하면 가산을 탕진하지만 합법적으로 활용할 수도 있습니다. 바로 주식투자, 증권, 펀드매니저, 적대적 M&A처럼 저승사자의 강탈속성을 합법적으로 활용하는 겁니다. 만약 이런 아이가 태어났다면 어려서부터 경영, 경제, 증권, 채권, 은행에 어울리는 학과와 직업을 갖도록 해야 합니다. 펀드매니저가 아니고 평범한 직업이었다면 사기치고 교

도소에 갔을지도 모릅니다. 강탈을 합법적으로 하므로 증권계에
서 두각을 나타내고 100억 돈벼락을 맞아도 문제가 없었던 겁
니다.

乾命				陰/平 1958년 8월 20일 12:30								
時	日	月	年	82	72	62	52	42	32	22	12	2
丙午	壬子	辛酉	戊戌	庚午	己巳	戊辰	丁卯	丙寅	乙丑	甲子	癸亥	壬戌

약간 다른 구조를 보겠습니다. 戊戌년에 태어났으니 戊土가 寅
午戌과 배합하여 戊土 터전을 밝게 비추고 확장하는 것을 기뻐
합니다. 고대에 진쟁을 통해서 국경을 넓혀가는 과정을 상상하
면 이해가 쉽습니다. 유사한 간지가 庚戌로 庚金 도끼를 드러냈
으니 戊戌보다 전투력이 훨씬 강합니다. 단점은 寅午戌 三合의
끝자락 戌土를 만나 더 이상 영토 확장이 어렵기에 새로운 땅을
찾아 나서야 합니다. 이제 무슨 달을 선택하느냐에 따라 戊戌이
추구하는 방향이 결정될 것입니다.

```
◉甲寅, 乙卯, 丙辰
◉丁巳, 戊午, 己未
◉庚申, 辛酉, 壬戌
◉癸亥, 甲子, 乙丑
```

12개의 달 중에서 辛酉월을 선택했습니다. 쓸쓸한 가을 산처럼
낙엽만 가득한 戊戌에 가치가 높은 辛酉 씨종자가 존재를 드러
냈습니다. 이 조합은 고학력자, 박사급을 상징하고 丙火를 배합
하면 辛酉의 존재가 丙火에 의해 화려하게 드러납니다. 이 사주
는 丙火가 없는 상태에서 壬子일을 받았으며 대운도 초년부터

- 375 -

水氣로 흐르니 丙火의 공적 성향과 거리가 멉니다. 三合운동으로 살펴도 寅午戌은 조직, 단체를 형성하기에 교육, 공직, 직장 생활에 적합하고 申子辰은 丙火가 만든 조직, 단체를 부수려고 하므로 개인장사, 사업에 어울리며 구속을 싫어합니다. 壬子일에 태어나 연월일 흐름은 비교적 명확한데 戊戌과 辛酉에 저장된 씨종자를 壬水에 풀어서 활용하는 겁니다. 사채놀이처럼 밑천을 활용하여 부풀리기에 한탕을 노리는 구조입니다. 하지만 丙午 時에 태어나자 壬子의 방향에 큰 변화가 발생합니다. 丙午는 丙火와 寅午戌 三合이 조합해서 조직, 단체를 갖추려는 성향이기에 46세 이후에는 조직, 단체에 들어가는 것을 선호합니다. 특히 丙午는 년주 戊戌과 午戌로 합하면서 寅午戌 三合의 특징이 강해질 뿐만 아니라 월과 시에서 丙辛 합하기에 辛酉도 壬子에 풀어지는 과정에 방탕하지 않고 丁辛壬 三字의 특징을 의젓하게 활용합니다. 비유하면, 辛酉 다이아몬드가 壬水 보석함 속에서 존재를 드러내지 못하다가 丙午를 만나는 순간 그 존재를 환하게 드러내고 가치가 높아지는 겁니다.

이처럼 辛酉는 동일한 다이아몬드이지만 壬子만 있을 때와 丙午를 함께 만났을 때의 상황은 크게 다릅니다. 壬子는 다이아몬드를 훔쳐서 감추는 것이라면, 丙午가 개입되면 보석을 박물관에 전시해서 많은 사람들이 그 존재를 확인하게 해주는 겁니다. 더욱 좋은 점은 월과 시에서 丙辛 합하는 효과를 중간에 끼어있는 壬子가 고스란히 누린다는 겁니다. 만약 丙午가 없다면, 辛酉가 壬子에 풀어지는 과정은 비록 그 과정이 순탄해도 긴장감은 전혀 없습니다. 따라서 壬子가 辛酉를 취하려는 의지가 강하지 않습니다. 하지만 이 구조처럼 丙辛으로 합하는 구조라면 중간에 끼어있는 壬子가 辛酉를 반 강제적으로 취합니다. 丙辛 합하려면 싫던 좋던 반드시 壬水를 지나야 가능하기에 壬水는 원

- 376 -

하던 원하지 않던 辛金을 훨씬 강하게 취하게 됩니다. 이해를
돕고자 부연설명해보겠습니다.

時	日	月	年
丙	壬	辛	戊
午	子	酉	戌

▶원래 사주

時	日	月	年
丙	辛	壬	戊
午	酉	子	戌

▶변형 사주

원래사주와 변형사주는 모두 丙辛 合이 있지만 원래사주는 丙
辛 合의 중간에 壬子가 끼어있고 변형사주는 丙辛 合이 붙어있
습니다. 이때 丙辛 합하는 욕망은 누가 더 간절할까요? 당연히
원래사주입니다. 변형사주는 合을 원하면 언제라도 짝을 이루지
만 壬子가 중간에 끼어있는 丙辛 合은 항상 간절한 마음으로
만나야 합니다. 물질에 비유하면, 壬子는 가끔 辛酉의 수입이
생겼는데 丙午를 배합하는 순간 신유가 반드시 丙午와 합해야
하므로 계속 돈이 굴러들어 옵니다. 더욱 좋은 이유는 丙午가
辛酉를 자극하고 壬子에 풀어지는 丁辛壬 三字이기에 재물이
뻥튀기하듯 폭발합니다. 이처럼 壬子가 중간에 끼어서 이득을
취하는 작용을 夾字(협자)효과라고 부릅니다. 두 구조의 재물차
이는 엄청납니다. 辛酉, 壬子는 순탄하게 발전하지만 丙辛이 합
하고 강제로 壬水에 풀어지면 10배 100배의 차이가 발생합니
다.

▶실제상황◀광고회사와 호텔을 운영하는 1000억 부자입니다.
丁辛壬 三字를 활용하는데 丙午와 辛酉의 合으로 그 효과가 극
적으로 바뀌면서 하늘에서 돈벼락을 맞았습니다. 더욱 좋은 점
은, 년지 戌土를 기준으로 寅午戌 三合을 벗어난 亥子丑, 壬癸
는 저승사자와 같기에 壬子일주는 보통사람들과는 다른 사고방
식과 행동방식으로 대중의 돈을 강탈하는 힘이 매우 강합니다.

- 377 -

위에서 살폈던 워런 버핏이 증권투자로 엄청난 부를 축적하듯이 사주도 壬子를 활용해서 엄청난 부를 축적했습니다.

乾命				陰/平 1978년 9월 3일 16:30								
時	日	月	年	81	71	61	51	41	31	21	11	1
壬	己	辛	戊	庚	己	戊	丁	丙	乙	甲	癸	壬
申	亥	酉	午	午	巳	辰	卯	寅	丑	子	亥	戌

戊午년에 태어났으니 영토를 寅午戌로 확장하는 것을 원합니다. 위 사주처럼 辛酉 월에 태어나 씨종자를 드러냈지만 차이점은 戌土로 三合운동을 완성한 것이 아니라 午火로 적극적으로 戊土 영역을 확장하는 과정입니다. 결국 戊戌과 戊午의 차이점은 三合운동의 성숙과정으로 戊戌, 辛酉는 이미 늦가을에 접어들어 종교, 철학에 어울리지만 戊午, 辛酉는 물질욕망이 매우 강합니다. 두 사주 모두 하늘에서 돈벼락을 맞으려면 반드시 丁辛을 활용해서 壬子, 癸亥로 뻥튀기해야 합니다. 따라서 어떤 날을 선택하느냐가 매우 중요한데 壬子를 택해도 좋고 이 사주처럼 己亥를 택해도 좋습니다.

그 이유는 첫째, 년의 戊午는 己亥를 향하는 시간방향이기에 국가, 조상의 음덕을 이어 받습니다. 특히 좋은 점은 戊午가 己亥를 향하는 과정에 중간에 끼어있는 辛酉를 끌고서 己亥에 뛰어들기에 辛酉의 쓰임이 좋은지 살펴야 합니다. 이처럼 사주팔자에 刑沖破害合이 있다면 時空間의 비틀림으로 원래의 움직임에 변화가 발생하기에 그 이치를 자세히 살펴야 합니다. 특히 중간에 끼어서 비틀리는 글자를 夾字(협자)라 부르는데 위 사주예문처럼 상상하기 힘든 작용으로 물형을 결정하므로 세심하게 살펴

- 378 -

야 합니다. 이 구조는 戊午가 辛酉에 열을 가하면 亥水에 자연스럽게 풀어지는 순차적인 흐름이기에 夾字의 작용이 나쁠 이유가 없습니다. 그리고 酉金을 중간에 두고서 午亥(丁壬)로 합하기에 丁辛壬 三字로 辛酉의 가치를 자연스럽게 己亥가 취하면서 재물이 스스로 나를 찾아와 돈벼락을 내리는 이치입니다. 또 辛酉 씨종자를 己亥에 풀어낸 이유는 결국 亥水의 지장간에 있는 甲木을 꺼내서 키우려는 것이므로 적절한 시간을 선택해야 합니다. 甲子, 乙丑, 丙寅, 丁卯. 戊辰, 己巳, 庚午. 辛未, 壬申, 癸酉, 甲戌, 乙亥, 丙子時 중에서 가장 적절한 간지는 丙寅, 丁卯입니다. 甲戌은 비록 甲이 천간에 드러났지만 地支의 흐름이 午酉亥戌로 시간이 역류한다는 단점이 있습니다.

▶**실제상황**◀2010년 庚寅년 당시에 신문사의 새벌 3세 사장이었습니다. 丁辛壬 三字조합으로 총명하고 조상, 국가의 음덕을 취합니다. 여기에 午年을 기준으로 寅午戌 三合을 벗어난 亥水 丑과 壬癸는 劫煞(겁살), 災煞(재살), 天煞(천살)로 저승사자와 같아서 대중의 돈을 빠르고 쉽고 크게 강탈해서 돈벼락을 맞습니다. 다만, 시주가 壬申으로 시간이 역류하고 甲乙을 기르려는 생각은 없고 물질만 지향하기에 말년으로 갈수록 발전에 한계가 있습니다. 주의할 점은, 만물은 항상 양면성을 가졌기에 저승사자는 무조건 벼락부자가 된다는 환상에서 벗어날 수 있도록 저승사자의 심각한 문제들을 살펴보겠습니다.

乾命				陰/平 1958년 8월 4일 18:30								
時	日	月	年	87	77	67	57	47	37	27	17	7
丁	丙	辛	戊	庚	己	戊	丁	丙	乙	甲	癸	壬
酉	申	酉	戌	午	巳	辰	卯	寅	丑	子	亥	戌

戊戌년 辛酉월은 위 사주와 동일하기에 水氣를 골라야 함에도 丙申일을 선택하였습니다. 따라서 열기만 가득하고 수많은 金氣들의 날카로움을 풀어내지 못하니 사주배합이 적절하지 않습니다. 남은 것은 時柱뿐이니 반드시 水氣를 보충해야 좋은데 丁酉시를 택해서 申酉戌에게 열기를 가해도 적절하게 풀어낼 수 없습니다. 이에 따라서 사주의 효율이 높지 않은 상태에서 대운이 초년부터 水氣로 흐르면 열기를 가득 품은 申酉戌을 水氣에 뻥튀기하듯 풀어내려고 하기에 이런 에너지에 휘둘리면 자신도 모르게 한탕, 도박, 투기를 노리는 성향으로 바뀝니다. 이처럼 사주원국에 水氣를 배합한 경우와 사주팔자에는 전혀 없다가 운에서 만나는 경우의 반응은 전혀 다릅니다. 특히 戌年을 기준으로 亥子丑은 三合운동의 범위를 벗어난 저승사자와 같아서 한탕을 노리는 욕망이 더욱 강렬합니다.

▶실제상황◀이태리의 보험 사기꾼으로 부인과 짜고 부인이 거짓으로 남편이 사망했다고 속이고 백만 리라를 수령하였는데 2년 후 살아있는 것이 들통 났습니다. 이처럼 타인을 속이고 한탕을 노리는 욕망이 바로 저승사자의 특징으로 평범한 사람들의 생각, 행동과 전혀 다릅니다. 타인의 재산을 강탈하려는 욕망이 강하기에 단기적으로 사람들을 현혹시켜서 그들이 소유한 돈을 빼앗는데 뛰어난 재주를 가졌습니다. 금융 사기범들이나 보이스피싱으로 속아 넘어가는 상황을 상상하면 이해가 쉽습니다.

乾命				陰/平 1950년 4월 13일 02:30								
時	日	月	年	83	73	63	53	43	33	23	13	3
乙	甲	辛	庚	庚	己	戊	丁	丙	乙	甲	癸	壬
丑	子	巳	寅	寅	丑	子	亥	戌	酉	申	未	午

庚寅년에 태어났으니 庚金과 寅午戌이 배합하여 열매를 확장하려는 욕망입니다. 辛巳월을 이어 받았지만 년과 월의 의도가 모호해졌습니다. 예로 壬午월을 선택했다면 寅午로 庚金 열매를 확장하고 庚金을 壬水에 풀어내면 부친 壬水가 돈과 명예를 취할 수 있지만 辛巳월을 택해서 庚寅과 辛巳는 불편한 전쟁을 치러야 합니다. 庚辛은 동일한 五行이기에 원하는 것이 유사하며 寅木을 잘 키워야 가을에 열매를 수확하기에 모두 寅木을 간절히 원하는데 하필 寅巳 刑으로 협력할 생각은 없고 서로 강탈하려는 욕망만 강합니다. 특히 월주 辛巳는 庚金이 소유한 寅木을 巳火로 빼앗아오려고 하므로 긴장감이 감돕니다. 辛巳는 寅巳 刑으로 불편하고 庚辛으로 혼잡해서 탁합니다. 甲子일을 골랐습니다. 甲木은 년과 월에서 안정적인 터전을 얻지 못했으니 불인징힙니다.

다행한 점은, 巳火에 자극받은 庚辛을 子水에 풀어낼 수 있습니다. 이제 남은 時에서 甲木의 안정적인 터전만 보충하면 구조가 좋아지는데 하필 乙丑을 택함으로써 甲의 동생 乙木이 丑土 터전을 미리 차지하고 있으니 난감합니다. 이런 구조에서 甲이 丑土를 취할 방법은 대략 두 가지로 첫째, 乙과 경쟁해야 합니다만 이런 모습은 비굴합니다. 甲은 지도자와 같아서 乙을 가엾게 여기고 도와주어야 하는데 乙이 소유한 丑土의 땅을 빼앗고자 경쟁하기 때문입니다. 이런 상황에 처한 甲의 심리상태는 자신보다 못났다고 생각하면서도 乙木에게 시기, 질투를 느끼며 경쟁에서지지 않으려고 자존심을 부리고 도박, 투기, 한탕을 노리다 재산을 탕진합니다. 예로, 성인오락, 비트코인처럼 한순간 큰 돈을 벌어보겠다고 덤비다가 재산을 날리는 겁니다. 둘째, 丑土의 땅을 사용하는 대가를 지불해야 합니다. 결국 재산을 탕진하는 상황은 동일하지만 과정이 다를 뿐으로 주위에 돌봐야할 乙

木들이 계속 나타나 甲木의 재산을 빼앗아갑니다. 결국 庚寅과 辛巳, 甲子와 乙丑은 서로 피해망상에 시달립니다. 나는 잘하는데 타인들은 자신을 괴롭힌다는 피해망상에 사로잡히는 겁니다. 따라서 이런 조합들은 가능한 선택하지 말아야 합니다.

또 다른 문제도 있습니다. 첫째, 천간의 년과 시에서 乙庚 합하기에 그 중간에 辛과 甲이 끼어서 비틀립니다. 문제가 심각한 이유는 모두 고통스럽기 때문입니다. 乙庚 합하면 乙木은 辛에게 沖당해서 고통당하고 甲木은 庚에게 沖당해서 괴롭습니다. 이런 夾字(협자)의 작용은 태어날 때부터 숙명처럼 정해졌기에 반드시 발생합니다. 甲과 乙은 동업하면서도 서로 피해자라고 우기며 의심하고 피해망상에 시달립니다. 둘째, 寅年을 기준으로 寅午戌 三合을 벗어난 亥子丑과 壬癸는 저승사자로 탐욕이 강합니다. 특히 辛巳를 子水에 풀어내려는 욕망과 丑土에 庚辛을 담으려는 욕망으로 甲과 乙이 쟁탈전을 벌입니다. 뺏고 빼앗는 게임을 하면서도 절대로 벗어날 수 없는 이유는 甲과 乙이 子丑 합으로 묶여있기에 마치 도둑과 강도가 서로 이겨보겠다고 한판 승부를 벌이는 상황입니다. 이런 구조는 저승사자를 적절하게 활용해서 돈벼락 맞는 상황이 아니라 아수라세계처럼 한시도 쉬지 못하고 시기, 질투, 경쟁, 한탕, 도박, 투기의 인생을 살다가 파멸하는 겁니다.

▶실제상황◀甲申대운 癸亥년에 부도내고 5개월 교도소에 수감되었다가 합의하여 10개월 후 풀려났습니다. 癸亥년에 의도적으로 부도낸 이유는 亥子丑과 壬子 저승사자의 강탈욕망에 휘둘려 타인의 재산을 강탈했기 때문입니다. 멀쩡했던 사람이 어느 날 갑자기 도둑질, 강도질 혹은 성범죄를 일으키는 이유도 모두 저승사자가 판단력을 흐리게 만들었기 때문입니다.

坤命				陰/平 1942년 10월 28일 06:30								
時	日	月	年	90	80	70	60	50	40	30	20	10
乙	癸	辛	壬	壬	癸	甲	乙	丙	丁	戊	己	庚
卯	巳	亥	午	寅	卯	辰	巳	午	未	申	酉	戌

壬午년에 태어나 壬水가 寅午戌과 조합하여 水氣를 최대로 분산하기에 예술, 영화, 영상 등의 물상으로 활용할 수 있습니다. 부족한 점은, 辛金이 없으니 壬水가 안정을 취하기 어렵고 생명수로서의 가치도 낮습니다. 다행하게 辛亥월을 택하니 壬水가 씨종자 辛金을 품어서 안정되고 亥月에 필요한 午와 辛을 丁辛壬 三字로 활용하기에 총명하고 하늘에서 돈 벼락 맞는 조합입니다.

특히 午年을 기준으로 亥子丑, 壬癸는 三合을 벗어난 저승사자 속성으로 사고방식이 남다르고 독특하며 대중의 재산이나 목숨을 강탈하는 욕망도 강합니다. 하지만 癸巳일을 택하자 겨울의 차갑고 날카로운 속성들이 갑자기 부드러워지는데 그 이유는 巳火 빛을 활용해서 壬癸의 어둠을 밝히기 때문입니다. 乙卯시를 택하자 년과 월에서는 丁辛壬으로 한탕을 노렸지만 일과 시에서는 癸巳와 乙卯로 乙癸戊 三字를 활용해서 새싹을 키우려고 합니다. 결국 이 사주에는 두 개의 전혀 다른 에너지들이 섞여있습니다. 壬午와 辛亥는 차갑고 癸巳와 乙卯는 봄처럼 따사롭기에 굉장히 이중적입니다.

▶실제상황◀癸水가 亥月에 태어나자 乙卯를 적절하게 키우지 못하는 환경이기에 젊어서 고향을 버리고 일본으로 건너가 꽃뱀생활 하다가 한국으로 돌아와서 제일교포 현지처로 살아갑니다.

- 383 -

하지만 丙午대운 1997년 丁丑년에는 꽃뱀을 상대하는 제비에게 재산을 빼앗겼습니다. 2000년 庚辰년에도 젊은 제비에게 또 당하고 재산을 탕진했습니다. 2001년 辛巳년에는 땅 사기꾼 전과 3범에게 걸려서 동거하면서 3억을 날렸습니다. 년과 월의 차가운 시절을 지날 때에는 꽃뱀으로 생명을 유지하다가 癸巳, 乙卯를 지날 때에는 오히려 제비들에게 사랑을 느끼며 속으면서 살아갑니다. 壬癸와 亥는 寅午戌 三合을 벗어난 저승사자와 같아서 타인의 재산을 강탈하려는 욕망이 강하지만 운에 따라서는 오히려 바보처럼 타인에게 재산을 강탈당하며 사는 겁니다. 저승사자로 태어났으니 평생을 뺏고 빼앗는 게임을 하다가 가는 겁니다.

乾命					陰/平 1956년 3월 16일 08:30								
時	日	月	年		83	73	63	53	43	33	23	13	3
丙	癸	壬	丙		辛	庚	己	戊	丁	丙	乙	甲	癸
辰	亥	辰	申		丑	子	亥	戌	酉	申	未	午	巳

丙申년에 태어났으니 丙火가 申金열매를 확장하려는 욕망입니다. 또 구조에 따라서 丙+申子辰으로 정보, 통신 물상을 활용할 수 있습니다. 어떤 월주를 선택하느냐에 따라 丙申의 의지가 달라질 것입니다. 壬辰월에 태어나자 향방이 모호해졌습니다. 丙申 물질을 추구하는 성향과 辰土 마른 땅에 생명수를 공급하려는 약국, 의료, 종교, 철학의 성향이 크게 다르기 때문입니다. 이처럼 년과 월의 의지가 다르면 인생을 살아가는 과정에 갈등 요소가 됩니다. 좋은 점이라면, 申辰이 地藏干 내부에서 乙庚合하고 丙火가 열매를 확장하는 乙丙庚 三字로 돈벼락을 맞는 조합입니다. 이 과정에 壬水는 매우 중요한 역할을 담당하는데

- 384 -

바로 열매가 상하지 않도록 도우며 丙壬 沖으로 물불이 충돌하듯, 번개가 번쩍이듯 느낌이나 촉이 좋습니다. 이처럼 丙壬, 子午 沖의 충돌을 촉으로 활용하면 점을 잘 치거나 미래를 예측합니다. 다만, 년과 월이 추구하는 방향은 다르기에 적절한 일주를 택해서 문제를 해결해야 합니다. 이 사주는 癸亥일을 택했으니 무엇을 원할까요? 그 의도를 분석하면 이렇습니다. 丙申과 癸亥는 丙火가 申에게 열기를 가하고 申金이 시간방향대로 癸亥에 풀어집니다. 또 壬辰과 癸亥는 壬水가 癸水를 향하고 亥水는 辰土를 향하는 <u>墓地</u>조합입니다만, 壬辰과 癸亥는 水氣이기에 물질을 추구하기 어렵습니다. 마트처럼 물건을 파는 조합이 아니라 정신을 추구하는데 어울립니다. 丙申, 壬辰, 癸亥 세 干支를 모두 조합하면, 丙申이 癸亥를 향해 가려면 반드시 壬辰을 거쳐야 하고 또 癸亥는 자신이 소유한 돈이나 재능을 壬水가 소유한 辰土에게 건네야 합니다. 이처럼 사주팔자의 시간방향이 섞인 구조에서 신중히 판단할 문제는 壬癸 동일오행이 경쟁하면 과연 누가 이기는지 분석해야만 하는데 마땅한 기준이 없습니다. 이때는 반드시 四季圖를 기준으로 月支 공간 환경과 일간의 時節을 살펴야 합니다.

《四季圖》

壬辰과 癸亥가 경쟁하는데 壬과 癸는 동일한 오행으로 陽과 陰이 다릅니다. 四季圖에서 癸水는 봄에 활용하는 에너지요 壬水는 겨울에 활용하는 에너지입니다. 자연 순환과정은 반드시 겨울에서 봄을 향하기에 壬水가 癸水를 향하는 시간방향은 바뀌지 않습니다. 또 월지 공간 환경은 辰月 봄이며 癸와 辰은 동일한 시공간에서 활동하기에 서로 적절한 관계이지만 壬水는 겨울 子丑寅에서 활동하기에 辰월에 활동하기 불편합니다.

따라서 壬辰과 癸亥는 상호 보완관계이면서도 癸水에게 더욱 적절한 환경이므로 경쟁우위입니다. 단점은, 壬水와 경쟁과정에 시기, 질투를 느끼거나 이겨야 한다는 호승심으로 도박, 투기성향이 강해집니다. 이런 배합은 도박, 투기, 경쟁을 합리적으로 할 수 있는 직업을 선택하는 것이 좋으며 그렇지 않으면 불법, 비리를 저지르면서 한탕을 노리다가 문제가 발생합니다. 丙辰시를 선택하자 壬辰을 향하던 癸亥가 갑자기 丙辰으로 방향을 틀어버립니다. 40세 전까지는 이상하게 壬辰에게 좋은 일만 해주고 보상을 받지 못한다는 억울한 생각이 많았는데 丙辰을 만나자 癸亥와 丙辰이 뜻을 맞춰서 함께 추구합니다. 특히 년주 丙申과 丙辰은 天干도 동일하고 地支는 申辰으로 申子辰 三合으로 연결되어서 乙丙庚 三字조합으로 정보, 통신 물상을 활용하여 돈벼락을 맞을 수도 있습니다.

▶실제상황◀丙申대운 1990년 35세에 직장을 그만두고 선물시장에 뛰어들어 큰손이 되었고 수천억 자본을 운용하다 丙子년에 검사를 받았으나 문제는 없었습니다. 이 남자가 투기속성이 강한 선물시장에서 큰 손이 되었던 이유는 申年을 기준으로 申子辰 三合을 벗어난 巳午未와 丙丁은 저승사자와 같은데 년과 시에 丙火가 있으니 저승사자와 같은 속성이며 丙申대운의 丙火

저승사자를 만나자 갑자기 한탕을 노려야 한다는 욕망이 강해지면서 회사를 그만두고 선물시장에 뛰어들었습니다. 하지만 저승사자의 작용이 줄어들자 丁酉대운 2000년 庚辰년부터는 부동산에 투자하였습니다.

乾命				陰/平 1967년 9월 8일								
時	日	月	年	81	71	61	51	41	31	21	11	1
모름	戊申	庚戌	丁未	辛丑	壬寅	癸卯	甲辰	乙巳	丙午	丁未	戊申	己酉

丁未년에 태어나 丁火가 亥卯未 성장을 조절하며 未土에서 열매를 완성히었으니 丁未를 효율적으로 활용하는 방법은 庚戌을 배합하는 것입니다. 未土 地藏干에 있는 乙木과 庚金이 乙庚합하고 丁未 열기를 활용해서 열매를 숙성한 후 戌土에 저장하기 때문입니다. 이처럼 丁未와 庚戌은 기본적으로 부를 축적하는데 흥미가 많지만 宮位에 따라서 특징이 달라집니다. 丁未월庚戌일로 배합하면 未月에 열매가 익어가기에 부를 축적하려는 욕망이 강하지만 이 구조처럼 丁未년 庚戌월로 배합하면 月支의 공간 환경에 영향을 받기에 군인, 검경, 의료에 인연이 강합니다. 이유는 庚戌의 딱딱한 속성을 군인이나 경찰, 검찰처럼 지키는 직업에 적합하기 때문입니다. 하늘에서 내리는 돈벼락 관점에서 살피면, 未年을 기준으로 庚辛과 申酉戌은 亥卯未 三합을 벗어났기에 저승사자로 일반인들은 절대로 볼 수 없는 세상을 보는 능력을 가졌습니다. 그 재능을 합법적으로 활용할 수만 있다면 하늘에서 상상도 못할 돈벼락을 맞는 겁니다. 또 三합을 벗어나 이승과 저승을 넘나드는 것처럼 시공간을 넓게 활용합니다. 그리고 戊申일에 선택하자 좋은 점이 많아졌습니다.

- 387 -

첫째, 戊庚으로 戊土에 庚金 열매를 드러내 존재가치를 알립니다. 둘째, 未年과 申金이 地藏干에서 乙庚 合으로 연결되면서 열매를 확장하는 능력이 뛰어납니다. 특히 庚과 申은 저승사자이기에 돈을 빠르고 쉽고 크게 벌어들이는 능력이 매우 좋습니다. 또 부의 원천이 丁未년에 있으니 국가, 조상음덕이 매우 좋습니다.

▶**실제상황**◀피터 틸, Peter Andreas Thiel 이라는 인물로 독일 프랑크푸르트에서 태어나 어릴 때 부모와 함께 미국으로 건너온 독일계 미국인입니다. 그 이유는 丁未와 庚戌의 三合운동 경계가 달라서 시공간을 넓게 활용하기에 어려서부터 독일과 미국을 넘나들었습니다. 이처럼 시공간을 넓게 활용하면 뇌를 확장해서 활용하기에 매우 총명해집니다. 여러 회사의 공동 창업자 및 회장으로 2018년 당시에 약 25억 달러 돈벼락을 맞았습니다. 일론 머스크와 함께 "페이팔"의 창립자이기도 합니다. 56세 2022년 壬寅년에 비트코인 붕괴 직전에 거의 전량 매각해서 약 18억 달러(약 2조 2, 100억 원)의 차익을 남겼다고 합니다. 개미 투자자들을 부추겨 비트코인 매수에 나서게 한 뒤 상당한 차익을 거두었다는 의혹을 사고 있습니다. 이것이 바로 <u>저승사자들이 대중의 돈을 강탈, 갈취하는 수법</u>입니다. 일반인들은 이해할 수 없는 기발한 아이디어를 활용해서 대중의 돈을 갈취하는 금융 사기범들이 반복적으로 행하는 방법입니다.

乾命				陰/平 1956년 2월 2일								
時	日	月	年	88	78	68	58	48	38	28	18	8
모름	己卯	辛卯	丙申	庚子	己亥	戊戌	丁酉	丙申	乙未	甲午	癸巳	壬辰

첫 章에서 辛未년 丙申월 己卯일의 사주팔자를 살펴보았는데 60조에 달하는 회사를 운영하다 해외로 도피했다가 2023년 3월에 해외에서 체포되었다는 소식이 들려왔습니다. 이 구조는 년과 월이 바뀌고 辛未가 辛卯라는 점이 다릅니다. 다만 전체적으로 유사한 느낌입니다. 丙申년에 태어나 열매를 수확하려는 욕망이 강하기에 반드시 필요한 乙卯를 보충해야 乙丙庚 三字로 돈벼락을 맞을 수 있습니다.

마침 辛卯월에 태어나니 년과 월에서 돈벼락 맞을 환경을 조성했습니다. 국가, 조상, 부모의 음덕이 좋은 것입니다. 단점이라면 丙申과 辛卯로 水氣가 전혀 없으니 卯木이 성장하기 힘들지만 다행스럽게 년과 월에서 丙辛 슴으로 종교, 명리, 철학, 교육에 인연이 깊어서 총명합니다. 또 申年을 기준으로 二合을 벗어난 巳午未와 丙丁은 저승사자 속성으로 국가 宮位에서 丙火태양처럼 빛나면서 어둠을 밝힙니다. 이때 명백한 차이점이 존재하는데, 寅午戌 三合을 벗어난 壬癸, 亥子丑 저승사자 속성은 어둡고 잔인한 맛이 있지만 申子辰 三合을 벗어난 丙丁, 巳午未 저승사자의 속성은 밝고 환하기에 그 성질이 많이 다릅니다. 범죄, 살인으로 흉하게 활용하는 사례는 壬癸와 亥子丑이나 庚辛, 申酉戌이 많은 이유는 殺氣가 강하기 때문입니다. 그리고 己卯일에 태어납니다. 水氣가 더욱 마르기에 좋은 배합이 아니라고 보입니다만 묘한 점은 년주 丙申과 辛卯, 己卯가 모두 卯申 슴으로 연결되어 있습니다. 사주팔자에서 刑沖破害合으로 엮이고 비틀린 인과관계를 꼼꼼히 살펴야만 합니다. 년과 월의 조합에서 하늘에서 돈벼락을 맞을 수 있지만 그 행위의 결과가 일주와 아무런 인과관계가 없다면 혜택을 누리지 못할 수도 있기 때문입니다. 이처럼 인생을 살아가는 과정에 인과관계를 결정하는 기준이 바로 刑沖破害와 슴입니다. 시간과 공간이 엮이면서

- 389 -

반응하기 때문으로 표현을 바꾸면, 刑沖破害合은 <u>시공간의 얽힘</u>으로 인생의 방향을 이리저리 비틀어서 업보를 양산합니다. 己卯의 卯木은 년주 申金을 향하여 열매를 완성하는 밑거름이 되고 丙火는 辛金과 己土에 빛을 방사합니다. 다만, 동일한 卯木이 두 개로 月支에 있는 卯木이 반드시 먼저 申金과 合합니다. 따라서 일지 卯木은 경쟁하기 힘들지만 30대 중반에 이르면 일지 卯木이 주도권을 갖기에 경쟁에서 이기기 시작합니다. 時는 모르기에 실제상황을 보면서 그 이유를 살펴보겠습니다.

▶**실제상황**◀제이미 다이먼(Jamie Dimon) JP 모건 체이스 회장 겸 CEO입니다. 시티그룹 사장을 지냈고 하버드대학 MBA를 1982년에 졸업했습니다. 개인 자산 13억 달러입니다.(2020년 7월 기준) <u>어투가 빠르고 직설적</u>이며, <u>생각을 담아 두지 못하는 성격</u>에 좋은 경청자도 아닙니다. 큰 그림을 그린 후 부하 직원들에게 많은 권한을 이양하는 리더도 아니고 모든 일을 세심하게 챙겨야만 하는 유형입니다. <u>기억력이 뛰어나</u> 어떤 문서든 읽으면 머리에 담아두고 필요할 때마다 끄집어내서 직원을 피곤하게 만듭니다. 이런 습성 덕분에 2006년 서브프라임발 위기를 예견하고 위험을 피해갔습니다. <u>그리스 이민자 할아버지와 아버지</u>가 모두 주식중개인으로 금융 DNA가 발달했습니다. 1998년 시티 그룹을 세우고 사장에 올랐으나 얼마 지나지 않아 그만두었고 결국 JP모건 체이스 회장이 되었습니다.

실제상황을 분석해보겠습니다. 굉장히 총명한 이유는 丙火가 저승사자와 같은 작용을 하고 卯申으로 좌우를 연결하는 사고방식이 남다르기 때문입니다. 성격이 급한 이유는 사주팔자에 水氣가 전혀 없기 때문이고 조상이 해외에서 미국으로 이민 온 이유도 모두 丙火가 三合을 벗어난 저승사자 劫煞(겁살)이기에 조국과 인연이 없고 해외에서 살아갈 운명입니다. 사주팔자에 저승사자가 많으면 현재의 공간에서는 주위로부터 공감대를 얻기 힘들지만 해외로 넘어가면 오히려 대중들의 공감을 받습니다.

그 이유는 태어나기 전에는 해외에서 살았던 영혼이기 때문입니다. 즉, 미국에서 살다가 한국으로 오거나 한국에서 살다가 영국에서 살아가는 이유는 모두 전생의 영혼과 관련이 있는데 그 작용을 설명한 이론이 바로 저승사자입니다. 그들의 사고방식은 과거에 해외문명을 학습한 것과 같아서 독특하고 남다르기에 일반인들은 그들의 생각을 따라잡지 못하고 일방적으로 추앙하기에 그들에게 돈을 강탈당하는 겁니다. 이것이 저승사자가 일반 대중의 돈을 갈취하는 방식으로 하늘에서 돈벼락을 맞는 이유입니다. 대운을 살피면 초년부터 계속 巳午未, 丙丁으로 저승사자들이 가득한 곳으로 흘러가기에 남들이 볼 수 없는 세상을 읽어내는 독특한 능력을 가졌습니다. 대중의 사랑을 받거나 대중의 돈을 쉽게 취하는 자들은 전생에 선업을 이룬 것이 틀림없습니다.

乾命				陰/平 1955년 8월 25일								
時	日	月	年	80	70	60	50	40	30	20	10	0
모름	甲辰	丙戌	乙未	丁丑	戊寅	己卯	庚辰	辛巳	壬午	癸未	甲申	乙酉

년과 월의 乙未와 丙戌은 빌 게이츠와 동일하고 태어난 날만 다릅니다. 빌 게이츠는 壬戌일이고 이 사주는 甲辰일이기에 어떤 차이를 보이는지 보겠습니다. 기본적으로 乙未와 丙戌 조합은 좋지만 세부적으로 살피면 그렇지 않습니다. 먼저 乙未년은 기본적으로 장애의 상입니다. 그 이유는 乙木은 좌우확산 하는

것을 사명으로 하는데 未土에서 亥卯未 三合을 끝냈기에 더 이상 성장이 불가능합니다. 따라서 두 갈래 중에서 하나를 선택해야 하는데 庚申이나 庚戌을 보충해서 乙未를 수확하거나 生氣가 살아나도록 寅卯辰과 甲乙을 보충하는 것입니다. 어느 것을 택하느냐에 따라 인생이 달라지는데 수확을 원하면 물질을 추구하고, 寅卯辰, 甲乙을 보충하면 성장을 원하기에 교육, 공직에 어울립니다.

하지만 이 사주는 丙戌을 선택했습니다. 따라서 丙火가 寅午戌과 조합하면서 화로와 같은 戌土에 빛과 열을 담아서 보호하므로 장사, 사업성향이 아니라 의료, 법조, 교육, 공직에 어울립니다. 따라서 丙戌은 乙未를 수확하려는 것도 아니요 보호하려는 것도 아니지만 乙未를 丙戌로 끌어와 戌土에 열기를 담으려는 의도는 분명합니다. 戌土 재물창고에 火氣를 많이 담을수록 부유한 이유는 墓地의 작용 때문입니다. 겨울에 보일러를 계속 틀어서 따뜻하게 겨울을 지나는 것과 같습니다. 古代에 안방에 화로를 두고 불을 꺼트리지 않으려고 노력했던 이유도 火氣가 많으면 항상 온기를 유지하는데 이것이 바로 경제력을 상징합니다. 地支에서 戌未로 刑하면 교정하고 치료하는 행위에 어울립니다. 그리고 甲辰이라는 모호한 날을 선택했습니다. 甲木은 甲己 合으로 새로운 세상을 꿈꾸기에 교육과 공직에 어울리며 년과 월의 干支들과 조합하여 새로운 의미를 만들어냅니다.

乾命			
時	日	月	年
	甲	0	乙
	辰	0	未

- 392 -

乙未와 甲辰 조합은 시간방향대로 甲辰이 乙未를 향하여 갑니다. 만약 아래 구조라면 甲辰은 자연스럽게 乙未를 향해 未土 墓地에 들어갑니다.

乾命			
時	日	月	年
	乙未	0 0	甲辰

사주구조의 시간방향은 운명을 결정하는 중요한 인자입니다. 甲乙丙丁에서 癸까지 흐르고 다시 甲으로 순환하기에 甲은 乙을 향하고 辰土도 辰巳午未로 흐르기에 甲辰이 乙未를 향할 수밖에 없기에 甲辰의 도움을 받는 乙未는 生氣를 얻습니다. 결국 甲辰일을 택했으니 국가에 있는 乙未를 향해서 희생, 봉사하는 움직임이 분명합니다. 甲辰의 노력이 결과를 얻을 수 있는지는 전체구조를 살펴야 하는데 월주 丙戌에서 시간방향이 틀어집니다.

乾命			
時	日	月	年
	甲辰	丙戌	乙未

甲辰이 乙未를 향하지만 乙未는 반대로 丙戌을 향해 갑니다. 丙戌을 중간에 두고서 甲辰과 乙未가 멀어졌다 가까워지기를 반복합니다. 먼저 실제 상황을 보겠습니다.

- 393 -

▶**실제상황**◀변호사 출신 브루스 카쉬는 재무적으로 어려움을 겪는 부실기업이 발행한 부실채권에서 투자의 기회를 발견합니다. 부실채권을 충분히 싼 가격에 구입해 기업이 회생해 채권가격이 오르거나 청산되어도 보상받을 금액이 매수가격보다 높으면 이익을 얻는 투자구조를 발견한 것입니다. 투자가 "하워드 막스"와 협력하여 2008년 54세, 庚辰대운 戊子년 봄부터 펀드를 조성해 마련한 현금 110억 달러로 부실채권을 쓸어 담아서 경이로운 결과를 얻었습니다. 공포심이 사라지자 적정 가치로 회복한 시장 반등에 힘입어 고객들은 60억 달러의 이익을 얻었고 그는 15억 달러라는 경이로운 수입을 올렸으며 2016년 8월 재산이 약 20억 달러로 추정됩니다. 이 구조에서 우리가 학습할 내용은 庚辰대운 戊子년에 사업을 시작한 이유는 무엇이고 15억 달러 돈벼락을 맞았던 이유가 무언가에 대한 겁니다.

이 구조는 년과 월에서 화로에 열기를 가하는 것 외에는 특별히 좋아 보이지 않습니다. 그 이유는 丙火의 기세가 나쁘지 않지만 庚金이 없으니 乙丙으로는 높은 효율을 기대할 수 없기 때문입니다. 만약 庚金을 보충하면 <u>乙丙庚</u> 三字로 돈벼락을 맞을 수도 있습니다. 마침 庚辰대운이 오면서 다양한 변화가 발생합니다. 첫째, 천간에서 할 일이 없었던 乙丙이 乙丙庚 三字로 돈벼락 맞을 길이 열렸습니다. 둘째, 乙未에 있는 수많은 乙木들과 甲辰에 있는 甲乙을 활용해서 庚金 열매로 수확합니다. 이때 甲乙의 상황은 결코 좋지 않습니다. 乙未는 성장을 멈췄고 甲辰은 水氣가 없으니 뿌리내리지 못하는 상황을 활용해서(부실회사, 투자가들) 가치 높은 열매(수익)로 바꿔주는 겁니다. 일이 없어서 빈둥거리던 乙未, 丙戌, 甲辰이 庚金을 배합하자 수확을 즐기는 상황으로 바뀐 겁니다. 모든 글자들이 활기차게 움직이면서 끊임없이 부가가치를 창출합니다.

마지막으로 저승사자 효과에 대해서 보겠습니다. 15억 달러라는 엄청난 돈을 누가 감히 단 한 번의 투자로 벌어들이겠습니까? 한화로 1조 8천억이 넘습니다. 변호사로 활동하다 "하워드 막스"라는 동업자를 만나 부실채권으로 한순간 하늘에서 돈벼락 맞은 이유는 모두 乙丙庚 三字와 다양한 乙庚 合 그리고 未年을 기준으로 亥卯未 三合을 벗어난 申酉戌과 庚辛이 저승사자에 해당하기에 대중의 돈을 긁어모았던 겁니다. 왜 하필 부실채권이었을까요? 바로 장애를 가진 乙未와 甲辰이 丙戌에 생동감을 불어넣었기 때문입니다. 자신의 사주팔자 구조에 매우 적절한 아이템을 찾았던 것이 분명합니다. 참고로 빌 게이츠 사주팔자는 乙未년 丙戌월 壬戌일 庚戌시로 시간에 庚金 저승사자가 있습니다. 동업자 사주팔자를 보겠습니다.

乾命				陰/平 1946년 3월 22일								
時	日	月	年	84	74	64	54	44	34	24	14	4
모름	丁卯	壬辰	丙戌	辛丑	庚子	己亥	戊戌	丁酉	丙申	乙未	甲午	癸巳

2008년 63세 戊戌대운 戊子년 봄부터 펀드를 조성해 현금 110억 달러로 부실채권을 쓸어 담고 60억 달러 이익을 얻었습니다. 2020년 6월 개인재산 20억 달러로 미국 370위, 세계 945위 부자입니다. 흥미로운 점은 戊年을 기준으로 亥子丑, 壬癸는 저승사자인데 월간에 壬水가 있고 대운에서 己亥로 亥水가 저승사자이기에 한순간 엄청난 돈벼락을 맞았습니다. 그는 도박 애호가로 어린 시절부터 게임에 베팅하는 것을 즐겼다고 합니다. 어려서부터 선천적 재능을 드러낸 것입니다.

- 395 -

乾命				陰/平 1931년 3월 6일								
時	日	月	年	86	76	66	56	46	36	26	16	6
모름	戊申	壬辰	辛未	癸未	甲申	乙酉	丙戌	丁亥	戊子	己丑	庚寅	辛卯

辛未년에 태어났기에 해외, 외국 속성이 강합니다. 그 이유는 亥卯未 三合을 벗어난 申酉戌, 庚辛은 저승사자와 같아서 전혀 다른 시공간을 활용하기 때문입니다. 이처럼 辛亥, 辛卯, 辛未 干支는 전생에 외국에서 살았던 영혼과 같습니다. 특히 辛未는 그 성향이 더욱 강한데 未土는 동서양을 나누는 경계이기 때문에 사고방식이 독특하고 사물을 관찰하는 방식이 남다릅니다. 월주에서 壬辰을 받았으니 흐름이 좋은데 未土에 자극받은 辛金이 壬水에 풀어지고 결국 辰土에 들어가 새싹 乙木들에게 전생의 기운을 전달하기 때문입니다. 년과 월에서 丁辛壬 三字를 활용해서 가치 높은 생명수 壬水를 辰土에 담았기에 뛰어난 씨 종자가 辰土 속의 乙木으로 성장합니다. 壬水에 辛酉를 더하면 미네랄을 함유한 생명수로 변하고 辰土의 마른 땅에 공급하여 새싹을 기르기 때문입니다. 따라서 년과 월의 조합은 치료, 의료, 법조, 교육 속성이 강합니다.

일주가 무어냐에 따라 추구하는 방향이 달라지는데 戊申일을 선택하였습니다. 戊申은 戊土가 申열매를 품었기에 물질 지향적이지만 地支에만 있고 천간에 드러나지 않아서 사회성이 좋은 干支는 아닙니다. 戊申보다 더 심한 干支는 己酉로 훨씬 이기적입니다. 두 干支 모두 내부에 申酉 열매를 품었음에도 庚戌, 辛未처럼 天干으로 열매의 가치를 드러내지 못하기에 주위에서 존재를 몰라주거나 인정하지 않습니다. 다만, 日支에 申金, 時干에

- 396 -

庚金이 있을 때 그 쓰임을 최대로 높일 수 있는 조건은 바로 년과 월에 있는 木氣들을 활용하는 것입니다. 예로, 乙卯, 辰土, 未土가 많으면 庚申이 초목을 열매로 수확해서 돈벼락 맞기 때문입니다. 그렇다면 乙卯, 辰土, 未土는 동일한 효과일까요? 시간흐름을 고려하면 절대로 그렇지 않습니다. 봄에 새싹이 땅위를 오르면 乙卯요 辰月에는 좀 더 성장한 초목이며 未月에 이르면 열매로 성장하였습니다. 이런 이치로 卯申, 辰申, 未申으로 지장간 내부에서 乙庚 合해도 열매의 가치는 전혀 다릅니다. 卯申은 열매를 완성하는데 시간이 많이 필요하지만 未申은 성장이 끝난 열매이기에 빠르게 수확할 수 있습니다. 비유하면, 세 명이 동일한 시기에 사업했지만 卯申은 1년, 辰申은 9개월, 未申은 3개월 만에 수익을 내는 것입니다. 또 日支에 申金이 있고 년과 월에서 乙卯, 辰木와 乙庚 合할 때 좋은 섬은 바로 내가 돈벼락을 취하는 겁니다. 辛未와 壬辰이 노력한 결과물을 자연스럽게 申金 열매로 완성해서 안방에 있는 금고에 저장하기 때문입니다. 時間方向이 돈의 크기와 돈을 소유하는 자를 결정합니다. 저승사자 이론으로 살피면, 未年을 기준으로 亥卯未 三合을 벗어난 <u>申酉戌, 庚辛</u>은 저승사자로 년간과 일지에 저승사자를 두었기에 일반인들은 볼 수 없는 영혼의 세계를 보는 것처럼 독특한 아이디어로 대중의 재산을 강탈하는 재주가 좋습니다.

▶실제상황◀ 찰리 척 핀리(Chuck Feeney)라는 미국의 억만장자로 공항 면세점 사업으로 크게 성공했으며 80억 달러(9조원)를 코넬대 10억 달러를 포함해 교육 부문에 37억 달러, 사형제 폐지에 7천 600만 달러를 포함 인권과 사회변화 8억7천 만 달러, 건강관리 7억 달러, 오바마 헬스 케어 7천600만 달러를 기부하였습니다.

- 397 -

日支 혹은 時干에 <u>申金과 庚金</u>이 있으면 효과적인 이유

《四季圖》

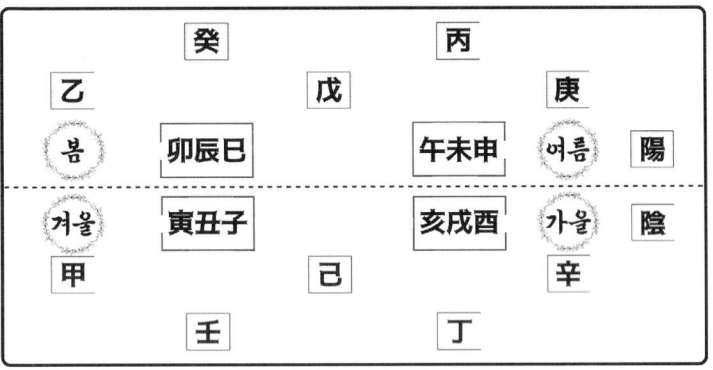

四季圖의 이치대로 <u>乙丙庚</u> 三字의 효과를 누리기 때문입니다.
乙庚 슴은 열매의 완성을 뜻하기에 물질지향 적이며 사회활동
과정에 재물과 깊은 관련이 있습니다. 乙木은 봄의 새싹이요,
庚金은 여름 열매로 乙庚 슴하고 丙火가 열매를 확장하면 재산
이 늘어납니다. 庚金만 있다고 무조건 부자가 아니라 반드시 乙
卯, 辰土, 未土가 있어야 乙庚 슴하고 丙火로 확장해서 돈벼락
을 맞습니다. 이런 사례는 넘치도록 많습니다.

乾命 1955			
時	日	月	年
庚	壬	丙	乙
戌	戌	戌	未

乙未년 丙戌월은 乙未의 장애문제, 戌土의 어둠을 해결하려고
합니다. 다만 庚金이 있어야 乙丙을 적극적으로 활용할 수 있는

- 398 -

데 시간에 庚金이 乙庚 合하기에 자연스럽게 중간에 끼어있는 丙火가 열매를 확장합니다. 마침 未年을 기준으로 亥卯未 三合을 벗어난 申酉戌과 庚辛은 저승사자로 乙未에서 성장했던 木氣들을 庚戌로 수확해서 戌土 창고에 담았습니다. 대운도 중년에 火氣로 흐르면서 열매를 크게 확장하였기에 하늘에서 돈벼락 맞은 <u>빌 게이츠</u> 사주팔자입니다.

乾命 1965			
時	日	月	年
壬	庚	乙	癸
午	申	丑	卯

癸卯년 乙丑월에 태어났으니 좋아 보이지 않습니다. 丑月에 乙卯가 성장할 공간환경이 아니기 때문입니다. 丙火로 확장할 수도 없습니다. 결국 년과 월의 조합을 활용할 일주를 선택하지 않으면 쓰임이 없습니다. 예로 戊辰을 택하면 천간에서 乙癸戊 三字를 활용하지만 봄에 새싹이 성장해야 하므로 결실이 없으니 돈벼락 구조는 아닙니다. 이 사주는 庚申 일을 택해서 년과 월의 乙卯를 모두 활용해서 열매를 수확합니다. 庚申이 오기 전에는 쓰임이 없는 구조였는데 庚申 덕분에 열매를 완성해서 돈벼락 맞는 겁니다.

결국 이런 구조는 쓸모없는 물질이나 체계 혹은 사람을 혁신하는 인물입니다. 구조도 매우 흥미로운데, 庚申이 사회 宮位에 있는 丑土에 들어가 재능을 활용하는데 丑土를 소유한 乙木이 乙庚 合하기에 희생한 대가를 사회에서 받아낼 수 있습니다. 특히 좋은 점은 卯木과 卯申(乙庚)合하기에 조상의 음덕, 국가 혜

- 399 -

택을 누립니다만 단점은 있습니다. 바로 乙庚 合하지만 丙火가 없으니 열매를 확장하지 못합니다. 따라서 반드시 時에서 이 문제를 해결해야 합니다. 丙子 혹은 壬午 時가 적절합니다만 丙子는 밤이고 壬午는 낮이기에 壬午를 택하였습니다. 午火가 오면서 좋아진 점은 첫째, 乙庚 合을 확장하고 둘째, 乙卯가 계속 성장하면서 庚申 열매에 새싹을 공급합니다. 아울러 午火에 자극받은 庚申이 壬水에 풀어지니 생명수의 가치가 높아졌습니다. 아마존 창업자 제프 베조스 사주로 하늘에서 상상할 수도 없는 돈벼락을 맞은 이유는 乙丙庚 三字 외에도 卯年을 기준으로 亥卯未 三合을 벗어난 申酉戌과 庚辛이 저승사자와 같아서 대중의 돈을 갈취하기 때문입니다. 저승사자의 생각이나 행동을 일반인들은 절대로 이해하기 어렵습니다. 전생에서 엄청난 에너지를 가지고 현생에 이르러 상상도 못할 부를 축적하는 겁니다. 따라서 이런 이치를 사주팔자 택일에 활용할 수만 있다면 三代에 걸쳐 하늘에서 돈벼락을 맞는 겁니다.

乾命 1915			
時	日	月	年
모름	庚申	丁亥	乙卯

년과 월에서 乙卯와 丁亥를 받았으니 방향이 마땅하지 않습니다. 乙卯를 키우려면 癸水와 戊土를 배합하고 卯辰巳月에 태어나야 하는데 亥月이니 성장할 수 없습니다. 또 丁亥월에 태어났으니 쓰임을 얻으려면 반드시 辛酉를 배합해야 丁辛壬 三字를로 활용할 수 있습니다. 따라서 乙卯도 丁亥도 서로 겉돌기만 할 뿐 애매한 상황입니다. 좋은 점이라면 乙卯와 亥卯로 육체를

적극적으로 활용하는 에너지는 강합니다. 이런 어정쩡한 상태에서 어떤 일주를 선택해야 년과 월의 쓰임을 좋아지는지 고민해야 합니다. 庚申일을 선택하자 일이 없어서 빈둥거리던 乙卯와 丁亥의 쓰임이 갑자기 좋아지기 시작합니다. 庚申은 그 자체로 열매를 상징하지만 열매원천 乙卯가 없거나 있더라도 丙火가 확장하지 못하면 과일의 가치가 낮습니다. 이 구조는 년의 국가, 조상자리에서 乙卯를 공급해주니 국가, 조상이 재물을 제공하는 것입니다. 특히 乙庚 合, 卯申 合으로 묶여서 庚申이 원하지 않아도 계속 돈벼락이 내려옵니다. 또 합 사이에 끼어있는 丁亥는 庚申이 방탕하지 않도록 통제하며 亥水에 풀어지니 丁辛壬 三字도 활용할 수 있습니다. 결국, 乙卯, 丁亥, 庚申은 한 덩어리로 연결되어 유기적으로 움직이기 시작합니다. 이 사주는 어떤 이유로 하늘에서 돈벼락을 맞았을까요? 乙卯년을 기준으로 亥卯未 三合을 벗어난 申酉戌과 庚辛은 저승사자와 같아서 일반인들은 상상도 못하는 사고방식으로 대중의 돈을 빠르고 쉽고 크게 취합니다. 현대그룹 정주영 회장명조라고 합니다. 대운도 중년에 계속 火金으로 흐르면서 열매를 확장하고 수확하였습니다.

乾命 1992			
時	日	月	年
모름	辛巳	癸卯	壬申

壬申년에 태어나면 申金이 壬水에 풀어지기에 주로 기술, 예술로 활용합니다. 물론 庚午를 배합하면 壬申의 가치가 높아지면서 더욱 효과적으로 활용합니다. 예로, IT산업과 같습니다. 이

사주는 癸卯월을 받았기에 壬申을 癸卯로 키우려는 의지가 분명합니다. 申金이 壬水에 풀어지고 癸水를 거쳐 卯木으로 재탄생하기에 죽음을 삶으로 바꿔서 癸卯로 키우려는 겁니다. 부모가 미국 스탠퍼드 대학교에서 법학교수로 재직합니다. 하지만 辛巳일에 태어나자 흐름이 복잡해집니다. 壬申, 癸卯를 지나 卯木이 일지 巳火를 향하기에 내면에는 申卯 열매를 확장하려는 욕망이 강하기에 이기적인 흐름입니다. 특히 巳申 사이에 끼어있는 卯木은 싫던 좋던 巳申과 한 덩어리로 묶여서 乙丙庚(卯巳申)三字의 돈벼락을 취할 수 있습니다. 결국, 卯木은 열매의 원천이지만 巳申 습사이에서 비틀리는 희생양에 비유할 수 있습니다. 즉, 癸卯는 성장을 꿈꾸는 일반 대중들이 분명합니다. 하지만 天干구조는 地支와 다른 시간방향을 가졌습니다. 巳火에 자극받은 辛金 씨종자가 壬癸에 풀어지기에 사회, 국가에 자신의 재능을 활용하니 겉모습은 이타적으로 보입니다. 일간이 년과 월을 향하기에 가정에서 효자요 사회에 재능, 재산을 기부합니다. 표면적으로 좋은 사람으로 보이지만 地支는 申卯巳로 물질욕망이 매우 강합니다.

이처럼 겉과 속이 철저히 다른 사주구조도 많으니 주의해야 합니다. 겉만 보고 판단할 일이 아니라는 겁니다. 하늘에서 돈벼락을 맞은 이유는 申년을 기준으로 申子辰 三合을 벗어난 巳午未와 丙丁은 저승사자와 같아서 대중의 돈을 갈취하는 능력이 뛰어난데 巳火가 일지에 있으니 재주가 비상합니다. 특히 남달랐던 이유는 20세부터 乙巳대운을 만나 巳火 저승사자를 활용했으니 남다른 안목을 가지고 세상을 분석하고 활용했습니다. 이것이 바로 하늘에서 돈벼락 맞은 이유로 일반인은 상상도 못하는 독특한 특징이자 재능입니다. 하지만 丙午대운으로 넘어오자마자 丙辛 습하고 2022년 壬寅년에 丙火의 빛을 壬水가 블랙

- 402 -

홀처럼 빼앗아버리니 범죄자로 몰락하고 말았습니다. 庚辛은 강력한 火氣지도자를 만나야 방탕하지 않는데 壬癸, 亥子丑, 申子辰과 조합하면 씨종자를 함부로 활용하기에 결국 문제가 발생합니다. 아래는 실제상황으로 사주구조와 비교하면서 살피면 이해가 쉽습니다.

▶**실제상황**◀2022년 壬寅년 31세 <u>샘 뱅크먼 프리드</u>는 미국 기업인으로 암호 화폐 거래소 FTX의 창립자 겸 CEO입니다. 매사추세츠 공과대를 졸업한 후 2019년에 FTX를 설립하여 3년 만에 260억 달러 순 자산을 벌었습니다. 미국 400대 부자 순위에서 최연소이자 유일한 20대입니다. 하지만 2022년 11월에 파산 신청 하였습니다. 부채 규모는 최소 100억에서 최대 500억 달러 수준입니다. 스댄피드 대학 출신으로 고인 계의 워런 버핏으로 불리며 성공한 기업가로 꼽혔습니다. 부모는 모두 스탠퍼드대 로스쿨 교수입니다. 물리학과 수학을 전공하고 금융업계에서 일하다가 2019년 FTX를 설립하고 2년여 만에 수십조 원의 투자 금을 조달했습니다. 전 세계의 코인투자 바람을 타자 그의 자산은 한 때 160억 달러(21조 2000억)에 달했습니다. 그는 이타주의 운동을 위해 FTX 재단이라는 자선단체를 설립했고 워런 버핏과 빌게이츠가 2010년 설립한 The Giving Pledge라는 자선단체에 가입해 재산의 상당 부분을 자선사업에 사용하겠다는 서약을 했습니다. 왜 갑자기 파산했을까요?

저승사자 속성을 속전, 속결로 이용하는 경우에는 반드시 불법, 비리를 저지르기 때문입니다. 이것이 저승사자를 활용할 때의 심각한 문제입니다. 나는 일반인들과 다르다는 생각에 사로잡히고 대중을 이용해서 그들의 돈을 강탈하는 과정에 불법을 저지르거나 비정상적 방식으로 사업체를 운영하다 길이 막히면 부도를 내버립니다. 가장 위에서 살폈던 권 씨의 사례도 다를 바가 없습니다. 너무도 영리하여 자기 꾀에 자기가 넘어가 범죄자로 전락하고 교도소에 들어갑니다. 이런 사례는 넘쳐납니다. 저승 사자를 활용할 경우에 반드시 주의해야할 사항입니다.

乾命 1963			
時	日	月	年
庚	丙	乙	癸
寅	寅	卯	卯

년에 癸卯를 만났으니 새싹을 키우려는 의지가 강합니다. 마침 乙卯 월에 태어나 많은 새싹들이 癸水의 도움으로 좌우로 펼치 며 성장합니다. 丙寅 일에 태어나 수많은 乙卯들은 丙火를 향하 여 뛰어갑니다. 너도 나도 성장하고 꽃 피우려는 의지가 강해졌 습니다만 문제는 성장할 뿐 열매가 없으니 반드시 時에서 연월 일 흐름을 활용할 干支를 선택해야만 합니다. 다행하게 庚寅시 에 태어납니다. 庚金 하나로 연월일에서 쓸모 없이 빈둥거리던 글자들의 가치가 크게 높아지는데 乙庚 합하고 중간에 끼어있는 丙火로 열매를 확장하기 때문입니다. 이처럼 한 덩어리로 뭉쳐 서 시너지 효과를 발휘하면 돈을 그만 벌고 싶은데도 계속 하늘 에서 돈벼락을 맞습니다. 특히 卯年을 기준으로 亥卯未 三合을 벗어난 申酉戌, 庚辛은 저승사자로 대중의 돈을 강탈하는 재주 가 뛰어납니다. 표면적으로는 좋아 보이지 않는 구조임에도 재 벌인 이유입니다. 癸卯로 키우고 乙庚 합하고 丙火로 확장하는 乙丙庚 三字를 기반으로 저승사자 효과를 톡톡히 누렸습니다.

- 404 -

乾命 1963			
時	日	月	年
庚	乙	戊	癸
辰	酉	午	卯

癸卯년 戊午월에 태어났으니 癸卯로 키우고 戊午로 열매를 품었지만 무엇이 부족할까요? 庚申으로 乙卯와 乙庚 합해야 년과 월의 행위에 가치를 부여합니다. 더욱 좋은 점은 卯年을 기준으로 亥卯未 三合을 벗어난 申酉戌, 庚辛은 저승사자와 같아서 대중의 돈을 강탈하는 재주가 뛰어납니다. 수천억 부를 축적하였습니다. 사주팔자에 있는 특징을 활용해서 하늘에서 돈벼락을 맞았습니다. 첫째, 년과 월에서 乙癸戊 三字로 키우고 둘째, 乙丙庚 三字로 열매를 확장했으며 셋째 酉辰으로 뻥튀기 빠르고 크게 부풀렸습니다. 넷째 午酉辰으로 丁辛壬 三字를 활용하였습니다. 마지막으로 庚金과 酉金 저승사자를 활용해서 하늘에서 수천억 돈벼락을 맞았던 겁니다.

乾命 1952			
時	日	月	年
庚	壬	乙	壬
戌	午	巳	辰

壬辰과 乙巳는 키우고 꽃을 활짝 피웠으니 日에서 어떤 간지를 얻어야 년과 월의 가치를 높이는지 고민해야 합니다. 반드시 庚金으로 乙木을 합하고 巳火로 확장해야 합니다. 마침 庚戌시를 택해서 월주 乙巳를 庚戌에 담습니다. 하지만 時에 있으니 일주 壬午가 취할 수 있는지 구조를 살펴야 하는데 무조건 취할 수밖

- 405 -

에 없는 이유는 壬水가 乙庚 合 사이에 끼어서 乙도, 庚도 자연 스럽게 壬水를 향해 올 수밖에 없습니다. 이런 구조도 돈이 너무 많아서 돈을 벌기 싫다고 거부해도 계속 하늘에서 돈벼락을 내려주는 구조입니다. 약 2천억 재산가로 1990년대에 학원 강사로 돈을 벌어 부동산에 투자하여 명동에 빌딩, 강남에 몇 개의 학원을 소유하였습니다. 辰年을 기준으로 申子辰 三合을 벗어난 巳午未와 丙丁 저승사자가 乙庚 合한 열매를 계속 확장하는 과정에 壬水가 생명수를 공급해서 열매가 타죽지 않도록 해주고 당도 높은 과일을 만들었습니다.

乾命				陰/平 1966년 2월 13일 20:30								
時	日	月	年	81	71	61	51	41	31	21	11	1
庚戌	壬戌	庚寅	丙午	己亥	戊戌	丁酉	丙申	乙未	甲午	癸巳	壬辰	辛卯

丙午년에 태어났으니 빛과 열을 활용하려는 의지가 강하고 寅午戌 三合과 丙火로 밝고 公的입니다. 하지만 丙午가 원하는 干支를 배합하지 않으면 무용지물이기에 적절한 월을 선택해야 합니다. 丙午의 본성은 빛과 열을 가하여 열매를 키우는 것이지만 반드시 乙卯도 보충해야 합니다. 다만 년주가 丙午이기에 시간 방향을 감안하면 庚申이나 庚戌이 좋아 보이지만 이 사주는 庚寅월을 택했습니다. 따라서 庚金을 열매로 활용하는 것이 아니라 丙午를 활용해서 庚金에 열기를 가한 후 辛처럼 마른 씨종자를 寅木을 내놓으려는 겁니다. 즉, 丙午, 庚, 辛을 지나 甲寅으로 재탄생하는 흐름입니다. 결국 庚金은 여름에 부피를 확장하는 열매가 아니라 寅에게 제공하는 씨종자 역할입니다. 헌 것(庚金)을 새것(寅木)으로 바꾸는 작업이 庚寅에서 이루어지는 겁니다. 이제 寅木을 키워서 열매 맺고 수확해야 합니다. 壬戌일

- 406 -

을 택했는데 만약 壬午일이었다면 흐름이 조금 더 순차적이었겠
지만 戌土 墓地를 활용할 수 없는 구조입니다. 천간은 丙庚壬으
로 丙午가 庚金을 자극하면 壬水에 풀어지기에 丁辛壬 三字처
럼 크고 빠르게 돈벼락 맞는 조합입니다. 연월일 조합을 정리하
면, 천간에서 돈과 명예가 壬水를 찾아오고 戌土는 년의 丙午를
일지에 담을 수 있으니 조상, 국가의 음덕을 내가 취하는 겁니
다. 이처럼 墓地를 활용하는 구조는 수백억 부를 축적하는 경우
를 많이 봅니다. 庚戌시에 태어났으니 庚寅과 달리 열매를 수확
하고 저장한 후 壬水를 향합니다. 이때 壬水는 무슨 작용을 할
까요? 午年을 기준으로 寅午戌 三合을 벗어난 亥子丑과 壬癸는
저승사자와 같기에 쉽고, 크고 빠르게 하늘에서 돈벼락을 맞습
니다.

▶실제상황◀ 2012년 壬辰년 상황으로, 甲午대운에 사업으로
성공해서 수백억 재산을 보유하였습니다. 乙未대운에는 庚金이
반드시 필요했던 乙木을 보충해서 乙丙庚 三字로 열매를 더욱
크고 빠르게 확장하였습니다.

乾命				陰/平 1958년 9월 29일 20:30								
時	日	月	年	89	79	69	59	49	39	29	19	9
戊	辛	癸	戊	壬	辛	庚	己	戊	丁	丙	乙	甲
戌	卯	亥	戌	申	未	午	巳	辰	卯	寅	丑	子

戊戌에서 영토를 확장할 방법이 없으니 벗어나야 합니다. 어떻
게 벗어날지는 월에서 결정할 것인데 마침 癸亥월에 태어나 戌
土의 지장간에 있는 丁辛을 亥水에 풀어내려는 의지가 강합니
다. 또 戊癸 합으로 火氣를 증가해서 丁辛壬 三字를 활용하여

- 407 -

돈벼락을 맞습니다. 辛卯일에 태어나니 그 의지가 더 뚜렷해집니다. 癸亥에 辛 씨종자를 풀어서 卯木 새싹을 드러내 키우려고 하므로 연월일 흐름이 좋습니다. 辛金이 자신의 씨종자를 癸亥월에 풀어내고 결과적으로 일지에서 卯木을 취하니 사회활동 과정에 능력을 재물로 바꿀 능력이 뛰어나고 배우자 덕도 굉장히 좋습니다. 宮位를 감안하면 38세에서 45세 사이가 인생에서 가장 화려한 시절입니다. 저승사자로 살피면 戌年을 기준으로 寅午戌 三合을 벗어난 壬癸와 亥子丑은 저승사자와 같은데 월주 癸亥는 강력한 저승사자로 대중의 부를 강탈합니다.

▶**실제상황**◀철강업으로 丙丁대운에 700억 돈벼락을 맞았습니다. 癸亥 저승사자를 활용해서 쉽고 빠르고 재산을 축적했습니다. 辛金이 卯木에 부를 축적한 후 다시 癸亥로 향해도 시간 戊土를 활용해서 戊癸 合하고 卯戌 合하기에 재투자하고 다시 취하기를 반복합니다. 700억 재산 중 350억은 부인의 재산이라고 합니다.

坤命				陰/平 1980년 9월 13일 10:30								
時	日	月	年	84	74	64	54	44	34	24	14	4
乙	丁	丙	庚	丁	戊	己	庚	辛	壬	癸	甲	乙
巳	卯	戌	申	丑	寅	卯	辰	巳	午	未	申	酉

庚申년에 태어났으니 庚金과 申子辰이 만나서 열매를 수확할지, 씨종자를 후대에 전달할지 선택해야 하는데 월주에서 무엇을 택하느냐에 따라 달라집니다. 丙戌월에 태어나 丙火를 활용해서 庚申을 확장하고 戌土 창고에 저장하려는 의지입니다. 이때 반드시 보충할 것은 乙卯, 未, 辰으로 <u>乙丙庚</u> 三字를 활용해야 마르지 않는 샘물처럼 계속 돈벼락을 맞습니다. 다만, 庚申과 丙

戌 조합에 乙卯가 없으니 물질보다는 교육, 공직에 어울립니다. 특히 丙戌간지는 丙火 빛을 戌土 어둠에 공급하기에 세상을 밝히려고 노력하기에 부친이 법률가로 활동하는 이유입니다. 丁卯일에 태어났습니다. 卯木이 卯戌로 합하고 卯申으로 합한 후 丙火로 열매를 확장합니다. 마침 대운도 火氣로 흐르면서 큰 열매를 수확합니다. 문제는 丁卯의 시간방향이 월과 년으로 향하기에 조상, 부모에 효도하고 재능을 국가, 사회에 활용하지만 노력의 대가를 받으려면 丁卯로 돌아와야 하는데 나가기만 할 뿐 돌아오지는 못합니다. 이제 마지막 남은 時를 활용해야 하는데 乙巳시에 태어나면서 乙木과 庚金이 합하고 丙丁이 열매를 확장하고 익히기에 乙丙庚이 모두 가까워지고 丙火가 丁火를 향합니다. 분명히 丁卯는 년과 월을 향해 나갔는데 乙巳시에 태어나자 년과 월에서 이루어진 모든 결과물을 丁卯가 취하는 겁니다. 이것이 바로 天干 합의 묘미입니다. 巳火는 월지 戌土를 향하는 과정에 卯木을 함께 끌고 들어가며 年과 時에서 巳申 합하는 과정에 <u>乙丙庚</u> 三字로 조합하니 天干, 地支 모두 乙丙庚을 이용해서 하늘에서 돈벼락을 맞습니다. 특히 申年을 기준으로 申子辰 三合을 벗어난 巳午未와 丙丁은 저승사자 역할인데 사주원국에 많고 열매를 확장하기에 대중의 돈을 쉽고 빠르게 취하는 재주가 뛰어납니다. 특히 저승사자들이 일반인들의 이목을 집중할 수 있는 이유는 그들의 생각이나 행동, 특징이 너무도 다르기 때문입니다. 이 사주의 단점은 水氣가 전혀 없으니 운에 따라 乙卯 生氣가 상할 수 있습니다.

▶실제상황◀킴 카다시안(Kimberly Kathleen Kardashian)사주로 모델 겸 영화배우입니다. 2015년 당시 1년 수입이 5천 3백만 달러(630억 원)로 추산되었습니다. 37세 2016년 丙申년에 프랑스 파리에서 무장 강도에 습격당해서 120억 상당의 귀금속

- 409 -

을 강탈당했습니다. 丙申년은 丙申과 乙卯가 합하는 과정에 乙卯가 상했기 때문이고 특히 丙火가 저승사자처럼 흉하게 작용하자 120억을 강탈당했습니다. 이처럼 모든 작용은 밝음과 어둠이 공존하기에 하늘에서 돈벼락을 맞다가도 흉한 운에는 오히려 저승사자에게 강탈당합니다.

乾命				陰/平 1886년 4월 12일 14:00								
時	日	月	年	87	77	67	57	47	37	27	17	7
癸	乙	癸	丙	壬	辛	庚	己	戊	丁	丙	乙	甲
未	亥	巳	戌	寅	丑	子	亥	戌	酉	申	未	午

유사한 사례를 하나 더 보겠습니다. 丙戌년에 태어났으니 세상을 밝히려는 의지가 강하지만 癸巳월에 태어나 꽃을 활짝 피워서 열매를 맺으려는 의지로 바뀝니다. 그리고 乙亥일을 선택하면서 乙丙과 癸巳로 봄에 활용하는 에너지가 가득하기에 만약 庚金을 보충할 수만 있다면 乙丙庚 三字를 활용해서 돈벼락을 맞습니다. 하지만 사주원국에는 없는데 마침 27세부터 46세까지 丙申, 丁酉대운을 지나면서 열매를 확장하고 수확할 기회가 찾아옵니다. 특히 흥미로운 점은 戌年을 기준으로 寅午戌 三合을 벗어난 亥子丑과 壬癸는 저승사자와 같은데 월간에 癸水, 일지에 亥水, 시간에 癸水로 있기에 대중들은 절대로 상상할 수 없는 돈벼락을 맞을 수 있습니다. 다만 亥水의 단점은 巳亥 沖하는 것으로 꽃을 시들게 만들고 亥水도 沖으로 불안정해집니다. 일지에 亥水가 있으니 38세에서 45세 사이에 문제가 발생할 것임을 암시합니다. 이처럼 저승사자가 무조건 좋은 것이 아니며 사주구조에 따라 길흉이 크게 달라집니다.

▶**실제상황**◀정 림생(程 霖生)이라는 중국인으로 부친이 외국인

의 지갑을 주워서 돌려주자 직원으로 채용하고 본국으로 돌아가면서 집 한 채와 사업자금을 주자 상해 부동산에 투자하여 엄청난 돈을 벌었고 이 사람에게 유산을 남겨서 부동산 재벌이 되었다고 합니다. 하지만 1930년 전후에 잘못된 투자로 전 재산을 날리고 파산하자 일본으로 건너갔다고 합니다. 이처럼 저승사자의 특징 중 하나는 외국, 해외이민처럼 고향이나 조국보다는 해외와 인연이 많고 일반인은 상상할 수 없는 방식으로 하늘에서 돈벼락을 맞습니다만 운이 나쁘면 저승사자가 갑자기 돌변해서 모든 재산을 강탈해갑니다. 이런 황당한 작용은 사주팔자에 정해진 구조대로 반응하는데 하필 일주가 乙亥로 乙이 亥水에 움직임이 매우 답답해지고 巳亥 沖으로 화려했던 꽃이 시드니 파산하고 말았습니다.

乾命					陰/平 1938년 4월 26일 02:30								
時	日	月	年		84	74	64	54	44	34	24	14	4
辛	丁	丁	戊		丙	乙	甲	癸	壬	辛	庚	己	戊
丑	巳	巳	寅		寅	丑	子	亥	戌	酉	申	未	午

戊寅년에 태어났으니 戊土와 寅午戌로 영토를 확장하려는 욕망이지만 丁巳월에 태어나 무엇을 원하는지 모호합니다. 巳月에 꽃을 활짝 피우려면 년의 寅木을 활용해야 하고 그 다음 동작은 결실을 맺어야 하는데 월과 동일한 丁巳일에 태어났으니 간지가 중첩되면서 발전이 더딥니다. 다행하게도 대운이 24세부터 庚申과 辛酉로 흐르면서 강력한 丁巳를 활용해 열매를 확장합니다. 남은 것은 시주뿐이니 연월일 움직임에 대한 결과를 얻어내야 합니다.

- 411 -

◉庚子, 辛丑, 壬寅
◉癸卯, 甲辰, 乙巳
◉丙午, 丁未, 戊申
◉己酉, 庚戌, 辛亥, 壬子

이 중에서 庚子, 辛丑, 甲辰, 戊申, 己酉, 庚戌, 辛亥시를 고려해볼만 합니다. 차이를 정리하면, 丁+庚子는 丁辛壬 三字처럼 활용하지만 효율은 떨어집니다. 甲辰은 교육, 공직 속성이기에 사주원국과 대운의 방향에 적합하지 않습니다. 戊申과 己酉는 결과물이 천간으로 드러내지 않았고 水氣가 없으니 열매가 너무 말랐습니다. 庚戌은 丁과 庚의 시공간이 적절한 것은 아니지만 戊土에 巳火를 담는 <u>墓地</u>작용을 활용해서 돈벼락을 맞을 수도 있지만 일주는 취하지 못하기에 자식 대에서 발전합니다. 辛亥는 丁巳와 함께 <u>丁辛壬</u> 三字를 활용하지만 문제는 巳亥가 沖하니 불편합니다. 이 사주는 辛丑시에 태어나 丁+辛丑으로 강력한 열기를 품은 辛金이 丑土의 地藏干에 있는 癸水에 폭발하는 방식으로 돈을 벌지만 壬癸가 겉으로 드러나지 않아서 답답한 맛은 있습니다. 壬戌대운부터 상황이 급반전한 이유는 천간에서 丁辛壬 三字로 돈벼락을 맞았고 더욱 좋은 점은 寅年을 기준으로 寅午戌 三合을 벗어난 亥子丑과 壬癸는 저승사자와 같아서 상상할 수 없는 크기와 속도로 하늘에서 돈벼락을 맞았습니다. 특히 壬戌, 癸亥, 甲子로 이어지는 대운에서 저승사자의 엄청난 폭발력으로 丁辛을 활용해서 돈벼락을 맞았습니다. 결국 이 사주는 辛丑이 매우 중요한 역할인데 마침 44세 이후에 들어오는 저승사자 대운을 만나서 시너지효과를 발휘하였습니다.

▶**실제상황**◀78세 당시 상황으로 재산이 계속 불어 수백억 자산가라고 합니다.

부록 1 - 乙庚 合 심층 분석

지금까지 살펴본 벼락부자 사주에서 공통적으로 보여주는 몇 가지 특징 중 하나는 乙庚 合으로 돈벼락 맞을 가능성이 매우 높은 인자임을 확인하였습니다. 乙丙庚 三字를 활용하거나 혹은 庚金을 저승사자로 활용해서 수확하는 경우에도 하늘에서 돈벼락을 맞습니다. 다만, 조건은 乙卯, 辰土, 未土가 있어야 마르지 않는 부의 원천이며 오래도록 부를 유지합니다. 결국 택일하는 과정에 乙庚 合을 적절하게 활용하면 벼락부자로 가는 추월선을 택할 수 있음을 이해하였습니다. 이렇게 중요한 乙庚 合의 개념을 정리해보겠습니다.

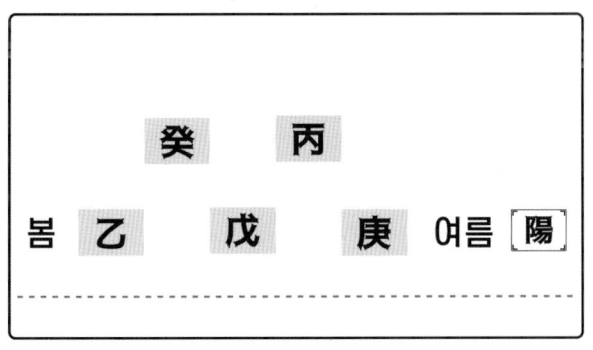

지구가 회전하기에 자연은 사계를 순환하는데 명리에서는 天干 合이라는 이론으로 그 이치를 표현해낼 수 있습니다. 천간 합에는 모두 5개의 종류가 있으며 乙庚, 丙辛, 戊癸, 丁壬, 甲己 合으로 상이한 성질을 가진 두 종류의 에너지가 合을 통하여 협력하고 또 沖하면서 움직임과 변화를 이끌어냅니다. 우주본성이자 神의 의지는 한시도 멈추지 않고 움직임과 변화를 통하여 우주

- 413 -

에 生氣를 퍼트리고 살아있음을 증명합니다. 지구도 움직이고 살아있음을 증명하고자 天干 合과 沖을 활용해서 뭉치고 흩어지기를 반복하는데 그 이치가 바로 天干 合입니다.(天干 合의 자세한 내용은 기 출판한 책들, 특히 時空間부호 지장간, 時空論, 三刑論 등을 참조하시기 바랍니다.) 그 중에서 乙庚 合의 특징과 물상은 가장 이해가 쉽습니다. 나머지는 합을 통해서 火氣나 水氣를 만들기에 그 의미나 작용이 뚜렷하지 않는데 乙庚 合만큼은 봄과 여름의 새싹과 열매처럼 극히 현실적인 물질에 해당합니다. 새싹 乙이 열매 庚과 合하면 좌우로 펼치는 움직임과 딱딱해지려는 움직임이 조합해서 열매 맺고, 가을에 열매로 완성됩니다. 새싹들은 경쟁적으로 성장하고 庚金은 乙木을 품어서 열매의 틀을 다집니다. 기존의 이론에는 乙庚 合하면 무조건 金氣로 변한다고 주장했지만 天干 合은 항상 쌍방향임을 기억해야 합니다. 그 이유는 극히 명확한데 지구가 회전하기 때문입니다.

甲에서 회전을 시작해서 乙丙丁戊己庚辛壬癸까지 갔다가 다시 甲으로 순환합니다. 따라서 乙에서 庚까지가 한 방향이요, 庚에서 출발해서 辛壬癸甲을 지나 乙까지가 다른 한 방향입니다. 즉, 봄에서 여름과 가을을 향하는 乙庚 合은 새싹이 열매로 바뀌기에 金氣(열매, 돈)라 표현하지만 가을에서 겨울을 지나 봄에 乙木으로 새싹이 오르는 庚乙 合은 오히려 딱딱한 열매에서 점점 부드러워져 봄에 새싹 乙木으로 바뀌기에 庚乙 合木이라 불러야 합니다. 이런 이유로 乙庚이 合하면 무조건 金氣로 바뀐다는 생각에서 벗어나야 합니다. 운동방향으로 살피면, 봄에서 가을을 향할 때는 밖에서 활동하던 乙木이 점점 庚金 내부로 들어가지만 가을에서 봄을 향할 때는 庚金(辛金)내부에 숨어있던 乙木(生氣)이 땅을 뚫고 올라와 좌우로 펼치기에 내부에서 외부를 향하는 움직임입니다. 결국 乙庚 合은 부드러움과 딱딱함이 짝을 이루어서 내부로 들어갔다가 외부로 나오기를 반복합니다. 이런 움직임을 가장 이해하기 쉬운 물상은 딱딱한 껍질을 가진 소라의 움직임과 같습니다. 부드러운 몸체를 가진 소라가 딱딱한 껍질 속으로 들어갔다가 나오기를 반복합니다. 물론 乙庚 合을 활용한 물상들은 참으로 다양하고 많습니다. 예로 전기선도 乙庚 合입니다. 전선을 감싼 피복은 庚金이고 내부에 흐르는 전선과 전기는 乙木입니다. 乙庚 合은 부드러움과 딱딱함으로 조합한 물상뿐만 아니라 틀과 틀의 활용으로 이해해야 합니다. 예로 庚金은 기계 혹은 하드웨어, 乙木은 소프트웨어 혹은 기계에서 나오는 부드럽고 길고 휘어진 물형입니다. 스마트폰 자체는 庚金이고 응용프로그램은 乙木의 성향을 활용해서 정보를 전파합니다.

반드시 이해해야할 점은, 乙庚 合의 움직임은 절대로 한쪽 방향이 아니며 반드시 쌍방향을 향합니다. 마치 컨베이어벨트처럼 일정한 기간이 지나면 반대편으로 돌아가기를 반복합니다. 따라서 한쪽 방향만 향하는 움직임은 결코 乙庚 合이 될 수 없으며 반드시 주고받는 행위를 반복합니다. 정보통신, 방송, 광고, 홍보도 모두 회사와 고객이 상호반응하기에 乙庚 合 물상을 활용한 사례들입니다. 딱딱한 물체의 일부를 활용하는 방식도 마찬가지로 볼펜 틀은 庚金이요 글을 쓰는 볼펜심은 乙木입니다. 칼잡이는 庚金이고 칼날은 乙木입니다. 컵은 庚金이고 물을 담아서 마시는 행위는 乙木입니다. 벌초도 유사합니다. 초목 乙木을 庚金 기계로 자르기에 이발소에서 머리카락을 자르는 행위와 동일합니다. 안경테는 庚金이고 안경알은 도수를 조절하기에 乙木입니다. 책은 庚金이고 책이 담은 내용은 乙木입니다. 사회에서 활동하는 과정에 乙庚 合 물상은 무엇이 있을까요? 성장하는 乙木(개인)이 경쟁을 통해서 庚金 사회일원으로 성숙해가는 과정입니다. 이런 이유로 乙庚 合의 의미에는 강렬한 경쟁의식이 숨어있습니다. 남들보다 빠르게 좌우확산해서 성장하고 결실을 맺으려는 경쟁의식이 강합니다. 한마디로, 돈을 빠르고, 크게 벌고 싶은 욕망이 乙庚 合입니다. 乙木이 庚金 내부로 들어가는 과정은 혼자서 소규모로 사업을 시작했는데 여러 계열사를 거느린 대기업으로 성장하는 과정과 같습니다. 이처럼 乙庚合은 개인과 단체가 만나고 헤어짐을 반복합니다. 물형으로 살피면, 乙木은 새싹처럼 여리고 부드럽지만 庚金은 딱딱해지면서 무겁고 느립니다. 乙木은 생기발랄함을 유지하려고 노력하지만 庚金은 乙木을 수렴해서 生氣를 제거하려고 합니다.

이처럼 乙庚 合 물상은 매우 다양하며 본점과 대리점처럼 본사를 기반으로 독립한 조직도 동일한 물상입니다. 혹은 庚金 조직에서 乙木개인을 내보내서 활용합니다. 예로, 은행의 이자놀이와 같습니다. 乙庚 合에서 은행물상이 많이 나오는 이유로 巳酉丑 金庫에서 乙卯를 내보내기에 목돈을 빌려주고 이자가 들락거리는 움직임입니다. 현대에서 가장 흔하게 활용하는 乙庚 合 물상은 바로 기계를 활용해서 정보를 교환하는 움직임입니다. 사주예문을 살펴보겠습니다.

```
庚壬丙乙   乾
戌戌戌未
```

빌 게이츠 사주팔자입니다. 年에 乙木이, 時에 庚金이 있습니다. 사주팔자는 시공간의 기록이기에 天干 合이 멀리 떨어져 있을수록 時空間을 넓게 활용하며 이에 따라서 부의 크기가 달라집니다. 예로, 년과 시에서 合하는 구조는 한국에서 유럽, 년과 월에서 합하면 서울에서 부산 정도의 시공간과 같습니다. 이런 이유로 年과 時에서 合하는 사주구조는 활용하는 시공간이 매우

- 416 -

넓어서 국제적 인물이 될 가능성이 높아지고 재물과 명예의 크기가 크게 확장됩니다. 시간흐름으로 合의 의미를 살피면 年의 乙木은 개인이었는데 時干에 있는 庚金에 이르면 조직, 단체를 형성하기에 자수성가해서 대기업을 형성합니다. 혼자서 시작하지만 결국 큰 조직을 갖추는 과정입니다. 따라서 빌 게이츠 사주구조가 좋은 점은 년과 시에서 乙庚 合하고 중간에서 丙火가 끼어서 강제적으로 열매를 확장하는 乙丙庚 三字를 활용하기 때문입니다. 빌 게이츠는 乙庚 合을 소프트웨어와 하드웨어 물상으로 활용해서 전 세계에 정보통신 시스템을 구축하였습니다.

```
庚己己乙 乾
午未丑巳
```

선박 왕 오나시스 사주팔자라고 합니다. 년과 시에서 乙庚 合하는데 乙巳와 庚午를 乙丙庚 三字로 활용해서 하늘에서 돈벼락을 맞습니다. 乙木이 庚金을 향하기에 개인으로 출발해서 다국적 기업 혹은 세계에 영향력을 행사하는 인물로 바뀝니다. 이처럼 天干 合은 年時로 떨어져 있는 것이 좋습니다.

```
庚丙戊乙 乾
寅辰寅未
```

스티브 잡스 사주팔자입니다. 년과 시에서 乙庚 合하니 개인에서 단체로 갑니다. 중간에 끼어있는 丙火가 본인이기에 직접 乙丙庚 三字를 활용해서 열매를 확장합니다. 빌 게이츠는 사주팔자가 火金으로 구성되어 물질 지향적이지만 스티브 잡스는 대부분 木氣이기에 만물을 키우고 세상을 활기차게 만들려는 의지가 강합니다. 이 구조도 乙木에서 庚金을 향하니 개인에서 조직으로 변해갑니다. 다만, 乙庚 合하고 열매를 확장하는 행동을 丙

- 417 -

火 본인이 하므로 모든 일에 직접 관여해야만 직성이 풀립니다. 하지만 빌게이츠는 월에 丙火가 있기에 사회에서 확장해준 열매를 쉽게 취합니다. 행동파 사장과 은둔 형 사장의 차이로 이해하면 쉽습니다. 스티브 잡스도 乙庚 合 물상을 정보통신으로 활용했습니다.

乙癸壬庚 乾
卯亥午戌

이 구조는 년과 시에서 乙庚 合하는 것은 동일하지만 庚金이 年에 있고 乙卯가 時에 드러나니 단체에서 개인을 파견한 모습입니다. 또 乙庚 合했으니 丙火가 필요한데 癸水와 壬水가 중간에 끼어서 열매를 확장하는데 불편합니다. 다행하게 午月에 태어났기에 일정부분 열매를 확장할 수도 있습니다. 庚金에서 출발해서 乙卯를 내놓기에 새싹을 열매로 완성하는 과정이 아니고 기존에 수확했던 씨종자에서 새로운 새싹을 내놓기에(庚乙 合 木)활용하는 물상이 좀 다릅니다. 庚金 틀에서 乙卯를 時까지 멀리 연결하기에 중국의 유명 방송인입니다. 즉, 乙庚 물상을 미디어, 방송통신으로 활용하였습니다. 乙庚 合 범위가 넓기에 중국 전역에 송출합니다.

庚癸戊乙 乾
申卯子巳

이 구조는 乙에서 庚을 향해 갑니다. 乙庚 合은 가능한 여름에 활용해야 시공간이 적절한데 子月에 태어나 열매를 확장할 수 없기에 돈을 추구하기는 어렵습니다. 또 乙癸戊 三字도 함께 섞이니 교육, 공직에 어울립니다. 다만, 년에 있어야할 戊土가 월에 있으니 공직자로는 좀 부족하고 공직과 물질을 섞은 구조이

- 418 -

기에 본사와 지사의 개념을 활용한 은행 지점장이 되었습니다.

```
庚壬己庚 乾
子辰卯申
```

乙庚 합이 반드시 天干에서만 이루어지는 것은 아닙니다. 卯申 합도 乙庚 합과 거의 동일한 작용입니다. 년과 월에서 卯申이 합하고 天干에 드러나지 않았습니다. 따라서 외부에서 많은 사람들이 인지하는 조직이나 단체가 아닙니다. 또 丙火가 없기에 열매를 키우려는 의지도 없고 壬水가 申子辰과 조합하여 자유롭게 활동하기를 선호하기에 조직에 들어가 있으면서도 적극적으로 활동하지는 않습니다. 소속감이 떨어지고 유령회원처럼 활동합니다. 증권과 보험회사에 등록은 했지만 활동은 거의 하지 않는 이유입니다.

```
戊丙庚乙 乾
子午辰巳
```

년과 월에서 乙庚 합했고 丙火로 확장하지만 辰月에 이루어진 합이기에 아직 열매는 물론이고 꽃도 피지 않았습니다. 결국 적절하지 않은 공간에 너무 일찍 열매를 드러냈기에 그 가치가 낮습니다. 예로, 동일한 辰月이지만 庚金이 月干이 아니고 時干에 드러났다면 엄청나게 다른 인생을 살았습니다. 예로, 이 사주구조는 1억을 모았다면 庚金이 時干으로 드러난 구조는 100억을 축적했을 겁니다. 그 이유는 자연에서 辰月에 원하는 행위는 乙癸戊로 乙木을 키우고 巳午未申월을 지나는 과정에 튼실한 庚金 열매를 완성하기 때문입니다. 하지만 이 사주구조는 乙庚 합이 년과 월에 있으니 합의 가치를 매우 좁게만 활용할 수 있습니다. 26세 1990년 庚午年에 이발사 자격증을 취득해서 20年

- 419 -

동안 이발사로 살았습니다. 庚이 열매도 아니고 合의 범위도 좁
으니 가치가 떨어집니다. 이 구조의 乙庚 合은 새싹처럼 자라는
머리카락을 가위로 자르는 물상입니다.

```
癸壬乙庚 乾
卯戌酉寅
```

년과 월에 乙庚 合이 있는데 酉月에 태어나 乙木을 수확하려는
욕망이기에 이발물상과는 전혀 다릅니다. 辰月 봄에는 乙庚 合
으로 마구잡이로 성장하는 새싹의 일부를 정리하는 정도로 그치
지만 酉월의 乙庚 合은 가을에 반드시 수확해야 합니다. 甲申,
乙酉는 甲乙 生氣를 申酉로 수확하거나 다친 甲乙을 치료해야
합니다. 결국 수확하는 행위는 철저하게 生氣를 없애려는 것이
기에 사업물상에 어울립니다. 만약 生氣를 치료하는 물상을 원
하면 의사, 간호사에 적합합니다. 이 구조는 壬水와 癸水를 활
용해서 酉金을 뺑튀기하므로 사채, 금융에 어울립니다. 축협간
부로 乙庚 合을 은행물상으로 활용했습니다.

```
庚庚乙庚 乾
辰午酉寅
```

酉월의 경우에 乙木이 통근하지 못해서 굉장히 흉하다고 단정합
니다. 하지만 자연의 이치로 살피면, 酉月에 乙木은 반드시 무
기력해야 합니다. 수확해야 하는데 乙木이 통근하고 생을 받으
면 수확하는데 애를 먹습니다. 자연의 순환원리를 모르면 乙木
이 酉金 絶地(절지)에서 흉하다고만 인식합니다. 甲申, 乙酉 月
에 사업가 사주가 많은 이유는 甲乙을 申酉로 수확해서 돈을
만들려는 욕망이 강하기 때문입니다. 따라서 酉月을 만난 乙木
은 地支에 通根(天干의 글자가 地支에 근거지를 두어야 좋다는

- 420 -

논리)해야 좋은 것이 아니고 극도로 무기력할수록 쉽고 빠르게 낫질해서 크게 수확합니다. 이 남자는 노루표 페인트에 입사해서 몇 년 다니다 대리점을 차려서 안정적으로 살아갑니다. 乙庚 합 물상을 대리점으로 활용한 사례입니다. 다만 乙庚 합이 年과 月에서 이루어지기에 활동하는 범위가 크지 않습니다.

```
戊己乙壬 乾
辰卯巳辰
```

사주원국에 乙庚 합이 없지만 41세 庚戌대운에 이르면 乙庚 합하는데 마침 巳月에 태어났기에 乙丙庚 三字로 열매를 확장합니다. LG화학에서 15년 근무하고 庚戌대운에 이르자 乙庚 합물상을 활용해서 알루미늄 샷시 공장을 차렸습니다. 乙庚 합을 식당에 활용하면 떡볶이, 짜장면에 적합하고 국수공장도 적합합니다. 乙庚 합하는 경우에는 브랜드를 활용하는 것이 훨씬 좋습니다. 반드시 단체, 조직을 형성하기 때문입니다.

```
己己乙壬 乾
巳未巳辰
```

大學을 졸업하고 戊申대운에 플라스틱 공장장이 되었고 庚戌대운에 수백 명 종업원을 통솔하였습니다. 이 구조도 사주원국에는 경금이 드러나지 않았지만 庚戌대운에 이르러 乙庚 합하고 巳火로 확장하기에 기계에서 플라스틱이 계속 쏟아집니다.

```
庚己乙己 乾
午亥亥酉
```

亥月에 乙木은 성장하지 못하고 庚金과 합해도 丙火가 없으니

- 421 -

열매를 확장할 수 없습니다. 己酉년 乙亥월로 흐르는데 그 작용을 干支로 바꾸면 辛亥요 또 乙庚이 合하기에 성장하는 乙亥를 적절하게 다루는 모습입니다. 미용실을 차렸지만 부모의 반대로 무역회사를 다녔지만 천직을 포기하지 못하고 다시 미용사로 활동합니다.

```
辛丁庚乙 乾
丑未辰卯
```

庚辰月에 乙卯와 合해서 활동범위가 넓지 않습니다. 서울예전 영화과를 졸업하고 영상프로덕션에서 일합니다. 乙庚 合을 미디어 물상으로 활용한 사례입니다. 컨베이어 벨트처럼 영사기가 계속 회전하면서 왕복합니다.

```
庚丙乙庚 乾
寅辰酉戌
```

이 구조에는 두 개의 乙庚 合이 있습니다. 년과 월에서 그리고 월과 시에서 合합니다. 년과 월의 乙庚 合은 酉月이기에 수확하려는 욕망이 분명하지만 월과 시의 乙庚 合은 공간 환경이 크게 달라집니다. 동일한 乙庚 合이지만 庚戌과 乙酉는 乙木을 제거하려는 작용이었다면 丙辰과 庚寅을 활용하는 乙庚 合은 丙火로 열매를 확장하려는 욕망이 훨씬 강하기 때문입니다. 특히 寅卯辰으로 성장의 기세가 강한 공간에서 乙丙庚 三字로 조합하였기에 乙庚 合으로 사방팔방에 생기를 퍼트리려고 합니다. 이처럼 동일한 사주팔자에서도 년과 월에서는 수확을 원하는 乙庚 合, 일과 시에서는 성장을 촉진하는 乙庚 合으로 달라지면서 사고방식과 행동방식이 크게 변화합니다. 방송인 김구라 사주팔자입니다.

- 422 -

```
甲壬乙癸 坤
辰申卯酉
```

1933년생으로 乙卯와 壬申이 地支에서 乙庚 습합니다. 년과 월
에서 癸酉와 乙卯로 교육대학을 졸업했지만 乙庚 습으로 열매
를 원하기에 젊어서부터 공장을 운영했고 금융계에서도 명성을
날렸습니다. 乙庚 물상을 공장운영과 금융계로 활용했습니다.

```
丁庚丁壬 乾
丑辰未午
```

김 진만 前 한빛 은행장, 한국자산리스 회장으로 서울대 법학과
를 졸업했습니다. 乙庚 습도 없는데 은행업에 종사한 이유는 未
중 乙이 庚과 합해서 열매를 완성하기 때문입니다. 辰土의 지장
간에 乙木이 있지만 아직 열매로 바뀌지 않았기에 가치가 떨어
지지만 未중 乙木은 성장을 끝냈기에 庚과 합하고 丁未 열기로
庚金을 딱딱하게 완성하기에 물질과 딱딱함을 종합해서 은행장
이 되었습니다.

```
己庚丁壬 乾
卯戌未寅
```

未의 지장간에 있는 乙木이 일간 庚金을 향하여 열매를 완성하
고 戌土에 담으니 사업해서 수백억 자산가가 되었습니다.

```
壬庚丁癸 乾
午申巳卯
```

년과 일에서 卯申 습하고 중간에 巳火가 끼어서 乙丙庚 三字를

- 423 -

활용합니다. 산업은행 팀장입니다.

```
庚乙乙戊  乾
辰丑卯午
```

월일시에서 乙庚 合하기에 물질 지향적이지만 년과 월에서는 乙
戊로 교육, 공직의 성향까지 가미되자 은행가로 활동했습니다.

```
庚庚己庚  乾
辰戌卯子
```

금융권 전산개발팀에서 활동했습니다. 乙庚을 은행과 소프트웨
어, 하드웨어를 다루는 전산개발 물상으로 활용했습니다.

```
辛庚庚辛  坤
巳辰子亥
```

세무공무원입니다. 辰土를 水氣를 담는 墓地로 활용하면 회계,
통계, 정수기, 화학 물상인데 세무공무원인 이유는 辛亥를 辰土
에 풀어서 통계를 내기 때문입니다.

부록 2 - 키우고 수확해서 벼락부자

지금까지 乙丙庚 三字, 乙庚 合으로 부를 축적하는 사례들을 살펴보았습니다. 그 이치는 모두 봄에 새싹을 키우고 열매를 확장해서 수확하는 방식으로 부를 축적합니다. 사주팔자에는 그와 유사한 움직임을 활용해서 돈벼락을 맞는 구조들이 있기에 여기에 함께 정리해보려고 합니다.

《四季圖》

	癸		戊		丙	
乙						庚
봄	卯辰巳			午未申	여름	陽
겨울	寅丑子			亥戌酉	가을	陰
甲						辛
	壬		己		丁	

四季의 순환과정은 매우 규칙적입니다. 봄에 새싹을 내고 여름에 열매를 키우고 가을에 수확하고 겨울에 새 봄을 준비합니다. 자연의 움직임은 표현대로 스스로 그러하기에 인간은 그 움직이고 변화하는 원리를 자세히 관찰하여 명리이론을 만들었습니다. 결국 사주명리는 자연의 순환원리를 이론화한 것이기에 자연스러워야 하며 일상생활과 부합하지 않거나 인위적이라면 명리라고 부를 수 없습니다. 봄에 새싹을 내는 이유는 가을에 수확하려는 의지가 분명하며 이 과정이 없다면 인간은 생명을 유지하지 못합니다. 봄에 기르고 가을에 수확하는 자연이치를 명리에

응용해보겠습니다. 天干에서 성장을 상징하는 부호는 甲乙이요 地支는 寅卯辰입니다. 또 천간에서 수확을 상징하는 부호는 庚辛이고 地支는 申酉戌입니다. 성장을 干支로 표현하면 甲寅과 乙卯요 수확을 干支로 표현하면 庚申과 辛酉입니다. 성장과 수확을 干支로 섞으면 甲申과 乙酉 그리고 庚寅과 辛卯입니다. 그 차이를 살펴보겠습니다. 甲申과 乙酉는 성장하는 甲乙이 申月 여름과 酉月 가을을 만났기에 성장은커녕 수확 당하는 대상입니다. 庚寅과 辛卯는 庚辛이 寅木 겨울과 卯木 봄의 공간을 만났기에 수확은커녕 성장해야만 하는 공간에서 자신이 소유한 씨종자를 寅卯(뿌리와 새싹)로 내놓아야 합니다. 따라서 甲申과 乙酉는 수확을 목적으로, 庚寅과 辛卯는 오래된 씨종자를 활용해서 미래를 설계합니다.

인체에 비유하면, 甲申과 乙酉는 生氣를 제거하려는 움직임이기에 질병에 시달리거나 다양한 원인으로 육체가 상합니다. 庚寅과 辛卯는 딱딱한 庚辛이 寅卯로 부드럽게 변하거나 오래된 물형이 새롭게 변합니다. 예로, 썩은 치아를 새로운 치아로 바꾸거나 낡은 자동차를 새 차로 교환하거나 자본을 투자하여 사업을 시작합니다. 특히 辛卯는 辛金 殺氣와 卯木 生氣가 조합하기에 타협, 조정이 어렵고 몸이 상하거나 물질을 탐하여 문제가 발생하거나 색욕으로 망신당할 수 있습니다. 辛이 乙이나 卯를 보면 타인의 재물을 내 것처럼 착각하기에 도둑심보가 생겨나 타인의 재산을 함부로 다루는 성향이 강합니다. 辛金은 가을에 활용하고 卯木은 봄에 활용하기에 卯木에게 행하는 辛金의 행위가 적절하지 않기 때문입니다. 지금부터 甲寅과 乙卯로 키우고 성장하면 庚申과 辛酉로 수확해서 돈벼락을 맞는 사주사례를 살펴보겠습니다.

```
丁 丙 甲 丙(乾)
酉 戌 午 午
庚 己 戊 丁 丙 乙
子 亥 戌 酉 申 未
```

丙午년에 태어났으니 효율을 높이려면 반드시 庚金이 있어야 하
는데 甲午월에 태어나니 쓰임이 나쁘고 午火도 하나 더 추가되
면서 火氣만 더욱 강력해졌을 뿐 활용할 방법이 없습니다. 다만
甲木이 午火에서 열매로 바뀌고 강력한 화기들이 일지 戌土 墓
地에 담기는 흐름은 좋습니다. 또 丁酉가 수많은 火氣들을 품으
니 酉金의 쓰임이 좋지만 水氣가 전혀 없기에 날카로운 酉金을
풀어서 활용하지 못합니다. 좋은 점은 甲이 午月에 열매로 바뀌
고 戌土와 酉金에서 열매를 완성하기에 흐름이 순차적입니다.
비교 사주를 보겠습니다.

```
庚 丙 丙 辛(乾)
寅 午 申 酉
庚 辛 壬 癸 甲 乙
寅 卯 辰 巳 午 未
```

이 구조는 申월에 열매를 수확할 준비하므로 년에 甲寅이나 乙
卯가 있다면 열매의 가치가 크게 높아지는데 없습니다. 또 수기
가 없으니 강렬한 火氣에 庚申이 상할 수 있습니다. 비록 時支
에 寅木이 있지만 時間이 역류하고 火氣에 자극받은 수많은 庚
辛들이 寅木을 괴롭힐 수 있습니다. 이제 기본원리를 숙지하고
사주사례들을 다양하게 살펴보겠습니다.

乾命					陰/平 1910년 1월 3일 20:30								
時	日	月	年		87	77	67	57	47	37	27	17	7
壬	戊	戊	庚		丁	丙	乙	甲	癸	壬	辛	庚	己
戌	申	寅	戌		亥	戌	酉	申	未	午	巳	辰	卯

庚戌년에 태어나 庚金이 寅午戌 三合의 끝자락에 있으니 열매로서의 가치가 크지 않습니다. 그 이유는 戌月에 수확이 끝났으니 성장가능성이 없기 때문입니다. 그렇다면 庚戌의 가치를 높이려면 어떤 에너지를 보충해야 할까요? 첫째는 乙丙으로 <u>乙丙庚</u> 三字를 활용해야 합니다. 또 戌土에 火氣를 담아서 墓地로 활용할 수도 있습니다. 戊寅, 己卯, 庚辰, 辛巳, 壬午, 癸未, 甲申, 乙酉, 丙戌, 丁亥, 戊子월 중에서 己卯를 택하면 乙丙庚 三字를 적극적으로 활용합니다.

다만 庚午와 己卯가 조합하는 구조에 비해 효율은 떨어집니다. 庚金이 卯木과 乙庚 合하고 午火로 부피를 확장한 후 壬水를 보충하면 돈과 명예를 모두 취합니다. 庚戌과 己卯가 조합하면 확장하는 과정이 없고 바로 戌土 창고에 저장하기에 재물이 늘어나는데 한계가 있습니다. 庚辰월을 택하면 庚戌년과 庚辰월이 충돌하니 더욱 불편합니다. 壬午월을 택하면 午戌로 庚金을 자극해서 庚金이 壬水를 향하기에 좋은 배합입니다. 이 구조는 戊寅 월을 택하였으니 寅月에 뿌리내려야 하는데 년과 월에 水氣가 없으니 학문에 전념할 구조는 아닙니다. 다만, 戊庚으로 조합해서 戊土 터전에 열매의 존재를 드러냈기에 부동산 투자 등으로 부를 축적합니다. 戊申일을 택하자 사주구조의 의도가 더욱 명확해졌습니다. 申金을 활용해서 沖으로 寅木을 수확하려는 것입니다. 대운을 감안하면 壬午대운에 열매 맺고 午火가 申에

- 428 -

열기를 가해서 낫을 날카롭게 만들어빠르고 쉽게 寅木을 수확합니다. 결국, 庚戌년은 戊寅 월에게 戊土에 담겨졌던 씨종자를 넘기고 寅木 뿌리로 바꾼 후 키워서 申金으로 수확하려는 의도입니다.

▶실제상황◀이병철 회장 사주라고 합니다. "운이 없는 것일까, 세상이 나쁜 것일까." 일본 유학을 포기하고 고향으로 돌아와 이런 표현을 했다고 합니다. 1950년 庚寅년 전쟁으로 피해 다니다 1951년 42세 辛卯년에 삼성물산을 설립하고 한국의 고철을 일본에 팔고 설탕과 비료를 수입해서 국내에 공급, 6개월 만에 10억 이익을 얻고 1년 뒤 60억 부를 축적하였습니다. 壬午 대운 辛卯년 1년이라는 짧은 기간에 하늘에서 돈벼락을 맞은 이유를 살펴보겠습니다.

```
壬 戊 戊 庚
戌 申 寅 戌
```

먼저 42세는 사주원국 일지를 지나는 시기로 이 宮位의 연령은 38세에서 45세사이입니다. 그렇다면 申金의 어떤 작용 때문에 상상하기 힘든 돈벼락을 맞았을까요? 성장한 寅木을 申金으로 沖해서 수확하기 때문입니다. 이런 이치가 키우고 수확해서 돈벼락 맞는 방식입니다. 壬午대운에 이르자 地支에서 寅午戌 三합을 완성하는데 일지를 지나기에 월과 시에 있는 寅戌과 寅午戌 三합을 이루고 火氣가 강해지자 중간에 끼어있는 申金을 강력한 화기로 자극하면 날카로워진 申金은 寅木을 沖으로 매우 쉽고 빠르게 수확합니다. 이때 대운 壬水는 무슨 작용을 할까요? 바로 자극받은 申金을 丁辛壬 三字로 폭발해서 돈의 규모를 부풀리는 작용입니다. 12神煞(신살)의 특징을 가미하면 戌年을 기준으로 寅午戌 三합을 벗어난 壬癸와 亥子丑은 저승사자

- 429 -

처럼 보통사람들은 상상도 못할 기발한 아이디어로 대중의 재물을 극히 짧은 시간에 빼앗는 독특한 재능입니다. 정리하면, 일지 申金에 이르러 寅申 沖으로 수확하는 과정에 寅午戌 三合으로 申金을 자극하면 중간에 끼인 申金이 火氣에 날카로워져 寅木을 빠르고 쉽게 수확합니다. 마침 함께 온 天干 壬水의 저승사자로 독특한 아이디어를 활용해서 1년 만에 60억이라는 돈벼락을 맞았습니다. 그리고 저승사자 효과는 時柱 壬戌로 계속 이어지는데 宮位를 감안하면 46세 이후에도 계속 하늘에서 돈벼락을 맞으며 자식들도 저승사자와 같은 壬水로 대중의 돈을 강탈하는 재능이 뛰어남을 암시합니다. 흥미롭게도 삼성을 발전시킨 이건희 회장의 사주팔자는 아래와 같습니다.

乾命				陰/平 1941년 11월 23일 10:30								
時	日	月	年	81	71	61	51	41	31	21	11	1
乙	壬	辛	辛	壬	癸	甲	乙	丙	丁	戊	己	庚
巳	戌	丑	巳	辰	巳	午	未	申	酉	戌	亥	子

이병철 회장의 시주가 壬戌이요 이건희 회장의 일주가 壬戌이니 부친의 의지가 자식 대에도 계속 이어져 오는 것이 분명합니다. 이 건희 회장은 1987년 丁卯년 12월 1일 취임 후 동유럽권의 붕괴와 세계경제 환경이 급변하는 상황을 지켜보다가 위기를 직감하고 1993년 癸酉년 6월 7일 핵심 임원 200여명을 독일 프랑크푸르트로 불러서 신 경영을 선언해 크게 도약하면서 반도체 부분 1등 행진이 시작되었고 1996년에는 연평균 17% 성장률을 기록하면서 명실상부 한국 굴지의 회사로 올라섰습니다. 그렇다면 위에서 학습했던 하늘에서 돈벼락 맞는 구조들이 이 사주에도 있는지 함께 분석해보겠습니다. 첫째, 연월일은 물질지향적

인 강력한 金氣로 구성되었기에 인생의 방향이 뚜렷합니다. 또 년지 辛巳가 辛丑에 빛을 가하고 모두 壬戌에 들어옵니다. 바로 <u>巳戌 墓地</u>조합으로 년과 월의 움직임을 모두 戌土에 담아서 壬 水가 취하기에 국가. 조상의 음덕이 지대하고 하늘에서 돈벼락을 맞는 구조가 분명하기에 삼성의 후계자가 되었습니다. 시주 乙巳도 모두 戌土에 담기니 자식들의 결과물도 壬戌이 취하기에 모든 부가 일주를 찾아오는 구조가 분명합니다. 흥미로운 점은 戌土에서 巳火를 취하는 38세에서 45세를 약간 벗어난 46세 丁卯년에 천간에서 <u>丁辛壬</u>으로 폭발하고 지지에서 卯戌로 합하는 시기에 삼성을 물려받았고 52세인 1993년 癸酉년에 신 경영을 선포했는데 그 이유를 살펴보겠습니다.

```
乙壬辛辛
巳戌丑巳
```

52세는 時干 乙木을 지나는 시기로 신 경영을 선포한 이유와 상관관계가 있습니다. 巳年을 기준으로 巳酉丑 三合을 벗어난 寅卯辰과 甲乙은 저승사자와 같은 작용으로 보통사람들은 상상도 못하는 아이디어를 활용해서 하늘에서 돈벼락을 맞습니다. 부친 이병철 회장은 저승사자인 劫煞(겁살), 災煞(재살), 天煞(천살) 중에서 壬水 劫煞(겁살)을 활용했고 이 사주는 乙木 災煞(재살)을 활용했습니다. 따라서 46세에서 53세 사이에 기발한 아이디어로 판세를 뒤집는 시기였으며 마침 대운도 51세부터 乙未로 시작하였기에 신 경영 선포는 우연히 즉흥적으로 이루어진 것이 아니라 하늘에서 돈벼락을 맞는 출발점이었음이 분명합니다. 十神으로 乙木을 傷官이라 부르기에 흉하다고 생각하지만 글자의 쓰임과 神煞로 살피면 전혀 다른 의미가 드러납니다. 이 구조에서 乙木은 사업자금의 원천과 같은 작용입니다. 년과 월에 있는 수많은 金氣들이 수확하려면 반드시 乙巳를 키워야하기 때문입니다. 生剋으로 살피면 辛金이 乙木을 沖하므로 질병에 시달리거나 육체가 상하는 단점은 있습니다. 정리하면 두 회장은 평범한 사람들이 갖지 못하는 저승사자와 같은 독특한 에너지를 활용해서 세계일류 기업으로 우뚝 섰습니다. 유사한 구조를 살펴보겠습니다.

乾命				陰/平 1920년 1월 1일 12:30								
時	日	月	年	85	75	65	55	45	35	25	15	5
모름	戊申	戊寅	庚申	丁亥	丙戌	乙酉	甲申	癸未	壬午	辛巳	庚辰	己卯

카를 알브레히트 독일 사업가로 할인슈퍼마켓 대기업 알디 창업자입니다. 재산이 27조원이라고 합니다. 1960년에 점포가 300개까지 늘어났는데 그 시기는 사주원국 일지 申金을 지나면서 寅木을 沖으로 수확하는 시기였습니다. 마침 대운도 壬午로 이병철 회장과 유사한 흐름입니다. 壬午대운에 폭발적으로 발전하는데 寅木이 午火 열매로 바뀌고 火氣를 품은 庚申 金들이 寅木을 빠르고 쉽고 크게 수확합니다. 낮이 상하지 않도록 기름을 바르듯 壬水도 적절하게 배합하였습니다. 이런 흐름이 바로 키우고 수확하는 방식으로 하늘에서 돈벼락을 맞습니다.

乾命				陰/平 1965년 1월 22일								
時	日	月	年	86	76	66	56	46	36	26	16	6
모름	戊申	戊寅	乙巳	己巳	庚午	辛未	壬申	癸酉	甲戌	乙亥	丙子	丁丑

어릴 때부터 장사수완을 발휘해 많은 돈을 벌었고 27세에 최연소로 세계 500대 부자에 든 마이클 델 사주팔자라고 합니다. 현재는 30조원 돈벼락을 맞았습니다. 젊은 시절 乙亥대운 초반부터 엄청난 부자가 되었습니다. 이 구조의 특징은 첫째, 乙巳와 申金이 조합하여 乙丙庚 三字로 열매를 확장합니다. 둘째, 寅木이 水氣에 뿌리 내리고 시간이 흘러 申金으로 벌목합니다. 또 년과 월에서 戊乙로 公的 성향을 국가적, 국제적으로 활용합니다. 셋째, 巳年을 기준으로 巳酉丑 三合을 벗어난 寅卯辰과 甲乙은 저승사자 속성으로 이 구조에는 乙木과, 寅木이 저승사자에 해당하기에 30대도 지나지 않은 젊은 나이에 상상도 못할 기발한 아이디어로 최연소 500대 부자가 되었습니다. 우리는 꿈에서도 상상할 수 없는 저승사자의 독특한 에너지입니다.

坤命				陰/平 1962년 10월 22일 06:30								
時	日	月	年	83	73	63	53	43	33	23	13	3
己	庚	辛	壬	壬	癸	甲	乙	丙	丁	戊	己	庚
卯	申	亥	寅	寅	卯	辰	巳	午	未	申	酉	戌

庚金이 壬亥를 만나면 방탕, 방랑, 기술, 예술 성향이 강합니다. 즉, 일반인들은 어려워하거나 꺼리는 행위도 과감하게 실행합니다. 많은 水氣들은 寅木을 키우고 일지에 이르면 申金으로 수확합니다. 이 여인은 丙午, 乙巳대운을 지나는 과정에 골프장에 다니면서 남자들을 유혹하여 건물을 구입하였습니다. 丙午대운에 庚申열매를 확장하고 卯申으로 合한 열매를 丙午로 확장하였습니다. 乙巳대운에도 乙丙庚 三字를 활용해서 돈벼락을 맞았습니다. 이 여인이 꽃뱀으로 살아가는 이유는 寅年을 기준으로 寅午戌 三合을 벗어난 亥子丑과 壬癸가 저승사자와 같아서 쉽

- 433 -

고 빠르게 강탈하려는 욕망이 강하기 때문입니다. 위에서 살펴본 사례들은 주로 독특한 아이디어를 활용해서 돈벼락을 맞았지만 이 여인은 육체를 활용하는 기발한 생각으로 꽃뱀이 되었습니다.

乾命				陰/平 1965년 7월 26일 12:30								
時	日	月	年	85	75	65	55	45	35	25	15	5
戊午	戊申	甲申	乙巳	乙亥	丙子	丁丑	戊寅	己卯	庚辰	辛巳	壬午	癸未

2000년 庚辰년 당시에 컴퓨터 회사 사장이며 IP 사업체를 운영하였습니다. 월주 甲申으로 수확하니 물질에 흥미가 많습니다. 년지 巳火가 巳申으로 열매를 확장하는 과정에 乙木을 보충해서 乙丙庚 三字를 활용합니다. 巳申 合은 巳火 빛과 申金 기계가 만나고 乙庚 合은 庚金 컴퓨터에 담겨진 정보들을 乙木으로 확산하는 정보, 통신 물상입니다. 컴퓨터 회사를 운영하면서 IP 사업체를 운영하는 이유입니다.

申月은 여름에서 가을로 넘어가는 과정에 열매를 완성하고 수확하므로 반드시 甲과 乙이 필요합니다만 水氣가 많으면 오히려 수확하는데 애를 먹습니다. 이 사주는 午火가 申에게 열기를 자극해서 甲乙을 쉽고 빠르게 수확합니다. 巳年을 기준으로 巳酉丑 三合을 벗어난 寅卯辰과 甲乙은 저승사자와 같은 속성이기에 년과 월의 甲乙을 활용해서 기발한 아이디어로 대중의 돈을 취합니다.

- 434 -

坤命				陰/平 1959년 3월 5일 04:30								
時	日	月	年	88	78	68	58	48	38	28	18	8
丙寅	甲子	戊辰	己亥	丁丑	丙子	乙亥	甲戌	癸酉	壬申	辛未	庚午	己巳

공직자 집안 출신으로 학력이 높습니다. 1986년 丙寅년 財政局에서 근무하기 시작해서 계속 승진하여 壬申대운 甲申년에 보험국장으로 승진하였습니다. 이 사주는 木을 기르고 확장하는 속성은 매우 강하지만 金氣가 없으니 수확욕망은 전혀 없습니다. 일간 甲은 己亥년의 터전에서 亥水의 도움으로 바르게 성장하고 時干 丙火와 함께 <u>壬甲丙</u> 三字로 교육, 공직에 적합합니다. 대운을 김인하면 巳午木를 지나는 과정에는 꽃피고 열매 맺고 申酉戌을 지날 때에는 木氣들을 수확합니다. 壬申대운 甲申년은 사주원국 일지 子水를 지나는 시기로 申子辰 三合으로 승진하였습니다. 甲申간지는 金으로 木을 수확하기에 甲 生氣를 보호하는 보험이나 법을 집행하는 법조 물상에도 적합합니다. 머리털을 깎아서 대머리를 만들거나 상해보험에 가입하거나 보험국장을 맡는 행위는 모두 甲을 申金 殺氣로부터 보호하려는 의지입니다. 동일한 干支도 수확물상으로 활용하면 사업을 원하고 재물을 추구하지만 殺氣를 보호하는 경우는 주로 보험, 검경, 법조계로 활용합니다.

乾命				陰/平 1954년 4월 19일 06:30								
時	日	月	年	85	75	65	55	45	35	25	15	5
癸卯	丁丑	己巳	甲午	戊寅	丁丑	丙子	乙亥	甲戌	癸酉	壬申	辛未	庚午

- 435 -

직장생활 하다가 癸酉대운 30대 중반에 음식점을 시작하여 52세 당시에 건물 두 개를 소유한 알부자가 되었습니다. 완벽주의로 재물집착이 강하고 부인복이 매우 좋으며 성실함으로 부를 축적하였습니다. 2006년 53세 丙戌년부터 가족 때문에 상당한 재물손실을 보았다고 합니다. 기르고 수확하는 흐름을 살펴보면, 년과 월에서 甲午, 己巳로 꽃피는 봄이며 甲己 合으로 교육, 공직, 건설에 어울리고 丁火일간이 甲을 만나서 공직에 적합합니다. 甲己 合은 겨울에 뿌리 내리는데 月支는 巳月이고 亥水가 없으니 공부와 인연은 길지 못합니다. 甲이 巳火에서 꽃으로 바뀌고 午未申 月월에 열매를 확장합니다. 丁丑일을 택하면서 년과 월의 방향에 혼란이 발생합니다. 月支와 巳丑 合하지만 酉金이 없으니 방향이 애매합니다. 甲이 巳에서 꽃피웠으면 庚金 열매를 맺어야 하는데 丑土를 만나니 甲의 입장이 곤란합니다. 丑土에서 뿌리내리고 계속 직장생활을 해야 맞는지 아니면 巳丑으로 돈을 쫓아야 하는지 사주구조와 대운을 참조해서 결정해야 합니다. 일주 丁丑에서 癸酉대운을 만나면 癸水가 丁火를 沖하여 원래의 방향에 변화를 주라고 요구합니다.

地支는 巳酉丑 三合으로 물질을 추구하는 시기가 분명합니다. 丑土에서 甲이 뿌리 내리지만 대운을 감안하면 오히려 甲을 수확하는 시공간으로 바뀌는 것입니다. 따라서 癸酉대운에도 甲을 키우려고 고집을 부리면 시공간이 원하는 행위와 상반되기에 甲이 잘리면서 지위를 유지할 수 없고 명예는 추락하고 육체도 상할 수 있습니다. 巳酉丑 三合이 원하는 대로 甲을 수확하는 행위는 吉凶의 문제가 아니라 時間에 순응하는가, 거절하는가의 문제입니다. 회사를 그만두고 巳酉丑 수확물상으로 식당을 여는 현명한 선택으로 부를 축적하였습니다.

坤命				陰/平 1948년 1월 14일 16:30								
時	日	月	年	86	76	66	56	46	36	26	16	6
庚申	戊寅	甲寅	戊子	乙巳	丙午	丁未	戊申	己酉	庚戌	辛亥	壬子	癸丑

壬子, 癸丑, 辛亥대운에 고생하고 庚戌대운부터 잘 풀려서 戊申
대운에도 발전하였습니다. 남편이 운영하는 특수기술을 보유한
회사 부회장이며 남편재산을 제외하고 개인재산이 약 100억대
입니다. 이 구조도 초년에 강력한 水氣를 공급해서 甲寅을 키우
고 중년에 庚申으로 수확합니다. 다만 성장과정에는 수확할 수
가 없으니 물질적으로 발전하기 어렵기에 천천히 미래를 준비해
아 합니다. 자연의 순환과정으로 살피면 甲寅이 뿌리를 깊이 내
리면 나무 기둥이 굵어지고 가을에 벌목하면 목재가치가 뛰어납
니다. 戊土의 땅도 두텁지 않기에 甲寅을 품는 초년에는 매우
힘들지만 水氣가 넉넉하기에 땅이 거칠지는 않습니다. 時柱 庚
申에 이르러 마침 庚戌대운과 더불어 굵은 목재를 벌목해서 수
백억 돈벼락을 맞았습니다.

乾命				陰/平 1884년 1월 8일 16:30								
時	日	月	年	89	79	69	59	49	39	29	19	9
壬申	甲申	丙寅	甲申	乙亥	甲戌	癸酉	壬申	辛未	庚午	己巳	戊辰	丁卯

이 남자의 별명은 "衣莊大王(의장대왕)"으로 큰 기업 십여 개를
운영하던 재벌이었습니다. 구조의 특징은 천간에서 <u>壬甲丙</u>이요
寅을 巳午未로 키우고 申으로 벌목하는 흐름은 동일합니다. 년

- 437 -

과 월에 水氣가 없으니 寅이 굵지는 않지만 수확하기는 매우 쉽습니다. 申金으로 두껍지 않은 寅을 얇게 켜기에 원단, 의류, 섬유 물상에 어울립니다. 또 丙寅월의 직업물상은 주로 두 갈래로 년과 월에 水氣가 있으면 의료, 교육, 공직에 적합하고 水氣가 없으면 섬유에 적합합니다. 사주원국에 水氣가 없으니 섬유업인데 申申申으로 기계는 무겁고 寅木은 매우 가벼우니 큰 기계에 목재를 걸고 얇고 가늘게 켜기에 방직이나 원단에 적합합니다. 많은 金氣를 활용해서 빠르게 수확하기에 재물 복이 큽니다.

乾命				陰/平 1938년 2월 16일 12:30								
時	日	月	年	86	76	66	56	46	36	26	16	6
戊	戊	乙	戊	甲	癸	壬	辛	庚	己	戊	丁	丙
午	申	卯	寅	子	亥	戌	酉	申	未	午	巳	辰

乙丙庚 구조에서 살핀 사주예문입니다. 27세 이후 재물을 모으기 시작하여 1986년 즈음에 수천억 재산을 축적했습니다. 키우고 수확하는 흐름으로 살펴보겠습니다. 봄에 乙卯 새싹이 戊土 위에서 사방팔방으로 성장합니다. 乙卯의 근거지 寅이 년에 있으니 국가, 조상 宮位에서 乙卯가 성장하도록 돕는 겁니다. 일지에 이르면 申金으로 수확합니다. 또 卯申으로 乙庚 합하고 午火가 열매를 확장합니다. 소위 乙丙庚 三字로 돈벼락을 맞는 조합입니다. 물상에 비유하면, 午火가 申金 낫을 뜨겁게 자극하고 乙卯를 가차 없이 수확합니다. 乙卯에 水氣가 많으면 그만큼 수확이 어려워지고 부의 크기도 줄어듭니다. 대운도 초년에는 巳午未로 열매를 확장하고 申酉戌에서 수확하여 수천억 돈벼락을 맞았습니다.

- 438 -

坤命				陰/平 1968년 2월 27일 20:30								
時	日	月	年	87	77	67	57	47	37	27	17	7
甲	甲	乙	戊	丙	丁	戊	己	庚	辛	壬	癸	甲
戌	午	卯	申	午	未	申	酉	戌	亥	子	丑	寅

회사사장으로 20억 재산입니다. 위 사주는 수천억인데 이 사주는 20억으로 엄청난 차이를 보이는 이유가 무엇일까요? 두 사주는 공통적으로 卯午申 三字를 가졌지만 위 구조는 申金이 일지에 있기에 모든 수확물을 일간이 소유합니다. 이 사주는 申金이 년에 있으니 일과 월에서 열심히 일해도 내가 취하는 것이 아니라 申金 국가에 빼앗깁니다. 만약 申金 위의 글자와 日柱의 관계가 연결된다면 국가에서 취한 申金을 다시 내 것으로 당겨오지만 그렇지 못하면 방법이 없습니다. 申金 위에 戊土가 있지만 일간 甲木은 戊土의 마른 땅에서 성장할 수 없습니다. 오히려 戊土 옆의 乙木과 조합이 좋으니 甲午가 열심히 노력해서 수확한 재물을 乙木이 활용해버립니다. 또 위 사주는 午火가 申金을 자극하면 낫이 날카로워지고 乙卯를 매우 쉽고 빠르게 수확하지만 아래 사주는 午火와 申金이 떨어져 있으니 낫이 날카롭지 못하고 중간에 卯木이 끼어서 수확하기 불편합니다. 이처럼 宮位와 사주구조에 따라 재물크기가 크게 달라집니다.

乾命				陰/平 1932년 2월 22일 12:30								
時	日	月	年	83	73	63	53	43	33	23	13	3
戊	戊	癸	壬	壬	辛	庚	己	戊	丁	丙	乙	甲
午	子	卯	申	子	亥	戌	酉	申	未	午	巳	辰

火대운에 염색공장을 운영하여 700억 돈벼락을 맞았습니다. 申 대운에 세 번째 부인 때문에 파재하였습니다. 이 구조도 卯午申 三字지만 흐름이 순탄하지 않습니다. 년과 월에서 卯申으로 乙 庚 합하니 물질욕망이 강하고 시지 午火와 초년부터 대운에서 들어온 강력한 火氣로 열매를 확장하여 700억을 축적했습니다. 문제는 午火가 申金을 확장하려면 반드시 중간에 끼어있는 일지 子水와 沖하기에 효과가 반감됩니다. 이렇게 일지의 작용이 흉 하기에 여러 번 결혼했으며 부인복이 없습니다. 戊癸 合, 子卯 刑이 공존하면 정신적, 물질적으로 문제가 발생합니다. 특히 子 卯 刑은 색욕을 암시하고 월과 일에서 색정 문제를 일으킵니다. 또 卯申 합하고 午火로 키우는 과정은 동일하지만 위 사주는 乙木이 戊申을 먼저 취하기에 20억에 불과하지만 이 구조는 申 金이 壬水를 향하고, 壬水는 癸水를 향한 후 戊土와 癸水가 합 하기에 700억 돈벼락을 맞았습니다.

坤命					陰/平 1958년 1월 18일 02:30								
時	日	月	年		81	71	61	51	41	31	21	11	1
乙 丑	甲 申	乙 卯	戊 戌		丙 午	丁 未	戊 申	己 酉	庚 戌	辛 亥	壬 子	癸 丑	甲 寅

남편은 섬유공장을 운영하여 큰돈을 벌지만 이 여인은 외도하면 서도 남편의 사랑을 받습니다. 남편이 돈을 잘 버는 이유는 산 만하게 흩어진 다양한 木氣를 일지 남편이 모두 끌어와 수확하 기 때문입니다. 심하게 외도한 이유는 甲, 乙卯로 육체를 상징 하는 木氣가 많고 戊土 아래 戊土에 辛金 남자가 숨어있고 乙 木 아래 丑土 속에도 庚辛이 많으니 남자인연이 복잡합니다.

- 440 -

坤命				陰/平 1956년 2월 20일 04:30								
時	日	月	年	88	78	68	58	48	38	28	18	8
壬	丁	辛	丙	壬	癸	甲	乙	丙	丁	戊	己	庚
寅	酉	卯	申	午	未	申	酉	戌	亥	子	丑	寅

부동산 갑부로 임대수익만 매달 천만 원이라고 합니다. 이혼했고 부동산 중개업을 운영하는 유부남 애인이 있다고 합니다. 이 구조에는 다양한 벼락부자 조합이 있습니다. 첫째, 卯申으로 합하고 丙火로 확장하고 둘째, 寅酉로 수확합니다. 또 丁辛壬 三字를 활용해서 丁火가 辛金과 酉金을 자극하고 壬水에 폭발적으로 풀어지기에 재물을 크고 빠르게 축적합니다. 또 申年을 기준으로 申子辰 三合을 벗어난 巳午未와 丙丁이 저승사자에 해당하는데 년과 일에 있으니 남들과 다른 독특한 안목을 활용해서 빠르고 크게 부를 축적합니다. 다만, 일지와 동일한 오행이 산만하게 흩어져서 이혼했습니다.

乾命				陰/平 1938년 8월 13일 06:30								
時	日	月	年	81	71	61	51	41	31	21	11	1
辛	辛	辛	戊	庚	己	戊	丁	丙	乙	甲	癸	壬
卯	未	酉	寅	午	巳	辰	卯	寅	丑	子	亥	戌

2008년 당시 상황으로 어려서 가난했으나 부인의 헌신으로 주유소 사업으로 큰 부자가 되었습니다. 이 구조는 좋아 보이지 않지만 수많은 열매(辛酉, 차량)가 년에 있는 戊土에 드러납니다. 戊土는 일정하고 안정적인 공간을 상징하기에 공장이나 창고, 사무실로 활용합니다. 酉月에 이르면 木氣를 수확해야 하기

에 水氣가 많으면 힘들지만 이 구조에는 水氣가 없으니 寅, 卯, 未를 辛辛辛酉로 쉽고 빠르게 수확합니다. 흥미롭게도 水氣가 전혀 없고 火氣도 약하니 金으로 木의 기름을 짜는 주유소 사업을 하였습니다. 대운을 참조하면 丑土에서 酉丑으로 한바탕 큰 재산을 모으고 木火로 흐를 때는 金氣로 벌목해서 벼락부자가 되었습니다.

乾命				陰/平 1952년 8월 12일 12:30								
時	日	月	年	83	73	63	53	43	33	23	13	3
庚	己	己	壬	戊	丁	丙	乙	甲	癸	壬	辛	庚
午	卯	酉	辰	午	巳	辰	卯	寅	丑	子	亥	戌

수확하는 구조의 문제점을 살펴보겠습니다. 壬辰년에 태어났으니 壬水 생명수를 마른 辰土의 땅에 공급하려는 의지요 己酉 월과 배합하니 己土가 품은 酉金과 壬辰이 만나서 씨종자를 壬水에 풀어서 辰土에서 성장합니다. 이런 이유로 酉金 반도체와 壬辰을 활용해서 고려대 전자공학과를 졸업하고 연구개발팀장으로 근무하는 과정에 200억 주식부자가 되었습니다. 하지만 甲寅 대운에 부인이 암으로 사망했고 두 아들과 함께 묘지에 가다가 교통사고로 두 아들은 죽고 본인은 다리 불구가 되었으며 간암 3기로 투병 중이었습니다. 이 구조에도 다양한 특징이 있는데 첫째, 년과 월에서 酉辰이 조합하기에 마침 32세부터 들어온 癸丑대운에 酉丑辰 三字로 돈 벼락을 맞아 200억 부자가 되었습니다. 또 午酉壬으로 丁辛壬 三字를 활용하는데 午火가 時에서 출발하여 년에서 부풀려지기에 총명함을 국가단위에서 활용합니다. 또 위에서 살폈던 己卯와 庚午 조합으로 乙丙庚 三字를 활용해서 돈벼락을 맞을 수 있습니다. 초년부터 대운도 水氣로 흐

- 442 -

르니 酉金을 폭발적으로 부풀려서 부자가 되었습니다만 문제는
日支의 시기 38-45세 즈음에 卯酉 沖으로 卯木 生氣가 잘리니
본인의 육체가 상하거나 배우자가 상할 수밖에 없습니다. 만약
己卯일 대신 己亥였다면 酉金의 날카로움을 해소했을 것인데
午火에 자극받은 酉金이 卯木을 沖해버리니 불행을 피하지 못
했습니다. 甲寅대운에는 甲己 합하고 甲庚 沖하는 과정에 生氣
가 심하게 상하면서 부인과 자식 둘을 잃고 자신도 장애인이 되
었습니다. 감당하지 못할 돈벼락을 취하면 대가를 지불해야 하
는지 모를 일입니다.

乾命				陰/平 1962년 8월 16일 04:30								
時	日	月	年	88	78	68	58	48	38	28	18	8
戊	乙	己	壬	戊	丁	丙	乙	甲	癸	壬	辛	庚
寅	卯	酉	寅	午	巳	辰	卯	寅	丑	子	亥	戌

壬子대운 乙亥년 34세에 돈을 벌기 시작해서 수백억 돈벼락을
맞았습니다. 이 구조도 酉月에 태어나 주위의 寅木과 乙卯를 수
확합니다. 또 酉金을 壬水와 대운에서 들어온 水氣에 폭발적으
로 풀어내 재물을 축적하는 조합입니다. 다만, 卯酉 沖으로 육
친과 본인의 육체가 상할 수 있으니 탐욕을 경계해야 합니다.
위 사주와 다른 점은 午火가 없어서 酉金을 날카롭게 만들지
않았기에 卯木을 沖하는 강도가 약합니다. 寅年을 기준으로 寅
午戌 三合을 벗어난 亥子丑과 壬癸는 저승사자와 같기에 마침
대운에서 들어온 壬子와 乙亥를 활용해서 엄청난 속도로 수백억
돈벼락을 맞았습니다. 원국에서는 벌목하고 대운에서는 酉金을
저승사자들이 강탈한 방식으로 돈벼락을 맞았습니다.

- 443 -

坤命				陰/平 1971년 3월 5일 08:30								
時	日	月	年	82	72	62	52	42	32	22	12	2
庚	乙	辛	辛	庚	己	戊	丁	丙	乙	甲	癸	壬
辰	卯	卯	亥	子	亥	戌	酉	申	未	午	巳	辰

전문대를 졸업하고 92년 壬申년에 회사에 취직하여 재무관리를 담당하다 1996년 丙子년에 퇴직하고 투자회사를 설립하여 금속 기자재 무역업으로 재산을 모았습니다. 乙未대운 癸未년에 화학 공장에 몇 십억을 투자하여 500억 돈벼락을 맞았습니다. 이 구조가 부자인 이유를 이해하기 어렵습니다만 지금까지 학습한 내용을 활용하면 이해할 수 있습니다. 사주원국은 木과 金으로 단조롭고 卯月에 키운 후 시간에 있는 庚金으로 수확하는데 마침 대운에서 들어온 火氣로 乙庚 열매를 확장하였습니다. 년, 월에 있는 조상과 부모가 소유한 씨종자를 亥水에 풀어서 새싹으로 나오면 火氣로 확장한 후 庚金으로 수확합니다.

국가, 조상의 음덕을 활용하기에 매우 총명하며 열매를 완성합니다. 乙未대운에 크게 발전한 이유는 乙이 未土에서 열매를 완성하고 庚金과 乙庚 합하여 열매를 완성하기 때문입니다. 500억 돈벼락을 맞은 이유를 정리하면 첫째, 씨종자를 亥水에 풀어서 가치 높은 乙卯를 기르고 庚金으로 수확하였습니다. 또 미네랄을 품은 亥水가 시지 辰土 墓地에 들어가는 돈벼락 조합입니다. 그리고 亥年을 기준으로 亥卯未 三合을 벗어난 申酉戌과 庚辛은 저승사자와 같은데 년의 辛亥와 辛卯는 총명함을 상징하고 독특한 안목으로 부를 축적하는 재능을 발휘합니다. 또 시간 庚金은 劫煞(겁살)로 연월일시에 있는 다양한 乙卯를 빠르고 쉽게 수확했기에 500억 돈벼락을 맞았습니다. 유사한 사례를 보겠습니다.

坤命				陰/平 1963년 7월 12일 10:30								
時	日	月	年	83	73	63	53	43	33	23	13	3
辛	乙	庚	癸	己	戊	丁	丙	乙	甲	癸	壬	辛
巳	巳	申	卯	巳	辰	卯	寅	丑	子	亥	戌	酉

직업은 약사지만 부동산으로 수백억 돈벼락을 맞습니다. 申月에
庚申 열매가 가득하지만 확장하려면 반드시 乙木과 丙火가 필
요합니다. 癸卯년에 태어나 기르고 庚申과 乙庚 합하지만 아직
丙火를 만나지 못했습니다. 30세가 넘어가면 乙巳를 활용해서
乙丙庚 三字로 돈버락을 맞습니다. 결국 자신의 능력으로 庚申
열매를 폭발적으로 부풀렸습니다. 가장 필요로 하는 丙火가 日
支에 있으니 남편의 도움이 매우 좋습니다. 남편은 의사입니다.
이처럼 乙巳는 있는데 庚申이 없다면 재주는 좋으나 쓸모가 없
고 庚申만 있고 乙巳火가 없다면 재산이 늘지 않습니다. 또 위
사주처럼 卯年을 기준으로 亥卯未 三合을 벗어난 申酉戌, 庚辛
은 저승사자와 같기에 남들은 이해 못할 기발한 아이디어와 결
단력으로 하늘에서 돈벼락을 맞았습니다.

벼락부자로 태어나기 1권

- 끝 -

벼락부자로 태어나기

저자 : 紫雲 김 광용
youtube : 시공명리학
http://cafe.daum.net/sajuforbetterlife
http://blog.naver.com/fluorsparr

Tel : 010 8234 7519

펴낸이 ■時空명리학
펴낸곳 ■時空명리학 출판사
표   지 ■時空學

초판 발행 ■2023. 04. 19.
출판등록 제 406~2020~00006호

경기도 파주시 탄현로 144~63, 102호
Tel   ■(010) 8234~7519

ISBN 979-11-978353-0-8(03180)

정   가 ■39,000원

잘못 만들어진 책은 구입하신 서점에서 교환해 드립니다.
저자의 동의하에 인지는 붙이지 않았습니다.

본서의 무단전제 또는 복제행위는 저작권법 제98조에 의거
민·형사상의 처벌을 받을 수 있습니다.